Unser Brandenburg

Lew Hohmann · Johannes Unger

UNSER BRANDENBURG

CHRONIK EINES LANDES

BeBra Verlag

INHALT

VORWORT

Die Geschichte Brandenburgs reicht bis weit ins Mittelalter zurück. Sie verlief keineswegs geradlinig, sondern war stets von Brüchen geprägt. Zunächst als »Mark«, dann als »Provinz« und später als »Land« bezeichnet, änderten sich immer wieder Brandenburgs Gestalt und Grenzen. Zeitweilig stand seine Existenz auf dem Spiel, nach dem Zweiten Weltkrieg wurde es buchstäblich von der Landkarte getilgt, bevor es 1990 als deutsches Bundesland wieder auferstand.

Dass Brandenburg trotz aller Gebietsschwankungen, unterschiedlicher Selbstständigkeit und wechselnden Verfassungsformen seine Eigenart bewahren konnte, lag nicht zuletzt am »Landesbewusstsein« seiner Bewohnerinnen und Bewohner; das, was man heute als »regionale Identität« bezeichnen würde – ein Gefühl der Zusammengehörigkeit, das sich aus kollektiven historischen Erfahrungen, kulturellen Prägungen und einer spezifischen Mentalität speist. Das typisch Brandenburgische wird in der modernen, globalisierten Gesellschaft natürlich immer flüchtiger, dennoch ist es an vielen Orten und in vielen Situationen spürbar. Der wechselvollen Geschichte begegnet man auf Schritt und Tritt.

Beim Blick in die Geschichte kommt man nicht an den prägenden Figuren vorbei, den »großen Männern«, vor allem nicht an den adligen Herrschern, die bis zur Revolution von 1918 an der Spitze der deutschen Territorien standen. So verdankt die Mark Brandenburg ihre Entstehung im hohen Mittelalter vor allem den askanischen Markgrafen. Nach den Krisen des 14. und 15. Jahrhunderts wurde sie von den Kurfürsten aus dem Hause Hohenzollern auf Dauer gefestigt, um dann als Teil des Königreichs Preußens zu einer der wichtigsten europäischen Großmächte zu gehören. Die straffe Ordnung von Staat und Militär bildete dafür die Voraussetzung und führte zugleich in den Untergang.

Zum Aufbau und zum Zusammenhalt Brandenburgs haben aber auch viele andere Menschen beigetragen: Geistliche, Adlige, Bürger, Bauern und Arbeiter, die das ökonomische und intellektuelle Fundament für die Entwicklung des Landes gelegt haben. Immer wieder haben sie dabei – mit wechselndem Erfolg – ihren Anspruch auf Beteiligung an den politischen Entscheidungen eingefordert. Diesen Menschen und ihren Lebensbedingungen möchte dieses Buch nachspüren.

Dieser historische Überblick entstand ursprünglich als Begleitpublikation zur erfolgreichen TV-Dokumentationsreihe »Die Brandenburger – Chronik eines Landes«, die 1998 im Ostdeutschen Rundfunk Brandenburg (ORB) ausgestrahlt wurde. Die Texte der damaligen Buchfassung sind immer noch stimmig, deshalb konnten sie für die Neufassung unter dem Titel »Unser Brandenburg« nahezu unverändert übernommen werden – auch wenn manche Formulierung heute vielleicht anders gewählt würde.

Komplett neu geschrieben ist das letzte Kapitel über die Zeit von der Neugründung des Landes Brandenburg bis heute. Seit 1998 ist viel passiert, Brandenburg hat sich noch einmal spürbar entwickelt und verändert. Die Zuneigung der Autoren zu den Gegenden zwischen Elbe und Oder ist geblieben.

Johannes Unger & Lew Hohmann

Kloster Zinna bei Jüterbog

EROBERER, SIEDLER UND RAUBRITTER 928–1411

Eiszeit, Germanen und Slawen

Noch vor 12 000 Jahren ist das Gebiet des heutigen Brandenburg von einer mehrere Hundert Meter dicken Eisschicht bedeckt. Die gewaltigen Gletscher der letzten Weichseleiszeit sind, von Skandinavien kommend, im Raum Brandenburg stehen geblieben. Das Klima ähnelt dem der Eismeerküste. Während sich im Süden und Westen Europas schon erste zivilisatorische Kulturen herausbilden, beginnt die Geschichte des Raumes Brandenburg mit einigen Tausend Jahren Verspätung.

Die Gletschergebirge schmelzen erst 9000 Jahre vor Christus. Zurück bleiben ausgedehnte Sümpfe, aus Grund- und Endmoränen entstandene Hügel, Urstromtäler sowie riesige Laubwälder, in denen allmählich Wisente, Rentiere, Bären, Wölfe und Elche heimisch werden. Den Tieren folgen nomadisierende Jäger und Sammler, die sich hier niederlassen. Im jetzigen Schmöckwitz an der Dahme fertigen mit Fellen bekleidete Menschen Steinäxte an, im heutigen Spreewald und in der Niederlausitz bestattet man – vor gut 3000 Jahren – die Stammesfürsten mit Grabbeigaben aus Bronze. Zu Beginn der Zeitrechnung siedeln in der Region Brandenburg die germanischen Stämme der Langobarden, Burgunden, Hermunduren und Semnonen.

Um 500 n. Chr. verlassen die Germanen ihr Siedlungsgebiet Richtung Südwesten. Slawen aus dem Osten und Südosten drängen in die verlassenen Plätze. Mit Pferden ziehen sie nach Norden und Westen, mit Booten fahren sie flussabwärts auf Oder, Spree, Dahme und Havel in das noch namenlose Land. Oft benennen sie ihre Stämme nach den Flüssen und Orten, deren Namen wahrscheinlich von den verbliebenen Germanen übermittelt worden sind. Die Dossanen siedeln an der Dosse und in Poztupimi – dem heutigen Potsdam; die Sprewanen an der Spree und in Köpenick; die Ukranen an der Ucker; die Lusizer in der Lausitz; die Heveller zwischen Havel und Elbe. Die Siedlungen liegen weit voneinander entfernt, getrennt durch riesige Wälder und Sümpfe. Jagd- und Fischgründe liefern ausreichend Nahrung für alle. Von kriegerischen Konflikten zwischen der germanischen Minderheit und den Slawen ist nichts bekannt. Vermutlich seit dem 7. Jahrhundert werden in allen slawischen Stammesgebieten Burgen als Wohnsitze des Stammesadels sowie als politische und wahrscheinlich auch kultische Zentren errichtet. So existieren im 9. Jahrhundert im Stammesgebiet der Heveller acht Burgbezirke. Ihre Hauptburg ist die Brennaburg an der Havel.

»Die Brennaburg liegt ungefähr da, wo heute der Brandenburger Dom steht, auf einer Havelinsel. Ihr Durchmesser beträgt über 100 Meter. Sie ist

Die Slawenburg in Raddusch ist eine weitgehend originalgetreue Rekonstruktion von Wallanlagen aus dem 9. und 10. Jahrhundert.

geschützt durch die Havelarme, einen Graben und durch einen breiten Wall aus Eichenstämmen, Erde und Steinen. Im Innern der Burg befinden sich etwa ein Dutzend Blockhütten, in denen die Fürstenfamilie, Diener und Gefolgsleute und die Priester wohnen, insgesamt, so schätzen Experten, nicht mehr als 100 Menschen. In den Siedlungen vor der Burg lebt eine Anzahl Krieger, die zur Verteidigung notwendig sind, und Bauern und Handwerker, die alle versorgen. Auch ihre Häuser sind häufig durch einen Palisadenzaun geschützt. Die Gesamtbevölkerungszahl der Brennaburg und ihrer Siedlungen liegt bei 1000 bis 2000 Menschen. Im gesamten Stammesgebiet der Heveller könnten, geht man von 8 solchen Burgbezirken, ›civitates‹ genannt, aus, etwa 10 000 Menschen gelebt haben. Schätzungen beziffern nach diesem Modell die slawische Bevölkerung der späteren Mark Brandenburg im 10. Jahrhundert auf 20 000 bis 50 000 Bewohner. Neben der Brennaburg existieren schon die Hauptburgen Köpenick und Spandau im Spree/Havelgebiet. Für das Stammesgebiet der Lusizer in der heutigen Lausitz werden etwa 30 Burgen mit rund 8000 Menschen angenommen. Die Stammesfeste der Lusizer heißt Liubusua und liegt vermutlich bei Luckau. Für das Jahr 932 wird ihre Besatzung mit 3000 Kriegern angegeben.«[1]

Die Eroberer

Im Jahr 919 verläuft die Ostgrenze des germanisch-ostfränkischen Siedlungsgebietes an der Elbe. Am westlichen Ufer leben Germanen. Ihr Land heißt Sachsen und erstreckt sich bis zur Nordsee. Östlich des Flusses siedeln die Slawen. Anfang des 10. Jahrhunderts werden die Nachbarn an der Elbe zu Feinden. Schuld daran sind die Überfälle ungarischer Reitervölker. Ein Zeitgenosse, Regino von Prüm, sagt über die Ungarn: »*Sie leben nicht nach Art der Menschen, sondern wie das Vieh. Sie nähren sich nämlich, wie das Gerücht geht, von rohem Fleisch, trinken Blut, verschlingen als Heilmittel die in Stücke zerteilten Herzen ihrer Gefangenen, lassen sich durch kein Gejammer erweichen, durch keine Regung des Mitgefühls rühren. Das Haar schneiden sie bis auf die Haut mit dem Messer ab.*«[2] Immer häufiger gelingt es dabei den Ungarn, die Slawen bei ihren Raubzügen als Verbündete zu gewinnen. Das führt zum Krieg zwischen Germanen und Slawen an Elbe und Havel.

Geld, Kraft und Truppenstärke der einzelnen germanischen und fränkischen Stammesfürsten reichen nicht aus, um sich der großen

Reiterheere der Ungarn zu erwehren. Deshalb verbünden sie sich und wählen aus ihrer Mitte einen obersten Feldherrn und König. Am 12. Mai 919 stimmen die Fürsten der Franken, Sachsen, Alemannen, Bayern und Thüringer für den 44-jährigen Sachsenherzog Heinrich I. aus dem Harzvorland. König Heinrich I. (875–936) will den Einfällen der Ungarn ein für alle Mal ein Ende machen und plant langfristig. Zunächst schließt er mit den Ungarn einen neunjährigen Waffenstillstand und baut neue Burgen an der Ostgrenze, bzw. setzt alte wieder instand. Dann wendet er sich gegen die potenziellen Verbündeten der Ungarn, die Slawen, die er vertreiben oder unterwerfen will. Durch eine Heeresreform vergrößert er seine Streitmacht beträchtlich. 928 zieht er mit etwa 1000 Panzerreitern und Fußvolk, eine für die damalige Zeit große Armee, gegen die leicht bewaffneten Heveller.

»Zunächst wählte er unter den bäuerlichen Kriegern jeden neunten aus und ließ ihn in den Burgen wohnen, um für seine acht Genossen Wohnungen zu errichten und den dritten Teil aller Früchte entgegenzunehmen und zu verwahren; die übrigen acht aber sollten für den Neunten säen, ernten, Früchte sammeln und sie an ihrem Platz aufbewahren. Gerichtstage, alle Zusammenkünfte und Gastmähler ließ er in den Burgen abhalten, an deren Bau man Tag und Nacht arbeitete, um im Frieden zu lernen, was im Notfall gegen die Feinde zu tun sei. Während er die Bürger an solche Verordnung und Disziplin gewöhnte, fiel er plötzlich über die Slawen, die Heveller genannt werden, her, zermürbte sie in vielen Schlachten und nahm schließlich in einem sehr harten Winter, indem er sein Lager auf dem Eise aufschlug, die Brennaburg, mit Hunger, Schwert und Kälte.«[3]

Dies ist zugleich die erste urkundliche Erwähnung des Namens Brennaburg, aufgeschrieben in Latein von dem Mönch Widukind im niedersächsischen Kloster Corvey. König Heinrich selbst hätte es nicht notieren können, denn er war, wie die meisten Herrscher dieser Epoche, Analphabet. Heinrich I. nimmt Sohn und Tochter des brandenburgischen Slawenfürsten als Geiseln mit nach Sachsen. Er macht die Tochter Hatheburg zu seiner Frau. Später wird die Ehe mit der Slawenprinzessin annulliert, um zu verhindern, dass ein Slawenabkömmling den deutschen Thron besteigt. 929 schlagen Heinrichs Heere die Slawen bei Lenzen vernichtend. Viele kommen in den Sümpfen um oder werden geköpft. Wie die Ungarn machen auch die Germanen keine Gefangenen, es sei denn, sie sollen als Sklaven verkauft werden. 934 werden auch die Ungarn bei Riade entscheidend geschlagen.

Mit dem Jahr 929 beginnt eine wechselvolle Geschichte für die Region Brandenburg, denn sie wird vornehmlich aus der Ferne regiert und einige Hundert Jahre immer wieder ihrem Schicksal überlassen. Als im Jahre 936 Otto I. (912–973) im Alter von 24 Jahren das Reich von seinem Vater erbt, sind alle

König Heinrich I. besiegt im 10. Jahrhundert die Slawen und die Ungarn. Illustration aus dem 19. Jahrhundert.

slawischen Stämme zwischen mittlerer Elbe und mittlerer Oder unterworfen. Aus dem einstigen Zweckbündnis der germanisch-fränkischen Fürsten ist die Keimzelle eines frühfeudalen deutschen Staates geworden. Seit 920 etabliert sich der Begriff »Regnum Theutonicum«, Deutsches Reich. Otto I. gründet Schutzmarken, das heißt Sicherheitszonen, östlich der Elbe. Zwei Markgrafen werden eingesetzt, diese Gebiete zu kontrollieren und zu verwalten. Graf Hermann Billung (936–973) erhält den nördlichen Teil östlich der Elbe bis zur Odermündung an der Ostseeküste. Den südlichen Teil, später Nordmark genannt, übernimmt Markgraf Gero (937–965). Er erweitert das Gebiet zwischen mittlerer Elbe und mittlerer Oder um die Mark Lausitz und die Mark Meißen.

Das Jahr 948: die Gründung des Bistums Brandenburg

Eine dauerhafte Unterwerfung der Region ist nur möglich, wenn die Slawen christianisiert und den kirchlichen Strukturen der deutschen Herrscher unterworfen werden. Otto I. verbündet sich mit der mächtigen Kirche, die ein stabilerer Partner ist, als es die rivalisierenden deutschen Fürsten sind. Im Oktober 948 gründet Otto I. auf dem Magdeburger Fürstentag die Bistümer Brandenburg und Havelberg. Bischöfe, Mönche und Priester sollen die Slawen in den Grenzmarken missionieren. So gilt dieses Jahr 948 als ein Schlüsseldatum für die Mark Brandenburg.

Die Gründungsurkunde, in Latein abgefasst, wird im Domstiftsarchiv Brandenburg aufbewahrt. Hier ihr voller Wortlaut in der deutschen Übersetzung: »*Im Namen der heiligen und unteilbaren Dreifaltigkeit. Otto, durch die Vorsehung der göttlichen Gnade König. Weil wir es der Mühe für wert halten, dass alle Gläubigen an der Ausbreitung des Glaubens und Vergrößerung der Kirche Anteil nehmen, haben wir auf Rat des Ehrwürdigen Bischofs Marinus, Legaten der römischen Kirche, und der Erzbischöfe Friedrich (von Mainz) und Adaldag (von Hamburg) und mehrerer anderer Bischöfe und unseres lieben Bruders Brun und der Großen unseres Reiches, namentlich Geros, unseres geliebten Herzogs und Markgrafen, auf unserem in der Mark Geros gelegenen Eigengut im Land der Slawen im Hevellergau auf der Burg Brendanburg zu Ehren unseres Herrn und Erlösers und des heiligen Apostelfürsten Petrus einen Bischofssitz gegründet, ihm den Ordensgeistlichen*

König Otto I. (hier mit seiner Frau Editha) gründete 948 die Bistümer Brandenburg und Havelberg.

Thietmar als Bischof an die Spitze gestellt und dem Bistum folgendes übertragen:

Die nördliche Hälfte der genannten Burg und die nördliche Hälfte der gesamten Insel, auf der diese Burg errichtet ist; die Hälfte aller dazugehörigen Dörfer, dazu vollständig zwei Burgen mit allem ihren Zubehör, Pritzerbe und Ziesar genannt.

Außerdem haben wir als Diözese des genannten Bischofssitzes die folgenden genannten Gaue bestimmt: Marzanen, Zerwisti, Ploni, Spreewanen, Heveller, Ukranen, Rezanen, Zamzizi, Dosse, Lusizer. Als Grenze haben wir für diese Diözese festgelegt: die östliche bis zu dem Fluß Oder, die west- und südliche bis zu dem Fluß Elbe, nach Norden aber bis an die Enden der obengenannten Gaue: Ukranen, Rezanen und Dosse; auch den gesamten Zehnt der oben genannten Gaue haben wir dem genannten Bistum übertragen mit Ausnahme der folgenden genannten Burgen: Biederitz, Gommern, Pechau, Möckern, Burg, Grabow, Schartau und der Dörfer, die zu diesen Burgen von rechts wegen gehören. Diesen Zehnt haben wir zum Gebrauch der Mönche im Kloster Magdeburg, das von uns zu Ehren des heiligen Moritz und des heiligen Innozenz errichtet worden ist, unter Zustimmung des genannten Bischofs Thietmar, des ehrwürdigen Mannes, geschenkt, jedoch mit der Bestimmung, dass dem Bischof der vorgenannten Kirche jährlich anlässlich von Gottesdienst und Firmung folgende Leistung vom Abt des Magdeburger Klosters an den drei Orten Biederitz, Burg und Möckern erbracht wird: in jedem dieser drei Orte drei (Maß) Met und eine in zwei Brauvorgängen erzeugte Menge Bier, sechs Scheffel Weizen, zwei Schweine, zwei Gänse, zehn Hühner und sechs Ferkel und sechs Fuhren Getreide als Pferdefutter.

Und damit unsere Übereignung in ungeschwächter Kraft durch alle künftigen Zeitläufte und unverletzlich bestehen bleibe, haben wir für den schon oft genannten Bischof Thietmar die vorliegende Urkunde schreiben lassen, die mit unserer Hand unten bestätigt und durch Aufdruck unseres Siegels bekräftigt ist.

Die Domkirche des 949 gegründeten Bistums Havelberg entsteht in der heutigen Form erst nach der Wiedereroberung der Stadt ab 1150.

Zeichen des Herrn Otto, des erlauchtesten Königs,

Ich, Brun, der Kanzler, habe in Vertretung des Erzkaplans Friedrich beglaubigt.

Gegeben am 1. Oktober im Jahre der Fleischwerdung unseres Herrn Jesus Christus 949, in der 6. Indiktion, im 13. Jahr aber der Regierung des Herrn Otto, des nie besiegbaren Königs, geschehen in Magdeburg im Namen Gottes mit Segen Amen.«[4]

Rekonstruktion eines slawischen Tempels im mecklenburgischen Groß Raden

Die Brandenburg wird von den Slawen zurückerobert

Die Slawen zeigen wenig Interesse an dem Gott der Deutschen. Sie haben ihre eigenen Götter. Mit großem Eifer und oft mit dem Schwert in der Hand taufen die Missionare die Heiden. Das Motiv ist nicht nur geistlicher, sondern auch ganz irdischer Natur: Nur von einem getauften Slawen darf der Kirchenzehnt erhoben werden. Missionare sind in erster Linie Soldaten, und so reiten die Bischöfe neben den weltlichen Fürsten in die Schlacht – und werden auch über Jahrhunderte hinweg wie selbstverständlich als streitbare Krieger der Geistlichkeit abgebildet.

Die Slawen bauen auf kleinen gerodeten Flächen Getreide an, züchten Schweine, Ziegen, Schafe, Pferde, betreiben Bienenzucht, backen Brot, fischen Hechte und Welse, jagen Rotwild und Wildschweine. Sie treiben Handel mit Naturalien, Waffen, Keramik und mit Sklaven, in der Regel Kriegsgefangenen. Einer der Sklavenmärkte ist Prag. Neben anderen Abgaben müssen die Slawen an die Eroberer einen Sklavenzehnt zahlen. Ibrahim ibn Jacub, ein arabischer Kaufmann, von dem vermutet wird, dass auch er mit Sklaven handelt, berichtet 973 von seinen Reisen, dass die Slawen *»von den Ländern die ergiebigsten an Fruchtbarkeit und reichsten an Lebensmitteln bewohnen. Sie widmen sich mit besonderem Eifer dem Ackerbau und der Versorgung von Nahrungsmitteln. Sie säen in zwei Jahreszeiten, im Spätsommer und im Frühling, und bringen zwei Ernten ein.«*[5]

Der Kaufmann lobt das preiswerte Korn und hebt die gute Ausrüstung mit Waffen und Pferden hervor. Andere Reisende, so Adam von Bremen, berichten später von einer slawischen Handelsstadt an der Mündung der Swine in die Ostsee: *»In ihr wohnen Slawen und andere Nationen, Griechen und Barbaren. Und auch ankommenden Sachsen ist, unter gleichem Rechte, mit den übrigen zusammen zu wohnen verstattet, freilich nur, solange sie ihr Christentum nicht öffentlich kundgeben. Übrigens wird, was Sitte und Gastlichkeit anlangt, kein Volk zu finden sein, das sich ehrenwerter und dienstfertiger erwiese.«*[6]

Im Heiligtum des slawischen Redarierstammes, in Rethra, steht das Ross-Orakel. Ein Schimmel entscheidet über die Erfolgsaussichten geplanter Unternehmungen. Vor dem Tempel werden Lanzen in den Boden gesteckt, die das Ross überschreiten muss. Von der Schrittfolge des Schimmels hängt ab, ob die Slawen in den Krieg ziehen oder nicht. Der in Brandenburg verehrte Hauptgott heißt Triglav und hat drei Köpfe. Ihn richtet man wieder auf, als sich die Slawen gegen die deutsche Herrschaft erheben. Das Ross hat ihnen Erfolg versprochen.

Am 29. Juni 983 überfallen die Slawen Havelberg und etwas später Brandenburg: *»Die Schandtaten begannen am 29. Juni mit der Ermordung der Besatzung von Havelberg und der*

Zerstörung des dortigen Bischofssitzes – destructa episcopali cathedra (...) anstelle Christi und seines Fischers, des hochwürdigsten Petrus, wurden fortan verschiedene Kulte teuflischen Aberglaubens gefeiert (...) Die Slawen setzten den Unsrigen wie flüchtigen Hirschen nach, denn auf Grund unserer Missetaten hatten wir Angst, sie aber guten Mut«, schreibt der Chronist Thietmar von Merseburg und weiter: »*Nach drei Tagen überfiel die vereinte Macht der Slawen das Stift Brandenburg, als zur ersten Messe geläutet wurde. Vorher war der Bischof Folkmar entflohen, während sein Beschützer Dietrich mit seinen Kriegern nur mit Mühe entkam. Die Priester wurden gefangengenommen. Der ganze Kirchenschatz wurde geraubt und das Blut vieler auf klägliche Weise vergossen. Anstatt Christi Dienst wurde ein vielfacher Götzenkult eingeführt.*«[7]

Die Besitzurkunden nehmen die Kirchenmänner vorsorglich mit und bewahren sie in Magdeburg auf, bis bessere Zeiten kommen. Nach 50 Jahren deutscher Herrschaft scheint wieder alles beim Alten. Die Festung Brandenburg ist erneut in slawischer Hand, die Bistümer Havelberg und Brandenburg müssen aufgegeben werden, die Elblinie ist wieder zur Grenze geworden. Eine Zeit ständiger Feldzüge deutscher Heere gegen die Slawen beginnt. Beide Seiten verzeichnen Siege und Verluste und keine dauerhaften Gebietsgewinne. Aus dieser Zeit um das Jahr 1000 stammt von dem Chronisten Bischof Thietmar eine Schilderung der Liutizen, in denen er überaus anschaulich deren archaisch demokratische Regeln schildert: »*Über alle diese aber, die zusammen Liutizen genannt werden, herrscht ein einzelner Gebieter nicht. In gemeinsamer Beratung unterhandeln sie über die notwendigen Maßregeln in der Volksversammlung und entschließen sich einhellig zu gemeinsamer Tat. Widerspricht jedoch einer der Teilnehmer in der Volksversammlung den gefassten Beschlüssen, so wird er mit Schlägen gezüchtigt, und wenn er außerhalb der Versammlung sich offen widersetzt, so verliert er entweder seine ganze Habe durch Brand und Plünderung, oder er muss vor versammeltem Volk eine ihm nach seinem Stande zugemessene Geldsumme erlegen. Obwohl selbst treulos und wankelmütig, verlangen sie von anderen die größte Treue und Zuverlässigkeit. Frieden schließen sie, indem sie das oberste Haupthaar abschneiden und dieses nebst einem Grasbüschel mit der rechten darreichen.*«[8]

Mit einer schmerzhaften Niederlage für die Slawen endet ein Feldzug des Bischofs Burchard von Halberstadt im Winter 1068/69. Von Havelberg kommend, überquert er bei klirrendem Frost die Prignitz und stößt bis zum slawischen Nationalheiligtum Rethra vor. Er verwüstet Siedlung und Tempel, entführt das heilige weiße Ross und reitet darauf zurück nach Halberstadt. Für das Heiligtum Rethra, so wird berichtet, ist dies das Ende. Die Slawen halten sich nun an das Ross-Orakel im Heiligtum Vineta. All diese Verwüstungen bringen weder klare Verhältnisse, geschweige denn Frieden. Darüber vergehen immerhin 150 Jahre.

Diese Statue auf Rügen zeigt den dreiköpfigen Gott der Slawen, der in Brandenburg als Triglav verehrt wurde.

Die Askanier: Albrecht der Bär und seine Söhne

Wir schreiben das Jahr 1134. Der neue Herr der Mark ist wieder ein Sachse. Albrecht der Bär (um 1100–1170) ist der Sohn von Eilica, Tochter des letzten Billunger Herzogs, und des Grafen Otto von Ballenstedt, genannt der Reiche, aus dem Geschlecht der Askanier. Die Familie gehört zu den mächtigsten Dynastien Mittel- und Ostdeutschlands. Als Albrecht der Bär mit 34 Jahren Markgraf der Nordmark wird, kann er bereits auf eine bewegte politische Karriere verweisen. 1124 bemächtigt er sich der Lausitz, die an die Nordmark grenzt, und wird ein Jahr später deren Markgraf. Von dort aus knüpft er freundschaftliche Beziehungen zu dem in Brandenburg residierenden und bereits christianisierten Hevellerfürsten Pribislaw-Heinrich und dessen Frau Petrissa. Der kinderlose Pribislaw bestimmt Albrecht zu seinem Nachfolger und schenkt dessen ältestem Sohn Otto bereits zu Lebzeiten die Zauche. Um den Weg zum Besitz der Nordmark zu ebnen, beseitigt Albrecht 1130 den einzigen Verwandten des ohne Nachkommen verstorbenen Markgrafen, Udo von Freckleben. Nachdem die Mordtat ruchbar geworden ist, beteiligt sich Albrecht, um den König milde zu stimmen, an dessen Italienfeldzug. Bei diesen Kämpfen wird der regierende Markgraf der Nordmark, Konrad von Plötzkau, durch einen Pfeilschuss getötet. Nun ist der Weg für den ehrgeizigen Albrecht frei.

Ostern 1134 belehnt Kaiser Lothar III. auf dem Reichstag zu Quedlinburg Albrecht den Bären aus Ballenstedt mit der Nordmark. Sie umfasst den Siedlungsraum zwischen Peene und Elbe im Norden sowie der Dahme im Süden mit Havel- und Spreeland. Albrecht ist der geeignete Mann, denn er besitzt angrenzende Ländereien, verfügt über gute Kontakte, Durchsetzungsvermögen und das nötige Geld, um das Land jenseits der Grenze militärisch und politisch kontrollieren zu können. Dennoch muss die Mark erst wiedergewonnen werden, denn sie ist unverändert in slawischer Hand. 1147, mit Beginn des Wendenkreuzzuges, unterstellt sich Slawenfürst Pribislaw-Heinrich freiwillig dem Schutz des Deutschen Reiches. Auf der Brandenburg beseitigt Pribislaw das dreiköpfige Bild der slawischen Gottheit Triglav. Als der Fürst 1150 stirbt, übernimmt Albrecht die Brandenburg. Ein Neffe des Verstorbenen, der Köpenicker Slawenfürst Jaczo de Copnic, pocht jedoch auf alte Rechte und bringt mit einer List die Burg an sich. 1157 erobert Albrecht der Bär im Bund mit Erzbischof Wichmann von Magdeburg die Brandenburg. Der Tag der Eroberung, der 11. Juni 1157, gilt als die Geburtsstunde der Mark Brandenburg, Albrecht trägt den Titel Markgraf. Bei seiner Flucht schwimmt Jaczo, so erzählt eine Legende, auf der Flucht vor seinen christlichen Verfolgern bei Schildhorn im heutigen Wilmersdorf durch die Havel und fleht den Gott der Eroberer um Rettung an. Er kommt heil ans Ufer und löst sein Gelübde ein, Christ zu werden.

Albrecht der Bär aus dem Hause Askanien gilt als eigentlicher Gründer der Mark Brandenburg.

So stellte sich Adolph von Menzel im 19. Jahrhundert die Rückeroberung der Brennaburg durch Markgraf Albrecht den Bären im Jahr 1157 vor.

Brandenburg, seit 1161 auch Bischofssitz, wird das politische Zentrum der Region. Bald geht der Name des Ortes auf das gesamte askanische Herrschaftsgebiet über, das in jenen Jahren wie ein Flickenteppich aussieht. Als der Askanier 1170 stirbt, erbt Sohn Otto I. ein mittelgroßes Fürstentum, das aus Gebieten in der Altmark, im Havelland, in der Zauche, zwischen Prignitz und dem Elb-Havel-Winkel besteht. Hinzu kommen Salzwedel, Stendal und die Gegend zwischen Brandenburg und Nauen. Das Land der Bistümer Havelberg und Brandenburg, wo die Askanier ihren Sitz haben, gehört ihnen ebenso wenig wie der Havelbogen um Potsdam und Spandau. Später erwerben sie Spandau und richten dort ihre Residenz ein. Sie sind die ersten fremden Landesfürsten, die in der Mark heimisch werden. Erst 1172 erkennt Kaiser Friedrich I. Barbarossa (1122–1190) den Markgrafentitel Ottos I. an. Damit ist die Mark Brandenburg erstmals politische Realität geworden.

Siedler und Lokatoren: die Kolonisierung der Mark

»Viele slawische Stämme unterjochte er und zügelte die Aufsässigen unter ihnen. Schließlich schickte er, als die Slawen allmählich abnahmen, nach Utrecht und den Rheingegenden, ferner zu denen, die am Ozean wohnen und unter der Gewalt des Meeres zu leiden hatten, (...) und ließ sie in den Burgen und Sielungen der Slawen wohnen«, berichtet der Chronist von Albrechts Siedlungsaktivitäten.[9]

Nach der Zwangschristianisierung erfolgt in der zweiten Hälfte des 12. Jahrhunderts die Kolonisierung eher friedlich. Albrecht und seine Nachkommen holen Siedler, vor allem Bauern und Handwerker aus dem Harz, aus Thüringen, Westfalen, dem Rheinland, aus Holland und Flandern. Lokatoren verpachten im Auftrag der Fürsten Land und gründen Siedlungen, meistens in der Nachbarschaft slawischer Dörfer. Um die Siedler zu schützen, wirbt Albrecht Adlige aus Sachsen und Thüringen mit ihrem militärischen Gefolge an und verleiht ihnen Rechte über Burgen, Siedlungen und Land, woraus sie ihre Einkünfte beziehen. Vor allem junge, unternehmerische Leute aus dem Süden und Westen des Reiches sind von den ungeahnten Möglichkeiten im Osten, wo es noch Land und Macht zu verteilen gibt, angetan.

Die slawischen Einwohner bleiben in ihren Dörfern und können ihre sozialen Strukturen beibehalten, wenn sie die Hoheit des Markgrafen anerkennen. Ehen zwischen Deutschen und Wenden, wie die Slawen nun auch genannt werden, sind nicht selten. Häufig bleiben auch die slawischen Ortsbezeichnungen erhalten. Noch heute kann man an Ortsnamen diese Entwicklung ablesen. »Groß« vor dem Ortsnamen steht für germanische Siedlungen, »Klein« für slawische. Großmachnow und Kleinmachnow, Großbeeren und Kleinbeeren sind Beispiele hierfür. Im Unterschied zu den Neusiedlern sind die ansässigen Slawen oft Unfreie aus alten und neuen Abhängigkeiten und müssen häufiger Frondienste leisten. Die neuen Siedler erhalten ein bis zwei Hufen Land – die flämische Hufe entspricht etwa 16,8 Hektar – zur Pacht auf Lebenszeit. Das Land kann vererbt werden. Der Hufebauer muss zwar Abgaben und Arbeitsdienste leisten, aber er ist ein freier Mann. Neben Pächtern leben auf den Dörfern Kossäten, die wohl ein Haus besitzen, aber kein gepachtetes Land, und Gesinde ohne Besitz. Gesinde und Kossäten müssen sich beim Hufebauern und den Rittergutsbesitzern verdingen. Mit dem privilegierten Schulzen, oft der vormalige Lokator, einem Schmied und Stellmacher, dem Hirten und einem Krüger, zuständig für Bierproduktion und Ausschank, ist die brandenburgische Dorfgemeinschaft des 14. Jahrhunderts in etwa vollzählig. Müller und Pfarrer sind oft für mehrere Dörfer zuständig, Fischer gehören nicht zur Dorfgemeinschaft. Die Siedler haben bessere Anbaumethoden mitgebracht, die Erträge wachsen, mit der Mark geht es voran.

Um 1220 hat Ritter Eike von Repgow (um 1180–um 1233), der aus der Dessauer Gegend stammt, mit dem »Sachsenspiegel« die bedeutendste und verbreitetste Aufzeichnung geltenden Rechts im mittelalterlichen Deutschland vorgelegt. Noch völlig unbeeinflusst von der Systematik und Begrifflichkeit des römischen Rechts gibt der »Sachsenspiegel« in zwei Teilen – dem Landrechtsbuch und dem Lehnrechtsbuch – geltendes sächsisches Recht wieder, wie es der Verfasser als Schöffe an einem Grafengericht kennengelernt hat. Auch wenn in dem Gesetzeswerk die typisch städtischen Rechtsverhältnisse fehlen, erlangt Eikes Sammlung rasch Gesetzesgeltung, auch in Brandenburg. Erstmals ist im »Sachsenspiegel« das Königswahlrecht verbindlich festgeschrieben. Es benennt die wahlberechtigten Fürsten, zu denen unter anderen auch der Markgraf von Brandenburg gehört. Die Illustrationen und Kommentare der Heidelberger Handschrift sind darüber hinaus auch authentische Zeugnisse für das Zusammenleben der Gemeinschaft aus unterschiedlichen Stämmen.

Unter den sächsischen Askaniern wird in 200 Jahren aus der Mark eine blühende Region. Am Ende ihrer Regentschaft, zu Beginn des 14. Jahrhunderts, sind es etwa 100 neue Städte, die nach westlichem Vorbild entstehen, so z. B. Stendal, Tangermünde, Eberswalde, Oderberg, Angermünde, Frankfurt, Küstrin, Prenzlau, Spandau. In den Städten wohnt eine neue Schicht von Handwerkern und Händlern – wohlhabende und selbstbewusste Brandenburger. Sie bauen prächtige Stadttore und Rathäuser. Noch sind die Städte nicht so reich wie im Süden und Westen oder wie die Küstenstädte der Hanse, aber

Auszüge aus dem »Sachsenspiegel«

Ein Sachse, ein Franke, ein Thüringer und eine Frau, die die Schwaben repräsentiert, stehen vor dem königlichen Richter; Sachse, Franke und Schwäbin weisen auf sich selbst, um auszudrücken, dass sich vor dem Königsgericht jeder von ihnen nach eigenem Stammesrecht zu verantworten hat. Nur der Thüringer weist auf den Sachsen, nach dessen Recht er lebt. (Ldr. III 33 §§ 1 u. 2)

Urteil finden sollen sie nüchtern über jedermann, er sei deutsch oder wendisch, eigen oder frei. Gerichtsszene mit vier knienden Angeklagten, dabei ein Sachse (mit dem Messer), ein Franke (mit Pelzkragen) und ein Slawe (mit kürzerem Haar und Beinriemen). (Ldr. III 69 § 2)

Ein Mann mit 5 Händen. Mit zwei Händen schwört er seinem Herrn die Treue, mit den drei anderen zeigt er, worum es geht, um sich und das Land, das er soeben erhalten hat. (Siehe unterste Abbildung)

Als lebendig geboren gilt das Kind, wenn man seine Stimme an den vier Wänden des Hauses hört. Damit fällt auch dem nach des Vaters Tode geborenen Sohn das väterliche Lehen als Erbe an. (Lndr. 20 § 1)

Ein Reiter darf auf fremdem Feld so viel Korn für sein Pferd schneiden, so weit er mit einem Fuß auf dem Weg stehend erreichen kann. (Ldr. II 68)

ein rückständiges Bauernland ist die Mark Brandenburg nicht mehr. Deutsche Kirchdörfer wie Lichterfelde, Dahlem, Zehlendorf, Mariendorf, Richardsdorf (heute Rixdorf) entstehen neben den alten slawischen Siedlungen. Die Städte Cölln und Berlin am Spreeübergang zwischen Spandau und Köpenick, durch den Mühlendamm verbunden, werden am 28. Oktober 1237 erstmals erwähnt.

Nach und nach erweitern die Askanier ihr Herrschaftsgebiet nach Süden und nach Osten bis zur Warthe. Bereits 1257 gründen sie hier »landisberga nova« – Landsberg. Das Stadtwappen der polnischen Stadt, die inzwischen Gorzow heißt, zeigt bis heute den roten brandenburgischen Adler seiner Gründer. Von den etwa 200 000 Menschen, die um 1300 in der Mark leben, sind immer noch ein Drittel Slawen. Der alteingesessene »Brandenburger« kann davon ausgehen, dass seine Vorfahren Flandern, Sachsen, Westfalen, Slawen oder deren Nachfahren aus Ehen untereinander waren.

Mönche und Missionare

Klöster und Bischofssitze in der Mark entstehen oft unabhängig von den politisch-weltlichen Strukturen oder überlagern diese. Besonders die Zisterzienser wirken bei der feudalen deutschen Ostexpansion mit; ihre Klöster mit den charakteristischen turmlosen Kirchen und dem Dachreiter über der Vierung verbreiten sich weit östlich der Elbe-Saale-Linie. Dabei werden die Mönche nicht selbst als Kolonisatoren tätig, sondern erweisen sich bei der Zwangschristianisierung der Slawen und der Ansiedlung deutscher Bauern als wirksame Verbreiter der neuen Lehre und als unentbehrliche Ratgeber und Lehrmeister in ganz praktischen Dingen.

1124 wird jenseits der Reichsgrenze das Bistum Lebus gegründet, der Ortsname geht wahrscheinlich zurück auf einen Slawenfürsten namens Liubus. 1249/87 kommt es zu Brandenburg und spielt eine wichtige Rolle bei der Osterweiterung der Mark. Kloster Jerichow, 1148 noch vor der Rückeroberung der Brandenburg eingeweiht, ist heute das am besten erhaltene romanische Kloster im nordosteuropäischen Raum. Es vermittelt einen Eindruck von der Lebensweise und der Architektur jener Zeit.

Die Mönche errichten ihr Kloster ab 1144 aus selbst gebrannten Ziegeln. Sie bringen nicht nur die Botschaft Gottes in die Mark, sondern auch hochqualifiziertes Wissen aus dem Südwesten des Reiches über Landwirtschaft, Lebensmittelproduktion, Bauwesen, Werkzeuge und Maschinen. Klöster, wie Jerichow, sind darüber hinaus auch die ersten Handwerks- und Landwirtschaftsschulen in Brandenburg.

Otto mit dem Pfeile: frühe Brandenburger Lyrik

Walter von der Vogelweide ist der wohl berühmteste unter den Minnesängern. Aber auch die Mark hat einen fürstlichen Dichter. Der Askanierfürst Otto IV. (1238–1308) »mit dem Pfeile«, ab 1266 Markgraf von Brandenburg, ist ein gefürchteter Haudegen, aber auch ein sensibler Lyriker, vielleicht der erste Brandenburgs. Im Feldzug gegen die Ungarn hat ihn ein Pfeil am Kopf getroffen, den er aus Misstrauen gegen die Ärzte über ein Jahr nicht entfernen lässt. In der Manessischen Handschrift, der führenden Anthologie für die Minnelieder ihrer Zeit, steht der dichtende Markgraf gleich nach den lyrischen Größen des Reichs an sechster Stelle. Auf dem Bild in der reich illustrierten Sammlung sitzt er mit seiner Gemahlin Heilwig von Holstein beim Schachspiel. Ein Trommler, ein Dudelsackpfeifer und zwei Businenbläser spielen für das Paar. Über allem schwebt der prunkvolle rote brandenburgische Adler. Ein singender Herrscher. Sieben Lieder von »Otto mit dem Pfeile« sind in der Manessischen Handschrift veröffentlicht. Einige Zeilen aus einem Gedicht:

Jerichow in der Altmark gehört zu den am besten erhaltenen Klöstern in Nordostdeutschland.

»Winter, was haben dir getan,
die Blüten, viel minniglich,
und der kleinen Vogelin süßes singen?
Ich weiß fürwahr und ganz und gar,
wenn mich die Wunderbare tröstet,
was kannst du mich dann noch zwingen?
Für eine lange Nacht,
ich gäbe tausend Hände Blüten,
ich habe mich das wohl bedacht,
mich tröstet über alles ihre Güten,
mehr als mir Freude der Mai kann bringen
(...)«[10]

Unter Otto IV. mit dem Pfeile gewinnt die Mark ihre größte Ausdehnung. Als er 1308 stirbt, reicht sie von der Uhre im Westen bis weit über Oder und Warthe bis zur Weichsel im Osten, von der Lausitz im Süden bis an die Ostsee im Norden.

Das Erbe der Askanier und die Wittelsbacher

Das sächsisch-brandenburgische Fürstengeschlecht der Askanier hat mit überwiegend friedlichen Mitteln sein Territorium erweitert. Durch Kauf, Erbschaft oder Heirat, aber auch durch geschickte Diplomatie vergrößern sie die Mark um ein Vielfaches.

45 000 Quadratkilometer groß, 10 000 Quadratkilometer größer als heute, ist die Mark Objekt der Begierde aller Nachbarn, die immer wieder in das Gebiet einfallen, um Grenzregionen des Askanierreichs an sich zu bringen. Legendär ist die Schlacht, die bei Schulzendorf zwischen Eichwalde und Waltersdorf im Südosten des heutigen Berlins stattfindet. Hier schlägt Markgraf Waldemar der Große im August 1316 mit 500 Reitern eine mecklenburgische Streitmacht von 800 Reitern und zahlreichem Fußvolk. Dieser Feldzug ist der letzte Versuch, zu Lebzeiten der Askanier Brandenburgisches Land zu rauben. Drei Jahre später, am 14. August 1319, stirbt Markgraf Waldemar im Alter von 40 Jahren an heftigem Fieber. Der Leichnam wird einbalsamiert und im Kloster Chorin beigesetzt, dem Waldemar zuvor einige Dörfer geschenkt hat. Seine Ehe mit Agnes von Brandenburg ist kinderlos geblieben. So fällt die Mark an den zehnjährigen Vetter Heinrich, genannt das Kind. Wer Heinrich das Kind hat und sich als dessen Vormund bezeichnen darf, der hat auch die Mark.

Mit einem Kindesraub beginnt ein für das Mittelalter durchaus nicht untypischer Kampf um das askanische Erbe. Herzog Wratislaw IV. von Pommern-Wolgast bemächtigt sich des

Markgraf Otto IV. beim Schachspiel mit seiner Gemahlin

KLÖSTER UND KIRCHENGRÜNDUNGEN

Einige der nachfolgend genannten Bauten existieren nicht mehr in ursprünglicher Gestalt, sondern wurden überbaut oder rekonstruiert. Hier die Gründungsdaten:

937 Kloster Magdeburg, später Erzbistum, Ausgangspunkt der Missionierung der ostelbischen Gebiete, Dom erhalten

948 Bistum Brandenburg, Dom und Kloster erhalten

948 Bistum Havelberg, Dom und Kloster erhalten

1124 Bistum Lebus, Kirche zerstört

1148 Kloster Jerichow (Prämonstratenser), Kirche und Kloster erhalten

1171 Kloster Zinna bei Jüterbog (Zisterzienser), Kloster erhalten

1183 Kloster Lehnin (Zisterzienser); Grablege der ottonischen Linie der Askanier, teilweise erhalten

1228 Doberlug (Zisterzienser), Kirche erhalten

1231 Marienfließ bei Putlitz (Zisterzienser), Kirche erhalten

1246 Neuruppin (Dominikaner), Kirche erhalten

ca. 1250 Kloster Zehdenick (Zisterzienser), Ruine

1258–72 Kloster Chorin (Zisterzienser), Grablege der Johanneisch/Stendaler Linie der Askanier, Kloster weitgehend erhalten, Kirche teilweise erhalten

1269 Kloster Boizenburg (Zisterzienser), Ruine

1271 Graues Kloster Berlin (Frankziskaner), Kirchenruine

1275 Prenzlau (Dominikaner), Kirche erhalten

1299 Himmelpfort (Zisterzienser), Grablege Albrechts III. († 1300), Ruine

um 1300 Cottbus (Franziskaner), Kirche erhalten

Knaben Heinrich und beansprucht als sein Vormund die Mark. Ein anderer entfernter Verwandter, Herzog Rudolf von Sachsen, erklärt sich daraufhin zum Vormund der Witwe und zum alleinigen Erben der Mark. Agnes entledigt sich des Vormunds durch Heirat mit dem Herzog von Braunschweig, Otto dem Milden. Rudolf von Sachsen unternimmt einen zweiten Versuch, indem er Heinrich das Kind Anfang 1320 dem Kindesentführer raubt. Als der elfjährige Heinrich im Sommer stirbt, hat Rudolf keine Handhabe mehr, sich die Mark legal anzueignen. Dennoch okkupiert er Teile des Landes. Dem wird erst durch die Wittelsbacher ein Ende gesetzt.

Die Mark in Acht und Bann

Nach dem Tod des rechtmäßigen Erben, des Kindes Heinrich, fällt nach dem Lehnsrecht die Mark Brandenburg an den deutschen König Ludwig aus dem Geschlecht der Wittelsbacher zurück. So wird ein Bayer Regent der Mark, die fast 200 Jahre den Sachsen gehört hat. Im April 1323 erklärt König Ludwig der Bayer die Mark zum »*erledigten und heimgefallenen Reichslehen*« und belehnt auf dem Reichstag zu Nürnberg seinen ältesten Sohn Ludwig mit dem Land. Die Beurkun-

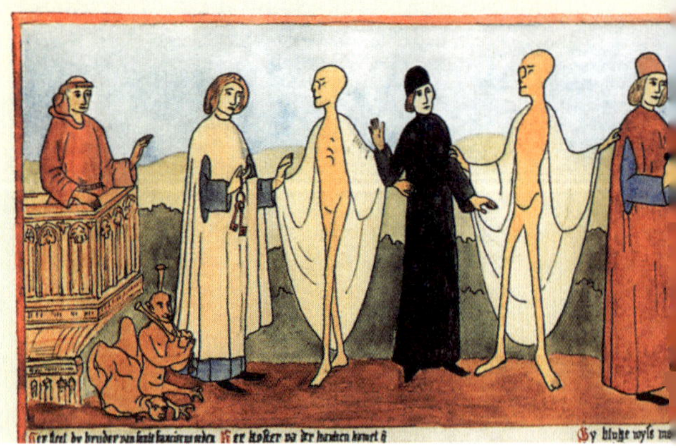

Darstellung des Totentanzes in der St. Marienkirche in Berlin

dung erfolgt im Juni 1324. Sohn Ludwig ist gerade mal acht Jahre alt. In der Folge nimmt der Kampf um den Besitz der Mark, in den mehrere unmündige Söhne der Wittelsbacher verwickelt sind, europäische Dimensionen an. König Ludwig, mit Papst Johannes XXII. wegen des Anspruchs auf die deutsche Krone zerstritten, wird am 8. Oktober 1323 vom Papst ultimativ aufgefordert, die Königswürde niederzulegen und die Verleihung der Mark zu widerrufen. Da Ludwig nicht gehorcht, werden er und sein Sohn Ludwig ein Jahr später vom Papst mit dem Bann belegt. Ludwig der Bayer wird später (1327) nach Italien ziehen, Johannes XXII. als Papst ab- und dafür Nikolaus V. einsetzen und sich 1328 zum Kaiser krönen lassen, ehe er 1347 bei einer Wildschweinjagd in der Nähe von München das Zeitliche segnet.

Noch schreiben wir das Jahr 1323. In diesem Jahr geraten auch Berlin und Cölln in Acht und Bann, nachdem eine erregte Volksmenge vor der Marienkirche für Ludwig Partei ergriffen und den Probst und Papstanhänger Nikolaus von Bernau gelyncht hat. Ein Sühnekreuz hinter der Kirche erinnert heute an den Lynchmord. 22 Jahre dauert es, bis der Bann wieder aufgehoben wird. Die Mark, über die der Papst ebenfalls den Bann verhängt hat, muss sogar 31 Jahre auf dessen Aufhebung warten. Für Handel und Gewerbe hat diese Zeit schlimme Folgen, denn mit Gebannten und Geächteten darf man sich nicht einlassen, also auch nicht handeln. Einzig einkerkern oder umbringen darf man sie, ohne dafür bestraft zu werden. Leben und Schaffen werden erst leichter, als die Sanktionen 1358 endlich aufgehoben werden. Zuvor werden die Märker allerdings noch von weiterem Unheil heimgesucht.

1348 taucht plötzlich ein (falscher) Markgraf Waldemar auf – anfangs von König Karl IV. gegen die Wittelsbacher unterstützt –, der behauptet, 1319 weder gestorben noch in Chorin begraben worden, sondern in aller Stille ins Heilige Land gepilgert zu sein. Verunsicherte und intrigante Fürsten und Städte, unzufrieden mit der nicht eben segensreichen Herrschaft der Wittelsbacher, nutzen die Chance, sich mithilfe des falschen Waldemar von Markgraf Ludwig loszusagen. Der falsche Markgraf, versehen mit einem unverkennbaren Merkmal des richtigen, einer Narbe im Gesicht, bringt Unruhe in die Mark. Später stellt sich heraus, dass es sich um einen Hochstapler handelt, vermutlich einen Müller namens Meinecke oder Rehbock aus der Gegend um Dessau. Als 1349 die Mark auch noch von der Pest heimgesucht wird, glauben viele an eine Gottesstrafe. »*Geißler*«

Im Kloster Chorin wird 1319 Markgraf Waldemar der Große beigesetzt.

und »*Flagellanten*« ziehen durchs Land und rufen: »*Nun hebt auf eure hende, dass Gott das große sterben wende*«. Die Mark liegt am Boden.

Erst als Markgraf Ludwig den Böhmen Karl IV. als rechtmäßigen deutschen König anerkennt, wachsen die Chancen einer gütlichen Einigung. Waldemar (bzw. Meinecke oder Rehbock) wird entlarvt und fallengelassen. Einige brandenburgische Städte mauern zum Zeichen der Reue die Stadttore zu, durch die der falsche Waldemar zur Huldigung in die Stadt eingezogen ist. Markgraf Ludwig tritt 1351 die Mark an seine Brüder Ludwig den Römer und Otto den Faulen ab. Beide verwalten die heruntergekommene Mark aus der Ferne. Der eine sitzt in Oberbayern und Tirol, später in Prag, der andere in Rom.

Die Kurmark Brandenburg

Ab 1298 besteht das Gremium, das den deutschen König wählt, aus sieben Kurfürsten, zu denen auch der Markgraf von Brandenburg gehört. Erst 1356 wird das geltende Wahlrecht von Kaiser Karl IV. in der »Goldenen Bulle« festgeschrieben. Vier weltliche und drei geistliche Kurfürsten wählen den König. Das Reglement schreibt vor, dass der Erzbischof von Mainz die anderen sechs innerhalb von 30 Tagen nach Frankfurt beordert. Ihr Gefolge darf 200 Berittene, darunter maximal 50 Bewaffnete, nicht überschreiten. Erscheint ein Kurfürst nicht pünktlich, verfällt seine Stimme. Für die Wahl haben die Fürsten einen Monat Zeit. Können sie sich nicht einigen, müssen sie so lange bei Wasser und Brot beraten, bis sie eine Wahl getroffen haben. 1356, beim Reichstag zu Nürnberg, gehören die Erzbischöfe von Mainz, von Köln und von Trier, der König von Böhmen und die Kurfürsten von Sachsen, der Pfalz und von Brandenburg zum Wahlgremium. Somit ist der brandenburgische Kurfürst, zu diesem Zeitpunkt Ludwig der Römer, einer der mächtigsten Männer des Reiches. Im Range eines Erzkämmerers darf er bei Abhaltung eines Reichstages dem deutschen König das Wasser zum Waschen der Hände reichen und bei feierlichen Aufzügen, links von ihm schreitend, das Zepter tragen. Aber noch ist das Kurrecht nicht vererbbar und nur auf Lebenszeit zugesprochen.

1365 stirbt Ludwig der Römer im Alter von 35 Jahren in Berlin. Sein jüngerer Bruder, Otto der Faule, wird Landesherr. Wie die meisten Markgrafen dieser Epoche wohnt er weit weg. Otto heiratet Kaiser Karls IV. verwitwete Tochter Katharina und lebt deshalb am kaiserlichen Hofe in Prag. 1371 kommt es zum Krieg zwischen ihm und dem Schwiegervater, der die Mark für seinen Sohn Wenzel übernehmen will.

In Fürstenwalde wird zum ersten Mal ein Vertrag, der märkische Geschicke betrifft, auf märkischem Boden unterzeichnet. Am 15. August 1373 erklärt dort der unterlegene Otto der Faule seinen Verzicht auf die Mark, die er seinem Schwiegervater Kaiser Karl IV. und dessen Sohn Wenzel überlassen muss. Otto wird mit mehreren Besitzungen in Süddeutschland, 100 000 Gulden Entschädigung und einer gediegenen Leibrente abgefunden. Kurwürde und Erzkämmereramt behält er auf Lebenszeit. In Prag darf er bei der feierlichen Belehnung seines Schwagers mit der Mark durch Schwiegervater Karl IV. wie immer das Zepter tragen. Mag sein, dass ihm dieses Spiel endgültig die Lust an der Politik und an der Ehe mit des Kaisers Tochter nimmt. Jedenfalls zieht er sich auf sein Schloss Wolfsstein bei Landshut zurück, wo er in den Armen einer schönen Müllerstochter namens Margarethe Trost gefunden haben soll. Als Otto 1379 im Alter von 37 Jahren stirbt, fällt die Kurwürde an den Kaiser zurück, der nun als König von Böhmen bei der Kurfürstenwahl zwei Stim-

Der Kaiser des Heiligen Römischen Reichs deutscher Nation wird von den sieben Kurfürsten gewählt, darunter dem von Brandenburg (o.r.). Schedelsche Weltchronik, 1493.

DIE MARK BRANDENBURG ZWISCHEN 1365 UND 1450

Das »Landbuch der Mark Brandenburg« von 1375 ist die erste umfassende Bestandsaufnahme der Mark, viele Orte werden hier erstmals genannt. Aus der Aufstellung geht unter anderem hervor: Über 80 Prozent des Landes sind bäuerlicher Hufenbesitz, weniger als 10 Prozent gehören zu Rittergütern. Das zeigt, wie wenig abhängig die Bauern zu diesem Zeitpunkt noch sind.

Schließt man von der Höhe der Steuern (Landbede) auf die Größe der Orte, zeigt sich, dass Prenzlau, Stendal, Berlin-Cölln und Frankfurt/Oder mit 500 Mark die größten Städte sind, gefolgt von Brandenburg mit 300, Landsberg/ Warthe mit 250, Treuenbrietzen mit 200, Spandau mit 120, Wriezen mit 20 und Lippehne mit 15 Mark.

Geschätzte Einwohnerzahlen und Landbesitz einzelner Gemeinden:

Gardelegen	900 Einw.
Werben	1300 Einw.
Seehausen	2800 Einw.
Osterburg	1500 Einw.
Neuruppin	2000 Einw.
Beeskow	1300 Einw.
Berlin	6000 Einw.
Glinik (Altglienicke)	49 Hufen
Bistesdorf (Biesdorf)	62 Hufen
Smekewitz (Schmöckwitz)	53 Hufen
Blankenburg	42 Hufen
Wentzschenbuk (Buch)	40 Hufen
Bonistorpp (Bohnsdorf)	25 Hufen
Kare (Karow)	42 Hufen
Helwichstorpp (Hellersdorf)	25 Hufen[15]

men besitzt. Damit endet die Herrschaft der Wittelsbacher Bayern nach 50 schlimmen Jahren. Es folgen fünf gute Jahre unter der Herrschaft des Geschlechts der Luxemburger.

Die Herrschaft der Luxemburger

Kaiser Karl IV. (1316–1378), in Prag geboren, ist für einen mittelalterlichen Herrscher ein hochgebildeter Mann. Aufgewachsen am französischen Hof, hat er in Paris nicht nur Lesen, Schreiben, Rechnen, Französisch und Latein gelernt, sondern auch Diplomatie, Rhetorik, Musik und Astronomie studiert. Noch nie hat die Mark einen so gebildeten Regenten besessen. Und Karl hat im Gegensatz zu seinen Vorgängern und manchem seiner Nachfolger ein reges Interesse an seiner Erwerbung. Nach der Abfindung Ottos reitet Karl IV. am 7. September 1373 in Tangermünde ein, das er neben Prag zur zweiten Residenz ausbauen will. Der Grund dafür mag sein, dass die Stadt mit dem Schiff leicht von Prag über Moldau und Elbe zu erreichen ist.

Bereits ein Jahr später ist Karl wieder in der Mark, diesmal mit Familie und Gefolge. Planmäßig lässt er Tangermünde zur Zweitresidenz umbauen. Auf dem Burghof steht das Denkmal des Kaisers mit dem berühmten Landbuch in der Hand. Das »Landbuch der Mark Brandenburg«, von Karl IV. in Auftrag gegeben und 1375 erschienen, ist die erste umfassende Bestandsaufnahme der Mark. Es enthält detaillierte Angaben über Siedlungen, Besitztümer, Abgaben und Verpflichtungen der Städte, Dörfer und Siedler gegenüber kirchlichen und weltlichen Lehnsherren. Es nennt 72 größere und 51 kleinere Städte, Burgen und Burganlagen. Viele brandenburgische Orte und Dörfer werden hier zum ersten Mal urkundlich erwähnt und führen ihre Jubiläen auf das Landbuch zurück. Die jährlichen Einnahmen, die der Kaiser abschöpft, belaufen sich auf rund 33 000 Mark, das sind etwa zwei Zentner Gold. Aufgelistet werden ebenfalls 20 Adelsgeschlechter und ihre Stammsitze. Unter ihnen auch Gans zu Putlitz und die Quitzows, von denen noch die Rede sein wird.

Es existiert ein Gerichtswesen, und in den größeren Städten gibt es schon eine Polizei. Die mischt sich auch in die Mode ein. Bekannt geworden ist die Berliner Kleiderordnung. Sie legt den Besuch von Wirtshäusern fest, den Einsatz bei Glücksspielen, den Aufwand, der bei Festen betrieben werden darf, verordnet eine Sperrstunde und richtet sich vor allem gegen die luxuriöse Kleidung der modebewussten Bürgerinnen: »*Die Berliner Frauen und Jungfrauen sollen nunmehr nicht mehr Geschmeide anlegen, als eine halbe Mark wiegen mag, keine goldenen Kleider tragen und auf Zobel und Borten an den Kleidern verzichten.*«[11]

Löhne und Preise

Angaben über Löhne und Preise existieren nur vereinzelt und sind regional unterschiedlich. Insofern können die folgenden Sachverhalte lediglich Orientierungspunkte sein.

Für eine Elle Leinen erhält der Leineweber knapp 2 Pfennige, der Schneider für das Nähen einer Hose 1 Pfennig, für einen Männerrock 4, für einen Frauenrock 6 Pfennig. Für 1 Pfennig kann der Schneider zwei bis vier Brote kaufen oder dafür ein großes Bier trinken. Die Tonne Bier kostet 28 Groschen. Wein ist deutlich teurer.

Ein Tagelöhner verdient für 10 Tage Holzschlagen 12 Groschen. Davon könnte er 60 Eier für 3 Groschen, 30 Brote für 2 Groschen und 2 Pfund Butter für 1 Groschen, dazu 3 Hühner für 1 Groschen und 1 Hose plus zwei Röcke für 1 Groschen kaufen, dazu ein

JAHR		PREIS
1346	1 Hose nähen	1 Pfennig
	Männerrock	4 Pfennige
	Frauenrock	6 Pfennige
1375	120 Hühner	1 Pfd. Pfennige (240 Pfg.)
	1 Huhn	2 Pfennige
	1 Stück Käse	4 Schillinge (48 Pfg.)
	1 Pfd. Butter	0,3 Schillinge (4 Pfg.)
	1 Schaf	4 Schillinge (48 Pfg.)
1380	Scheffel Salz	12 Pfennige
	1 Ochse	1 Mark 18 Schillinge (465 Pfg.)
	1 Ochsenhaut	12 bis 16 Schillinge (144–192 Pfg.)
	1 Kuhhaut	6 bis 8 Schillinge (72–96 Pfg.)
1440	10 Pfd. Wolle	ca. 10 Schillinge (120 Pfg.)
1445	1 Huhn	8 Pfennige
	1 Gans	2 Groschen (16 Pfg.)
1450	1 Tonne Bier	28 Groschen (224 Pfg.)
	2 Liter Bier	3 Pfennige
1467	Scheffel Roggen	4 bis 5 Schillinge (48–60 Pfg.)

Brandenburgische Münzen

Eine bedeutende Quelle für das mittelalterliche Preisgefüge sind die Entschädigungssummen oder Lösegelder, die gezahlt werden müssen, wenn Raubzüge stattgefunden haben. In der ersten Hälfte des 15. Jahrhunderts wurden unter anderem gezahlt:

Ganzes Dorf	200 Mark
Ganzer Hof	80 Mark
Reitpferd	20 Mark
Stadtbürger	20 Mark
Knecht	12 Mark
Armbrust	12 Mark
Scheune mit Korn	10 Mark
Haus	7 Mark
Frau	6 Mark
Ochse	4 Mark
Arbeitspferd	3 Mark
Kuh	1 bis 4 Mark

halbes Schaf für 4 Groschen, macht zusammen 12 Groschen.

Bauen kann er mit diesem Geld nicht, bereits ein Schalbrett kostet 1 Groschen, die Bohle 3 Groschen und 100 Ziegelsteine sind mit vier Groschen deutlich billiger als ein Schloss mit Schlüssel für 8 Groschen.

Die Mark wird geplündert

Am 19. November 1378 stirbt Kaiser Karl IV. in Prag. Sein erster Sohn Wenzel ist bereits 1376 zum deutschen König gewählt worden, sein zweiter Sohn Sigismund wird zunächst Regent der Mark Brandenburg, später König von Ungarn. Mit der Mark kann er nun nichts mehr anfangen. Er verpfändet das weit entfernte Land gegen Zahlung von 500 000 Goldgulden, das sind ca. 40 Zentner Gold, an seinen Vetter, den Markgrafen Jobst von Mähren. Der neue Markgraf ist in Brandenburg noch seltener zu sehen als die Wittelsbacher. Die Folge ist eine Zeit allgemeiner Anarchie.

Überall in Deutschland hat sich die Zahl der abgabenpflichtigen Bauern verringert, weil viele in die prosperierenden Städte abwandern, um dort ihr Glück zu versuchen. Handwerker und Händler werden immer reicher. Sie kaufen von den Adligen Land und verpachten es weiter an die Bauern. Dadurch erhält der Landadel immer weniger Abgaben. Also holen sich die Ritter, was ihnen nach ihrer Auffassung zusteht. Keiner kann sie daran hindern, denn der Markgraf sitzt in Mähren und hat weder Geld noch Lust, sich um die Probleme der Brandenburger zu kümmern.

Die Quitzows sind unter den gebürtigen Adelsgeschlechtern, die sich nicht um den fremden Regenten scheren und konsequent eigene Interessen verfolgen, die dreistesten. Sie machen sich damit die märkischen Bürger und Bauern, die durchziehenden Händler und den Regenten Jobst von Mähren, der 20 Tagereisen weit entfernt wohnt, zu Feinden. Ursprünglich beheimatet in Quitzow in der Prignitz, nutzen die Quitzows geschickt Abwesenheit und Führungsschwäche des Regenten aus. Sie unterwerfen und erwerben systematisch Burgen und Besitztümer, die ihnen eine beherrschende Machtposition in der Mittelmark sichern. Ab 1375 residieren sie in Kletzke in einer Wasserburg; von hier aus kontrollieren sie die Handelsstraße Berlin–Lübeck und plündern regelmäßig Kaufmannszüge aus. Durch Heirat und Ankäufe erwerben sie Friesack, Rühstädt, Plaue, Stavenow, Saarmund, Bötzow und Beuthen. Besonders segensreich ist die Heirat des Dietrich von Quitzow mit Elisabeth von Landsberg und die seines Bruders Hans mit der Tochter des Landhauptmanns Lippold von Bredow. Hans übernimmt dessen Burg Plaue samt Elbfähre, damit kontrolliert er die Straße von Berlin

Jobst von Mähren erhält 1388 die Mark Brandenburg als Pfand.

und Brandenburg Richtung Westen nach Magdeburg. Sein Schwiegervater, der vom Markgrafen dafür bezahlt wird, Raubrittern wie Hans und Dietrich das Handwerk zu legen, nimmt gelegentlich selbst an den Raubzügen teil. Das Beispiel macht Schule. Bald gibt es eine Reihe miteinander konkurrierender Wegelagerer. Die Konflikte zwischen den Städten und den Raubrittern spitzen sich zu. Letztere sind faktisch die Beherrscher der Mark. In einem überlieferten Brief verlangt Dietrich um 1400 von den Lichtenberger Bauern 10 Schock, also 600 böhmische Groschen.

Indessen geht außerhalb der Mark deren Ausverkauf weiter. Im Sommer 1402 verkauft König Sigismund den jenseits der Oder gelegenen Teil der Nordmark für 63 200 ungarische Gulden an den Deutschen Orden, eine geistliche Rittergemeinschaft. Sigismund hat damit nicht nur das Werk seines Vaters zerstört, sondern auch die territorialen Erfolge der Askanier zunichtegemacht. Jobst von Mähren, der wieder einmal Geld braucht, besucht im Herbst 1403 die Mark und überrascht die Märker bei seiner Abreise mit der Mitteilung, dass sie nunmehr 4000 böhmische Schock und 9820 ungarische Gulden Schulden bei seinem Schwager Wilhelm hätten.

Als Jobst fünf Jahre später erstmals wieder in der Mark erscheint, hat er abermals nur Geschäfte im Sinn. Chronist Engelbert von Wusterwitz bemerkt dazu: »*(...) auch ist dis jahr groß jammer und klagen der armen leute gewesen, dadurch der markgraf billig bewogen sollte sein, sein armes volk zu besuchen und zu retten und wundert sich sogleich, dass die Quitzows, die solches jammers und betrübnis die größte ursach gewesen*«,[12] vom Markgrafen nicht als Feinde, sondern als Partner behandelt werden. Statt die Quitzows niederzuwerfen, verpfändet der machtlose und geldgierige Jobst am 5. Oktober 1408 Strausberg gegen 400 und am 28. Januar 1409 Rathenow gegen 600 Schock böhmischer Groschen. Im Spätsommer schließlich wird die strategisch wichtige Festung Friesack am Rhin gegen 2000 Schock Groschen gar verkauft. Jobst verlässt die Mark mit vollen Taschen nach einem Aufenthalt in Berlin. Befriedet hat er nichts, verkauft hat er manches. Die Mark ist fast pleite. Da nun, schreibt der Chronist, »*marggraf Jodocus aus der marke gezogen, ist sie bald mit räuberei erfüllet, und je näher der marke, je gefährlicher hat man gereiset, wann die Quitzowen haben auf offenbaren straßen geraubet*«.[13]

Als Jobst von Mähren 1411 stirbt, ist die Mark eine der unsichersten Landschaften im Reich. Handwerk, Handel und Landwirtschaft leiden unter der Raubgier des einheimischen

DIE QUITZOWS

1276
Erstmalige Erwähnung der Sippe von Quitzow vertreten durch Conrat de Quittsow, eine Familie wendischer Abstammung, ursprünglich Vasallen des Geschlechts Gans von Putlitz, später führender und raubgieriger märkischer Landadel.

1375
Die Quitzows übernehmen Burg Kletzke und überfallen immer wieder Händler an der Straße Berlin–Lübeck.

1384
Die Quitzows erhalten Rühstädt mit einträglicher Elbfähre zum Lehen.

1390
Die Herzöge Heinrich von Lüneburg und Erich von Sachsen belagern vergeblich die Burg Kletzke unter dem Stammvater Kuno von Quitzow.

1391
Dietrich von Quitzow wird bei der Belagerung von Milow (bei Rathenow) gefangen genommen und dem Erzbischof von Magdeburg ausgeliefert, »der ihn 4 jahr auf sein handgelübde in bestrickung hält«.

1392
Die Quitzowbrüder Dietrich und Hans retten Albrecht Schenk von Landsberg und seine Tochter unweit von Quitzöbel vor anderen Straßenräubern. Zum Dank darf Dietrich 1394 Tochter Elisabeth heiraten.

Konrad und Margarete von Quitzow. Glasmalerei aus der Kirche von Kuhsdorf in der Prignitz, um 1260/70.

1400
Hans von Quitzow heiratet die Tochter Lippold von Bredows und übernimmt die Wasserburg in Plaue. Von hier aus überfällt er Kaufmannszüge an der Straße Berlin–Magdeburg.

1402
Dietrich von Quitzow scheitert bei dem Versuch, Bernau einzunehmen.

1402
Die Quitzows rauben dem Bischof von Lebus 56 Pferde.

1404
Dietrich von Quitzow erobert im Auftrag der Bürgerschaft gegen Honorar Strausberg von den Pommernherzögen zurück. Er leiht Jobst von Mähren 400 Schock böhmischer Groschen.

1404
Dietrich von Quitzow nimmt Bötzow (heute Oranienburg) ein. Die Berliner zahlen ihm ein jährliches Schutzgeld von 800 Groschen.

1409
Burg Friesack fällt an die Quitzows.

1410
Conrad von Quitzow ertrinkt in der Elbe.

1410
Dietrich von Quitzow überfällt Berlin und Cölln.

1414
Hans von Quitzow wird von Truppen Friedrichs I. in Plaue gefangen genommen.

1415
Dietrich von Quitzow brennt Nauen aus Rache nieder.

1416
Johann von Quitzow wird im Juni freigelassen.

1417
Dietrich von Quitzow stirbt im Elend.

1547
Anna von Quitzow, Äbtissin des Klosters Heiligengrabe, widersetzt sich der Reformation. Im 16. Jahrhundert wird aus den Quitzows wieder ein ehrbares Adelsgeschlecht.

1606
Ein Dietrich von Quitzow wird brandenburgischer Feldmarschall.

1819
Die Gemeinde verkauft das Quitzower Rittergut wieder an die Familie Otto von Quitzow.

Raubritter beherrschen um 1400 faktisch die Mark. Illustration aus dem 19. Jahrhundert

Adels. Nach Jobsts Tod fällt, wie 23 Jahre zuvor, die Mark Brandenburg wieder zurück an König Sigismund. Er residiert an der Donau im ungarischen Ofen, dem heutigen Buda(pest). Im April macht sich in Berlin eine Abordnung der brandenburgischen Stände auf den Weg nach Ofen. Am 1. Mai erscheinen die Gesandten vor dem Kaiser in Buda. Sie beklagen die schrecklichen Zustände in der Mark und bitten den Kaiser um die Einsetzung eines Statthalters. Der Chronist Engelbert von Wusterwitz berichtet: »*Darauff sind etliche vom adel, als sonderlich Caspar Ganß, herr zu Putlitz, der die alte Marcke damals als ein Verweser inne hatte, und von den fürnembsten stedten zwe in Ungarn geschickt, gegen Ofen, dem genannten könige huldung zu thun, welcher ihnen alle ihre privilegia, gerechtigkeiten und alte löbliche gewonheiten mit seinen brieffen und siegel confirmirt und bestetiget hat. Darnach haben sie ihm huldung gethan, mit fleisiger und demütiger bitte, dass er in eigener person die Marcke besuchen und von der Quitzowen beschwerung und bedrängnis erlösen wollte, wan dis were ihrer aller hochliches und hertzliches begern. Darauf hat er verheischen, das er des reichs sachen, dazu er erwelet, zuvor wolte bestellen und als dan in eigener person komen und sehen, wie die Marke gelassen were und umb sie stünde (und) wie ihr zu rathen und zu helffen. Er wollte ihnen aber mitlerweile einen von seinen herrn schicken, der mit weisem rathe und fürsichtigkeit sollte helfen die Marcke zu gutem wesen bringen. Auf solche gute und gnedige vertröstung sind sie widder heimkommen, aber wenig hulfe ist hernach erfolget, und ist die Marcke in irrung und elende blieben.*«[14]

Die »Faule Grete« beschießt Burg Friesack.

KURFÜRSTEN, KIRCHENMÄNNER UND LANDSKNECHTE 1411–1646

Die »Faule Grete« und die Enttäuschung des Edlen Kaspar Gans

Da nimmt 1411 ein Mann die Strapazen der langen Reise nach Ofen auf sich, obgleich er zu den Wenigen gehört, denen die beklagten Zustände in der Mark nichts ausmachen dürften. Die Edlen Gans von Putlitz haben sich mit den Quitzows längst arrangiert, sind doch jene gefürchteten Wegelagerer ehemalige Vasallen der Putlizer, des ältesten brandenburgischen Geschlechts, das in den wirren Jahren nach 1411 hohes Ansehen in der Mark genießt. Alles spricht dafür, dass sich Kaspar Gans an die Spitze der Bittsteller in Budapest setzt, weil er sich selbst dem König als Landhauptmann oder gar als Markgraf empfehlen will. Den Quitzows jedenfalls, so lassen ihre Äußerungen vermuten, hätte es gefallen: »*Jaspar Gans van Putlist, der wer on markgrave noch*« (der wäre Markgraf genug),[1] äußern sie.

Doch König Sigismund hat andere Interessen. Er will die Entwicklung in der Mark unter Kontrolle bekommen, und er will seinen besten Mann, den Nürnberger Burggrafen Friedrich VI. aus dem Hause Hohenzollern, für dessen Dienste und die Kredite, die er dem König gewährt hat, belohnen. Friedrich ist die rechte Hand des Königs, Spezialist für komplizierte Aufgaben, ehrgeizig und loyal. Am 8. Juli 1411 ernennt König Sigismund Friedrich VI. zum obersten Hauptmann und Verweser der Mark. Ein epochales Ereignis für Brandenburg, denn damit beginnen mehr als 500 Jahre ununterbrochene Hohenzollernherrschaft. 100 000 rote ungarische Gulden bekommt Friedrich als Anschubfinanzierung dazu. Mit der Hypothek wird die Mark belastet. Damit ist der Schuldenberg der Brandenburger noch mehr gewachsen.

In der Bestallungsurkunde des Königs heißt es: »*Da wir zu der sorgenvollen Bürde und Arbeit, die uns die Regierung unserer Königreiche, Länder und Leute auferlegte, auch noch zum Oberhaupt des Heiligen Römischen Reiches berufen sind, tritt an uns die Notwendigkeit heran, Fürsten zu berufen, durch welche die Länder, die wir in eigener Person nicht regieren können, gleichwohl versehen und unsere Sorge und Bürde einigermaßen verringert werden. Und da wir die Mark Brandenburg, die uns etwas abgelegen ist, desto aufmerksamer in unserer Beachtung haben, da sie unser väterliches Erbe und unser erstes Fürstentum ist, erschien es uns geraten, dass wir sie mit einem solchen Verweser und Hauptmann versehen, der es versteht, sie mit Weisheit und Redlichkeit zu verwalten und ihr den Frieden zu geben.*«[2]

Das sind klare Worte. Und zudem eine Disqualifizierung des Brandenburgischen Bewerbers, den der König möglicherweise nicht

Zu Beginn seiner Herrschaft über die Mark residiert Burggraf Friedrich von Hohenzollern in Tangermünde.

für hinreichend redlich hält. Kaspar Gans, der Bewerber aus Brandenburg, bekommt vom König ein Trostgeschenk. Er wird zum Amtmann der Prignitz bestellt, erhält deren Einkünfte und obendrein noch jährlich 6000 Groschen, das sind 200 Mark, vom König. Offenbar ist er damit nicht zufrieden.

Als der Hohenzoller ein ganzes Jahr später, am 10. Juli 1412, in der Stadt Brandenburg die Ständeversammlung einberuft, um die Huldigung entgegenzunehmen, gibt es Widerstand. »*Etliche aber vom adel, sonderlich die Quitzower, Caspar Ganß, herr zu Putelitz, Wichart von Rochow und Achim von Bredow mit ihrem anhange, sind zurücke getreten, wan sie hatten sich mit einem eidt verbunden, widder den herrn burggraffen feste beeinander zu stehen. Darumb haben sie sich der huldung geweigert und verechtlich gesprochen: Es ist ein Tand von Nürenberg.*«[3]

Friedrich VI. begegnet diesem Putschversuch mit diplomatischem Geschick. Der König verschickt etwa 20 persönliche Briefe an die widerspenstigen Adligen, sodass die meisten von ihnen, diesmal in Berlin, »*eintrechtiglich komen und, der Quitzowen gunst hindan gesetzt, zum Berlin die huldung gethan haben*«.[4]

Die Quitzows und ihre Kumpane sind nunmehr isoliert. Der Hohenzoller sammelt eine kleine, aber schlagkräftige Streitmacht. Vom Deutschen Orden und von anderen Fürsten borgt er sich einige der gerade erfundenen Kanonen. Berlin und andere Städte schmelzen ihre Kirchenglocken ein, um weitere Geschütze zu gießen. Die märkischen Raubritternester sind den neuen Waffen nicht gewachsen. Eine Burg nach der anderen fällt. Besonderen Ruhm erwirbt sich die »Faule Grete«, eine Kanone aus Eisenguss, die von 25 Pferden gezogen werden muss. Die Bombardiere benötigen drei Stunden Vorbereitung, um das Geschütz mit 30 Pfund Pulver und einer 24 Pfund schweren Steinkugel zu laden, die die dicke Feldsteinmauer der Burg durchschlägt. Eine Burg nach der anderen muss kapitulieren. Über zwei Jahre benötigt der Hohenzoller, um in der Mark Ordnung zu schaffen. Dennoch ist er nicht auf Vernichtung, sondern auf Integration des einheimischen Adels aus. Am Ende bekommen die aufsässigen Ritter, auch die Quitzows und Putlitz, ihre Besitztümer zurück, werden wieder in ihre Rechte eingesetzt, erhalten sogar neue Ämter. Friedrich VI. ist langfristig auf das Bündnis mit den märkischen Adligen in der Auseinandersetzung mit den Nachbarn angewiesen.

Zwei Jahre residiert der neue Markgraf auf der Tangermünder Burg. 1413 und 1414 werden dort nach über hundert Jahren zum ersten Mal wieder in Brandenburg Nachfolger eines Regenten geboren: Friedrich II. (1413–1471), genannt Eisenzahn, und Friedrich III. (1414–1486), genannt Achilles. Als Letzterer im November 1414 das Licht der Welt erblickt, weilt sein Vater bereits in Konstanz. Während der Abwesenheit des Markgrafs führt dessen Gattin und Mutter der beiden Knaben, Elisabeth von Bayern-Landshut, genannt die »schöne Else«, das Regiment in Brandenburg.

Das Konzil zu Konstanz

Das Konstanzer Konzil wird ein mittelalterliches Gipfeltreffen der Superlative. Auf Drängen Königs Sigismund von Papst Johannes XXIII. einberufen, nehmen daran teil: 29 Kardinäle, etwa 300 Bischöfe und Prälaten, über 150 Fürsten und Grafen, 2000 Universitätsdoktoren, Priester, Mönche, Edelleute, Gesandte. Ferner zahlreiche Händler, Bäcker, Metzger, Köche und auch 1500 Prostituierte zum Zeitvertreib der höheren und niederen Herrschaften. Insgesamt besuchen in den vier Jahren etwa 70 000 Personen das Konzil. Es dauert ein halbes Jahr, bis alle eingetroffen sind. In Konstanz verdreifachen sich die Preise.

Ein gigantisches Arbeitsprogramm muss absolviert werden. Drei amtierende Päpste müssen vom Konzil ausgeschaltet, die Kirche reformiert, die Ketzerei bekämpft werden. Die Belehnung einiger Fürsten mit der Kurwürde und die Wahl eines Papstes, auf den sich alle einigen können, stehen ebenso auf dem Programm wie die Verurteilung des Rektors der Prager Universität Jan Hus.

Das wichtigste Ereignis für die Brandenburger findet bereits am 30. April 1415 statt und macht als Jahr des Dynastiewechsels in der brandenburgischen Geschichte Epoche: die Belehnung Friedrichs mit der Mark und die Verleihung der Kurwürde, die nun – und das ist neu – nicht mehr auf Lebzeiten verliehen, sondern an die Regentschaft der Hohenzollern gebunden und in ihrer Dynastie vererbbar ist. Eine mehr als 500-jährige Herrschaft der Hohenzollern beginnt. Und über der wechselvollen Geschichte der preußischen Könige und deutschen Kaiser gerät manchmal in Vergessenheit, dass der letzte Hohenzollernherrscher, Willhelm II., bis zu seiner Abdankung auch Kurfürst von Brandenburg gewesen ist.

König Sigismund belehnt Friedrich I. in Konstanz mit der Mark Brandenburg. Illustration von 1900

Die Mark verschleißt ihre Regenten

Der Hohenzoller setzt das fort, was alle Brandenburger Markgrafen vor ihm bereits praktiziert haben: Er ist selten da. Letztlich steht er in Diensten des Königs und muss sich außerdem auch noch um seine Besitzungen im Südwesten des Reiches kümmern. So kommt es wieder zu den alten Zuständen. Die Wegelagerei beginnt von Neuem, ebenso die Raubzüge der Nachbarn. Unsicherheit und Not machen sich breit. Erst 1420 erobert Friedrich die Macht in Brandenburg zurück. Wenn er allerdings der Region den Rücken kehrt, reißen die alten Verhältnisse wieder ein. Nach 1426, immerhin sind es noch 14 Jahre bis zu seinem Tod, lässt sich der Kurfürst nicht mehr in Brandenburg blicken. Er zieht sich auf seine fränkischen Besitzungen zurück. So ist er im Gedächtnis der Brandenburger immer

EREIGNISSE AUF DEM KONSTANZER KONZIL

5.11.1414
Beginn des Konzils

28.11.1414
Erstes Verhör des Reformators Jan Hus

30.4.1415
Belehnung Friedrichs VI. mit der Würde eines Markgrafen, Kurfürsten und Erzkämmerers des Heiligen Römischen Reiches (mit den neuen Titeln wird aus Friedrich VI. nun Friedrich I.)

10.5.1415
Die Herzöge von Pommern-Stettin werden nach Klage Friedrichs I. mit der Reichsacht belegt.

29.5.1415
Absetzung des Pisaner Papstes Johannes XXIII.

4.7.1415
Absetzung des römischen Papstes Gregor XII.

6.7.1415
Der tschechische Reformator Jan Hus wird, obwohl er einen Schutzbrief des Königs Sigismund besitzt, als Ketzer auf dem Scheiterhaufen verbrannt.

26.7.1417
Absetzung des Avignoner Papstes Benedikt XIII.

18.8.1417
Feierliche Belehnung des Markgrafen Friedrich I. mit der Mark Brandenburg und allen Rechtstiteln (erst hiermit wird die Mark zum erblichen Besitz der Hohenzollern)

11.11.1417
Ein neuer Papst, Martin V., wird gewählt; Ende des seit 1370 andauernden Abendländischen Schismas.

22.4.1418
Ende des Konzils

Papst Martin V. und König Sigismund

ein fremder Verwalter geblieben und hat, im Gegensatz zu den Askaniern des 13. Jahrhunderts, nie ganz zu den einheimischen märkischen Fürsten gehört. Betrachtet man die Regentenwechsel der nächsten 60 Jahre, muss man den Eindruck gewinnen, dass die Verwaltung der Mark einen nach dem anderen verschleißt. Keiner der drei Söhne Friedrichs bleibt bis zu seinem Tod im Amt. Alle übergeben die Geschäfte vorzeitig ihrem Nachfolger und ziehen sich in die geordneten Verhältnisse ihrer Besitzungen in Franken zurück.

Kurfürst Friedrich I. muss die Mark gegen Angriffe der Hussiten verteidigen.

Bernauer Bier und die Hussiten

Nach der Hinrichtung des Reformators Jan Hus versuchen dessen radikal-fundamentalistische Anhänger, unter ihnen auch böhmische Adlige, seine Reformen, vermischt mit nationalen Interessen, militärisch durchzusetzen. Es kommt zu den Hussitenkriegen (1419–1436), in denen sich immer wieder katholische Heere und Hussiten gegenüberstehen. Auch in diesem Krieg ist es wieder einmal eine unschuldige Bevölkerung in Dörfern und Städten, die unter Überfällen und Brandschatzungen leiden muss.

Kurfürst Friedrich I. wird 1428 und 1431 von König Sigismund zum Hauptmann des Reichsheeres gegen die Hussiten bestellt. Daraufhin fallen die Hussiten auch in Brandenburg ein. Die Vorstädte Frankfurts gehen in Flammen auf. Es kommt zu Plünderungen und zu Brandschatzungen in der Umgebung Berlins, bei Fürstenwalde und Strausberg, dann ziehen die Verbände in Richtung Bernau.

Am 23. April 1432 muss es zu einem für die Hussiten verlustreichen Gefecht vor den Mauern Bernaus gekommen sein, denn sie treten bald darauf den Rückzug aus der Mark Brandenburg an. Ein Ereignis, das noch heute in Bernau als Volksfest gefeiert wird.

Darf man der Legende glauben, so rettet Bernauer Bier den Ort vor der Brandschatzung durch die »böhmischen Ketzer«. Rechtzeitig gewarnt, verteidigen 1200 Bernauer Bürger die Stadt, während Frauen und Mädchen Würzreste, Seihe, Schlempe, Maische und kochendes Wasser zu einem heißen Brei verrühren, der den anstürmenden Feinden auf die Schädel gegossen wird.

Bierbrauerei und Bierhandel gehören im 15. Jahrhundert bereits zu den wichtigsten Wirtschaftszweigen der märkischen Städte. Bernauer Bier ist im Mittelalter weithin gefragt und wird sogar bis nach Hamburg und Stettin exportiert. Bier ist ein Volksgetränk. Der Tag beginnt mit Warmbier, zwischendurch löscht Braunbier den Durst, am Abend betrinkt man sich mit stärkerem Gebräu. Im Mittelalter haben Bierkoster, sogenannte »Bierkieser«, die Aufgabe, die Qualität des

Bernauer Bier wird im Mittelalter über die Grenzen der Mark hinaus exportiert.

Bieres zu prüfen. In Bernau bedient man sich dafür einer einfachen, aber wirkungsvollen Methode: Die »Bierkieser« kommen mit Lederhosen bekleidet in die Brauerei, begießen eine hölzerne Bank reichlich mit Bier, setzen sich dann mehrere Stunden, um ausgiebig zu bechern und zu speisen. Klebt nach dieser Prozedur die Lederhose an der Bank fest, wird das Bier für gut befunden. Über den Geschmack des Bernauer Bieres lassen sich heute kaum noch seriöse Werturteile finden – die »Klebefähigkeit« aber ist weit über die Grenzen Brandenburgs hinaus gerühmt worden.

Der Berliner Unwille

Am 20. September 1440 stirbt Friedrich I. auf der Kadolzburg bei Nürnberg. Sein Nachfolger in Brandenburg und zweiter Sohn Friedrich II. ist ein gebildeter, kultivierter Regent. Er gründet – ohne große Resonanz – in der ruppigen Mark den Schwanenorden. Jeder Ritter, der ihm beitritt, verpflichtet sich, nicht die Ehe zu brechen, nicht unkeusch zu leben, nicht zu rauben, keinen Verrat zu üben und nicht übermäßig zu trinken. Weder die Quitzows noch die Bredows oder die Gans von Putlitz treten dem Orden bei.

Der Kurfürst ist dennoch kein Leisetreter, wie es das »Schwanengelübde« vermuten lässt. Sein Beiname »Eisenzahn« sagt genug. Nicht nur dem einheimischen Adel stutzt er energisch die üppig gewordenen Schwingen, auch gegenüber den Städten greift er rigoros durch. Die Rechte der aufmüpfigen Patrizier schränkt er – oft zugunsten der weniger privilegierten Bürger – ein, wobei er allerdings seinen eigenen Vorteil nie aus den Augen verliert.

Die Städte sind inzwischen zu selbstbewussten politischen Größen geworden, sodass es zwangsläufig nicht ausbleiben kann, dass es zwischen ihnen und dem Landesherrn zu Machtkämpfen kommt. Kurfürst Friedrich II. will in Berlin/Cölln ein Schloss bauen, denn das bisherige markgräfliche administrative Zentrum, die »aula Berlin« in der Klosterstraße, genügt zwar bürokratischer Verwaltung, aber nicht der Repräsentanz. So ein Schlossbau ist zuerst ein Akt höchster symbolischer Bedeutung, denn eine Burg innerhalb der Stadtmauer ist für die Stadtbürger eine schwere Demütigung. Eine Stadt gehört nicht dem Kurfürsten oder einem Adligen, sie gehört ihren Bürgern, deren gewählte Ratsherren über ihre Geschicke bestimmen. Die Städte haben sich ihre Rechte und Privilegien

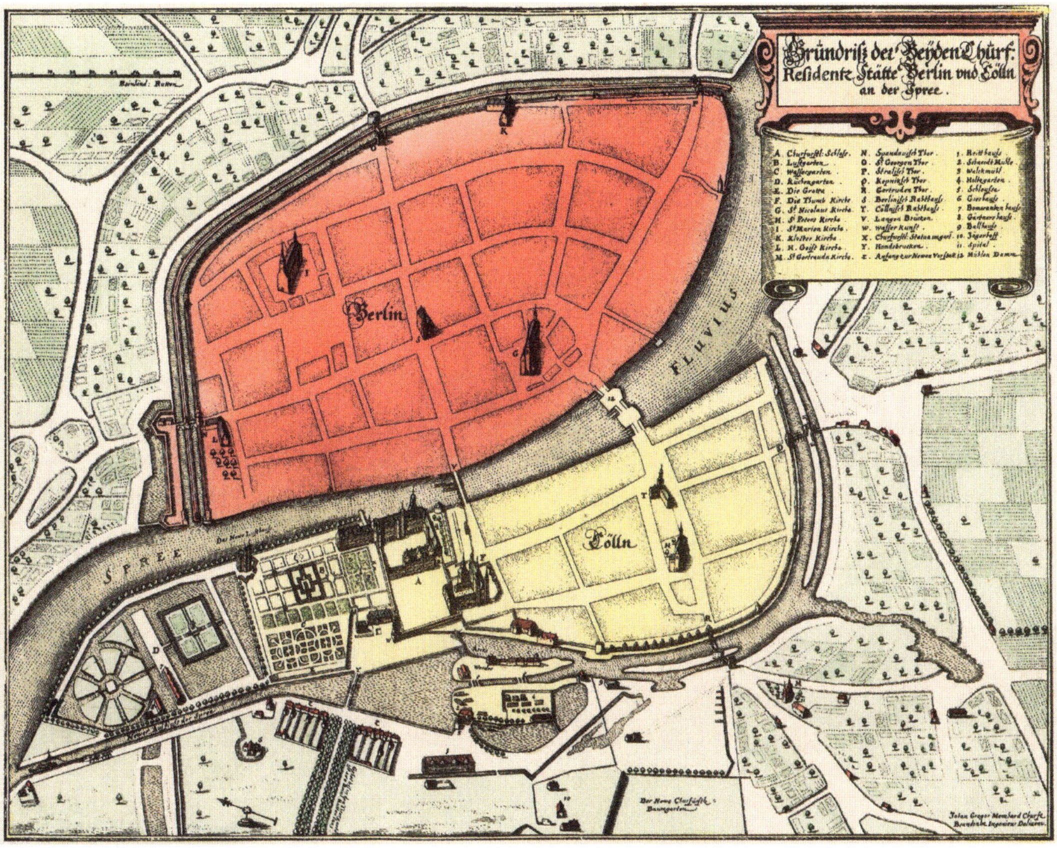

Das Residenzschloss Friedrichs II. in Cölln an der Spree (hier auf dem berühmten Memhardt-Plan von 1652) wird zum Stein des Anstoßes.

teuer erkauft, sie müssen, um ihren Anteil an den landesherrlichen Aktivitäten, wie militärischen Schutz, Verwaltungsaufgaben, Verkehrswege etc. zu finanzieren, regelmäßig Steuern zahlen, was oft zu Differenzen mit der Bürgerschaft führt. Der Rat der gerade vereinigten Städte Cölln und Berlin liegt 1442 mal wieder im Streit mit den Bürgern und macht den Fehler, Friedrich II. als Schlichter zu bestellen. Der nutzt, einmal in der Stadt, die Situation für sich und fordert Bauland für ein Schloss und erhält auch ein »Filetstück« direkt an der Spree. In den Jahren nach der Grundsteinlegung 1443 kommt es immer wieder zu Ausschreitungen der Bürger gegen den Schlossbau. Sie empfinden das Schloss als »Zwingburg« und »Zügel der alten Freiheit«. Die Bauleute werden am Betreten der Stadt gehindert, Steine fortgeschafft, ein Sperrzaun errichtet, die kurfürstliche Kanzlei gestürmt und Urkunden vernichtet, Stauwehre zerstört und Baugruben geflutet. Dennoch kann der Bau des Schlosses nicht verhindert werden. In den Geschichtsbüchern hat dieser Streit den Namen »Berliner Unwille« bekommen.

Am 12. März 1451 kann der Kurfürst das Schloss zu Cölln beziehen. Noch ist es nicht seine Residenz, aber immer häufiger finden hier landesherrliche Verwaltungsakte statt. Friedrich II. hat sich gegen das Selbstbestimmungsrecht einer Stadt durchgesetzt. Das führt letztlich dazu, dass die deutsche Hauptstadt später einmal Berlin heißt und nicht Brandenburg, Oranienburg, Tangermünde oder Potsdam. Die Stadt Brandenburg verliert an Bedeutung, ihren Namen jedoch trägt jetzt das ganze Land.

Friedrich II. bemüht sich durch Krieg und Diplomatie, Brandenburg wieder die Größe der Askanierzeit zu geben. Der wichtigste Schritt dahin ist 1454 der Rückkauf der Neumark jenseits der Oder vom Deutschen Orden.

König Sigismund hatte das Gebiet 1402 für 63 200 Gulden an den geistlichen Ritterorden verkauft. Nun verpfändet der in Geldnöte geratene Orden das Land an Friedrich II. für lediglich 40 000 Gulden. Friedrich II., das zeigt eine Episode gegen Ende seines Lebens, ist ein realistisch denkender Herrscher. Nachdem ihm zuvor schon die polnische Krone angeboten worden ist, trägt ihm im Jahr 1467 der Papst die böhmische Königskrone an. Ein verlockendes Angebot – Böhmen ist reich, verbunden mit einer weiteren Kurstimme. Doch Friedrich ist nicht machthungrig und lehnt ab, *»weil ich hart verwundet und geen auf der Gruben«*.[5] Er ist krank und müde und übergibt drei Jahre später die Amtsgeschäfte seinem Bruder Albrecht III. Achilles. Friedrich II. zieht sich nach Franken zurück, wo er 1471 kinderlos stirbt.

HÄUFIGER WECHSEL: DIE REGENTEN DER MARK

1426
Friedrich I. überträgt die brandenburgischen Amtsgeschäfte seinem Sohn Johann I., genannt der Alchimist (1406–1464).

1437 Friedrich I. entlässt seinen Sohn Johann I. aus dem Amt und macht seinen zweiten Sohn, den gebürtigen Tangermünder Friedrich II., genannt Eisenzahn (1413–1471), zum Herrn der Mark.

1440
Friedrich II. erhält die Kurfürstenwürde über eine in dieser Zeit geteilte Kurmark; der Bruder Friedrichs II., Friedrich der Fette (um 1424–1463), erhält die Altmark und die Prignitz, die nach dessen Tod wieder an Fredrich II. fallen.

1470
Friedrich II. Eisenzahn übergibt die Geschäfte seinem Bruder Albrecht III., genannt Achilles (1414–1486).

1473
Albrecht III. Achilles tritt das Amt vorzeitig an seinen Sohn Johann II., genannt Cicero (1455–1499), ab; in seiner Amtszeit verfügt er die Primogenitur (Erbfolge des Erstgeborenen) und die Dispositio Achillea (Unteilbarkeit der Mark).

1486
Johann II. Cicero erhält die Kurfürstenwürde.

1499
Joachim I. Nestor (1484–1535), Sohn von Johann II., wird Kurfürst.

1535
Joachim II. Hektor (1505–1571) wird Kurfürst; erneut kommt es zur Teilung der Kurmark, und Joachims Bruder, Johann zu Küstrin (1513–1571), erhält die Neumark und einige andere Gebiete; da beide im gleichen Jahr sterben und Johann keine männlichen Nachkommen hat, fällt die wiedervereinte Mark an den Sohn von Joachim II. Hektor.

1571
Johann Georg Oeconomus (1525–1598), Sohn von Joachim II. Hektor, wird Kurfürst.

1598
Joachim Friedrich (1546–1608), Sohn von Johann Georg, wird Kurfürst.

1608
Johann Sigismund (1572–1619), Sohn von Joachim Friedrich, wird Kurfürst.

1619
Georg Wilhelm (1595–1640), Sohn von Johann Sigismund, wird Kurfürst.

Achilles und Cicero

Albrecht III., genannt Achilles, im Fränkischen aufgewachsen, zu Hause auf vielen Schlachtfeldern der Epoche, hat mit seinen 56 Jahren wenig Lust, sich noch um die langweilige, öde und unwirtliche Mark Brandenburg zu kümmern. In seine Regierungsjahre fallen eine Reihe militärischer Auseinandersetzungen mit den Pommernherzögen und den Ungarn, die Achilles mithilfe seiner fränkischen Verwandten und einheimischen Ritter schließlich für sich entscheiden kann. Albrecht Achilles muss die militärische und politische Unterstützung der märkischen Adligen teuer mit Land und Herrschaft bezahlen. Die märkischen Geschlechter von Schulenburg, von Alvensleben, von Bredow, von Arnim, von Sparr und von Hotzendorff legen während jener Jahre den Grundstock für ihre umfangreichen Besitztümer. Solange es keine Händel gibt, bleibt Albrecht im Süden und überlässt die Geschäfte schon 1473 seinem Sohn Johann II., genannt Cicero. Im gleichen Jahr verfügt Albrecht III. das Hohenzollernsche Hausgesetz, die »Dispositio Achillea«. Es legt fest, dass die Mark Brandenburg nicht verkauft, nicht verpfändet und nicht aufgeteilt werden darf, sondern als Ganzes dem Erstgeborenen, dem Kurprinzen, zu vererben ist. Diese Bestimmung hilft Kurfürst Friedrich III., genannt das »schiefe Fritzchen« und ab 1701 König in Preußen, als 250 Jahre später auch nachgeborene Stiefbrüder erben sollen, sein Erbe zu retten.

Der Kurfürst und sein Sohn sind ständig in Geldnot. Hofhaltung und militärische Auseinandersetzungen mit den Nachbarn und dem einheimischen Adel verschlingen große Summen. Schon 1472 fordern sie auf einem Landtag in Berlin-Cölln von den Ständen und Städten 100 000 Gulden, die durch Bier- und Weinsteuern aufgebracht werden sollen. Die Verhandlungen enden mit einem Vergleich. Die Städte und Stände zahlen die 100 000 Gulden in Raten innerhalb von vier Jahren, werden aber für diese Zeit von der Landbede, einer Jahressteuer, befreit. Das Thema Geld bleibt, solange Albrecht III. lebt, zwischen Vater und Sohn ein Konfliktstoff. 1481 schlägt der verschwenderische Johann seinem Vater vor, die väterlichen fränkischen Besitzungen gegen die Mark zu tauschen, da diese nicht genug abwerfe. Der Vater schreibt verärgert,

Albrecht III. Achilles (hier mit seiner Frau Anna) legt fest, dass die Mark Brandenburg nicht verkauft, sondern nur vererbt werden darf. Gemälde aus dem 17. Jahrhundert

wenn Johann besser haushalten könnte, würde es auch *»in sein alten tagen«* zur Jagd und zur Falkenbeize und um *»ein tanz mit den schönen frauen zum Berlin«* reichen. Einige Jahre später, als Johann erwägt, für das Königsamt zu kandidieren, macht ihm der Vater klar, dass Johann gerade dafür nicht geeignet sei. Der Kaiser und König solle *»ein merer des reichs sein und nicht sein minderer«*. Bisher habe Johann die (ungeheure) Summe von 400 000 Gulden erhalten und ausgegeben, *»aber wer kann erneren ein verdorben man?«*[6]

Johann II. Cicero erbt die Mark von seinem Vater im Jahr 1486. Er geht in die Geschichte ein als klug, gebildet, friedliebend. Als Schlichter soll es ihm durch eine mehrstündige lateinische Rede gelungen sein, die Könige von Polen, Ungarn und Böhmen zu einer friedlichen Beilegung des Streits um Schlesien bewogen zu haben – allerdings mit 6000 zu allem entschlossenen Reitern als stille Drohung vor den Toren der Stadt. Während seiner Amtszeit beginnt mit dem Kamenzer Vertrag von 1483 eine Friedensperiode für die Brandenburger, die fast 150 Jahre währen soll, eine gewaltige Atempause für Wirtschaft und Politik. Johann Cicero ist beliebt, er gilt als Einheimischer, da er seit seiner Jugend im Lande lebt. Dennoch revoltieren einige Städte, als er 1488 die Bierziese für sieben Jahre festschreibt. Unter den Städten ist auch Tangermünde, das damit vielleicht seine Chance, für immer Residenzstadt der Mark zu werden, verspielt. Die Realisierung seines Lieblingsplanes, die Gründung einer brandenburgischen Universität, erlebt Johann II. Cicero nicht mehr. Er stirbt 1499 und wird als erster Hohenzoller in Berlin beigesetzt. Noch heute kann man den prachtvollen Sarkophag, gestaltet von Peter Vischer, im Berliner Dom bewundern.

Mit Johann II. Cicero (hier mit seiner Gemahlin Margarete) beginnt in Brandenburg eine lange Friedensperiode. Gemälde aus dem 17. Jahrhundert

Joachim I. Nestor – der Gerechte

Der neue Landesherr Joachim I., Sohn von Johann II. Cicero aus dem Hause Hohenzollern, ist erst 15 Jahre, als er das Amt des brandenburgischen Kurfürsten übernimmt. Eigenwillig und selbstbewusst lehnt er es ab, sich der Vormundschaft seines fränkischen Onkels Friedrich zu unterwerfen, und regiert mithilfe seiner Räte. Joachim bemüht sich vor allem um die Rechtspflege in der Mark und erhält darum den Beinamen des weisen Königs der griechischen Sage »Nestor«. Joachim Nestor will den adligen Grundherren das Privileg der

Rechtssprechung entziehen und eine »Kammergerichtsordnung«, eine übergreifende Gerichtsbarkeit, vor der alle gleich sind, einrichten. Dieses moderne Konzept scheitert am Widerstand der Städte und Stände. Es gelingt ihm allerdings, die »Constitutio Joachimiae«, ein Erb- und Güterrecht, durchzusetzen und den Städten eine Städteordnung aufzuerlegen. Und er greift bei der Bekämpfung des Raubrittertums hart durch. Innerhalb von zwei Jahren lässt er 40 adlige Wegelagerer hinrichten.

Wie gerecht Joachim Nestor gewesen ist, schildert folgende Episode: Ein Berliner Kaufmann ist überfallen, ausgeraubt und ins Moor geworfen worden. Er kann sich jedoch retten und entdeckt den Täter in der Gefolgschaft des Kurfürsten. Der Betreffende ist der Höfling von Lindenberg, der – der Gunst des Kurfürsten gewiss – die Tat, die man in seinen Kreisen für ein Gewohnheitsrecht hält, auch nicht leugnet. Joachim aber lässt Lindenberg hinrichten. Dadurch zieht er sich den Hass vieler Adliger zu. Man verschwört sich gegen ihn und beschließt, den Kurfürsten auf einer für den nächsten Tag anberaumten Jagd in der Köpenicker Heide zu töten. Der Ritter von Otterstedt ist der Anführer dieser Gruppe. Am Abend vor der Jagd soll er an die Tür der Schlafkammer im Schloss Köpenick die Worte geschrieben haben: *Joachimke, Joachimke, hüde dy! Wo wi dy fangen, so hangen wi dy!* Als der Kurfürst mit kleinem Gefolge am nächsten Morgen zur Jagd aufbricht, kommt ihm ein Bauer entgegen, der ihn warnt, weiterzureiten. Er habc in dcr Heide eine große Schar vermummter Ritter gesehen. Der Kurfürst kehrt um und reitet mit großem Gefolge in die Heide, wo er die Verschwörer dingfest macht. Otterstädt wird gevierteilt und sein Kopf als Abschreckung für weitere Gesinnungsgenossen am Köpenicker Tor in Berlin auf einer Eisenstange aufgespießt.

Kurfürst Joachim I. Nestor verurteilt den Raubritter von Lindenberg. Illustration aus dem 19. Jahrhundert

Viadrina – die erste brandenburgische Universität

Das 15. Jahrhundert stellt das enge feudale Denken vom Kopf auf die Füße: Der Buchdruck wird erfunden, Kolumbus entdeckt Amerika, italienische und deutsche Künstler schaffen neue realistische Gemälde und vollkommene Skulpturen, in denen die Schönheit des menschlichen Körpers gefeiert wird, ein Nürnberger entwickelt den ersten Globus. Kunst und Denken stellen Althergebrachtes infrage, eine neue Zeit ist angebrochen. Sie wird sich in Brandenburg nur zögernd durchsetzen. Die Einwohnerzahl des gesamten Kurfürstentums beträgt wenig mehr als eine halbe Million. Selbst die größeren Städte wie Berlin/Cölln, Brandenburg, Frankfurt und Stendal haben keine 10 000 Einwohner. In den anderen Städten leben wenige Tausend, ja manchmal nur etliche Hundert Menschen.

1506 verkündet Joachim Nestor die Stiftung *»einer Werkstätte vertiefter Wissenschaft,* *vielfältiger Kenntniss, eines täglichen Marktes des Lernens, genannt öffentliche Universität«*[7] in Frankfurt/Oder. Am 26. April 1506 eröffnet er zusammen mit seinem Bruder Albrecht und dem Bischof von Lebus, Dietrich von Bülow, die »Alma Mater Viadrina« (die an der Oder Gelegene). Das Jahr 1506 macht deutlich, wie lange die Mark Brandenburg im geistigen Dunkel zugebracht hat. Fast 400 Jahre vorher wurde die erste europäische Universität in Bologna gegründet, 50 Jahre später 1168 die Universität von Oxford, 1348 die erste deutsche Universität in Prag. Zur Begründung führt der Kurfürst an, dass die Studienanstalten in Deutschland noch weit zurück seien. Das kann nur als Eigenwerbung verstanden werden, denn die Frankfurter Universität ist zwar die erste in der Mark, aber die 14. in Deutschland und die 59. in Europa.

Friedrich der Große schreibt später in seinen Geschichtsbetrachtungen: »*Die Verhältnisse änderten sich erst unter dem Kurfürsten Johann Cicero, der die ersten Versuche machte, das Volk aus seinem Stumpfsinn und seiner Unwissenheit emporzureißen. Es hieß schon viel in jenen finsteren Zeiten, wenn man seine Unwissenheit einsah. Zwar war dies erste Aufleuchten eines neuen Geistes nur ein schwaches Dämmerlicht, doch führte es immerhin zur Gründung der Universität in Frankfurt an der Oder (1506). Der Leipziger Professor Wimpina wurde der erste Rektor der neuen Hochschule und verfasste deren Statuten. Tausend Studenten ließen sich im ersten Jahre in die Matrikel einschreiben.«*[8]

Ausgebildet werden Theologen, Juristen, Mediziner, Poeten, Grammatiker, Logiker, Rhetoriker, Arithmetiker, Astronomen, Geometer und Musiker. Rektor Conrad Wimpina (1460–1529), Professor der Theologie, ermuntert Interessenten, der Student könne hier mit vier märkischen Groschen (32 Pfennigen) in der Woche gut auskommen, und empfiehlt das Gasthaus Zum goldenen Löwen. Ulrich von Hutten hat sich gleich nach der Gründung immatrikulieren lassen. Hier in Frankfurt/Oder veröffentlicht der spätere große Humanist sein Loblied auf die Mark Brandenburg:

Seit 1506 ist Frankfurt/Oder eine Universitätsstadt. Stadtansicht aus dem 16. Jahrhundert

Ulrich von Hutten verarbeitet seinen Aufenthalt in Frankfurt/Oder in einem Loblied auf Brandenburg.

Auch der spätere Revolutionär Thomas Müntzer studiert an der Universität Viadrina.

Markland, unter dem träg sich bewegenden Bären gelegen
Lässt an Üppigkeit weit Gargaras Trift hinter sich.
Äpfel schenkt den Bewohnern der Herbst und saftige Birnen,
Während der Sommer ihm reich spendet der Ernten Ertrag.
Kaum verspürt es des Boreas Frost bei den pechenden Fackeln,
Wimmelt von Blüten, daraus Honig ihm fließet im Lenz.
Rechne dazu die Zucht der Ochsen, die hier wohl in Unzahl
Grasen, wie kaum sie der Strand bietet des ionischen Meeres.
Rüstige Pferd' auch besitzt es und lastengehärtete Esel.
Zahllos zur Weide treibt Herden von Schafen der Hirt;
Aber stille von dem: den Reichtum mehrend durch Fische,
Strömet die Oder hier breit durch das fröhliche Land;
Fische, deren der Don sich nicht und der goldne Orontes,
Phrygiens Xanthus und Roms Tiber so üppig erfreut (...)[9]

Im Wintersemester 1512/13 ist ein gewisser Thomas Müntzer Stolbergensis als Student der Theologie eingetragen. Er wird gut zehn Jahre später zu einem der wichtigsten geistigen Führer der aufständischen Bauern im Bauernkrieg. Etliche Jahre nach seinem gewaltsamen Ende fügt man seinem Namen in der Matrikel einen Vermerk hinzu: Seditiosus! – »Aufrührer«.

Wimpina ist ein verbissener Gegner der Reformation. Die Flamme eines neuen Geistes versucht er kleinzuhalten. Unter ihm profiliert sich die Viadrina zu einer der konservativsten Universitäten Deutschlands, zum »Trutz Wittenberg«. 1518 versteigt sich Wimpina gar, den berüchtigten Ablassprediger Johann Tetzel zum Doktor der Theologie zu promovieren. Bedingt durch die antireformatorische Haltung der Viadrina nehmen die Studentenzahlen ständig ab und sinken 1536 auf ganze 40 Immatrikulierungen. Erst 1599 wird an der Viadrina eine lutherische Universitätsordnung eingeführt.

Der Hostienschändungsprozess

In einer schicksalhaften Spirale bewegt sich das Leben der Juden in Brandenburg. Eine der wenigen Tätigkeiten, die ihnen erlaubt sind, ist das Verleihen von Geld, das »Wuchern«. Damals übliche Zinsen liegen bei 40 Prozent pro Jahr und höher. Das muss geradezu zwangsläufig den Hass der Schuldner auf die »Wucherer« lenken. Hinzu kommt, dass sie oftmals für den Landesherrn Geld besorgen und dadurch zu dessen Unabhängigkeit von den Finanzbewilligungen der Stände beitragen und deren Einfluss untergraben. Jedenfalls entspricht dies einer allseits verbreiteten herrschenden Meinung. Der Kurfürst aber protegiert immer wieder gern aus nämlichen Grund die Ansiedlung von Juden.

Am 10. Dezember 1509 erteilt Joachim die Erlaubnis, dass sich 30 jüdische Familien gegen Zahlung von 270 Gulden für drei Jahre im Land aufhalten dürfen. Damit beginnt eines der dunkelsten Kapitel brandenburgischer Geschichte. Für ihre Zahlungen sind den Juden eigene Rechte und landesherrlicher Schutz versprochen. Die Ruhe währt nur ein Vierteljahr.

Im Februar 1510 stiehlt der Bernauer Kesselschmied Paul Fromm aus der Kirche des osthavelländischen Dorfes Knoblauch eine Monstranz mit zwei geweihten Hostien. Er gesteht zunächst, die Hostien verspeist zu haben. Unter der Folter behauptet er dann, eine Hostie dem Spandauer Juden Salomon verkauft zu haben. Salomon wird gefoltert und gesteht, dass an der Hostienschändung

Dieser Holzschnitt von 1492 illustriert das damals verbreitete Klischee vom angeblichen Hostienfrevel durch Juden.

auch noch andere Juden beteiligt gewesen seien.

Vier Monate später werden Paul Fromm und 40 brandenburgische Juden vor den Toren Berlins hingerichtet. 38 martert man auf der Fahrt zur Richtstatt mit glühenden Zangen, anschließend sterben sie auf dem Scheiterhaufen; die beiden anderen, die sich haben taufen lassen, werden geköpft, was als Strafmilderung gilt. Das Ganze ist eine häufig geübte Praxis der Stände, sich von den Schulden zu befreien und dem Kurfürsten nicht kontrollierbare Geldquellen zu nehmen. Das Vermögen der Juden wird konfisziert, sie selbst wieder aus Brandenburg vertrieben. 30 Jahre später wird Philipp Melanchthon auf dem »Frankfurter Anstand« nachweisen, dass dies ein Justizmord war. Paul Fromm hat seinem Pfarrer gebeichtet, dass er die Juden zu Unrecht beschuldigt habe, der Bischof Hieronymus aber hat dem Pfarrer geboten zu schweigen.

Johann Tetzel und Ritter Hake von Stülpe

Kurfürst Joachim I. Nestor hat einen Bruder und Mitregenten: Albrecht (1490–1571), Bischof von Halberstadt und Erzbischof von Magdeburg, möchte nun noch Kurfürst werden. Er leiht sich vom Augsburger Kaufmann Fugger 29 000 Dukaten. Das Geld wird benötigt, um Ämter abzulösen, Wahlstimmen zu kaufen und vom Papst einen Dispens zu erlangen. Albrecht II. erhält das vakante Bischofsamt von Mainz und damit die Kurwürde. Das Haus Hohenzollern besitzt jetzt zwei Stimmen bei der Königswahl, aber Albrecht hat Schulden. Er engagiert den berüchtigten Ablasshändler Johann Tetzel, der durch den Verkauf von Ablassbriefen in der Mark Brandenburg und anderswo Geld ins Haus bringen soll. Gegen Zahlung festgelegter Summen, die durch eine Preisliste geregelt werden, kann man sich von den Qualen der Hölle, die Tetzel wortgewaltig ausmalt, freikaufen. Dafür erhält man eine Urkunde und Quittung, den Ablasszettel.

»*Unser Herr Jesus*«, heißt es da, »*spreche Dich los durch das Verdienst seines Leidens. Und ich spreche Dich in seiner und der mir übertragenen und Dir zuteil gewordenen apostolischen Vollmacht frei erstens von jeder Strafe der größeren oder kleineren Exkommunikation, wenn Du ihr verfallen bist, sodann von allen Deinen Sünden, gewähre Dir vollkommene Vergebung von allen Deinen Sünden und erlasse Dir auch die Strafen des Fegefeuers, soweit sich die Schlüssel der heiligen Mutter Kirche erstrecken.*«[10]

Ausgestellt am 1. Juli 1517, im Namen des Erzbischofs Albrecht von Mainz und Markgrafen von Brandenburg und im Namen des Papsts Leo X. Offizieller Verwendungszweck der Gelder ist der Bau der Peterskirche zu Rom. Dahin geht aber nur die Hälfte, die andere Hälfte bleibt in Brandenburg. Tetzel ist ein gewaltiger Prediger, der die Zuhörer zum Schaudern bringt und mit seinem Ablass enorme Einnahmen macht, zumal mit den Ablassbriefen auch Straffreiheit vor weltlichen Gerichten in Aussicht gestellt ist. Erhalten geblieben ist die Legende vom brandenburgischen Ritter Hake von Stülpe, der die Ablassidee in seinem Sinne zu Ende denkt. Er verlangt von Tetzel einen Ablassbrief für Sünden, die er erst in Zukunft zu begehen beabsichtigt. Nach zähen Verhandlungen, in denen Tetzel den Preis hochtreibt, verkauft ihm der Mönch schließlich solch ein Papier. Auf der Weiterreise wird Tetzel von Raubrittern überfallen, die ihm seine ganzen Einnahmen wegneh-

Erzbischof Albrecht von Mainz (zugleich Markgraf von Brandenburg) befeuert mit dem Ausstellen von Ablassbriefen die Reformation.

men. Als er ihnen mit allen Qualen der Hölle droht, hält ihm der Räuber einen Ablassbrief unter die Nase, ausgestellt auf den Namen Hake von Stülpe.

Albrecht von Brandenburg kann nicht voraussehen, dass er durch den hemmungslosen Ausverkauf religiöser Werte Zweifler an dieser Kirche auf den Plan ruft und ein Ereignis von weltpolitischer Bedeutung provoziert, das die Allgewalt der Kirche zerstört. So trägt der selbstherrliche Umgang eines Brandenburgers mit der geistlichen Macht wesentlich dazu bei, die Reformation auszulösen.

Im Herbst 1517 erhält der Wittenberger Geistliche und Inhaber der Bibelprofessur an der kursächsischen Universität zu Wittenberg, Martin Luther, genauere Kenntnis über die Methoden des Ablasshandels. Schon durch Gemeindemitglieder hat Luther über die Verbindung des *»großen Schreiers Tetzel mit dem großen Beuteldrescher Fugger«* erfahren. Nun gelangt er in den Besitz eines Exemplars der »Instructio summaria«, der Dienstanweisung Albrechts an seinen Ablassprediger.

Johann Tetzels Ablasspredigten sind Anlass für Luthers Veröffentlichung seiner 95 Thesen.

Martin Luther veröffentlicht daraufhin am 31. September 1517 in Wittenberg, das zur Diözese Brandenburg gehört, seine 95 Thesen »Zur Aufklärung über die Kraft des Ablasses«. Damit beginnt die Reformation. Luthers Angriffe richten sich nun auch gegen Albrecht, den Bruder des Kurfürsten von Brandenburg, seinen Dienstherrn, eben jenen Erzbischof, der die Ablasseinnahmen braucht, um seine Schulden bei Fugger zu begleichen. So ist auch der Kurfürst von Brandenburg Joachim I. Nestor involviert und beteiligt sich 1521 auf dem Reichstag zu Worms maßgeblich an der Abfassung des Wormser Ediktes gegen Luther und seine Schriften – und ist darüber hinaus mitverantwortlich für die Verhängung der Reichsacht, die es jedem bei Straffreiheit erlaubt, Luther zu ergreifen oder zu töten.

Es fehlt dennoch nicht an lutherischen Stimmen im Lande. Umherziehende Handwerker und Mönche verbreiten Luthers Kritik an der überkommenen Institution der Kirche in allen Winkeln des Territoriums. Die neue Lehre nagt als um sich greifender Zweifel am alten Denken. Da hilft es auch nicht, dass Joachim den Verkauf und den Besitz der neuen verdeutschten Bibel verbietet, weil diese verfälscht sei und daraus mancherlei Aufruhr entstehen könne.

Der Aufruhr beginnt sogar zuerst im eigenen Hause. Ostern 1527 schließt sich Joachims Gemahlin, die Kurfürstin Elisabeth (1485–1555), der Reformation an, indem sie das Abendmahl in beiderlei Gestalt nimmt. Der Kurfürst beauftragt daraufhin eine geistliche Kommission damit, zu prüfen, ob Elisabeth wegen ihrer Konversion zum Tode verurteilt oder wenigstens die Scheidung eingeleitet werden könne. Der Hintergrund für letzteres Ansinnen ist ein dauerhaftes außereheliches Verhältnis Joachims mit der

Berliner Bürgersfrau Katharina Hornung, mit der er zwei Kinder hat und deren Gatte, Wolf Hornung, vom Kurfürsten aus der Stadt vertrieben worden ist.

Elisabeth flieht mithilfe ihres Bruders, König Christian von Dänemark, aus dem Berliner Schloss nach Wittenberg in den Schutz des sächsischen Kurfürsten, wo sie auch eine Zeit in Luthers Haus verbringt. Erst 1545 kehrt sie nach Berlin zurück. Joachim I. Nestor stirbt 1535 nach der Rückkehr von einem Jagdausflug. Er wird im Kloster Lehnin aufgebahrt und im Cöllner Dom beigesetzt. Testamentarisch hat er die Landesteilung verfügt und bricht damit als Erster das Hausgesetz. Eidesstattlich hat er sich von seinen Söhnen versichern lassen, dass sie dem alten christlichen Glauben treu bleiben werden. Brandenburg nunmehr ein streng katholisches Land, umgeben von reformierten Nachbarn? Doch die Söhne halten sich nicht an den Eid. Eine neue Zeit beginnt.

Die Selbstjustiz des Hans Kohlhase

»An den Ufern der Havel lebte, um die Mitte des sechzehnten Jahrhunderts, ein Roßhändler, namens Michael Kohlhaas, Sohn eines Schulmeisters, einer der rechtschaffensten zugleich und entsetzlichsten Menschen seiner Zeit.«[11] So beginnt Heinrich von Kleists Novelle über einen Brandenburger, der in Wirklichkeit Hans Kohlhase heißt und ein Berlin-Cöllner Kaufmann ist, der mit Heringen, Speck und Honig handelt.

Auf dem Weg zur Leipziger Messe werden ihm vom sächsischen Junker Günther von Zaschwitz zwei Pferde entwendet und zuschanden geritten. Kohlhase wendet sich an den sächsischen Kurfürsten und fordert Schadenersatz. Nach mehrjährigen Verhandlungen findet am 6. Dezember 1534 im Jüterboger Rathaus eine Vergleichsverhandlung statt. Der Berliner bekommt Recht, doch der sächsische Kurfürst annulliert das Urteil. Daraufhin beschließt Kohlhase, sich selbst Recht zu verschaffen.

Der rebellische Brandenburger Hans Kohlhase wirft sich vor Martin Luther auf die Knie. Illustration aus dem 19. Jahrhundert

Er erklärt dem Junker und ganz Kursachsen die Fehde, brennt das Schloss des Junkers nieder und überfällt im sächsischen Grenzgebiet sächsische Adlige und Beamte des sächsischen Kurfürsten, der ein Kopfgeld von 100 Talern auf Kohlhases Kopf aussetzt. Es ist schwer, Kursachsens »Staatsfeind Nr. 1« habhaft zu werden, denn er findet bei der Bevölkerung zahlreiche Sympathisanten und Helfer. Schließlich kann er jederzeit nach Brandenburg entweichen, wo er den Schutz des Kurfürsten genießt.

Da macht Kohlhase einen folgenschweren Fehler. Gemeinsam mit seinem Kumpan Georg Nagelschmidt überfällt er beim heutigen Kohlhasenbrück bei Berlin einen Silbertransport aus Mansfeld, der für die Münze

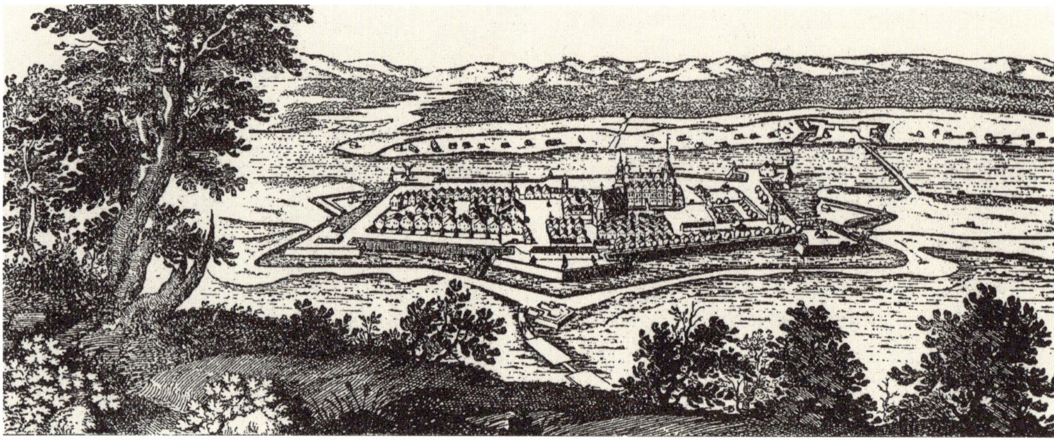

Ansicht der neumärkischen Stadt Küstrin aus dem 17. Jahrhundert

des brandenburgischen Kurfürsten bestimmt ist. Die beiden Räuber werden nach Berlin gelockt. Kohlhase wird im Haus des Küsters der Nikolaikirche, Thomas Meißner, gestellt. Nagelschmidt hat sich im Haus eines alten Ehepaares versteckt. Am 22. März 1540 wird allen fünf im Berliner Rathaus der Prozess gemacht. Kohlhase hält eine dreistündige Verteidigungsrede. Ohne Erfolg. Die beiden alten Leute werden geköpft, das Urteil für die drei anderen lautet Tod auf dem Rad. Noch am gleichen Tag wird das Urteil am Rabenstein, dem Richtplatz vor den Toren Berlins, vollstreckt.

In jeder europäischen Nationalgeschichte gibt es die Gestalt des Selbsthelfers, der erlittenes Unrecht rächt und dabei selbst zum Gesetzesbrecher wird. Und möglicherweise wäre ohne die literarische Überhöhung des Faktes durch Heinrich von Kleist die Gestalt des Hans Kohlhase nicht mehr und nicht weniger als eine lokale Episode geblieben – ähnlich jener der Quitzows. Doch Kunst schafft stets andere Formen von Erkenntnis als das streng Faktische. Und so erscheint uns heute die Figur des Michael Kohlhaas immer auch als ein Gleichnis brandenburgischer und deutscher Geschichte.

Joachim II. und Hans von Küstrin

Der ältere Sohn Joachims I., Joachim II. Hektor, erbt 1535 die gesamte Kurmark, während der jüngere Johann die Neumark und einige andere Gebiete übernimmt. Die Brüder lieben und respektieren einander, obwohl sie verschiedener nicht sein könnten. Johann, der in Küstrin residiert, gilt als sparsam und emsig und wird vom Volk Hans von Küstrin genannt. Auch seine Gattin, Katharina von Braunschweig, erhält beim Volk einen liebevollen Beinamen, »Mutter Käthe«. Bruder Joachim dagegen ist ein Renaissancefürst, der die Verschwendung und das üppige Leben liebt. Ihm wird nachgesagt, so viele Schulden wie kein anderer Landesherr der Hohenzollern gemacht zu haben.

Schon 1535 beginnt Hans von Küstrin in der Neumark die Reformation einzuführen. Am 5. Oktober 1539 tritt auch Joachim II. Hektor zur Reformation über. Für beide bringt der Religionswandel Gewinn. Als Landesherren übernehmen sie den säkularisierten Grundbesitz der Kirchen und Klöster sowie deren Einnahmen. Joachim muss große Teile des neuerworbenen Besitzes an seine Gläubiger im märkischen Adel abgeben. Joachim erlässt eine Kirchenordnung, mit der sowohl Martin Luther als auch der katholische Kaiser Karl V. einverstanden sind, und beruft den Lutherschüler Agricola zum Berliner Hofprediger. Zusammen mit dem Landesherrn treten die meisten Brandenburger zur Lehre Luthers über. Wer katholisch bleiben will, kann dies ohne Nachteile tun. Joachim II. Hektor begründet mit diesem pragmatisch-schlichten Schritt eine Toleranz in Glaubensfragen, die fortan zur brandenburgischen Identitätsfindung beiträgt und hundert Jahre später das Land zum Zufluchtsort für Glaubensflüchtlinge werden lässt. Seine zweite Gattin Hedwig, eine polnische Prinzessin, hält am katholischen Glauben fest und zieht sich zurück auf Schloss Altruppin. Joachim II. Hektor tröstet sich mit der Witwe Anna Sydow, der »Schönen Gießerin«, mit der er auch eine gemeinsame Tochter, Magdalena, hat. Für den Umbau des Berliner Schlosses, den Bau des Jagdschlosses Grunewald und eines dahin führenden Bohlendammes – der später als Kurfürstendamm ein Aushängeschild Berlins werden wird –, für rauschende Feste und Turniere gibt er viel Geld aus. Immer neue Steuern denkt sich Joachim aus, um seine Schulden zu tilgen. Schließlich geht er so weit, am 4. August 1567 ohne nähere Angabe von Gründen bei reichen Berlinern Schmuck, Edelmetalle und Bargeld beschlagnahmen zu lassen. Der Prager Jude Lippold, Münzmeister in Berlin, der den Kurfürsten bei solchen und ähnlich spektakulären Aktionen berät, muss die Unverfrorenheit seines Landesherrn nach dessen Tod schwer büßen. Er wird ein Opfer des latent schwelenden Judenhasses aufgrund von Geständnissen, die unter der Folter erpresst worden sind. Am 28. Januar 1573 wird Lippold in Berlin gevierteilt.

Joachim II. Hektor erbt 1535 die gesamte Kurmark.

Die ungleichen Brüder, die sich so zugetan sind, sterben weit voneinander entfernt fast zur gleichen Zeit. Als Johann die Nachricht vom Schlaganfall seines Bruders Joachim erhält, lässt er ihm mitteilen: *»Er möge mir oben im Himmel bei unserm geliebten Doktor Martin Luther einen Stuhl vorbehalten, dicht neben ihm selber. Wir haben es ein Leben lang neben einander ausgehalten. Warum sollen wir es schließlich nicht auch für die Ewigkeit?«*[12] Joachim stirbt am 3. Januar, Johann am 13. Januar 1571. Johann hat keine Kinder. Joachim II. Hektor hat einen Sohn, Johann Georg. Ihm fällt beider Erbe zu, und die Mark ist wieder ein Ganzes.

Stände und Steuern

Die brandenburgischen Kurfürsten befinden sich in ständiger finanzieller Abhängigkeit von den Ständen. Unmittelbare Einnahmen erzielen sie nur aus ihrem persönlichen Besitz. Alle Ausgaben für Hofhaltung, für die Verwaltung des Landes, für die Finanzierung der kurfürstlichen Aktivitäten im Reich, wie z. B. Teilnahme an Reichstagen, der Erwerb von

STEUERN IM BRANDENBURG DES 16. JAHRHUNDERTS

Brandenburgische Münze aus dem Jahr 1530

Umrechnungswerte:
1 Taler = 1,3 Gulden = 21 Groschen = 168 Pfennige
1 Groschen = 8 Pfennige
1 Gulden = 16 Groschen = 128 Pfennige
1 Mark = 30 Groschen = 240 Pfennige (1 Pfund)

1513
Biersteuer: 12 Pfg./Tonne, ⅓ an Städte, ⅔ an Landesherrn

1549
Erhöhung: auf das Achtfache, 8 Groschen/Tonne

1523
Hufensteuer: 8 Groschen/Hufe/Gewerk von Hüfnern, Fischern, Müllern, etc.

1536
Erhöhung: 16 Gr./Hufe/Gewerk

1544
Erhöhung: 2 Gulden/ Bauernhufe 4 Gulden von geistlicher oder ritterlicher Hufe, 1 Gulden von Kossätenhufe

1540
Landschoß: 1 % vom Besitz plus ½ Gulden vom Hüfner, 8 Groschen vom Kossäten

1542
Landschoß: 1 %, diesmal vom Besitz der Adligen und der Geistlichkeit, 1,5 % Vermögenssteuer Stadtbevölkerung, plus 1 Gulden

1572
Landschoß: 2 Taler/Hufe vom Ritter1 Taler/Hufe vom Bauern

1546
Rossdienststeuer: pro Rossdienst / 3 × 10 Gulden pro Jahr

1551
Erhöhung: pro Rossdienst / 3 × 20 Gulden pro Jahr

1565
Erhöhung: auf 100 Taler pro Pferd

1549
Giebelschoß: 1 Gulden Haussteuer vom Hüfner, ½ Gulden vom Kossäten

Gesindesteuer: 16 Groschen für den Knecht, 8 Groschen für die Magd

Reichs- und Kirchenprivilegien für das Land, die Besoldung der wenigen kurfürstlichen Beamten, die Finanzierung von Kriegen und militärischen Präventivmaßnahmen, müssen auf Landtagen den Ständen abgetrotzt werden. Zu den Landtagen entsenden einerseits die höheren Stände, das sind der geistliche und der weltliche Adel, andererseits die Bürgerschaften der Städte, der dritte Stand, ihre Vertreter. Sind die Schulden des Landesherrn angewachsen, muss er einen Landtag einberufen, um Geld einzutreiben. Als Gegenleistung verlangen die Stände immer neue Privilegien. Die einzelnen Interessen kollidieren häufig miteinander, schmälern dabei aber meist die Macht des Landesherrn. Die Stände erhalten Zollfreiheiten, Handelsfreiheiten, das Recht, vor Gericht klagende Bauern mit drakonischen Maßnahmen zu bestrafen und ihr Land aufzukaufen; den Städten wird sogar zugesichert, dass auf dem Lande kein Bier gebraut und kein konkurrierendes Handwerk betrieben werden darf. Die erhöhten finanziellen Lasten, die solchen Vereinbarungen folgen, werden meist auf den vierten und weitgehend rechtlosen Stand der Bauern, Knechte, Tagelöhner und nicht durch Zünfte geschützte Handwerker abgewälzt. Der Landtag selbst ist eine kostspielige Angelegenheit, denn der Landesherr muss die Zehrungskosten der höheren Stände tragen, die städtischen Abgeordneten müssen dafür selbst aufkommen.

1540 hat der Kurfürst 1145 000 Gulden Schulden, davon übernehmen die Oberstände (Adlige und Geistlichkeit) 700 000 und die Stände 445 000 Gulden. 20 Jahre später zahlen folgende Städte folgende Schoßsteuern: Stendal 4571 Gulden, Berlin/Cölln 3811, Brandenburg 3526, Frankfurt/Oder 3192, Salzwedel 3047 Gulden.

Im Jahr 1564 schlägt der Kammerrat Thomas Matthias vor, die geschätzte Schuld von 1500 000 Talern folgendermaßen zu verteilen: 400 000 Städte, 400 000 Oberstände, 400 000 Landvolk, 300 000 Biersteuer. Sollte die Ritterschaft protestieren, müsste das Landvolk weitere 100 000 tragen.

Am Ende des Jahrhunderts sind die Städte hoch verschuldet, und die Zahl der unbewohnten Häuser in ihnen wächst ständig. Viele Bürger verlassen Brandenburg oder verelenden. Aber auch unter dem Adel gibt es mehr Arme als Reiche. Die meisten Adligen leben in einfachen Fachwerkhäusern, denn der Roggenanbau auf den nicht sonderlich ertragreichen Böden der Mark bringt wenig ein. So wächst der Druck auf die märkischen Bauern, die immer mehr Frondienste leisten müssen. Zahlreiche Naturkatastrophen, Hochwasser im Oderbruch, Pestepidemien brechen über das Land herein. Ausdruck dieser Krisensituation sind in dieser Zeit verfasste Predigten mit apokalyptischen Erwartungen.

Johann Georg

Als Johann Georg Oeconomus 1571 Kurfürst wird, ist die Mark wieder vereint. Mit dem Land erbt er 2,5 Millionen Gulden Schulden von seinem Vater. Johann Georg, wie sein Beiname verrät, ist ein Wirtschaftsstratege. Als Verwalter säkularisierter Bistümer war er schon früh mit der Landesökonomie befasst. Er kümmert sich um eine Neuordnung der verlodderten Güter- und Finanzverwaltung. Wie 200 Jahre zuvor Karl IV. lässt er eine Bestandsaufnahme allen kurfürstlichen Besitzes anfertigen.

Durch strenge Prüfung der Schuldverschreibungen reduziert er den Schuldenberg um eine ganze Million Taler ungerechtfertigter Forderungen. Über die verbleibenden 1,5 Millionen verhandelt er 1552 auf einem Landtag. Es gelingt ihm nicht nur, von den höheren Ständen doppelt so viel Geld einzu-

Kurfürst Johann Georg versucht den Schuldenberg seines Vaters zu verringern.

Die Taufe von Markgraf Sigismund wird 1592 prunkvoll gefeiert, unter anderem mit einen Ringrennen vor dem Berliner Schloss.

treiben wie von den Städten, sondern auch noch eine »Junkersteuer«, eine Art Einkommens- und Rosssteuer, einzuführen. Die Bauern versucht er, vor weiteren Lasten zu schützen, und verweigert sein Einverständnis, »*dass ehrbare und vernünftige vom adel mit ihren leuten so unchristlich umgehen und sie über die gewöhnlichen zwei tage, welche ihnen doch schwer genug werden, mit mehr diensten belegen sollen*«.[13]

Johann Georg begründet auch jene hohenzollernsche Ausländerpolitik, aus der Brandenburg und später Preußen immer wieder Nutzen ziehen werden. Er bietet den Flüchtlingen der niederländischen Glaubenskriege eine Zuflucht und subventioniert die von ihnen mitgebrachten Gewerbe.

1577 erlässt er eine neue Kanzleiordnung, deren Grundlage die Schaffung von fünf Landkreisen ist:

- Altmark
- Prignitz, Ruppin, Ländchen Bellin und Stift Havelberg
- Uckermark, Land Stolp
- Havelland, Glien, Zauche, Bistum Brandenburg, Vogtei Beelitz, Zossen, Teupitz, Beeskow-Storkow, Bärwalde, Neumark (mit eigener Kanzlei in Küstrin)
- Hoher und niederer Barnim, zu dem auch Berlin gehört, sowie das Bistum Lebus

Innerhalb dieser Strukturen sind nun Ausschüsse statt der sporadisch einberufenen

Landtage mit der Festsetzung der Steuern beschäftigt. So gelingt es ihm weitgehend, die brandenburgischen Staatsfinanzen zu konsolidieren. Dass er dennoch bei seinem Tod über eine halbe Million Schulden hinterlässt, schreiben die Historiker auch dem Einfluss seiner lebenslustigen dritten Gattin zu, der zuliebe er im Alter offensichtlich seine Sparsamkeit aufgibt. Als Johann Georg mit 52 Jahren Elisabeth von Anhalt heiratet, ist sie gerade 14 Jahre alt. Sie bringt elf Kinder zur Welt. Wie zu Zeiten Joachim Hectors finden jetzt wieder außerordentlich prunkvolle Tauffeste, Maskeraden, Feuerwerke, Turniere, Tanzfeste und Prunkjagden in Berlin-Cölln und Umgebung statt.

Joachim Friedrich und der Geheime Rat

Johann Georg Oeconomus hat 1596, zwei Jahre vor seinem Tod, testamentarisch eine Teilung des Landes zugunsten seiner Kinder aus dritter Ehe verfügt, deren Auskommen er durch Land und nicht durch Renten sicherstellen will. Seiner Meinung nach würde eine Teilung Streit zwischen den Söhnen vermeiden. Doch Kurprinz Joachim Friedrich (1546–1608) stimmt einer Teilung nicht zu. Mit Maßnahmen, die an einen Staatsstreich erinnern, weiß er den Vollzug des Testaments zu verhindern. Als der Vater Johann Georg am 8. Januar 1598 stirbt, lässt sein Sohn Schloss- und Stadttore schließen und die Amtsstuben versiegeln. Er unterstellt die Garnisonen Küstrin und Peitz seinem persönlichen Kommando, entlässt den bisherigen Kanzler, setzt eigene Leute ein und hebt das Testament auf unter Berufung auf die »Goldene Bulle«, in der die Unteilbarkeit der Kurlande festgeschrieben ist, sowie das hohenzollernsche Hausgesetz. Am 11. Januar 1598 nimmt Joachim Friedrich die Huldigung der Stände im Schloss zu Berlin-Cölln entgegen. Der Huldigungstext wird verlesen und von den Versammelten *»mit aufgereckten Fingern von Wort zu Wort nachgesprochen«*, und danach *»haben sie mit einhelliger Stimme dreimal gar laut geschrieen: Brandenburg, Brandenburg, Brandenburg!«*[14] Auf ähnliche Weise verschafft sich der Kurfürst die Anerkennung seiner Regierung in Küstrin, Cottbus und Peitz. Als am 10. Februar 1598 sein Vater feierlich beigesetzt wird, hat Stiefbruder Christian, Sohn aus der Ehe mit Elisabeth, keine Chance mehr, seinen Teil der Mark, der ihm vom Vater testamentarisch zugedacht ist, zu übernehmen. Joachim Friedrich kann sich aber mit seinen Brüdern ver-

Joachim Friedrich gründet als erster Kurfürst einen »Geheimen Rat«. Illustration aus dem 19. Jahrhundert

gleichen. Im Geraer Hausvertrag wird dann 1598/99 die Unteilbarkeit der Mark erneut festgeschrieben. Als am 26. April 1603 Herzog Georg Friedrich stirbt, vergleicht sich Joachim Friedrich mit seinen Brüdern endgültig und legt den Erbstreit bei.

Auch Joachim Friedrich setzt auf die Einberufung eines Landtags zur Schuldentilgung. Nach zähen Verhandlungen und Überlassung einer Reihe von Privilegien sind 1602 die Schulden von etwa einer Million Taler gedeckt. Im Jahr 1604 gründet Joachim einen Geheimen Rat, dem neun Mitglieder angehören. Dieser Rat tagt zweimal in der Woche und soll den Kurfürsten beraten. Die wichtigsten Mitglieder dieses Rates sind keine geborenen Brandenburger, sondern vom Kurfürsten aus entfernten Regionen berufen, die für Joachim von politischem Interesse sind. Lediglich fünf Räte gehören dem Adel an, vier sind bürgerlich. Diese Einrichtung ist ein erster Schritt zu einer modernen Staatsverwaltung, wie sie in anderen Ländern schon lange üblich ist.

»Joachim Friedrich war der erste Fürst, der einen Geheimen Rat errichtete«, schreibt 150 Jahre später sein Nachkomme Friedrich II. *»Danach lässt sich beurteilen, wie es in diesem rauhen und wilden Land um die Landesregierung, um Rechtspflege und Finanzwirtschaft bestellt sein musste, wenn es bis dahin nicht einmal höchste Beamte für diese Verwaltungszweige gab.«*[15]

In Berlin wird ein oberstes Gericht für die Kurmark eingerichtet, Ämter einer zentralen und kirchlichen Landes- und Kirchenverwaltung haben ihren Sitz im Berliner Schloss der Residenz. Joachim engagiert sich in wirtschaftlichen Fragen. Er investiert in Kupferhämmer, Webereien, Glashütten, lässt Straßen und Kanäle bauen. Er fördert außerdem das Schulwesen. In Joachimsthal gründet er eine »Fürstenschule« für die Begabtenförderung der Adels- und Bürgersöhne. Das Joachimsthalsche Gymnasium erfreut sich bald in ganz Deutschland eines guten Rufes. Joachim Friedrich stirbt am 28. Juli 1608 nach zehn verdienstvollen Regierungsjahren, von der Jagd kommend, im Reisewagen in der Nähe von Grünau.

Der Weg nach Preußen

Johann Friedrichs Nachfolger, Johann Sigismund, ist kein so umsichtiger und fürsorglicher Herrscher wie sein Vater. Er ist bekannt für seine Trunk- und Genusssucht. Laster, die seine Gesundheit früh angreifen. Unbeeinflusst von den Qualitäten des Regenten will es das Schicksal, dass gerade unter seiner Herrschaft die Mark ihre größte Ausdehnung erfährt.

Im fernen Preußen residiert seit vielen Jahren der »geisteskranke« Herzog Albrecht Friedrich unter der Vormundschaft der brandenburgischen Kurfürsten, die an Preußen Lehnsrechte besitzen. Johann Sigismund hat 1591 Anna von Preußen, die Tochter des Herzogs, geheiratet. Sigismunds Vater Johann Friedrich heiratet 1603 Annas Schwester Eleonore und wird damit der Schwager seines Sohnes. So sind Vater und Sohn durch vielerlei Fäden mit Preußen und über die Schwiegermutter Marie Eleonore von Jülich mit rheinischen Besitzungen verknüpft. 1613 bekennt sich der Kurfürst aus politischem Kalkül zum Calvinismus. Damit sichert er sich die Unterstützung der calvinistischen Kurpfalz und der Niederländer beim Kampf ums rheinische Erbe. Die brandenburgische Geistlichkeit protestiert, es kommt zu Ausschreitungen. Die Berliner Tumulte von 1615 zwingen den Kurfürsten, auch den lutherischen Glauben gleichberechtigt neben dem calvinistischen zu tolerieren. Nach langen Verhandlungen und theologischen Streitgesprächen einigt man sich auf die Religionsfreiheit. Die meisten Brandenburger bleiben

Kurfürst Johann Sigismund ist bekannt für seine Trink- und Spielsucht. Illustration aus dem 19. Jahrhundert

Anhänger des lutherischen Glaubens. Damit wird erstmals in der deutschen Geschichte die Einheitlichkeit der Konfession innerhalb eines in sich geschlossenen Territorialstaates aufgehoben. Ein konfessioneller – doch kein politischer – Riss geht durch das Land.

Nach dem Tod des Herzogs von Jülich fallen die rheinischen Besitztümer, ein sogenanntes Weiberlehen, das Herzogtum Cleve, die Grafschaften Mark und Ravensberg an Anna von Preußen und damit an Brandenburg. 1618 schließlich erbt Johann Sigismund nach dem Ableben seines Schwiegervaters das Herzogtum Preußen. Dieser neue Besitz außerhalb der Grenzen des Deutschen Reiches wird in weniger als 100 Jahren die entscheidende Voraussetzung für die Königswürde der brandenburgischen Kurfürsten und damit die Grundlage für die dynastischen Bestrebungen der Hohenzollern, die schließlich zum Kaisertum führen.

Unter Johann Sigismund hat sich das Land Brandenburg auf 81 000 Quadratkilometer verdoppelt. Brandenburg, das von den Niederlanden bis zur polnischen Grenze reicht, wird nun zunehmend in die europäische Politik verwickelt. Die rheinischen Besitzungen ziehen die Kurmark in die Auseinandersetzungen zwischen den großen Westmächten hinein. Durch den Besitz Preußens gerät es in die Konflikte zwischen Polen, Schweden und Russland. Als Johann Sigismund im Alter von 48 Jahren an einem Schlaganfall stirbt, hat der Dreißigjährige Krieg schon begonnen. 143 Jahre, seit Johann Cicero, ist Brandenburg von Kriegen verschont geblieben. Für das Militär hatten die Stände schon lange keine Gelder mehr bewilligt. Die Kurmark Brandenburg besitzt keine Armee.

Der Dreißigjährige Krieg

Brandenburg liegt 30 Jahre lang politisch im Kreuzungspunkt feindlicher Interessen und geografisch im Durchzugsgebiet feindlicher Heere – und in dieser Zeit hat es einen Regenten ohne Tatkraft und Energie.

Georg Wilhelm hat an der Viadrina in Frankfurt studiert und dann die Statthalterschaft in Kleve übernommen. Durch ein Beinleiden behindert, muss er eine Sänfte benutzen. Schon vor seiner Regierungsübernahme gerät der willensschwache Kurprinz unter den Einfluss des Grafen Adam von Schwarzenberg, einem Katholiken. Als Georg Wilhelm 1619 Kurfürst von Brandenburg wird, übernimmt Schwarzenberg die Leitung des Geheimen Rates. Ein calvinistischer Kurfürst, ein katholischer Premier und protestantische Räte an der Spitze von Brandenburg – und das zu einer Zeit, da in Europa ein erbitterter Glaubenskrieg um Macht und Einflusssphären geführt wird. Zugespitzt wird die Situation noch durch das erfolgreiche Werben des jungen Schwedenkönigs Gustav Adolf, der die Schwester des Kurfürsten, Marie Eleonore, zur Frau begehrt. Incognito und mit nur einem Mann Begleitung reist Gustav Adolf zweimal nach Berlin, überzeugt Mutter und Tochter und heiratet schließlich 1620 die Hohenzollernprinzessin Marie Eleonore.

Jetzt hat der calvinistische Kurfürst auch noch einen protestantischen Schwager, der gut gerüstet in Schweden sitzt. Die protestantischen Brandenburger sind zufrieden, die katholischen Polen hingegen, auf deren Gunst der Brandenburger bei der Verwaltung von Preußen angewiesen ist, sind empört, denn Polen ist mit Schweden verfeindet.

Als 1626 zwischen Dänemark und den Truppen des deutschen Kaisers unter Wallenstein und Tilly Kämpfe ausbrechen, ist Brandenburg das Durchzugsland beider Kriegsparteien. Die Söldner, die sich selbst versorgen müssen und Kriegsbeute als Bestandteil ihres Soldes betrachten, plündern, morden, rauben, vergewaltigen. Keine starke Zentralgewalt bietet ihnen Einhalt. Längs der Heerstraßen verödet das Land. Vor allem die Bauerndörfer und die ungeschützten Mittel- und Kleinstädte der Mark sind den Überfällen beider Heere schutzlos preisgegeben. Für die Kaiserlichen ist die Neumark von Bedeutung, weil sie von hier aus mit Reiterregimentern Polen gegen die Schweden unterstützen können. Der schwedische Gegenschlag richtet sich gegen die kaiserlichen Stützpunkte im Oderraum und führt 1631 zur Eroberung Frankfurts. Die lavierende Bündnispolitik des Kurfürsten kann zwar weitgehend verhindern, dass Brandenburg in direkte militärische Konfrontationen gerät, sie kann aber nicht

Während des Dreißigjährigen Krieges werden große Teile Brandenburgs zerstört. Diese Illustration aus dem 19. Jahrhundert zeigt den Sieg der Schweden in der Schlacht bei Wittstock 1636.

verhindern, dass die Brandenburger wohl am meisten von allen Bewohnern Mitteleuropas unter dem verheerenden Krieg zu leiden haben. Brandenburg ist von den durchziehenden Horden der Dänen und Schweden, der Polen und der russischen Kosaken, der Sachsen und der kaiserlichen Söldner so ausgeplündert, dass die fremden Truppen auseinanderlaufen, weil sie über weite Strecken keinen Proviant mehr finden. Ein brandenburgischer Geheimrat berichtet: *»sintemalen die soldaten einen solchen unglaublichen hunger leiden, dass sie umfallen wie die fliegen, und ist der mehrer teil derselben so matt und schwach, dass sie kaum eine meile den tag über marschieren können.«*[16] Große Teile der Bevölkerung sterben an Hunger und Seuchen. Ein Chronist berichtet über Ruppin:

»In der ganzen Grafschaft war kein einziger Scheffel Roggen für Geld zu bekommen. Die armen Leute mussten eicheln unterbacken. Man fand Tote auf Landstraßen und an Zäunen, auch solche, die halbtot riefen: Brot, Brot! Auch ist gewiss, dass die armen Leute zu Ruppin sich um eine verreckte Katze auf dem Markt gezankt haben.« Aus Strasburg in der Uckermark wird berichtet, dass die Einwohnerschaft auf neun Personen sank, *»nachdem sie hunde und katzen verzehret, wider die natur einer den andern hat fressen müssen«.*[17]

Der schwedische König Gustav Adolf fällt im Dezember 1632 in der Schlacht bei Lützen. In einem feierlichen Zug wird der Schwager des Kurfürsten nach Schweden überführt. In Spandau stößt die Königinwitwe zum Leichenzug. In der Bernauer Marienkirche wird der Leichnam aufgebahrt und die Trauerfeier abgehalten. Der Kurfürst kommt nach Wolgast, um der Schwester Trost zu spenden. Drei Jahre später, am 4. Oktober 1636, findet bei Wittstock die einzige große Feldschlacht auf brandenburgischem Boden statt. 30 000 Kaiserliche und Sachsen stehen 23 000 Schweden gegenüber. Die Schweden siegen. Danach

Im Roman »Der abentuerliche Simplicissimus Teutsch« wird die Schlacht bei Wittstock geschildert.

regieren schwedische Kriegskommissare das ausgeplünderte Brandenburg.

»Die Erde, deren Gewohnheit ist, die Toten zu bedecken, war damals an selbigem Ort selbst mit Toten überstreut, welche auf unterschiedliche Manier gezeichnet waren: Köpfe lagen dorten, welche ihren natürlichen Herrn verloren hatten, und hingen Leiber, die ihrer Köpfe mangelten; etliche hatten grausam und jämmerlicherweis das Ingeweid heraus, und andern war der Kopf zerschmettert und das Hirn zerspritzt; das sahe man, wie die entseelte Leiber ihres eigenen Geblüts beraubet und hingegen die lebendige mit fremden Blut beflossen waren; da lagen abgeschossene Ärm, an welchen sich die Finger noch regten gleichsam als ob sie

wieder mit an das Gedräng wollten, hingegen rissen Kerles aus, die noch keinen Tropfen Blut vergossen hatten; dort lagen abgelöste Schenkel, welche ob sie wohl der Bürde ihres Körpers entladen, dannoch viel schwerer worden waren, als sie zuvor gewesen; da sahe man zerstümmelte Soldaten um Beförderung ihres Todes, hingegen andere um Quartier und Verschonung ihres Lebens bitten. Summa Summarum, da war nichts anderes als ein elender jämmerlicher Anblick!«[18] Hans Jacob Christoph von Grimmelshausen hat diese blutige Schlacht, wahrscheinlich als Troßbube, miterlebt und in seinem Roman »Der abenteuerliche Simplicissimus Teutsch« geschildert.

Brandenburg an der Havel um 1700

KRIEGSFOLGEN IN DER STADT BRANDENBURG IM JANUAR 1633

Altstadt

ehemals 370 Bürger	zur Zeit:
leistungsfähig außer dem Rat	35
Völlig ausgepreßte	39
Blutarme, auf Betteln angewiesene	47
Unbewohnte, verfallene Häuser	165
Völlig leere Baustellen	65

d. h. 230 wüste Stellen, etwa 60 % Schwund

Neustadt

von 729 Feuerstellen noch bewohnt	143
Unbewohnte Häuser	345
Wüste Stellen	241

Das sind etwa 80 % Schwund.
Außer den Ratspersonen vorhanden: 86 mittelmäßige Bürger, 19 Witwen, 12 alte gebrechliche, gesamt 117 Personen. Diese verfügen über 6 Hellebarden, 3 Partisanen, 8 Piken, 12 Harnische, 76 Musketen, 25 Feuerrohre, 65 Seitengewehre.

Nach: Johannes Schultze, Die Mark Brandenburg, Bd. 1-5, Berlin 1961-1969, Bd. 2, S. 255.

Dem Krieg folgen Seuchen. Kleidung eines Pestarztes aus dem 17. Jahrhundert im Museum des Dreißigjährigen Krieges in Wittstock

Seit Jahren ist die Grenze zwischen Krieg und Frieden nicht mehr zu ziehen. Jeder Truppendurchzug, auch der eigenen oder verbündeten Militärs, selbst in kleinen Trupps, bedeutet Lebensgefahr für jedermann. Augenzeugenbericht aus Plaue am Neujahrstag 1639 über den Durchzug der Kaiserlichen: »*Maßen dann viele alte Leuthe zu Tode gepeinigt, Todt geschoßen, unterschiedliche Frawen und Mägde zu Tode geschendet, theils Kinder aufgehencket, theils auch gebrathen, viele ausgezogen, dass sie bei ausgestandener Kälte verrecket und des Todes sein müssten.*«[19]

Nach Mord und Hunger treten verheerende Seuchen wie Pocken, Ruhr und vor allem die Pest auf, die 1635/36 schlimmer als die Kriegsgräuel ganze Ortschaften Brandenburgs entvölkert. Dabei hätte das Elend, das der Krieg über Brandenburg gebracht hat, so meint später Friedrich der Große, verhindert werden können. »*Vor allem muss man dem Kurfürsten vorwerfen, dass er nicht ein Heer von 20 000 Mann ausgehoben hat, bevor der Krieg seine Staaten verödete. Er wäre in der Lage gewesen, es zu unterhalten (...) Wäre der Kurfürst solchermaßen gerüstet gewesen, so hätten Mansfeld und der Administrator von Magdeburg es nicht gewagt, durch das Kurfürstentum hindurchzuziehen (...) Seine Regierungszeit war die unglücklichste von allen Fürsten seines Hauses. Seine Staaten wurden im Verlauf des Dreißigjährigen Krieges verwüstet, und die Spuren, die davon zurückblieben, waren so tief, dass man ihre Merkmale noch jetzt wahrnimmt, wo ich diese Geschichte schreibe.*«[20]

100 Jahre nach dem Westfälischen Frieden, der den Dreißigjährigen Krieg beendet, beginnt Friedrich der Große die Schlesischen Kriege. In diesen Kriegen kommen ebenso viele Brandenburger um wie im Dreißigjährigen Krieg.

Einwanderer prägen das Gesicht von Brandenburg, wie hier im Holländischen Viertel in Potsdam.

KÖNIGE, SOLDATEN UND BEAMTE 1646–1786

Zwei Bilder

Das eine Bild, 1642 noch im Dreißigjährigen Krieg gemalt, zeigt einen vornehmen jungen Mann, ganz in Schwarz gekleidet, mit einem Kragen aus kostbarer Brabanter Spitze. Auf einem Tisch neben ihm liegen die Insignien der Macht: Kurfürstenkrone, Krönungsmantel, Zepter. Man sieht es ihm nicht an, aber der Porträtierte, Friedrich Wilhelm (1620–1688), Kurfürst von Brandenburg bereits seit 1640, ist ruiniert. Als er im März 1643 in seine Geburtsstadt und Residenz Cölln-Berlin einreitet, huldigen ihm von den ehemals 10 000 Untertanen der Stadt nur noch die Hälfte. So viele Einwohner sind ihm gegen Ende des großen Sterbens verblieben. Die Vorstädte seiner Residenz sind abgebrannt, sein Schloss ist in einem miserablen Zustand, sein Land verwüstet. Der Kurfürst Friedrich Wilhelm hat keine Armee, kein Geld und keine Frau. Um diese drei Dinge wird er sich in den nächsten Jahrzehnten vor allem kümmern.

Das Bild ist im selben Jahr entstanden, als er um seine 16-jährige Cousine Christine (1626–1686), Tochter des Schwedenkönigs Gustav Adolf, wirbt. Die Heirat hätte aus den einstigen Feinden des Dreißigjährigen Krieges Verbündete gemacht. Friedrich Wilhelm wäre König von Schweden geworden, es hätte ein mächtiges schwedisch-deutsches Ostseereich gegeben. Wer weiß, wie alles weitergegangen wäre, wenn Christine in die Ehe eingewilligt hätte.

Chronist Merian berichtet aus dem Jahr 1642, dass die Großmachtpolitik andere Wege geht: *»Man hatte Ihr (Christine) erlaubet, eine*

Zu Beginn seiner Regierungszeit hat Kurfürst Friedrich Wilhelm weder Geld noch eine Armee.

Von den vier Söhnen des Großen Kurfürsten wird nur einer überleben: der spätere König Friedrich I.

reyse im Königreich herum zuthun, um Land und Leute kennen zu lernen. Wie wohl etliche Verständige dafür hielten, es sey darum geschehen, weil die Chur-Brandenburgische Gesandten zu Stockholm waren, dass sie die Königin nicht zu sprechen kriegen sollten, weil mehrenteils Grossen die Chur-Brandenburgische Heyrath nicht anstund, wie bald gesagt werden soll.«[1] So bekommt Friedrich Wilhelm von Christine einen Korb. Sie heiratet auch später nicht, geht nach Rom und wird katholisch.

Friedrich Wilhelm spricht drei Sprachen und ist von imposanter Statur. Er leiht sich vom Berliner Senat zunächst 3000 und dann noch mal 50 000 Taler und macht sich auf den Weg in die Niederlande. Dort hat er cinigc ausgcdchntc Bildungsaufenthalte verbracht und große Sympathien für Europas modernstes Staatswesen, seine Herrscher und deren Töchter entwickelt. Am 27. November 1646 heiratet er in Den Haag die 19-jährige Luise Henriette von Oranien (1627–1667), Tochter seines niederländischen Großonkels.

Auf dem anderen Bild sehen wir die Familie 1666, 20 Jahre nach der Hochzeit, mit ihren Kindern. Dem Kurfürsten ist es in diesen 20 Jahren gelungen, sein Land zu konsolidieren. Luise Henriette und Friedrich Wilhelm haben vier Söhne. Kurprinz Wilhelm Heinrich, er schwebt auf dem Bild über der Mutter, lebt nur ein Jahr. Kurprinz Karl Emil, links, stirbt mit 19 Jahren. Auch der vierte Sohn Ludwig, auf dem Gemälde noch ein Baby, wird sterben. Übrig bleibt der dritte – Friedrich. Die Amme hat ihn einmal fallen lassen, und er muss fortan mit einem Halbbuckel leben. Als seine Mutter Luise 1667 stirbt, ist der zukünftige König von Preußen noch keine zehn Jahre alt.

Kurfürst Friedrich Wilhelm, der »Große Kurfürst«, steht am Beginn einer Ära, die über seinen Sohn Friedrich I., seinen Enkel Friedrich Wilhelm I. bis zu seinem Urenkel Friedrich II., den man den »Großen« nennen wird, reicht und die die im Dreißigjährigen Krieg ausgeplünderte Mark Brandenburg zur europäischen Großmacht werden lässt.

Jeder zweite Brandenburger ist tot oder verschollen

Noch ist Brandenburg ein verwüstetes und entvölkertes Land. 1648 beendet der Westfälische Frieden den Dreißigjährigen Krieg. 1652 schickt der Kurfürst seine Landreiter durch die Mark. Sie sollen feststellen, wie viel von Land und Leuten übriggeblieben ist. Die Statistik, die sogenannte Landaufnahme, zeichnet ein niederschmetterndes Bild. Von der ohnehin schon zahlenmäßig geringen Bevölkerung Brandenburgs ist die Hälfte in diesem Krieg umgekommen oder geflohen. Die Städte sind zerstört und entvölkert. Viele Dörfer sind unbewohnt, die Äcker verödet.

In Templin existieren von 400 Familien nur noch 30. Am schlimmsten betroffen sind die Uckermark, der Barnim, die nördliche Neumark und die Prignitz. Die meisten Pferde sind im Krieg geraubt und getötet worden, der Bauer muss sich selbst vor den Pflug spannen. Auch die Rittergutsbesitzer sind verarmt. Sie halten sich an die Bauern, die mindestens vier Tage pro Woche für den Herrn arbeiten müssen, Holz für ihn schlagen, Fuhrdienste leisten, seine Häuser wieder aufrichten und außerdem Abgaben zahlen. Weigert sich der Bauer, muss er mit harten Strafen rechnen. Der Grundherr ist zugleich zuständiger Richter. Kann der Bauer nicht mehr zahlen, wird sein Land unter Wert aufgekauft. Aus vielen brandenburgischen Bauern werden in diesen Jahren Leibeigene.

Als Friedrich Wilhelm die Regierung übernimmt, existieren in Deutschland nahezu 1500 Klein- und Kleinststaaten. Er regiert das zweitgrößte deutsche Land nach dem Reich der Habsburger. Verstreut auf einzelne Grafschaften und die Flächenländer Kurmark und Preußen, zieht es sich von Kleve an der

BEVÖLKERUNGSZAHLEN NACH DEM DREISSIGJÄHRIGEN KRIEG

	1625	1645 / 1653
Berlin	7000	4000
Spandau	1700	1050
Brandenburg (Altst.)	2800	700
Brandenburg (Neust.)	2800	1500
Rathenow	1200	600
Nauen	740	460
Potsdam	800	340
Frankfurt/Oder	5000	2000
Stendal	4800	1500
Mark Brandenburg	300 000	150 000

holländischen Grenze über 1000 Kilometer bis weit in den Osten nach Königsberg; von der Ostsee im Norden bis in die Lausitz. Dazwischen liegen fremde Besitzungen mit nicht immer wohlgesonnenen Nachbarn. Das Kurfürstentum Brandenburg ist schwer zu regieren und noch schwerer zu beschützen. Durch geschickte Diplomatie, eine effektive Rüstung und wechselnde politische Allianzen schafft es Friedrich Wilhem, seinen Streubesitz zu einem Respekt einflößenden Ganzen zu machen. Kein Herrscher dieser Epoche wechselt so oft die Seiten wie der Hohenzoller. Er verbündet sich abwechselnd mit den Polen, den Schweden, den Russen, den Niederländern, den Sachsen, den Franzosen, den Engländern und den Habsburgern. Und so werden in schöner Regelmäßigkeit aus Verbündeten potenzielle Feinde.

STEUERSÄTZE DER AKZISE VON 1667

1 Tonne fremdes Bier	12 Groschen
1 Eimer köstlichen Weins	2 Taler
1 Eimer Rheinweins	1 Taler
1 Tonne Landwein	6 Groschen
1 geschlachteter Ochse	1 Taler
1 Scheffel Saatkorn	1 Groschen

Ein Handwerksmeister hat im Vierteljahr 1 Taler, 12 Groschen, der Geselle 8 Groschen, der Tagelöhner 12 Groschen zu entrichten.

Groschen aus dem Jahr 1673

Die Armee: Plage und Stolz der Mark

Der Landesherr setzt auf eine starke Armee und sichere Festungen. Berlin, Küstrin, Spandau und Peitz werden ausgebaut. Im Unterschied zur bisherigen Praxis, Söldnertruppen anzumieten, baut Friedrich Wilhelm ein stehendes Heer auf und verzehnfacht innerhalb von 50 Jahren die Truppenstärke auf 30 000 Mann. Eine starke Armee ist ein Machtfaktor in Europa. Geld kommt in Form von Hilfsgeldern, sogenannten Subsidien, von den Franzosen und später von anderen Verbündeten aus dem Ausland, den höchsten Beitrag müssen die Untertanen allerdings selbst leisten.

Auf dem Landtag wird beschlossen, wer was zu zahlen hat. Die Quotationsregelung sieht vor: Nur 41 Prozent der Abgaben kommen vom Adel, 59 Prozent müssen die Städte zahlen. Die märkischen Städte, unzufrieden mit dieser Regelung, sehen nicht ein, weshalb sie eine Armee finanzieren sollen, die auch für Fremde kämpft. Sie beklagen sich: »*Wie nun Pommern, Preussen und die Clevischen Lande, wenn wegen der Chur Brandenburg ein Grenzstreit vorfiele, schwerlich uns zu Hülfe kommen oder unserethalben etwas auf sich nehmen würden, also wird auch die Märkischen Lande mit der Ausländischen Provincien Streitigkeit nicht wol vermengen, oder ihrethalben härter als sonst belegen können.*«[2] Doch fügen sich die Städte ebenso wie 1653, wo es Friedrich Wilhelm erneut gelingt, dem Landtag einen mittelfristigen Kredit abzuringen: 5 × 130 000 Taler pro Jahr.

Dieser Landtag geht in die Annalen ein als der Landtagsabschied, denn es ist für lange Zeit der letzte. Die Finanzierung des absolutistischen Staates ist gesichert. Als Gegenleistung erhält der Adel verbriefte Rechte, die seine Privilegien gegenüber Bauern und Bürgern auf

Der Große Kurfürst mit Offizieren. Illustration aus dem 19. Jahrhundert

Jahrhunderte festschreiben. Es gleicht einem frühen deutschen Wirtschaftswunder, dass die Städte trotz aufgezwungener Kriegsschulden, trotz permanenter Belastung durch Militär und weitere Kriege, trotz des Verbots, auf dem Lande Gewerbe und Handel zu betreiben, trotz des Woll- und Biermonopols des Landadels, wirtschaftlich überleben.

Erst viel später gelingt es dem Kurfürsten mit der Akzise, eine gerechtere Verteilung der Steuern durchzusetzen. Diese Verbrauchssteuer, vielleicht vergleichbar mit der heutigen Mehrwertsteuer, wird für alle Waren erhoben, die das Stadttor passieren. Die Verordnung heißt »Kurmärkische General-Steuer- und Konsumptions-Ordnung« und tritt 1684 in Kraft.

An den Stadttoren, den »Accise- und Dersertations-Communicationen«, sitzen die Beamten des Kurfürsten. Der Torschreiber notiert, was hereinkommt. Alles, was ausgeführt wird, muss mit Quittungen für bezahlte Akzise belegt werden. Der Aufwand ist immens, die Grauzonen von Manipulation und Korruption sind gewaltig. Perfekt ist das System nicht, aber dem Staat bringt es mehr Einnahmen als zuvor. Im linken Haus sitzt der Steuerbeamte, im rechten die Militärwache. Während der eine Geld einnimmt, das zu großen Teilen der Finanzierung der Armee dient, muss der andere aufpassen, dass niemand aus dieser Armee desertiert. Kasernen sind noch unbekannt. Eine Zahlungsanweisung des Jahres 1688 belegt, dass von 508 Berliner Haushalten die Unterbringung von 1500 Militärpersonen, ihren 400 Frauen und 500 Kindern sowie dem dazugehörigen Dienstpersonal verlangt wird. Im Schnitt also sechs Personen pro Haushalt, für die Platz abgetreten werden muss. Auf dem Lande muss der Bauer die

In der Schlacht von Fehrbellin siegt 1675 das brandenburgische Heer über die Schweden.

Dragoner und Husaren nicht nur unterbringen, er muss auch ihre Pferde durchfüttern. Hinzu kommt, dass Bauern wie Städter, wenn sie nicht vermögend sind oder andere Privilegien genießen, Rekruten für die Armee stellen müssen. Für den Adel ist die Armee Betätigungs- und Erwerbsfeld. Adlige stellen die Offiziere – Bürger, Bauern und angeworbene Söldner die unteren Dienstgrade.

Der Prinz von Homburg und der Große Kurfürst

Ende Mai 1675 kämpft Kurfürst Friedrich Wilhelm im Dienste der Niederländer am Oberrhein gegen die Franzosen. Diese drängen die verbündeten Schweden, in Brandenburg einzufallen. Unter Führung des Prinzen von Homburg macht sich die brandenburgische Kavallerie vom Oberrhein in Eilmärschen auf den Weg in die Heimat. Ohne Fußvolk, das das Tempo nicht mithalten kann, trifft der Prinz am 11. Juni 1675 in Magdeburg ein. Das erste erfolgreiche Gefecht gegen die Schweden findet in Rathenow statt, wofür 100 Jahre später die Rathenower dem Kurfürsten ein Denkmal mit naiv-pathetischer Widmung errichten werden. Der Prinz von Homburg, Feldherr des Kurfürsten und künftiger Dramenheld in dem gleichnamigen Stück Heinrichs von Kleist, schreibt vom Kriegsschauplatz an seine Frau in Potsdam: »*Meine Engelsdicke. Wir seint braff auf der Jacht mit den Herren Schweden, sie seint hier beim passe Nauen dissen morgen übergangen, musten bey 200 Todten zurückelassen von der arriere-guarda; jenseits haben wir bey Fer-Bellin alle Brücken abgebrant und alle übriche pässe so besetzet, das sie nun nicht aus dem Lande wieder können, sobalt unsere infanterie kommt, so soll, ob Gott wolle, die ganze armada dran, wir haben noch keine 60 mann verloren, und unsere leite fechten als lewen.«*[3]

Bei Hakenberg stehen sich die Armeen dann gegenüber: Die Schweden verfügen über 7000 Mann Fußvolk, 4000 Reiter, 38 Kanonen. Die Armee der Brandenburger nimmt sich dagegen bescheiden aus: kein Fußvolk, 5600 Reiter, 13 Kanonen. Im Stück von Kleist greift der Prinz zu früh an, missachtet also einen Befehl, entscheidet dadurch aber die Schlacht. Wie schon bei Michael Kohlhaas auch das ein Mythos, der jedoch in seiner geistigen Problematik über das Nur-Faktische hinausgeht: Zu Wenige in der brandenburgisch-preußisch-deutschen Armee werden später wie der Protagonist Kleists handeln und zur rechten Zeit das Rechte tun.

In der Realität der Fehrbelliner Schlacht haben Generalfeldmarschall Derfflinger und seine Dragoner das größte Verdienst am Sieg. Diese von dem überaus populären Haudegen gedrillte Reiterei kann auch zu Fuß kämpfen und gleicht dadurch das Fehlen der Infanterie aus. Die Verluste der Schweden liegen bei 4000 Toten und Verwundeten – die der Brandenburger bei etwa 500 –, hinzu kommen 400 schwedische Gefangene, die anderen Schweden flüchten. Der schwedische König, Karl XI., kommentiert verbittert: *»Jeder Schwede, der dem Racheschwert des Kurfürsten durch Flucht entkommen ist, verdient den Strick.«*[4]

Der Sieg des nur 5700 Mann starken brandenburgischen Heeres über die Schweden im Juni 1675 auf den Feldern von Hakenberg bei Fehrbellin begründet den Ruhm der brandenburgischen Soldaten und ihres obersten Feldherrn. Fortan haben die Brandenburger einen Helden, den »Großen Kurfürsten«, und etwas, worauf sie stolz sein können. 200 Jahre später stiftet Kaiser Wilhelm I. 100 000 Taler für ein Denkmal. Zur Einweihung bei Hakenberg wird der aus diesem Anlass komponierte Fehrbelliner Reitermarsch gespielt.

Asylland Brandenburg: die Einwanderer

Friedrich Wilhelm schenkt 1650 seiner Luise das Amt Bötzow, das bald darauf in Oranienburg umbenannt wird. Luise holt aus ihrer Heimat Siedler, die aus dem Anwesen ein Mustergut machen. Der Leitspruch auf der Allegorie, die den Schlossumbau verherrlicht, lautet: »PLUS OUTRE – Über das Mögliche hinaus!« Mit der modernen Landwirtschaft vertraute Bauern kommen aus Friesland und Südholland in die Kurmark. Die ersten Sümpfe werden trockengelegt. 1662 beginnt der Kurfürst mit dem Bau des Friedrich-Wilhelm-Kanals zwischen Oder und Spree. Damit gelingt es, dem Handelsplatz Frankfurt/Oder Konkurrenz zu machen. Durch seine Studien in Holland weiß Friedrich Wilhelm, dass der effiziente Staat nur durch perfekte Kommunikation funktionieren kann. Er reorganisiert das Postwesen und lässt Straßen ausbauen. Diese Verbindungen sind lebenswichtig für die Verwaltung des Staates. Die brandenburgische Post von Cleve bis Königsberg hat zudem Anschlussverbindungen an die Niederlande sowie nach Riga und Warschau.

Eng verbunden mit der Post, gedeiht in Berlin das Zeitungswesen. Die Lizenzen dafür erteilt der König.

1647 lässt Friedrich Wilhelm die Allee Unter den Linden anlegen, 1665 beginnt der Neubau des Berliner Marstalles, 1674 folgt der Bau der Dorotheenstadt und 1677 der Bau des Köpenicker Schlosses.

Der Flächenstaat Brandenburg leidet unter chronischer Unterbevölkerung. Verlockend für ausländische Zuwanderer sind Glaubensfreiheit und Vergünstigungen für Neusiedler. Der Kurfürst selbst ist Calvinist und ein Vorbild an religiöser Toleranz. Jeder in Brandenburg soll nach seiner Fasson selig werden, Religion ist Privat-

DIE BRANDENBURGISCH-PREUSSISCHE POST IN ZAHLEN

Mitte des Jahres 1649 nimmt die Reitpostlinie Berlin–Cleve ihren Betrieb auf. Chef der Post wird Otto Reichsfreiherr von Schwerin. Um 1670 kommt zur Reitpost eine Fahrpost hinzu, die nun auch Personen befördet. Die Hofpost erwirtschaftet 1670 einen Gewinn von 7000 Talern, der sich auf 39 000 Taler im Jahr 1688 steigert.

Briefe ab Berlin:

Frankfurt/Oder .... 1 Groschen

Hamburg .... 2 Groschen 6 Pfennig

Landsberg .... 1 Groschen 6 Pfennig

Italien .... 6 Groschen 6 Pfennig

Fahrpreise pro Person ab Berlin:

nach Magdeburg .... 3 Taler 6 Groschen

nach Danzig .... 12 Taler 3 Groschen

nach Küstrin .... 2 Taler

nach Potsdam .... 18 Groschen

Reisen ist teuer, wenn man bedenkt, dass eine Magd im Monat 4 Taler, das sind 96 Groschen, verdient, so viel wie ein Grundschullehrer. Ein Soldat erhält 2 Taler Sold im Monat, ein Gymnasiallehrer 100 Taler, ein Hoflakai 36 Taler, ein Hofmaler 400 Taler.

Reisedauer:

Berlin–Dresden .. 20 Meilen (etwa 150 km) 2 Tage

Berlin–Königsberg 76 Meilen (etwa 565 km) 7 Tage

Berlin–Breslau ... 41 Meilen (etwa 305 km) 4 Tage

Berlin–Cleve ..... 73 Meilen (etwa 550 km) 6 Tage

Berlin–Leipzig .. 20 Meilen (etwa 150 km) 1 ½ Tage

Berlin–Stettin ... 20 Meilen (etwa 150 km) 2 Tage

Berlin–Fürstenwalde .... 12 Stunden

Die durchschnittliche Reisegeschwindigkeit beträgt über 5 km/h, später etwa 7,5 km/h – 7,5 Kilometer sind eine preußische Meile.

Brandenburgischer Postwagen

sache. Damit sind die Tore für die Zuwanderer offen. Nach den Niederländern kommen Siedler und Exilanten aus der Schweiz und der Pfalz, Glaubensflüchtlinge aus Böhmen, Juden aus Wien. Die größte Asylantengruppe umfasst jedoch 1685 fast 20 000 Hugenotten, die im katholischen Frankreich wegen ihres calvinistischen Glaubens verfolgt werden. Keine Bevölkerungsgruppe prägt die brandenburgisch-preußische Residenz, Berlin-Cölln, aber auch viele brandenburgische Siedlungen so sehr wie die Refugiés aus Frankreich. Sie gelten als loyal, ehrlich und zuverlässig. Und sie kommen überwiegend aus handwerklichen Berufen, die in Brandenburg gebraucht werden. Sie bringen französisches Savoir-vivre und einen gewissen Chic mit – und machen Spargel und Blumenkohl in Brandenburg heimisch. Sie erhalten wichtige Ämter, investieren in zahlreiche Gebäude und Einrichtungen. Sie begründen eine eigene Gemeinde und ein bis heute bestehendes Gymnasium, aus dem in der Folgezeit bedeutende Künstler und Wissenschaftler hervorgehen werden. Sie sind einflussreich in Kunst und Literatur – und sie zwingen ihre brandenburgischen Nachbarn zu einer wesentlichen Tugend, die zum Gedeihen des Staates notwendig ist: zu Toleranz.

Der Kurfürst – Pirat und Sklavenhändler

Seit der Kurfürst Holland kennt, liebt er die Flotte und die Ozeane. Und seit er Kurfürst ist, versucht er, einen eigenen Hafen zu gewinnen. Bei der Suche nach neuen Einnahmequellen entwickelt er Fantasie. Der Berliner Schiffbauerdamm erinnert an die Anfänge seiner Welthandelspolitik. Hier werden die ersten Schiffe gebaut, mit denen die Brandenburger die Weltmeere erobern wollen. Später entstehen kriegstüchtige Fregatten in Havelberg. Aber die Mark hat keinen Hafen. So gelangen brandenburgische Schiffe über die Elbe und Hamburg in die Weltmeere. 1680 wird die spanische Fregatte »Carolus Secundus« vor Ostende von Brandenburgern gekapert. Die erbeuteten Brabanter Spitzen bringen 97 542 Taler. Das Schiff wird umgetauft und läuft fortan unter dem Namen »Markgraf von Brandenburg« als Flaggschiff der brandenburgischen Marine, die im Laufe der Jahre auf 34 Schiffe anwächst.

Die 1683 an der Westküste Guineas gegründete Festung Friedrichsburg ist Stützpunkt für den brandenburgischen Sklaven-

Die kurbrandenburgische Flotte auf hoher See. Gemälde aus dem Jahr 1684

handel. 2000 bis 3000 schwarze Sklaven werden pro Jahr gewinnbringend in der Karibik verkauft. Schätzungen besagen, dass Brandenburg in 17 Jahren rund 30 000 Sklaven verkauft hat. So verlässt am 23. Mai 1693 die Fregatte »Friedrich Wilhelm zu Pferde« mit etwa 700 Sklaven an Bord die Insel São Tomé. Am 15. Juli trifft sie mit noch 661 lebenden Sklaven vor Puerto Rico ein. Bis zum 23. Oktober werden alle Sklaven verkauft. Auf dem Rückweg lädt die Fregatte Kakao, diesen tauscht sie in Cádiz gegen spanischen Wein, der in anderen europäischen Häfen wieder verkauft wird. Für einen geringen Teil des Erlöses werden Billigwaren gekauft, die in Afrika erneut gegen Sklaven eingetauscht werden. Die Rendite dieses Dreieckshandels beträgt mitunter 300 bis 400 Prozent.

Dennoch sind die Verluste größer als die Einnahmen. Und so verkauft König Friedrich Wilhelm I. nach seiner Thronbesteigung die gesamte Flotte und den Stützpunkt sehr schnell. Nicht unwesentlich mag dazu beigetragen haben, dass die Sicherung der Handelswege nur mit großem Aufwand gewährleistet werden kann.

Der König von Königsberg

Noch am 7. Mai 1688 nimmt Friedrich Wilhelm an einer Sitzung des Geheimen Rates teil. Zwei Tage später stirbt er im Potsdamer Stadtschloss im Alter von 68 Jahren an Gicht und Wassersucht einen qualvollen Tod. Er hinterlässt eine Armee von 31 000 Mann, eine gut organisierte Verwaltung und ein wirtschaftlich erholtes Land. Die Gesamtfläche von Brandenburg-Preußen beträgt über 100 000 Quadratkilometer, fast ein Drittel des heutigen Deutschlands.

Mehr als eineinhalb Millionen Menschen leben hier, in der Provinz Brandenburg sind es fast 300 000. Jeder zehnte ist Soldat. Seinem Thronfolger hinterlässt der Große Kurfürst ein Vermächtnis: »*Ich fühle, dass ich zum letztenmal dem Rate beiwohne, denn die Sanduhr meines Lebens wird bald abgelaufen sein. Durch Gottes Gnade habe ich eine lange und glückliche, aber eine sehr mühevolle, von Unruhe und Kriegen erfüllte Regierung gehabt. Jedermann weiß, in welchem armseligen Zustande ich die Länder nach meines Vaters Tod fand. Durch Gottes Hilfe habe ich sie in besserem Stand gebracht und hinterlasse Dir den Staat in Frieden und Wohlstand, von seinen Feinden gefürchtet, von seinen Freunden geachtet. Ich zweifle nicht, Dass Du, mein Sohn, wie in der Regierung so auch in den Staatsgrundsätzen mein Nachfolger sein und mit allem Fleiße darauf bedacht sein werdest, den Ruhm, welchen ich Dir als Erbteil hinterlasse, zu bewahren und zu mehren. Mögest Du vor allen Dingen Gott vor Augen haben, Deine Untertanen herzlich lieben,*

Königin Sophie Charlotte fördert intensiv Kunst und Wissenschaft.

treue Räte gern hören und das Heft der Waffen niemals aus den Händen lassen. 7. Mai 1688.«[5]

Friedrich III. (1657–1713), verwachsen, von schwächlicher Statur, geplagt durch grässliche Versuche der Ärzte, seinen Buckel und seine verdrehten Füße zu kurieren, hat eine trübe Jugend hinter sich. Die Knabengemälde zeigen noch die ursprüngliche Planung. Karl Emil, der ältere Bruder, mit der Krone, Friedrich mit dem Blumenkörbchen. Friedrich hat viele Verluste hinnehmen müssen. Erst stirbt die Mutter, dann sein Bruder Karl Emil, 1682 sein Bruder Ludwig und 1683 stirbt Friedrichs Jugendliebe, Elisabeth Henriette von Hessen-Kassel, mit der er erst vier Jahre verheiratet gewesen ist.

Am Hofe halten sich Gerüchte, dass die zweite Frau des Vaters, Friedrichs Stiefmutter Dorothea, eine Giftmischerin sei, man nennt sie die Agrippina. Sie hat es geschafft, Friedrich Wilhelm dazu zu bewegen, Teile des Landes ihren Söhnen zu vererben. Nicht viel hätte gefehlt, und Brandenburg-Preußen wäre in etliche kleine Fürstentümer zerfallen. Wäre der Welt dann einiges erspart geblieben? Friedrich, nun Thronfolger, fasst sich ein Herz und holt sich mithilfe seines Onkels, Kaiser Leopold I. von Österreich, unter Berufung auf die Unteilbarkeit der Mark, sein komplettes Erbe zurück.

Friedrichs zweite Frau Sophie Charlotte gilt als gebildete, emanzipierte, moderne Frau. Ihr Enkel Friedrich II. schreibt später über sie: »*In ihr vereinigten sich alle Reize ihres Geschlechts mit geistiger Anmut und aufgeklärtem Verstand (...) In Preußen führte die Fürstin den geselligen Geist ein, echte Höflichkeit und die Liebe zu Kunst und Wissenschaft. Sie schuf, wie schon erwähnt, die königliche Akademie. Sie berief Leibniz und viele andere Gelehrte an ihren Hof. Ihre Wißbegierde suchte den letzten Grund aller Dinge zu erfassen. Leibniz sagte ihr eines Tages, als sie ihn auf diesem Gebiet in die Enge trieb – Es gibt keine Möglichkeit, Madame, Sie zufriedenzustellen. Sie wollen das Warum vom Warum wissen. – Charlottenburg war der Sammelpunkt des guten Geschmacks. Ergötzlichkeiten jeder Art, unerschöpflich abwechselnde Feste machten den Aufenthalt genußreich und verliehen dem Hofe Glanz.«*[6]

Schloss Charlottenburg dient bis zum Tod der Königin 1705 als deren Residenz.

Ende des Jahrhunderts befindet Friedrich, es sei an der Zeit, wie andere Kurfürsten auch, sich mit der Königswürde zu schmücken: »*Wan ich die Königliche Dignitet auf meine Brandeburgschen Landen nehmen will, so bin ich kein souverainer König sondern ein Lehn König und werde deshalb mit dem gantzen Reich zu thun haben und bekommen, wan Ich aber wegen Preußen die Königliche Dignitet annehme, so bin ich ein independanter König*«,[7] notiert er. Damit ist der entscheidende Einfall beschrieben. Seine Provinz Preußen gehört nicht zum Deutschen Reich. Wenn er König in Preußen, also außerhalb des Machtbereichs des Kaisers wird,

König Friedrich I. krönt sich selbst und Sophie Charlotte 1701 in Königsberg. Gemälde aus dem 19. Jahrhundert

verliert dieser nicht sein Gesicht. Die Zustimmung wird dem Kaiser durch einen kleinen Handel erleichtert. Der Kurfürst tritt dem Kaiser 8000 Soldaten für 150 000 Taler Jahresmiete ab. Mit dieser Summe kann er gleich noch die Feierlichkeiten in Königsberg und Berlin finanzieren. Friedrichs Enkel schreibt später über ihn: »*Er war klein und verwachsen; seine Miene und seine Physiognomie gewöhnlich. Seine Seele glich den Spiegeln, die jeden Gegenstand zurückwerfen (...) Alles in allem: er war groß im Kleinen und klein im Großen. Und sein Unglück wollte es, dass er in der Geschichte seinen Platz zwischen einem Vater und einem Sohne fand, die ihn durch überlegene Begabung verdunkeln (...) 30 000 Untertanen opferte er in den verschiedenen Kriegen des Kaisers und der Verbündeten, um sich die Königskrone zu verschaffen. Und er begehrte sie nur deshalb so heiß, weil er seinen Hang für das Zeremonienwesen befriedigen und seinen verschwenderischen Prunk durch Scheingründe rechtfertigen wollte.*«[8]

Um König zu werden, muss er sich nur noch in die Kutsche setzen und in die preußische Residenz Königsberg fahren. Am 13. Dezember 1700 bricht der erste Tross mit 200 Karossen und Lastwagen Richtung Königsberg auf. 30 000 Pferde stehen unterwegs zum Austausch bereit. Am ersten Weihnachtsfeiertag trifft Friedrich nach zwölf Reisetagen in Königsberg ein. Am 18. Januar 1701 setzt er zuerst sich selbst und dann seiner Sophie Charlotte die Krone aufs Haupt. Während er offenbar die Zeremonie in vollen Zügen genießt, scheint die zukünftige Königin die Szene gelassener anzugehen, denn während der Krönungszeremonie nimmt sie zur Distraction erst einmal eine gewaltige Prise Schnupftabak. Dass selbst die Gattin die Sache nicht ganz ernst nehmen kann, lässt ahnen, wie belanglos Europa die eitle Inszenierung einschätzt. Erst später wird sich zeigen, dass dem »Schiefen Fritz« ein staatsmännischer Coup mit weitreichenden Folgen gelungen ist. In Europa existiert ein neuer Staat. So beginnt sich für all die verstreuten Untertanen, auch für die Brandenburger, ein Sammelbegriff einzubürgern: Preußen. Die ferne östliche Provinz liefert die Sprachregelung für ein neues Zusammengehörigkeitsgefühl. Ihr König heißt nicht mehr Friedrich III., sondern als der erste Gekrönte seines Stammes Friedrich I., König in Preußen.

Der König spendiert den Untertanen einen gebratenen Ochsen, 4000 Liter Wein aus zwei Springbrunnen und lässt außerdem 8000 Goldtaler unters Volk werfen. Erst im Mai kehrt das königliche Paar nach Berlin zurück. Im Staatswappen taucht jetzt über dem roten Adler die preußische Krone auf. Die Berliner Festlichkeiten dauern vier Tage. Krönung und Feiern kosten sechs Millionen Taler, gerade mal vier Millionen nimmt Friedrich im Jahr ein.

Am 17. Januar 1709 vereinigt Friedrich I. fünf Teilstädte zur Residenzstadt Berlin. Schlüter wird Hofbildhauer und Baumeister, das Universalgenie Leibniz Präsident der Akademie der Wissenschaften. Daneben entsteht eine Akademie der Künste. In Halle an der Saale werden die Franckeschen Siftungen und die Universität Academie Fridericiana gegründet. Sie entwickelt sich in dieser Zeit zur führenden Hochschule Deutschlands. Die Charité, entstanden aus einem Pesthaus, wird das erste öffentliche Krankenhaus und die erste medizinische Lehranstalt von Berlin.

Der streng eingehaltene Tagesplan der Majestät lässt auf drei Stunden Arbeit am Vormittag schließen, der Rest ist Freizeit. Wecken zwischen fünf und sechs Uhr, Toilette und Konsultation der Leibärzte, anschließend Kaffee auf silbernem Tablett, Plauderei mit den anwesenden Standespersonen. Danach eine Stunde Morgengebet, dann Besprechung der Amtsgeschäfte mit dem Premierminister. So wird es zehn Uhr. Eine Stunde Ratssitzung, danach Vorbereitungen zum Mittagsmahl. Zwei Pauken und 24 Trompeten verkünden die königliche Mahlzeit von den Balkonen des Schlosses. Mehrere Kammerherren, Kammerjunker, acht Leibgardisten, ein Obermarschall, zahlreiche Pagen, ein Vorschneider, Vorkoster begleiten die Zeremonie. Mindestens zwölf Gänge werden serviert. In der Küche sind 85 Personen beschäftigt, an der Spitze der Hofküchenmeister, Jahresgehalt 830 Taler. Nach dem Dessert Mundspülung, Mittagsruhe. Danach in der Regel Ausfahrten, Fischen, Jagen. Sechs Uhr abends eine Stunde

Gottfried Wilhelm Leibniz wird Präsident der Akademie der Wissenschaften in Berlin.

Besuch bei der Königin. Hegt der König bestimmte Absichten, lässt er sein Kissen voraus tragen. So weiß Charlotte, dass Intimitäten geplant sind. Danach Konversation in der Tabakstube, gelegentliches Schachspiel. Abendbrot gibt es nicht, wohl aber Alkohol.

Die Hälfte der jährlichen Staatseinnahmen von vier Millionen Talern fließt in Hofhaltung und Baukosten von »Spree-Athen«. Am Ende der Regierungszeit Friedrichs I. liegt die 61 000 Einwohner zählende Stadt inmitten einer üppigen Residenzlandschaft mit zahlreichen Schlössern, Gärten und Palais. Der König gilt als verschwendungs- und prunksüchtig. Davon profitieren Handel, städtisches Gewerbe und die Günstlinge, allen voran Premier Graf Kolbe von Wartenberg, dessen Frau im Übrigen die Mätresse des Königs ist und der allein ein gigantisches Jahresgehalt von 100 000 Talern bezieht. Das Salär von König und Königin zusammen liegt nur unwesentlich höher, bei 107 000 Talern.

Ein Jahr vor seinem Tod wird Friedrich I. Großvater. Am 24. Januar 1712 wird kurz vor zwölf am preußischen Königshof in Berlin Thronfolger Prinz Friedrich geboren. An seiner Wiege stehen zwei Generationen und zwei Prinzipien. Der verschwenderische, eitle, den Künsten zugeneigte Großvater und der strenge, sachliche Vater, der das Militär über alles liebt. Friedrich, später der Große, wird versuchen, beider Vorzüge zu vereinen. Die Freude über seine Geburt ist groß. Zwei andere Knaben sind zuvor gestorben. Großvater Friedrich I., noch amtierende Majestät, ist beglückt und *»wurde vor freuden so sehr darüber alterirt, dass Sie mit Tränen in den Augen sich alsbald zur Kronprinzessin herübertragen ließen und hernachmals nichts essen konnten. Die Glocken wurden alsbald geläutet und alle Stücke auf den Wällen gelöset, so dass in einem Augenblick die ganze Stadt und der ganze Hof in eine unaussprechliche Freude versetzt wird.«*[9]

Stolz sind natürlich auch Vater Friedrich Wilhelm I., später bekannt als der Soldatenkönig, und seine Gattin Sophie Dorothea von Hannover. 14 Kinder bringt Sophie Dorothea zur Welt, zehn überleben.

Sparsam und militärisch: Friedrich-Wilhelm I., »Roi-Sergent«

Friedrich I. stirbt 1713 in Berlin mit 56 Jahren an einem Leberleiden. Nach seinem Tod wird in Brandenburg-Preußen alles anders. Sein Nachfolger, Friedrich Wilhelm I. (1688–1740), hat sich schon früh mit Soldaten und Sparplänen beschäftigt. Mit sechs Jahren wird er Chef eines Kavallerie- und eines Infanterieregiments, mit zehn legt er sich ein Ausgabenbuch mit dem Titel »Rechnung über meine Dukaten« an. Es trifft ihn hart, dass er von seinem Vater, der zwar etliche Millionen Gold im Schloss gehortet hat, 20 Millionen Taler Schulden erbt. Friedrich Wilhelm I. verkauft den diamantenbesetzten Krönungsmantel seines Vaters und tauscht im Ausland die Luxusjacht gegen große Soldaten ein. Üppige Perücken und modische Kleidung sind ab sofort verpönt, es wird gespart. Arbeitsplätze bei Hofe, die Zahl der Pferde, überhaupt Gehälter werden drastisch reduziert. Von 142 Chargen am Hof bleiben 47, von 600 Pferden 120, die Gehaltskosten werden von 250 000 auf 50 000 Taler pro Jahr gesenkt. Allein die Streichungen im Küchen- und Keller-Etat erbringen jährlich 40 000 Taler. Hofbaumeister Eosander wird entlassen, Schlüter geht nach Petersburg. Ab sofort muss die Akademie Miete zahlen, Lustgärten werden Exerzierplätze, Lusthäuser Unterkünfte oder Lazarette. Massenentlassungen, Gehaltskürzungen, Aufwandsstornierungen führen zu zahlreichen Firmenzusammenbrüchen. Akademien, Theater, Kunst verkümmern. Der neue Kurfürst und König steckt das ganze Geld in den Ausbau der Armee und die Verwaltung des Staates.

Das Militär kostet sechs Millionen Taler jährlich, das sind 80 Prozent der Staatsfinanzen. Kein europäischer Staat gibt so viel von seinen Staatseinnahmen fürs Militär aus. Da lohnt es nicht, noch unterschiedliche Ämter zu finanzieren. Also gibt es nur noch eine Behörde. 1723 fasst der König Finanz- und Militärwesen im »General-Ober-Finanz-Kriegs-und-Domänen-Direktorium«, kurz Generaldirektorium genannt, zusammen. Der König lässt diese grandiose Idee auf einem Gemälde verewigen. Die Armee ist Staat im Staate und Wirtschaftsfaktor Nummer eins. Der Soldatenkönig liebt das »Reelle«, das Nützliche. Was gut ist für die Armee, ist gut für den Staat. Staat und Armee benötigen Geld. So wird Brandenburg-Preußen zum Land mit der höchsten Steuer Europas. Die Steuern müssen eingetrieben werden. Es entsteht der berühmt-berüchtigte preußische Beamtenstaat. Wie brutal Armee, Reglementierung, Steuern und Abgaben auf den untersten Schichten lasten, belegen Studentenrevolten in Halle an der Saale und verzweifelte Aufstände der Bürger in Cleve in den Jahren 1714, der sorbischen Bauern 1717 und im Westfälischen 1722.

Ein Zeitgenosse beschreibt die Armut eines pommerschen Bauernhauses: »*Michel Koßian der Elter, Vollbauer, hat 4 Kinder, als Jochen 29 Jahr alt, Maria 28 Jahr, Anne 26 und Trine 16 Jahr alt. Dessen Wohnhaus ist von 5 Gebunden, darinnen eine Stube mit 3 schlechten Fenstern, der Kachelofen ist niedergefallen, das Schweifchen schlecht. Im Hause eine schlechte Kammer, noch im Hause zwei Viehstelle, item ein Backofen, so noch zimlich. Das Haus an Holz, Wenden und Dach schlecht im Stande und muss notwendig gebessert werden. Die Scheure ist von 5 Gebund mit einer Scheundiele, daran ein Stelchen. Das Holz und Wende sampt dem Dache ist noch in mittelmeßigem Stande. Darnegst ein Schopchen von 4 Genunden, darunter zwei Viehstelle oben mit Bohlen beleget und Leim beschlagen, darauf das Saatkorn verwahret wird. Das Torgerichte mit einer kleinen und zwei großen Türen nur schlecht. An beiden Seiten ein Zaun mit Hackelwerk, so noch zimlich im Stande, wie auch der übrige Bohlenzaun. Hinter dem Hause ein Garten mit Obstbeumchen.*«[10]

Kronprinz Friedrich Wilhelm I. beschäftigt sich schon in jungen Jahren mit dem Ausbau des Militärs.

So klagen die Bauern im sorbischen Gebiet Cottbus über die täglichen Hof- und Fuhrdienste, die Konfiszierung ihres Landes und schlimme Schikanen. Als sich 4000 Bauern in der Cottbuser Heide versammeln und bewaffnen, schickt der König Militär und lässt die Rädelsführer verhaften und den Aufstand niederschlagen.

König Friedrich Wilhelm I. vor dem Jägertor in Potsdam, um 1735

Eine Armee benötigt Kleidung. Sie wird geliefert von der größten deutschen Tuchmanufaktur, dem Berliner Lagerhaus. Das von über 500 Arbeitern und 5000 Spinnern hergestellte Tuch entwickelt sich zu einem Exportschlager. Eine Armee benötigt Waffen. Fabriken in Potsdam und Spandau produzieren Gewehre. Soldaten benötigen Grundkenntnisse und preußische Tugenden. Friedrich Wilhelm I. verordnet 1717 die allgemeine Schulpflicht. Eine Armee benötigt Feldschere. Der König fördert eine Fachschule für Medizin in der Charité.

Ohne Erlaubnis des Kompaniechefs oder des Obristen dürfen weder Soldaten noch Offiziere heiraten, für die Eheschließung gibt es strenge Vorschriften. Als Grundregel gilt, dass in einer Kompanie nur ein Drittel der Soldaten verheiratet sein soll. Soldatenfrauen und Kinder gelten in Friedens- und in Kriegszeiten als Belastung, denn sie müssen versorgt werden. Fällt der Mann, muss sich der Staat um Witwe und Waisen kümmern. Andererseits gibt es ein königliches Interesse an einem Bevölkerungswachstum. Gern gesehen werden Eheschließungen mit vermögenden Frauen. Die Heiratserlaubnis stellt der Kompaniechef aus, was er sich zuweilen auch bezahlen lässt. So entsteht in der preußischen Armee die Redewendung: *»Für 1 Taler und 14 Groschen bekommt man eine Frau.«* Im Garderegiment Friedrich II. wird den Soldaten ein sogenannter Liebstenschein ausgestellt. Damit sind Verhältnisse, in denen Soldaten in wilder Ehe mit ihren Freundinnen zusammenleben, faktisch legalisiert.

Über 20 Prozent der Bevölkerung der preußischen Städte sind Militärpersonen, zählt man die Reservesoldaten hinzu, sind es sogar über 40 Prozent. Während seiner 27-jährigen Regierungszeit setzt Friedrich Wilhelm I. alles daran, die Armee zu vergrößern und zu vereinheitlichen. Soldaten werden unter brutalsten Umständen im ganzen deutschen Reich angeworben und ebenso brutal behandelt und gedrillt. Geringste Vergehen führen zum Spießrutenlaufen. Das überlebt selten einer. Deserteure, ja, wehrfähige Männer, die nicht der Armee angehören und unerlaubt das Land verlassen, werden mit dem Tode bestraft. Dennoch wagen zwischen 1713 und 1740 über 30 000 Mann die Flucht. 1714 dersertieren allein von der Infanterie 3741 Soldaten.

Der »Soldatenkönig« inspiziert seine »Langen Kerls« in Potsdam. Illustration aus dem 20. Jahrhundert

Ausrüstung, Waffen, Uniformen, Ausbildung, Befehle, Reglements werden standardisiert. So verfügt der Soldatenkönig über die perfekte, disziplinierteste und feuerschnellste Armee Europas – aber, und das mag paradox klingen, er liebt den Krieg nicht. Jedenfalls liebt er keine Kriege, die er selbst bezahlen muss. Ironie der Geschichte: Der König, der als »Soldatenkönig« in die Geschichte eingeht, führt keinen ernsthaften Krieg gegen äußere Feinde. Einer der Gründe, in den einen oder anderen Krieg mit ungewissem Ausgang nicht einzugreifen, mag seine fanatische Sparsamkeit gewesen sein. So sterben unter seiner Regierung weniger Brandenburger auf dem Felde als unter der Herrschaft seines friedlichen Vaters und seines philosophischen Sohnes.

Friedrich II. schreibt später über seinen Vater: *»Es hat nie einen Mann gegeben, der für die Behandlung von Einzelheiten so begabt gewesen wäre. Wenn er sich mit den kleinsten Dingen abgab, so tat er das in der Überzeugung, dass ihre Vielheit die großen zuwege bringt.«*[11]

Die Geschichte von den Buttermägden mag illustrieren, wie konkret sich der König um Projekte und deren Realisierung gekümmert hat. Im Jahr 1724 kauft der König das Gut Königshorst. Noch heute ein winziger Ort im Havelland. Das Land ist feucht und morastig, Vieh und Ernte gedeihen nicht. Der König lässt das Land trockenlegen und engagiert holländische Spezialisten für die Butterherstellung, denn die märkische Butter taugt nichts. Mägde aus der Gegend sollen das Buttern lernen. Der König ordnet an, drei Kerls von guten Leuten, gemeint sind Soldaten, »auszuwählen«, die die Buttermägde heiraten sollen. Der Befehl wird ausgeführt. Die Residenz erhält ausgezeichnete Butter, die Mägde bekommen 100 Taler, einen Mann und viele Kinder. So hat der Staat zu funktionieren. Im Zentrum stehen Armee und König als oberster Befehlshaber und erster Diener des Staates.

MONATLICHES EINKOMMEN BEI DER PREUSSISCHEN ARMEE IM JAHR 1743

Pfeifer	2 Taler
Musketier oder Pikenier	2 Taler 2 Groschen
Dragoner	2 Taler 16 Groschen
Reiter	3 Taler
Wachtmeister	4 Taler
Feldscher	4 Taler
Fähnrich	11 Taler
Feldprediger	15 Taler
Major	63 Taler
Obrist	414 Taler

König Friedrich Wilhelm I. (Mitte) mit preußischen Dragonern, 1728

Höchstes Prinzip: Funktionieren, Gehorsam, Selbstverleugnung, totale Reglementierung. Vom Buttern bis zum Kinderkriegen.

Der derb-fromme, biedere, jähzornige König ist berüchtigt für seine zügellosen Drohungen, die jeden treffen können: »*(…) die leutte wollen mir forceren: Sie sollen nach meiner pfeiffe dance oder der Deuffel hohle mir ich lasse hengen und Brahten wie der Zahr und tra(c)tiere sie wie Rebeller*«,[12] schikaniert er seine Beamten.

Die »Brandenburgischen Konzerte«

Die »Brandenburgischen Konzerte« von Johann Sebastian Bach werden gern als kulturelles Erbe des Landes präsentiert. Zu Lebzeiten Bachs hätte man in Brandenburg keinen großen Staat damit machen können. 1718 weilt der Komponist und Köthener Hofkapellmeister, zwecks Bestellung eines Cembalos, Kosten 130 Taler, bei der Firma Mietke in Berlin. 18 000 Soldaten sind in der Garnisonsstadt Berlin untergebracht, die gerade mal 60 000 Einwohner hat. So ist das Stadtbild dieser Jahre geprägt von blauen Soldatenmänteln, die auch von Zivilisten getragen werden, da die Soldaten ihre Montur alle zwei Jahre verkaufen dürfen. Bach nutzt die Gelegenheit, dem Onkel des regierenden Soldatenkönigs, dem Markgrafen Christian Ludwig von Brandenburg (1677–1734), vorzuspielen. Die »Brandenburgischen Konzerte«, die er ihm 1721 in Französisch widmet, sind weder für den Brandenburger geschrieben noch heißen sie ursprünglich so. Bach hat eine Reihe von vorhandenen Kompositionen zu einem Zyklus zusammengestellt, nennt das Ganze schlicht »Six Concerts Avec plusiers instruments« und widmet sie dem Markgrafen. In Brandenburg können sie nicht aufgeführt werden, denn es gibt hier kaum noch Musiker. Der brandenburgische Markgraf hat vor der Sparwut seines Neffen lediglich ein winziges Kammerorchester retten können, das er auf eigene Kosten unterhält. So werden die »Brandenburgischen Konzerte« in Köthen uraufgeführt, zum Teil mit Berliner Musikern, die Friedrich Wilhelm I. 1713 entlassen hat. Als der musikalische Nachlass des Markgrafen nach seinem Tode 1734 inventarisiert und geschätzt wird, bewertet man die von Bach geschriebene Partitur mit 24 Groschen. Dafür hat man zu Zeiten Friedrichs I. gerade mal eine Karte für die Oper bekommen. Aber die ist inzwischen geschlossen.

Staatlich akzeptierte Vergnügungen sind Rauchen und Jagen. In Potsdam, Berlin und Wusterhausen richtet der König Tabakstuben ein, wo er mit seinen Generälen, Ministern und geladenen Gästen über Gott und die Welt debattiert. Die Tabagie ist eine deutsche Sprachinsel innerhalb der Französisch sprechenden deutschen Adelswelt. Friedrich Wilhelm I. hält sich viel in seinem Schloss in Königs Wusterhausen auf. Er ist ein großer Jäger, raucht viel und trägt nur Uniformen. Überall in Europa lässt er große Soldaten, pro Mann zwischen 1000 und 9000 Taler, werben oder kaufen. Das einzige Laster, wofür er Geld verschwendet. Je älter der König wird, desto häufiger widmet er sich der Malerei. Sein ehrliches Selbstbildnis von 1737 zeigt einen von schweren Krankheiten geplagten König. Als er drei Jahre später stirbt, hinterlässt er seinem

Der Komponist Johann Sebastian Bach weilt mehrmals am brandenburgischen Hof und spielt Friedrich II. vor.

Sohn ein Regiment »Langer Kerls«, mit dem dieser nichts anfangen kann, und die größte Armee Deutschlands, 83 000 Mann und acht Millionen angesparte Taler Kriegskasse in den Kellern des Berliner Schlosses. Der Kaiser in Wien verfügt lediglich über 60 000 Soldaten mit veralteten Waffen.

Familienidylle

Die Kinder des Soldatenkönigs, vor allem der Kronprinz, wachsen mit dem Militär auf. Prinzessin Wilhelmine beschreibt später beispielhaft, wie Lebensqualität und Lebensfreude auf der Strecke bleiben: »*Wir führten das traurigste Leben der Welt. Früh, so wie es sieben schlug, weckte uns die Übung von dem Regimente des Königs auf. Sie fand vor unseren Fenstern, die zu ebenem Boden waren, statt. Das ging unaufhörlich: Piff, puff, und den ganzen Morgen hörte das Schießen nicht auf. Um zehn gingen wir zu meiner Mutter und begaben uns mit ihr in die Zimmer neben denen des Königs, wo wir den ganzen Morgen verseufzen mussten. Endlich kam die Tafelstunde. Das Essen bestand aus sechs kleinen, übel zubereiteten Schüsseln, die für vierundzwanzig Personen hinreichen mussten, so dass die meisten vom Geruche satt werden mussten. Am ganzen Tisch sprach man von nichts, als von Sparsamkeit und Soldaten.*«[13]

Dem Kronprinzen ist ein strenger Tagesplan verordnet, geprägt von Disziplin, militärischen Übungen, Tempo und permanenter Kontrolle. Mit drei Jahren muss er reiten, mit fünf fechten und schießen. Sieben Uhr aufstehen, beten, waschen und anziehen in einer Viertelstunde, Frühstück in sieben Minuten, Bibelstunde, Kirchgang. Der König hat sehr strenge Vorstellungen davon, wie sich sein Sohn verhalten soll: »*Er weiß wohl, dass ich keinen effemenierten Kerl leiden kann, der keine menschlichen Inklinationen hat, der sich schämt, nicht reiten, noch schießen kann, und dabei malpropre an seinem Leibe, seine Haare wie ein Narr sich frisieret und nicht verschneidet (...).*«[14] Die Mutter dürfen die Kinder nur unter Aufsicht des Vaters sehen, beim Prinzen soll immer ein Erzieher schlafen, er soll niemals allein gelassen werden. Demütigende öffentliche Züchtigungen des Sohnes durch den Vater sind an der Tagesordnung. Gemeinsam mit Freund Hermann von Katte und Schwester Wilhelmine plant Friedrich die Flucht nach London. Wie wäre die Geschichte nach einer geglückten Flucht weitergegangen? Friedrich II. in England am Hofe des Onkels, vielleicht hätte er eine englische Prinzessin geheiratet oder eine sächsische oder, wie auch erwogen wurde, Maria-Theresia, die Tochter des Kaisers. Doch die Flucht wird verraten. So hängt in Sinsheim/ Steinsfurt eine Tafel: »*Hier blieb auf seiner Flucht am 4./5.August 1730*

Kronprinz Friedrich (links), der spätere Friedrich II., und seine Schwester Wilhelmine haben als Kinder kein leichtes Leben am Hof.

In Schloss Rheinsberg verfasst Friedrich II. 1739 den »Anti-Machiavell«.

›Friedrich der Große‹ dem Vaterland erhalten.« Eine Gedenktafel für einen Mann, der weder seinen Vater noch sein Vaterland wollte. Die Schande könnte nicht größer sein. Der Sohn des absolutistischen Herrschers, ein Deserteur. Der Vater fordert für Sohn und Freund das Todesurteil. Nach dem Gesetz seien alle gleich. Das Militärgericht bringt den Mut auf, das Todesurteil für den Kronprinzen zu verweigern. Der Vater meint, ein pädagogisches Exempel statuieren zu müssen. Er lässt am 6. November 1730 in Küstrin vor den Augen des Sohnes dessen Freund und Helfer Hermann von Katte hinrichten.

Rheinsberg – der Kronprinz ein Philosoph

Schloss Rheinsberg liegt von Potsdam mehr als eine Tagesreise entfernt. Friedrich Wilhelm I. kauft das Schloss, lässt es herrichten und gibt es seinem Sohn als Domizil. Ab 1737 residiert Friedrich II. (1712–1786) hier. 1733 hat er in Salzdahlum auf Drängen des Vaters die ungeliebte Prinzessin Elisabeth-Christine von Braunschweig (1715–1797) geheiratet. Seine Lieblingsbeschäftigungen sind Lesen, Musizieren, Dichten, Philosophieren. Den von seinem Vater vertriebenen aufklärerischen Philosophen Wolff muss er sich ins Französische übersetzen lassen. Erzogen von einer hugenottischen Amme, spricht Friedrich sein Leben lang kein vernünftiges Deutsch.

1739 verfasst er den »Anti-Machiavell«, den Moralkodex über die Staatsraison des aufgeklärten Despoten: *»Die Überschwemmungen, die ganze Landstriche verwüsten, der zündende Blitz, der Städte in Asche verwandelt, der Gifthauch der Pest, der Provinzen entvölkert – sie sind der Welt nicht so verhängnisvoll wie die schlechte Moral, wie die zügellosen Leidenschaften der Könige. Denn wie die Macht Gutes zu tun, wofern sie dazu gewillt sind, in ihre Hand gegeben ist, gleichermaßen steht es bei ihnen, Böses auszuüben, wenn sie es wollen. Ein Jammer ist's um das Los der Völker, alles vom Missbrauch der Herrschermacht fürchten zu müssen: wenn all ihre Habe der Gier des Fürsten, ihre Freiheit seinen Launen, ihre Ruhe seinem Ehrgeiz, ihre Sicherheit seiner Tücke, ihr Leben seiner Grausamkeit ausgeliefert ist! (…)*

Möge die Weltgeschichte nur die Namen der guten Fürsten aufbewahren, und die der anderen dem Untergange anheim geben samt ihrer Faulheit und ihrem Unrecht«,[15] heißt es darin. Voltaire, mit dem er korrespondiert, antwortet euphorisch: *»Fahren Sie fort, großer Fürst, großer Mensch; vernichten Sie das Ungeheuer des Aberglaubens und des Fanatismus, diesen Feind der göttlichen Vernunft. Seien Sie der König der Philosophen«* und später: *»Er schrieb in aller Aufrichtigkeit, zu einer Zeit, da er noch nicht Staatsoberhaupt war und sein Vater ihm die despotische Gewalt nicht eben liebenswert erscheinen ließ. Er pries damals aus ganzem Herzen Mäßigung und Gerechtigkeit; und in seiner Begeisterung sah er jede Usurpation als Verbrechen an (...) Aber es lag in seiner Natur, immer genau das Gegenteil dessen zu tun, was er sagte und schrieb, nicht aus Verstellung, sondern weil er in einer Stimmung schrieb und sprach und in einer ganz anderen handelte.«*[16]

Tatsächlich dauert es nicht einmal ein Jahr – das in Holland anonym erschienene Werk ist noch druckfrisch –, bis er als König das tut, was er als Kronprinz verdammt hat – er führt Krieg.

Überflüssige Kriege

Am 31. Mai 1740 stirbt der Soldatenkönig. Friedrich II. besteigt den Thron. Am ersten Tag seiner Amtszeit löst er die »Langen Kerls« auf und verteilt sie auf die aktiven Truppen. Er lässt verbilligtes Korn aus öffentlichen Speichern an die Armen verkaufen, ordnet die Abschaffung der Folter an, hebt die Zensur weitgehend auf. Seine Gattin schickt er mit einer jährlichen Apanage von 40 000 Talern ins Pankower Schloss Niederschönhausen. Fortan lebt er getrennt von ihr. Rheinsberg bleibt sein bevorzugter Aufenthaltsort.

Am 20. November 1740 stirbt in Wien Kaiser Karl VI. Seine Tochter Maria Theresia

Ein verwundeter preußischer Soldat bietet Friedrich II. nach verlorener Schlacht Wasser aus einem Hut an. Illustration aus dem 19. Jahrhundert

übernimmt die Kaiserkrone. Da das geltende Erbfolgerecht nur einen männlichen Nachfolger zulässt, hat der Kaiser vorsorglich mit den europäischen Herrschern eine Absprache getroffen, genannt »Pragmatische Sanktion«, die den Ausnahmefall regelt. An diese Vereinbarung fühlt sich Friedrich nicht gebunden. Er ist wie ausgewechselt: *»Dieser Todesfall zerstört alle meine friedlichen Gedanken, und ich glaube, im Monat Juni wird es mehr auf Pulver, Soldaten und Trancheen ankommen, als auf Schauspielerinnen, Ballett und Theater (...) Jetzt ist der Zeitpunkt einer völligen Neuordnung des alten politischen Systems (...).«*[17]

Friedrich II. glaubt, aus der Situation Kapital schlagen zu können. Er unterbreitet Maria Theresia einen Vorschlag: Gegen die Abtretung von Niederschlesien bietet er die Garantie der »Pragmatischen Sanktion«, die Kaiserkrone für Maria Theresias Gemahl Franz, zwei Millionen Taler, Kriegsbeistand. Noch ehe die Kaiserin ab- oder zusagen kann, lässt Friedrich II. seinen Minister Podewil wissen: *»Ich gedenke meinen Schlag am 8. Dezember auszuführen und damit die kühnste, schnellste und* *größte Unternehmung zu beginnen, die jemals ein Fürst meines Hauses unternommen hat. Leben Sie wohl, mein Herz verheißt mir gute Vorzeichen und meine Truppen glückliche Erfolge.«*[18] Preußen beginnt den ersten Schlesischen Krieg. Mit 21 000 Soldaten marschiert Friedrich II. im Winter 1740 in Schlesien ein. Ohne Anlass, nur aus der Spekulation heraus, dass dies der geeignete Augenblick sei, Schlesien an sich zu bringen, beginnt Friedrich II. die wohl verlustreichste Folge von Kriegen dieses Jahrhunderts. Europa ist entsetzt. *»Das ist ein Narr! Der Mensch ist verrückt!«*,[19] empört sich Ludwig XV., König von Frankreich.

Friedrich räumt später ein: *»Der Ehrgeiz, mein Vorteil, der Wunsch, mir einen Namen zu machen, gaben den Ausschlag, und der Krieg war bald beschlossen (…)«*[20] Fünf Jahre nach Kriegsbeginn und nicht nur gewonnenen Schlachten äußert er: *»(…) ich habe den Rubikon überschritten und will entweder meine Stellung behaupten oder ich will, dass alles zugrunde gehe und der preußische Name mit mir begraben werde.«*[21] Überraschende Belege für politischen Egozentrismus und Verantwortungslosigkeit eines Herrschers. Haltungen, die er noch vor wenigen Jahren verurteilt hat.

15 Jahre später, nahe daran, die Giftpillen, die er immer bei sich trägt, zu schlucken, schreibt er nach der vernichtenden Niederlage von Kunersdorf kleinlaut nach Berlin: *»Zum Schluß dachte ich selbst gefangen zu werden und war das Schlachtfeld zu räumen gezwungen. Mein Rock ist total durchlöchert, zwei Pferde sind*

Idealisiertes Bild vom »Alten Fritz«: Der einsame König verfasst auf seinem Feldzug mitten in der Nacht Depeschen und Befehle. Ilustration aus dem 19. Jahrhundert

mir getötet worden, mein Unglück ist es, noch zu leben. Unser Verlust ist sehr bedeutend (...) Man wird in Berlin gut tun, an seine Sicherheit zu denken. Das ist ein grausamer Umschlag. Ich werde ihn nicht überleben. Die Folgen der Schlacht werden schlimmer sein als die Schlacht selbst. Ich habe keine Hilfsquellen mehr, und, um nicht zu lügen, ich glaube, alles ist verloren (...) Frederic«[22]

Neun harte Jahre verbringt Friedrich II. an den Fronten der drei Schlesischen Kriege. Den ersten beginnt er 1740 mit 28 Jahren. Als er aus dem letzten heimkehrt, ist er 51 Jahre alt. Die Kriege haben ihn gezeichnet. Bald nennt ihn das Volk den Alten Fritz. Seiner »Neuordnung der Welt« hat er 150 000 Landeskinder geopfert, doppelt so viel Tote hat der Gegner zu beklagen. In seinem Kassenbuch vermerkt er 30 Millionen Taler Kriegskosten.

Sanssouci: heile Welt auf künstlichem Weinberg

In Friedenszeiten wohnt der König in seiner Sommerresidenz Sanssouci, 1747, sieben Jahre nach seinem Regierungsantritt, nach eigenen Plänen und denen Knobelsdorffs fertiggestellt. Dort lebt er seinen Traum von der »heilen Welt«. Sein Tagesablauf ist fest geregelt.

Zwischen drei und vier Uhr Wecken. Bereits während des Ankleidens Erledigung der Post. Keine Briefe, außer den Todesurteilen, liegen länger als einen Tag. Es werden ihm alle Besucher gemeldet, die in Potsdam angekommen sind. Interessiert ihn jemand, lässt er ihn zu sich bitten. Beim Frühstück trinkt er viel Wasser, Kaffee, gelegentlich auch Schokolade. Währenddessen referieren die Räte über Staatsangelegenheiten. Nach dem Frühstück ein bis zwei Stunden Flötenspiel als Meditation. – Danach die Kabinettsräte zum Befehlsempfang.

Zehn bis elf Uhr: Audienz oder Spaziergänge im Schlossgarten. – Elf Uhr: Parade seiner Garde. Oft kommandiert er selbst. – Zwölf Uhr: Mittagstafel mit Gästen. Das Mahl dauert zwei bis vier Stunden. Der König isst gern sehr scharf. Seine Köche sind Italiener, Franzosen oder Russen. Ihre Leistungen werden mit Zensuren auf den Menükarten bewertet. An seiner Tafel sitzen häufig »*Intellektuelle. Drei Jahre auch Freund und Verehrer Voltaire. Potsdam ist Sparta und Athen zugleich, täglich wird gemustert und gedichtet. Ein Lager des Mars und der Garten Epikurs, Trompeten und Violinen*«,[23] schreibt er 1750 begeistert. Drei Jahre später kommt es zum Kleinkrieg zwischen den beiden Busenfreunden und schließlich zum Bruch. – Nachtisch, eine halbe Stunde Flötenspiel, Post unterschreiben. – Danach Komponieren und Lektüre, gelegentlich Empfang von Besuchern. Im Mai 1747 ist es Johann Sebastian Bach, dem er die Töne b-a-c-h vorgibt. Zu Hause angekommen, komponiert der Meister eine Fuge und schickt sie dem König. Titel: »Musikalisches Opfer«. – Sechs bis sieben Uhr abends: Kammerkonzert, zuweilen mit hochkarätiger Besetzung, so z. B. 1770: 1. Flöte: Friedrich II. 2. Flöte: Hofkomponist Quantz, Gesang und Klavier: Herzogin Luise, Dorothea von Sachsen Gotha, 1. Violine: Herzog von Braunschweig, Cello: Prinz Heinrich von Preußen. Oft werden eigene Kompositionen des Königs gespielt, Flötenkonzerte, Sonaten, Sinfonien.

Moses Mendelssohn, Ephraim Lessing, Lavater, Nicolai wirken in Berlin. Kant formuliert seine Aufforderung, den eigenen Verstand zu gebrauchen, in sicherer Entfernung von der Hauptstadt, im fernen Königsberg. Casanova und Goethe weilen zu Besuchen in Potsdam und gehen wieder. Auch Lessing bleibt nicht. Potsdam und Berlin haben wenig Anziehendes für deutsche Dichter und deutsche Kultur, denn der König hat sein Leben

Friedrich II. beim Flötenkonzert von Sanssouci. Gemälde aus dem 19. Jahrhundert

lang wenig im Sinn mit einheimischen Geistern und kaum Vergnügen an deutscher Sprache. Und dann ist er selbst ja Schriftsteller. Neben zahlreichen Aufsätzen und Abhandlungen verfasst er auch ein Libretto. Vom Französischen ins Italienische übersetzt, liefert es die Textvorlage für die Oper »Montezuma«. 1755 hat das Werk in der königlichen Oper Premiere. Es ist die Geschichte eines Herrschers, der nicht in Frieden regieren kann, weil er von bösen Eroberern bedroht wird.

Das einzige Bild, das im Arbeitskabinett des Königs hängt, zeigt eine Tänzerin mit erotischer Ausstrahlung. Ihr Name ist Barberina. Sie ist von 1743 bis 1748 in Berlin engagiert, und ihre Gagen sind zehnmal so hoch wie das Gehalt des Hofmalers und dreimal höher als die Bezüge eines Ministers. Später wird sie Gräfin und schließlich Äbtissin. Voltaire verdächtigt Friedrich später homophiler Neigungen. Auch Briefe an seinen geliebten Kammerdiener Fredersdorf werden oft so gedeutet. So schreibt der König, als dieser krank ist, besorgt: *»Ich habe gemeinet, du häst mihr lieb und wirst mihr nicht den chagrin machen, Dihr umbs Leben zu bringen. Nun weis ich nicht, was ich davon halten soll. Glaube, dass ich es recht guht mit Dihr meine (...) Do Könst Dihr auf mihr verlassen, dass nicht mehr Sorge vohr mihr haben könnte, wann ich krank wäre als vohr Dihr!«*[24]

Früh weiß er bereits, dass er keine Nachkommen haben wird. Deshalb macht er seinen Bruder August Wilhelm zum Thronerben. Seinem homosexuellen Lieblingsbruder Heinrich schenkt er Rheinsberg.

Preußen in Europa – Brandenburg in Preußen

Die friedlichen Eroberungen Friedrichs II. finden in der Mark selbst statt. 1744 beginnt der Bau des Finowkanals, 1746 der des Storkower Kanals und die Trockenlegung des Oderbruchs. 1763 ist das große Werk vollendet, 32 500 Hektar Land sind gewonnen, 50 neue Dörfer gegründet. Ein Jahr später verordnet Friedrich II. den Kartoffelanbau. So zum Beispiel in Wuschewier an der Wuschewiere.

Ursprünglich Sumpf- und Gewässergebiet, bewirtschaftet von Fischern, gehört die Feldmark Wuschewier zu den trockengelegten Gebieten des Oderbruchs. Beeindruckend ist das Tempo, mit dem hier gebaut wird. Am 22. Januar 1757 ergeht der Befehl, ein Dorf zu errichten. Die 65 Siedler kommen aus Pommern, Sachsen, Württemberg und aus der gesamten Mark. Bereits im Herbst des gleichen Jahres ziehen sie in ihre selbst gebauten Häuser ein. Am besten erhalten ist bis heute das Schul- und Bethaus. Für eine Kirche hat der Krieg führende König nicht genug Geld. Das Schilderhäuschen schützt den Nachtwächter des Dorfes bei schlechtem Wetter. Die Kolonisten, die sich in Wuschewier niederlassen, erhalten wie überall kräftige Steuererleichterungen. Im Vertrag lautet es unter § 5: *»Wegen dieses von dem annehmer selbst zu errichtenden Baues und der rahdung werden demselben Acht Frey Jahre dergestalt bewilligt, dass er bis den letzten Juni 1765 von dieser Nahrung nichts entrichten dürfe. Hiernächst soll er dem Amte Friedland jährlich 15 Handdienste thun, mit der sense oder nach Verlangen des Amts mit der harcke bey der heu oder getreyde Ernte, oder wozu er sonst nach der wahl des Amts bey den feldern garten und Ackerbau , bestellet wird, bey seiner eigenen Kost und Geträncke, mit seinen eigenen Geräthe fleißig und getreulich, zu dem Ende er sich mit der Sonnen Aufgang zu den ihr angwiesenen Orth verfüget und beym Untergang der Sonnen davon wieder abgehet, dabei ihm zu Mittag Eßen eine Stunde Zeit gegeben wird, außer dem aber bey der Sense zum Frühstück eine halbe Stunde und zum Abendbrod eine halbe Stunde.«*[25]

Bis 1786 finden 124 720 Kolonisten in der Kur- und Neumark eine neue Heimat.

Von Brandenburg spricht man kaum noch. Es ist eine der Provinzen des preußischen Staates, der 5,4 Millionen Einwohner hat und vom Rhein bis zur russischen Grenze, von Nordhausen bis zur Ostsee, von Böhmen bis nach Memel reicht und mit nahezu 200 000 Quadratkilometern zehnmal so groß ist wie Brandenburg als es Kurmark wurde. In

Mit Prachtbauten wie dem Neuen Palais in Potsdam macht Preußen unter Friedrich II. seinen Anspruch als führende Macht in Europa deutlich.

diesem Brandenburg entsteht dank des durchorganisierten Beamtenstaates, dank des allgegenwärtigen Landesherrn, der sich um alles kümmert, dank des königlichen Tausendsassas, der alles kann, alles anordnet, wenn möglich alles selbst kontrolliert, eine durch alle Schichten gehende Untertanenmentalität ohnegleichen. Es ist bequem, sich regieren zu lassen. Abwarten statt Initiative, Gehorsam statt Freiheit, Obrigkeitsglaube statt kritischen Verstandes sind zugleich ein Vertrauensbeweis in die Führungsqualitäten Friedrichs des Großen. Fleiß, Pünktlichkeit, Zuverlässigkeit, Sparsamkeit, Gehorsam, Pflichttreue genügen. So fühlt sich der Untertan beim »Alten Fritz« in guten Händen. Der Mythos funktioniert schon zu Lebzeiten. Das Königreich Preußen ist ein führender europäischer Staat. Berlin ist zwar nicht Paris oder London, aber immerhin eine europäische Großstadt. Mit 150 000 Soldaten hat Preußen eine der größten Armeen Europas. Als Friedrich der Große 1786 stirbt, gibt es in Potsdam 139 Kasernen und Militäreinrichtungen. Die Stadt ist die größte Garnison des Staates.

»Ich fand zwar bei meiner Ankunft nach drei Uhr den in jeder Rücksicht großen Kranken mit etwas freierem Bewußtsein, so dass er die Umstehenden kannte, aber doch erinnerte er sich seiner noch nicht expedierten Kabinettsgeschäfte zum ersten Male in dem ganzen Verlauf seiner Regierung nicht und dies war mehr als hinlänglicher Beweis von dem hohen Grade seines Übelbefindens, nur sterbend konnte er fähig sein, seine Geschäfte zu vergessen, und dieser Umstand schreckte mich mehr als alles übrige (...) Plötzlich stellte sich um 9 Uhr ein beständiger kurzer Husten mit starkem Röcheln auf der Brust ein, der nach und nach das Atemholen erschwerte und morgens, den 17. August um 2 Uhr 20 Minuten die Maschine dieses außerordentlichen Geistes zum Stillstand brachte«,[26] so der Bericht des Leibarztes.

Mit dem Tod Friedrichs II. endet eine Epoche. Ilustration aus dem 19. Jahrhundert

Bereits 1752 hatte Friedrich II. für den Fall seines Ablebens verfügt: *»Ich habe als Philosoph gelebt und will als solcher begraben werden, ohne Pomp, ohne Prunk und ohne die geringsten Zeremonien. Ich will weder geöffnet noch einbalsamiert werden. Sterbe ich in Berlin oder Potsdam, so will ich der eitlen Neugier des Volkes nicht zur Schau gestellt und am dritten Tag um Mitternacht beigesetzt werden. Man bringe mich beim Schein einer Laterne und ohne dass mir jemand folgt, nach Sanssouci und bestatte mich dort ganz schlicht auf der Höhe der Terasse, rechterhand, wenn man hinaufsteigt, in einer Gruft, die ich mir habe herrichten lassen (...)«*[27]

»Ohne, dass mir jemand folgt ...« Hat er den »Werther« doch gelesen? Sein Neffe und Nachfolger, Friedrich Wilhelm II., ignoriert den letzten Willen des Onkels und lässt ihn mit großem Pomp in der Potsdamer Garnisonkirche begraben.

Vom Potsdamer Bahnhof in Berlin verkehrt seit 1838 die Eisenbahn zwischen beiden Städten.

REFORMER, REVOLUTIONÄRE UND SCHNAPSBRENNER 1786–1871

»Der dicke Wilhelm«, »die schöne Wilhelmine« und der Pastor von Gielsdorf

Friedrich II. hinterlässt bei seinem Tod einen mit strenger, preußischer Ordnung verwalteten Staat, der ein Territorium von fast 200 000 Quadratkilometern umfasst, einen stattlichen Goldschatz von 51 Millionen Talern, eine arbeitswillige und alles andere als aufsässige Bevölkerung (5,8 Millionen Menschen) und nicht zuletzt eine Armee von 193 768 Mann, die Preußen in mehreren Kriegen zu einer militärischen Großmacht gemacht hat. Der »große König« ist kinderlos geblieben. Den Thron besteigt nun sein Neffe, Friedrich Wilhelm II.

Das Urteil vieler Zeitgenossen über den neuen Herrscher aus dem Hause Hohenzollern fällt zumeist nicht sehr vorteilhaft aus. Noch zu Lebzeiten schrieb der »Alte Fritz« über seinen Nachfolger: *»Dieser ist der plumpeste Tölpel, den Sie sich vorstellen können. Er hat weder von der Gestalt noch vom Geist seines Vaters etwas. Ungeschickt in allem, was er tut, ungehobelt, halsstarrig, launenhaft, ein Wüstling, verdorben in seinen Sitten, töricht und widerwärtig, das ist er nach der Natur gemalt.«*[1] Der strenge Onkel prophezeite 1785 sorgenvoll: *»Es wird ein lustiges Leben bei Hofe werden. Mein Neffe wird den Schatz verschwenden, die Armee ausarten lassen. Die Weiber werden regieren, und der Staat wird zugrunde gehen.«*[2]

Doch diese negativen Beurteilungen beschreiben nur die eine Seite des »dicken Wilhelm«, wie der Neffe Friedrichs des Großen von den Brandenburgern spöttisch genannt wird. In der Tat erweist sich Friedrich Wilhelm als ein wenig disziplinierter, verschwendungssüchtiger und lebenslustiger Herrscher. Die Regierungsgeschäfte überlässt er seinen konservativen Ministern, denen er weitreichende Befugnisse einräumt. Der neue König hat zwei Leidenschaften: Er hält okkulte Messen und Geisterbeschwörungen ab, in denen er seine mystische Schwärmerei auslebt, und er »vergöttert« eine Frau, die seines Standes eigentlich nicht würdig ist: Wilhelmine Encke, Tochter eines Orchestermusikers aus Potsdam. Beide Vorlieben führen dazu, dass man sich bei Hofe und in den Städten der Mark über das Treiben des Regenten das Maul zerreißt.

Der Hof steht unter dem Einfluss der Rosenkreuzer, einer frömmlerischen und antiaufklärerischen Vereinigung, der auch der König selbst und seine wichtigsten Minister, Woellner und Bischoffwerder, angehören. Mit dem »Edikt, die Religionsverfassung in den preußischen Staaten betreffend«, das Minister Woellner ausgearbeitet hat, will Friedrich Wilhelm die angeblich »zügellose Freiheit«

seiner Untertanen bekämpfen. Vom Geist der Aufklärung und der Toleranz ist dieses Gesetz nicht getragen. Andererseits gilt Friedrich Wilhelm II. als ein gebildeter und kunstsinniger Mann. Die brandenburgischen Stände haben anlässlich der Thronbesteigung eine Münze prägen lassen mit der Aufschrift: »*Nova Spes Regni*« – »*Des Königreiches neue Hoffnung*«. Die Bürger sind froh, als der neue König die »Regie«, eine verhasste Steuerbehörde, abschafft und die Abgaben für Tabak und Kaffee senkt.

Friedrich Wilhelm gründet 1787 ein königliches Pferdegestüt in Neustadt/Dosse und unterstützt den Wiederaufbau der Stadt Neuruppin, die durch ein Feuer in Schutt und Asche gelegt worden ist. Im Gegensatz zu seinem Onkel fördert er deutsche Künstler, macht Mozart sogar das Angebot, nach Berlin umzusiedeln, und erteilt dem Architekten Carl Gotthard Langhans den Auftrag zum Bau des Brandenburger Tores in Berlin. Welchen Einfluss der König auf die Gestaltung des Bauwerkes nimmt, ist nicht belegt. Der Bildhauer Johann Gottfried Schadow krönt das antik anmutende Siegestor mit einer »Quadriga«. Es heißt, über das nackte Hinterteil der Siegesgöttin, die den Wagen lenkt, habe es bei Hofe Diskussionen gegeben. Die »schöne Wilhelmine«, vom König zur Gräfin Lichtenau geadelt, habe dem Bildhauer zugezwinkert: »*Nee, Jottfried. So jeht datt nich!*«

Am liebsten hält sich Friedrich Wilhelm, der sinnenfrohe Monarch, in dem kleinen Schloss auf, das er sich am Heiligen See in Potsdam hat errichten lassen: das Marmorpalais. Seine schönsten Stunden verbringt er mit Wilhelmine auf der Pfaueninsel, wo sich das Liebespaar in ein eigens erbautes Lustschloss zurückziehen kann. Ein Zeitgenosse urteilt über das Treiben bei Hofe: »*Ganz Potsdam war wie ein Bordell, alle Familien dort suchten nur mit dem Könige, mit dem Hof zu tun zu haben. Frauen und Töchter bot man um die Wette an, die größten Adlichen waren am eilfertigsten.*«[3] So ausschweifend das Leben in der Residenzstadt, so ordentlich will der König die Arbeit der leichten Mädchen in Berlin regeln. Friedrich Wilhelm erklärt in seinem »Lusthauserlass« die Straßen und Plätze um das Brandenburger Tor, wo die Damen des Gewerbes ihren Geschäften nachgehen, zum Sperrbezirk und lässt öffentliche Freudenhäuser einrichten:

Friedrich Wilhelm II., im Volksmund auch »dicker Wilhelm« genannt

»*Wir, Friedrich Wilhelm von Gottes Gnaden, verfügen hiermit zur Steuerung der heimischen Unzucht öffentliche Häuser einzurichten. Wir verbieten, dass sich galante Frauenpersonen in der ganzen Stadt verbreiten und befehlen stattdessen, sie in diesen Häusern zu halten und, auf ihrer linken Schulter mit einer roten Nessel geschmückt, um sie für jedermann kenntlich zu machen. Sollte fürderhin eine galante Frauenperson außerhalb der öffentlichen Häuser bei der Ausübung ihres Diens-*

Wilhelmine Enke, die Geliebte des Königs, wird 1796 zur Gräfin von Lichtenau geadelt.

tes betroffen werden, sollte sie der Gerichtsdiener unter Trommelschlag zurück in das Haus führen, wo ihre Dienstschwestern versammelt sind!«[4]

Die Regentschaft Friedrich Wilhelms II. fällt in eine Zeit des gesellschaftlichen Umbruchs. Kurz nach seiner Thronbesteigung beginnt in Frankreich die Revolution, die Ideen von Freiheit, Gleichheit und Brüderlichkeit breiten sich wie ein Lauffeuer in ganz Europa aus. Auch in einigen Städten der Mark, vor allem in Berlin, werden die revolutionären Gedanken begeistert aufgenommen: Der Philosoph Georg Friedrich Hegel spricht noch Jahre später von einem »*herrlichen Sonnenaufgang*«, in Berlin erscheinen Artikel in aufklärerischen Zeitschriften, die »eine *Zeit der Revolutionen von unwiderstehlicher, ansteckender Wirkung*« anbrechen sehen. Der Landwirt C. W. Frölich aus Scharfenbrück bei Treuenbrietzen veröffentlicht 1792 unter dem Titel »Über den Menschen und seine Verhältnisse« gar eine Schrift, die das Privateigentum kritisiert und die Einführung von Gemeinschaftseigentum in den Dörfern fordert. In einigen Städten bilden sich Geheimgesellschaften, welche die Ziele der Französischen Revolution auch in Brandenburg-Preußen verwirklichen wollen.

Vereinzelt wird sogar der Ruf nach öffentlichem Aufruhr und einem »*terreur à la Robespierre*« laut. Doch das Interesse für die neuen Ideen beschränkt sich auf die kleine Zahl gebildeter Bürger in den Städten. Die Revolution ist vor allem ein Thema für die Salons und Cafés in Berlin. Die ländliche Bevölkerung, die Bauern, Kossäten, Büdner und Handwerker, nehmen von den politischen Umwälzungen, die sich ankündigen, kaum Notiz. Zu beschwerlich ist der Alltag, zu fern sind die Ereignisse.

Friedrich Wilhelm II. wendet sich energisch gegen die neuen Ideen, die aus Frankreich nach Brandenburg-Preußen kommen, erlässt zahlreiche Verordnungen gegen die »Revolutionspropaganda« und verschärft die Pressezensur. Mit aller Macht will er die Ausbreitung des »*Geistes der Freiheit und des Ungehorsams*« verhindern. In mehreren Feldzügen von 1792 bis 1797 lässt er seine Truppen sogar gegen Frankreich marschieren, jedes Mal kehren sie geschlagen zurück. Am Ende hat der König seine linksrheinischen Gebiete verloren und riesige Schulden aufgetürmt.

Gleichwohl fallen in die Regentschaft dieses »*Bürgerkönigs der Zeitenwende*« auch zahlreiche fortschrittliche Neuerungen. Die wichtigste: die Einführung des allgemeinen Landrechtes. Das Gesetzeswerk, das 1794 für ganz Preußen eingeführt wird, regelt zahlreiche rechtliche Fragen, die bis dahin nur mündlich tradiert waren, für den ganzen Staat einheitlich und manifestiert eine gewisse Rechtssicherheit für die preußischen Untertanen. Es gilt als

Im Marmorpalais am Heiligen See in Potsdam hält sich Friedrich Wilhelm II. am liebsten auf.

Zivilrechtsbuch bis 1900. Unter Friedrich Wilhelm II. werden Seminare für Schullehrer begründet, die Universitäten besser ausgestattet und die Akademie der Wissenschaften reformiert. Zudem bemühen sich die Minister Friedrich Wilhelms II., die Verwaltung der Mark Brandenburg zu verbessern. Die in dieser Zeit errichteten Rathäuser von Angermünde und Lychen sind ein Zeugnis dieser Absicht.

Die gesellschaftlichen Widersprüche der Zeit spiegeln sich in einer Auseinandersetzung wider, von der Jahrzehnte später der Dichter Theodor Fontane berichten wird. Im Dörfchen Gielsdorf im Barnim macht der Pfarrer, Johann Heinrich Schulz, von sich reden. Mit seinen unkonventionellen Ansichten über die Bibel und den Staat gerät er immer wieder in Konflikt mit der Kirche. Der aufgeklärte Pastor sorgt sogar dafür, dass der verhasste Gutsbesitzer von Bismarck zu Hirschfelde, der willkürlich die Spanndienste der Bauern erhöht und seine Leibeigenen verprügelt, vor Gericht gebracht und zu einer Haftstrafe verurteilt wird. Unentwegt kritisiert der streitlustige Pfarrer in seinen Predigten seine herrschaftliche Umgebung und die bestehende Ordnung. Eines Sonntags staunt die zum Gottesdienst versammelte Gemeinde besonders: Schulz steigt an diesem Tag ohne die standesgemäße Perücke, nur mit dem bei Bauern und Bürgern üblichen Zopf, zur Predigt auf die Kanzel: »*Zur besonderen Freude gereicht es mir, dass ich (...) jeden Bauern und Tagelöhner so vernünftig denken kenne, dass er nicht glaubt, eine Perücke oder ihr ähnliche Haarfrisur mache die Wahrheit der christlichen Religion kräftiger.*«[5] Ein Pfarrer ohne Perücke? Ein Skandal!

Mit dem Fall »Zopf-Schulz« beschäftigen sich nun hohe und höchste Instanzen: »*Ich höre von dem schon längst berüchtigten Prediger Schulz zu Gielsdorf so viele böse Dinge, dass ich ohnmöglich dazu stille schweigen kann, sondern*

Euch hierdurch ernstlich anbefehlen muss, die Sache gründlich und nach aller Strenge untersuchen zu lassen!«,[6] heißt es in einer Kabinettsorder des Königs an Minister Woellner. So wird der eigensinnige Gottesmann am Ende auf Weisung höchster Stellen seines Amtes enthoben. 1799 wird er Fabrikinspektor.

Friedrich Wilhelm II., der die Ausbreitung liberaler und freiheitlicher Ideale zwar eindämmen, aber nicht aufhalten kann, erkrankt Mitte der 1790er-Jahre schwer. Als auch mehrere Kuren und die absurden Heilmittel der Hofärzte keine Linderung bringen, zieht er sich in sein Potsdamer Schloss zurück. Dort pflegt ihn seine geliebte Wilhelmine, die Gräfin Lichtenau. Als sich der Tod ankündigt, wird der Kronprinz, Friedrich Wilhelm, an das Bett des sterbenden Vaters geführt. Dort empfängt der Thronfolger nach alter Sitte den Segen: »*Bemühe dich, das Haus Brandenburg in allen Stücken in seinem alten Glanze zu erhalten.*«

Friedrich Wilhelm III. (1770–1840) beginnt seine Regentschaft mit einer familiären Abrechnung. Er lässt die Gräfin Lichtenau, die ihm verhasste Geliebte des Vaters, aus dem Marmorpalais heraus verhaften, ohne dass sie den Leichnam des Königs noch einmal sehen darf. Ihr wird vorgeworfen, den toten König mit Hokuspokus schlecht beraten und den verlorenen Krieg gegen Frankreich angezettelt zu haben. Ihr Eigentum wird beschlagnahmt, die Zofen und Diener abgeführt. Erst Jahre später ergibt eine Untersuchung, dass die Vorwürfe haltlos sind.

Moderne Landwirte und freie Bauern

Im Sommer 1804 kommt ein Fremder in die Mark Brandenburg, dem der Ruf vorauseilt, der fortschrittlichste Landwirt seiner Zeit zu sein: Albrecht Daniel Thaer. Im niedersächsischen Celle hat er das königlich-landwirtschaftliche Lehrinstitut geleitet. Der Arzt und Landwirtschaftsexperte ist dem Ruf des preußischen Staatskanzlers von Hardenberg gefolgt, sich in der märkischen »Streusandbüchse« anzusiedeln. Im Dorf am Rand des Barnim hat Thaer das Rittergut erworben, das er zu einem modernen Musterbetrieb umwandeln möchte. Er will beweisen, dass auch auf den sandigen Böden der Mark eine gewinnbringende Landwirtschaft möglich ist.

Thaer vertritt einige für diese Zeit revolutionäre Ansichten: Er hat erkannt, dass sich die märkischen Bauern mit ihrer veralteten Dreifelderwirtschaft in einem Teufelskreis bewegen. Bauen sie mehr Getreide an, geht dies zulasten des Viehs, das mit weniger Futterweiden auskommen muss. Wird die Viehhaltung erhöht, schrumpfen die Flächen für den Getreideanbau. Die Folge: Die meisten Äcker der Mark sind wegen der immer wiederkehrenden Fruchtfolge ausgelaugt, die Viehbestände kümmerlich. Thaer will des-

Mit der Errichtung von Rathäusern, wie hier in Angermünde, versucht Friedrich Wilhelm II., die Verwaltung der Mark Brandenburg zu verbessern.

Albrecht Daniel Thaer ist der »modernste Landwirt« seiner Zeit.

halb die althergebrachte Dreifelderwirtschaft abschaffen und einen modernen Fruchtwechsel einführen. Um die Erträge zu steigern und die Bodenfruchtbarkeit zu erhöhen, setzt er zudem auf den Anbau neuer Kulturpflanzen und eine bessere Düngung der Äcker. Das Vieh soll zukünftig im Stall gehalten und mit eigens angebauten Futterpflanzen gemästet werden.

Die wichtigste Erkenntnis des fortschrittlichen Landwirts hat eine hochpolitische Dimension: *»Das Übel liegt tief in der gegenwärtigen Verfassung, die den Bauern immer ärmer, stumpfsinniger und träger werden lässt (...) Deshalb müsste die völlige Freiheit des Eigentums, (...) von jeder Regierung als Grundsatz angenommen werden!«*[7] Mit anderen Worten: Die Bauern brauchen eigenes Land! Eine revolutionäre Forderung, die auf die Abschaffung der Leibeigenschaft zielt.

Dass eine Verbesserung der Landwirtschaft nur durch eine Veränderung der Besitzverhältnisse zu erreichen ist, haben auch andere Gutsbesitzer erkannt, die über stagnierende Erträge und mangelnden Arbeitseinsatz der hörigen Bauern klagen. Einige aufgeschlossene Pächter und Gutsherren lösen deshalb die parzellierte »Gemengelage« ihrer Ländereien auf, trennen also ihre kleinteiligen Flächen in Guts- und Bauernland und wandeln die Frondienste der Bauern in Geldabgaben um.

Besonders fortschrittlich handelt dabei eine Frau: Helene Charlotte von Friedland. Thaer hatte die gebildete Gutsherrin bereits vor seiner Umsiedlung nach Brandenburg kennen und schätzen gelernt. Die adelige Landwirtin gestaltet gemeinsam mit ihrem Schwiegersohn, dem Grafen von Itzenplitz, ihre Güter Friedland und Kunersdorf um in moderne landwirtschaftliche Betriebe mit Fruchtwechsel, Koppelwirtschaft, einer Merinoschafzucht und der Haltung einer neuen Rinderrasse. Selbst der streng konservative Junker General Friedrich Ludwig August von der Marwitz, der alle politischen Reformversuche strikt ablehnt, wendet auf seinem Gut Friedersdorf (Kreis Seelow) die von Thaer propagierten neuen Methoden an.

Mit besonderem Erfolg agiert Johann Gottlieb Koppe, ein Schüler Thaers, der auf Gut Möglin den modernen Landbau erlernt hat. Der Sohn einer hörigen Kleinbauernfamilie aus dem Kreis Luckau bringt es durch seinen Fleiß und seine fortschrittlichen Auffassungen zum Verwalter mehrerer Güter und schließlich zum Pächter der Domänen Wollup und Kienitz im Oderbruch. Dort baut Koppe als einer der ersten Landwirte der Mark Zuckerrüben an und errichtet die erste Zuckerrübenfabrik des Oderbruchs. Am Ende verfügt er über so viel Geld und Ansehen, dass er jenes Gut kaufen kann, auf dem seine

Eltern Jahre zuvor noch Frondienste hatten leisten müssen. Später trägt ihm König Friedrich Wilhelm IV. sogar das Amt des Landwirtschaftsministers an. Koppe lehnt mit der Begründung ab, die »*hinterländischen Aristokraten*« würden einen Mann mit »*plebejischer Herkunft*« wohl kaum akzeptieren.

Anfang des 19. Jahrhunderts steckt die märkische Landwirtschaft in einer tiefen Krise. Viele schlecht bewirtschaftete Güter sind überschuldet und werden von ihren adeligen Besitzern an Bürgerliche verkauft. Zudem ist die Versorgungslage für die unteren Schichten der Bevölkerung so miserabel, dass es immer wieder zu Hungerunruhen und Aufruhr kommt. Die letzten Kriege haben deutlich gemacht, dass die Landwirtschaft kaum noch in der Lage ist, das preußische Heer in ausreichendem Maße mitzuversorgen. Dass nur grundlegende Veränderungen die Situation verbessern können, wissen auch die leitenden Minister Stein und Hardenberg in der preußischen Regierung. Sie wollen deshalb durch »Reformen von oben« das marode Staatswesen modernisieren.

Ihr Ziel: möglichst viele wirtschaftliche Kräfte freizusetzen, ohne dabei die bestehende Staats- und Gesellschaftsordnung umzuwerfen: »*Demokratische Grundsätze in einer monarchischen Regierung – dieses scheint mir die angemessene Form für den gegenwärtigen Zeitgeist*«, schreibt Staatskanzler Hardenberg. Kernstück der Reformen ist die sogenannte Bauernbefreiung. Das auf Stein zurückgehende königliche Edikt vom 9. Oktober 1807 hebt die Erbuntertänigkeit der Bauern zum Martinitag 1810 auf, macht also alle Landbewohner persönlich frei.

Das Gesetz, das auf die Ablehnung vieler Junker stößt, die ihre Privilegien und ihre wirtschaftlichen Vorteile in Gefahr sehen, lässt die zukünftige Gestaltung der Eigentums- und Arbeitsverhältnisse im Bereich der adeligen Güter noch offen. Im September 1811 tritt deshalb das »Regulierungsedikt« in Kraft, welches den Bauern ermöglicht, das von ihnen bewirtschaftete Land zu erwerben und sich von den Diensten auf den Gütern freizukaufen. Allerdings dürfen zunächst nur spannfähige Bauern, die über eigene Pferde oder Ochsen verfügen, dieses Recht in Anspruch nehmen. Die vollständige Umsetzung der Reformen gelingt erst nach der bürgerlichen Revolution von 1848.

Johann Gottlieb Koppe bringt es als Sohn einer Kleinbauernfamilie zum Verwalter und Besitzer mehrerer Güter.

»*Wir, Friedrich Wilhelm, von Gottes Gnaden, König von Preußen etc. etc. Thun kund und fügen hiermit zu wissen: dass Wir durch die bisher sowohl auf Unsern Domainen als von verschiedenen Rittergutsbesitzern gemachten Erfahrungen noch mehr überzeugt worden sind; wie die Verwandlung der bäuerlichen Besitzungen in Eigenthum, da wo solches bisher noch nicht statt fand und die Ablösung der Natural-Dienste und Berechtigungen gegen billige und gerechte Entschädigungen zum wahren Besten, sowohl der Berechtigten als Verpflichteten gereiche (…)«* (Aus dem königlichen Edikt von 1811)[8]

Die Folgen dieser grundlegenden Agrarreform sind widersprüchlich. In der Tat gelingt es vielen Bauern, sich aus den Bindungen der Gutshörigkeit zu lösen und eigene Ländereien zu bewirtschaften. Doch der Preis, den die märkischen Bauern für ihre »Befreiung« zu zahlen haben, ist hoch: Für den Erwerb von Land und den Freikauf aus feudalen Diensten müssen sie hohe Entschädigungssummen an die Gutsbesitzer entrichten und einen Teil des Landes abtreten.

Längst nicht alle betroffenen Bauern und kleinen Ackerleute (Kossäten) sind dazu in der Lage. Viele verarmen, geben ihre Rechte wieder an den Gutsherrn ab oder verdingen sich als Tagelöhner. Am Ende profitieren vor allem die märkischen Grundbesitzer. Die Reformen haben sie gezwungen, ihre Güter in moderne, kapitalistische Agrarbetriebe umzuwandeln. Statt höriger Bauern arbeiten auf ihren Feldern nun billige Landarbeiter im Akkord. Die alte Ordnung hat sich auf diese Weise gefestigt.

Als Albrecht Daniel Thaer 1806 auf seinem Gut in Möglin unter dem Schutz des Königs Brandenburgs erste landwirtschaftliche Akademie eröffnet, sind diese Entwicklungen noch nicht abzusehen. Auf seinen Feldern baut er neue Pflanzensorten an, testet von ihm selbst konstruierte Ackergeräte wie den Schwingpflug und die Kartoffelhacke, züchtet hochwertige Merinoschafe, die ihm den Titel »Wollkönig« einbringen, stellt detaillierte Futterpläne für das Vieh auf und fasst seine Erkenntnisse in wegweisenden Schriften zusammen (»Grundsätze für die rationelle Landwirtschaft«, 1812).

Als der Lehrbetrieb an Thaers Akademie im Oktober 1806 beginnen soll, erscheinen statt der angemeldeten 21 nur drei Studenten. Der Grund: In Brandenburg ist Krieg. Die preußischen Truppen sind bei Jena und Auerstedt von den Franzosen vernichtend geschlagen worden. Napoleon überrollt mit seinen Truppen die Mark.

Landleben zu Beginn des 19. Jahrhunderts: Gutsarbeiter und Inspektor

Luise, Napoleon und die Befreiungskriege

Friedrich Wilhelm III., König von Preußen seit 1797, ist ein wortkarger, in sich gekehrter Monarch. Er meidet das höfische Treiben in Potsdam und Berlin und zieht die Abgeschiedenheit seines Landsitzes im havelländischen Paretz vor. Die kleine Nebenresidenz wird später »*Schloss Still im Land*« genannt. An diesem idyllischen Ort verbringt der junge Herrscher die Sommermonate mit seiner Gemahlin, der Königin Luise. Hin und wieder sehen die Dorfbewohner die Kinder des Königspaares barfuß durch den Park und die Straßen des Ortes laufen. Vor allem die schöne Königin Luise aus dem Hause Mecklenburg/Strelitz gibt sich volksnah, offen und aufgeklärt.

Die Familie führt bei ihren Aufenthalten auf dem Lande ein fast bürgerliches Leben. »*Er wäre statt eines Königs lieber Dorfschulze in Paretz geworden*«, mutmaßen Zeitgenossen. Auch der großen Politik kann Friedrich Wilhelm III. nicht viel abgewinnen. In seinen »Gedanken über die Regierungskunst« schreibt er: »*Man mische sich nie in fremde Händel, die einen nichts angehen (...) und lasse sich nicht durch einen vermeint zu erlangenden Ruhm verblenden. Um aber nicht wider seinen Willen in fremde Händel gemischt zu werden, so hüte man sich vor Allianzen, die uns früh oder spät in solche verwickeln könnten.*«[9] Seine guten Vorsätze lassen sich in der politischen Realität nicht verwirklichen. Preußen gerät in einen Konflikt von europäischer Dimension.

In Frankreich ist Napoleon aus den Wirren der Revolution als selbst ernannter Kaiser und mächtiger Heerführer hervorgegangen. Er will ganz Europa unter seinen Einfluss bringen. Preußen gerät zwischen die Fronten. Friedrich Wilhelm III. versucht mit aller Kraft, einen Krieg zu verhindern, beharrt auf Neutralität

Königin Luise wird zum Symbol für den preußischen Widerstand gegen Frankreich.

und betreibt eine Schaukelpolitik zwischen Napoleon auf der einen und dem russischen Zaren auf der anderen Seite. »*Mehr als ein König ist untergegangen, weil er den Krieg liebte, ich werde untergehen, weil ich den Frieden liebe*«,[10] orakelt er. Preußen lässt sich schließlich zu einem Bündnis mit Frankreich zwingen, das Napoleon immer wieder missachtet. Am Ende sieht sich Friedrich Wilhelm III. herausgefordert, Frankreich den Krieg zu erklären.

Am 14. Oktober 1806 werden die preußischen Truppen bei Jena und Auerstedt in Thüringen vernichtend geschlagen. Die königliche Familie flieht nach Königsberg ins Exil. In Berlin richtet der stellvertretende Gouverneur, Graf von der Schulenburg, einen Aufruf an die Bevölkerung: »*Der König hat eine Bataille verloren. Jetzt ist Ruhe die erste Bürgerpflicht. Ich fordere die Einwohner Berlins dazu auf. Der König und seine Brüder leben!*« Innerhalb der nächsten

Wochen wird ganz Brandenburg von 130 000 französischen Soldaten besetzt, die Festungen Spandau und Küstrin müssen sich kampflos ergeben. 10 000 preußische Soldaten geraten in Gefangenschaft.

Napoleon erreicht zehn Tage nach der Schlacht von Jena und Auerstedt Potsdam, besichtigt ehrfurchtsvoll Schloss und Park von Sanssouci und lässt sich an das Grab Friedrichs des Großen führen. Sein überlieferter Kommentar: »*Würde er noch leben, stünden wir heute nicht hier!*« Und beim Abschied: »*Sic transit gloria mundi!*« (»So *vergeht der Ruhm der Welt!*«) Am 27. Oktober 1806 rückt der französische Feldherr mit seinen Truppen unter Glockengeläut und Geschützdonner durch das Brandenburger Tor in Berlin ein. Die Quadriga lässt er abmontieren und in Kisten verpackt als Siegestrophäe nach Paris bringen.

Viele aufgeklärte deutsche Dichter, Gelehrte und Publizisten haben in Napoleon zunächst einen fortschrittlichen Herrscher gesehen, der die Ideale der Französischen Revolution verkörpert. Seinen Siegeszug durch Europa haben sie zum Teil euphorisch kommentiert. Nun, nach dem Sieg über Preußen, schlägt die Stimmung um, die Franzosen werden als feindliche Besatzer begriffen. Die Brandenburger erleben die französische Fremdherrschaft als Zeit voller Repressionen, Not und Mangel. Die Mark muss 57 Millionen Francs Kriegsschulden zahlen. Weil das Geld nicht aufzutreiben ist, lässt das französische Militär sämtliche Staatseinnahmen konfiszieren und die Unterhaltskosten für 157 000 Mann der napoleonischen Truppen eintreiben. Überall hausen die Soldaten der Grande Armée, Kirchen und Warenmagazine werden zu Pferdeställen umfunktioniert, Wohnhäuser und Handwerksstuben beschlagnahmt.

Allein im Jahr 1811 summieren sich die Abgaben Preußens wie folgt: 400 000 Zentner Weizen, 200 000 Zentner Roggen, 6 Millionen Scheffel Hafer, 24 000 Zentner Reis und Dörrgemüse, 4 Millionen Flaschen Branntwein und Bier, 15 000 Pferde, 24 000 Ochsen, 650 000 Zentner Heu, 300 000 Zentner Stroh, 600 000 Pfund Pulver und 300 000 Pfund Blei. Nach der Verhängung der Kontinentalsperre gegen England durch Napoleon kommt der auswärtige Handel fast vollkommen zum Erliegen. Die Tuchmanufakturen sowie die Getreide- und Holzexporteure dürfen ihre Waren und Güter nicht mehr ausführen. Viele märkische Städte sehen sich nicht in der Lage, die hohen Abgaben zu zahlen. In Potsdam erwachsen der Stadt bis Ende Januar 1808 für die Unterbringung und Verpflegung der französischen Truppen Kosten von 850 000 Talern – eine riesige Summe. Der Polizeidirektor von Frankfurt/Oder meldet im April 1812, dass »*die Forderungen der französischen Militärs (...) von einer ungeheuren Größe sind, dass sie der Bürger schlechterdings nicht erfüllen kann*«.[11] Immer wieder nehmen sich französische Soldaten mit Gewalt, was sie haben wollen, es kommt zu Plünderungen, Übergriffen und Prügeleien mit aufgebrachten Bürgern.

Im Frühjahr 1807 ereignet sich in Kyritz ein dramatischer Zwischenfall. Versprengte preußische Soldaten, die angeblich unter dem Kommando des Freischärler-Majors Ferdinand von Schill stehen, dringen bei Nacht in die Stadt ein und berauben einen französischen Kaufmann um 1500 Taler. Die bewaffneten Männer können unbehelligt entkommen, wohl auch, weil die Torwachen, allesamt Brandenburger in napoleonischen Diensten, nicht eingreifen. Die Besatzungsmacht statuiert daraufhin ein Exempel: Kämmerer Schulze und Kaufmann Kersten werden zum Tode verurteilt und vor den Augen der Bürger von Kyritz erschossen.

Zur Symbolfigur des Widerstandes gegen die Franzosen wird Königin Luise. Nach den militärischen Niederlagen Preußens und der

Napoleon reitet 1806 an der Spitze seiner Truppen durch das Brandenburger Tor in die preußische Hauptadt ein.

Flucht des Herrscherpaares ins entfernte Ostpreußen kommt es im Sommer 1807 in Tilsit zu einer historischen Begegnung. Luise, Königin des besetzten Preußen, trifft mit Napoleon, dem scheinbar unbesiegbaren Kaiser von Frankreich, zusammen. In ihrem Gespräch, um das sich später viele Gerüchte und Legenden ranken werden, bittet Luise Napoleon, den Fortbestand Preußens zu sichern. Zumindest die Mark Brandenburg und die anderen ostelbischen Gebiete sollen als preußischer Staat erhalten bleiben. Der faktische Erfolg ihrer Mission ist eher gering zu bewerten. Preußen muss einen demütigenden Frieden akzeptieren und große Teile seines bisherigen Staatsgebietes im Westen und Osten an Frankreich und Russland abtreten. Aber Luise verlässt als moralische Siegerin diesen Schauplatz der Geschichte. Sie gilt fortan als mutige Patriotin, die Napoleon die Stirn geboten hat.

Im Winter 1809 kehrt das Herrscherpaar nach Berlin zurück. Sechs Monate später erkrankt die Königin auf einer Reise zu ihrem Vater nach Mecklenburg an einer schweren Lungenentzündung. Sie stirbt am 19. Juli 1810 auf Schloss Hohenzieritz. Die Strecke, auf der ihr Sarg nach Berlin transportiert wird, ist von trauernden Menschen gesäumt. In Gransee wird der Leichnam Luises für eine Nacht aufgebahrt. Später lassen die Bürger der Grafschaft Ruppin an dieser Stelle ein von Karl Friedrich Schinkel entworfenes Denkmal errichten. Luise bleibt für lange Zeit die beliebteste Herrscherin der Brandenburger.

Nach Napoleons gescheitertem Feldzug gegen Russland, an dem viele brandenburgische Soldaten teilnehmen mussten, stellt

In Tilsit bittet Königin Luise Napoleon, den Fortbestand Preußens zu sichern.

sich Preußen offen gegen die französischen Besatzer. Innerhalb weniger Tage kommt es im Spätsommer 1813 zu mehreren Schlachten auf brandenburgischem Territorium, am 23. August in Großbeeren, am 27. August in Hagelberg bei Belzig und am 6. September in Dennewitz bei Jüterbog. Der preußischen Armee und der neu gegründeten Landwehr, die aus Bürgern, Bauern, Tagelöhnern und Handwerkern besteht, gelingt es, Napoleons Truppen aus der Mark zu drängen. Wenige Wochen später wird die Grande Armée in der Völkerschlacht bei Leipzig vernichtend geschlagen. Mehr als 125 000 Soldaten kommen dabei ums Leben.

Auf dem Wiener Kongress 1815 werden nach dem Sieg über Napoleon die Grenzen in Europa neu gezogen. Auch für die Mark Brandenburg ergeben sich aus der Neuordnung des preußischen Königreiches territoriale Veränderungen. Sie bildet nun eine von zehn (später acht) preußischen Provinzen und erhält, neben einigen anderen Landstrichen, folgende Gebiete zugeschlagen: die Herrschaften Baruth und Hoyerswerda, die Ämter Belzig, Dahme, Finsterwalde, Jüterbog und Senftenberg sowie die Niederlausitz, die vorher allesamt zum Königreich Sachsen gehörten. Zugleich muss die neue Provinz die Altmark, das märkische Stammland, an Sachsen abgeben.

Nach den Befreiungskriegen hofft vor allem das liberale Bürgertum auf neue Freiheiten und Rechte. Doch nach der Wieder-

Auf dem Wiener Kongress werden 1814/15 die Grenzen in Europa neu bestimmt.

herstellung Preußens steuern der König und seine Regierung einen repressiven Kurs. Die preußischen Behörden verhaften nach den sogenannten Karlsbader Beschlüssen (1819) die Wortführer der nationalliberalen Bewegung, die ein einheitliches Deutschland fordern. Viele Bürger in den Städten Brandenburgs ziehen sich in den Folgejahren enttäuscht aus dem politischen Leben zurück.

Reformer und Turner

Die vernichtenden Niederlagen gegen Frankreich und die daraus folgende Fremdherrschaft zwingen den preußischen Staat zu tiefgreifenden Reformen. *»Wir müssen dasselbe von oben her machen, was die Franzosen von unten gemacht haben«*,[12] erklärt Staatskanzler Hardenberg gegenüber Friedrich Wilhelm III. Vor allem in vier Bereichen kommt es innerhalb weniger Jahre zu grundlegenden Veränderungen: in der Landwirtschaft, der Wirtschaft, im Militär und in der Verwaltung.

Das Oktoberedikt von 1807 sowie die beiden Regulierungsedikte von 1811 und 1816, welche die Bauern aus der Leibeigenschaft lösen, markieren das Ende der Ständegesellschaft und den Beginn der bürgerlichen Gesellschaft. 1820 gibt es in der Provinz Brandenburg 4744 freie Bauern, 1831 sind es bereits 11 929, 1838 dann 14 570 und 1848 schließlich 15 656. In der Mark hat sich eine Schicht selbstständiger Landwirte herausge-

Die Köpfe hinter den Reformen: General von Scharnhorst, Freiherr von Hardenberg und Freiherr vom Stein (v.l.n.r). Darstellung von 1860

bildet. Für die Befreiung aus feudalherrlicher Untertänigkeit müssen die märkischen Bauern bis 1865 412 000 Morgen Land, 6 Millionen Taler an Kapital und über 25 Jahre hinweg 768 000 Taler Renten jährlich an die einstigen Feudalherren abtreten bzw. entrichten. Bis Mitte des 19. Jahrhunderts haben sich trotz der hohen Abgaben viele märkische Bauern freigekauft. Zugleich entsteht eine Schicht armer Landarbeiter und Tagelöhner, die zwar rechtlich frei, aber ökonomisch in höchstem Maße unfrei sind. Sie sind das Arbeitskräftepotenzial für die aufkeimende Industrie.

Im November 1808 tritt in Preußen eine neue Städteordnung in Kraft. Die Städte in der Mark dürfen sich nun selbst verwalten, über die Finanzen sowie das Schul-, Gesundheits- und Armenwesen in eigener Regie bestimmen und Parlamente wählen. Die regionalen Feudalherren verlieren ihre »Mediatrechte«, nur der preußische Staat hat noch die Aufsicht über die Kommunen. Von den neuen Rechten profitiert allerdings in erster Linie das städtische Bürgertum, denn wählen dürfen nur solche Einwohner, die über Grundbesitz oder ein Jahreseinkommen von 150 Talern verfügen. In der Residenzstadt Potsdam haben von den 13 758 Bürgern nur 971 das Stimmrecht, im Ort Müllrose von 1116 Einwohnern gar nur 86. In der nach neuem Recht gewählten Potsdamer Stadtverordnetenversammlung sitzen 33 Handwerksmeister, 11 Kaufleute, 5 Beamte, 6 Kleingewerbetreibende, 3 Apotheker, ein Fabrikant und ein Chirurg. Insgesamt jedoch bedeutet die Städteordnung für die größeren Kommunen der Mark einen großen Fortschritt.

Anders verläuft die Entwicklung auf dem Land. Zu umfassenden Veränderungen in der Verwaltung kommt es nicht. Zwar tritt eine neue Provinzialordnung in Kraft und es bildet sich eine Art Landesparlament, aber nach »altem Muster«, das heißt mit beschränkten Befugnissen und gebildet aus den besitzenden Ständen. Viele adelige Gutsherren versuchen, die Reformen mit aller Macht zu verhindern. Der märkische Rittergutsbesitzer von der Marwitz, Hauptsprecher der ständischen Opposition, kämpft vor allem gegen die Aufhebung der Leibeigenschaft, sieht die *»von Gott eingeführte Ordnung«* in Gefahr und spricht von einem *»Krieg der Besitzlosen gegen das Eigentum«*. Staatskanzler Hardenberg lässt den erzkonservativen Junker sogar für einige Wochen in der Festung Spandau festsetzen, um ihn in die Schranken zu weisen. In der Kleinstadt Buckow gelingt es dem Schlossherren, Graf von Flemming, die Einführung der Städteordnung, die er für *»verderblich«* hält, zu verhindern, weil *»die armseligen Bürger keine Zeit für die Verwaltung«* hätten und sich nicht einmal die notwendige repräsentative Kleidung leisten könnten.

Insgesamt kann der märkische Adel seine Machtstellung behaupten. 1816 setzen die Gutsbesitzer durch, dass nur sie berechtigt sind, dem König die Kandidaten für das wichtige Landratsamt vorzuschlagen, was dazu führt, dass die märkischen Landräte fast ausnahmslos adelig sind. Darüber hinaus behalten die Gutsherren das Recht, in ihren Dörfern den Lehrer und den Pfarrer zu bestimmen und die Polizeigewalt auszuüben. Zwar sind die Kleinbauern und Kossäten nun rechtlich frei, aber durch die ökonomische Abhängigkeit und die althergebrachten Bindungen bleibt in den märkischen Dörfern so gut wie alles beim Alten. Und auch an der Haltung vieler Gutsbesitzer ändert sich nur wenig: »*Ohne straffe, selbst strenge Hand, kommt das Volk außer Rand und Band!*«[13] reimt Hans Hugo von Kleist-Retzow.

1810 und 1811 verkünden königliche Edikte die Gewerbefreiheit und die Auflösung zahlreicher Zunftzwänge. Damit ist der Weg für die Industrialisierung der Mark frei. Wohlhabende Bürger gründen nun Manufakturen und andere Industriebetriebe. Ohne rechtliche Beschränkungen können sie jetzt billige Lohnarbeiter einstellen, zumeist verarmte Kleinbauern und Tagelöhner, die ihre Heimatdörfer verlassen, weil sie dort chancenlos sind. Der Hunger treibt immer mehr Menschen vom Land in die Städte.

Die französische Fremdherrschaft führt auch zu einem Wandel des geistigen Lebens in der Mark. Es bildet sich eine von Gelehrten und Schriftstellern getragene Bewegung, die den Patriotismus und die nationale Idee auf ihre Fahnen geschrieben hat. Vor diesem Hintergrund wird in Berlin 1810 die Universität gegründet, die der geistigen Erneuerung dienen soll. Wilhelm von Humboldt, der in Potsdam geborene Gelehrte und preußische Kultusminister, ist der Initiator. Berühmte Persönlichkeiten lehren an der neuen Hochschule und halten viel beachtete Vorträge: der Dichter Fichte, der Philosoph Hegel und der Theologe Schleiermacher. Die Universität wird schnell zum Zentrum des deutschen Geisteslebens, Berlin zur Metropole deutscher Intelligenz. Fichtes patriotische »Reden an die deutsche Nation« werden von den Studenten gefeiert wie der Sieg über Napoleon selbst.

Die vernichtenden Niederlagen gegen Frankreich haben deutlich gemacht, dass auch das preußische Militär modernisiert werden muss. Unter den Generälen Scharnhorst, Gneisenau und Clausewitz wird gegen den schärfsten Widerstand des reaktionären Adels das Heer reformiert. Gneisenau begründet die nötigen Veränderungen damit, dass »*es billig und staatsklug zugleich ist, dass man den Völkern ein Vaterland gibt, wenn sie ein Vaterland kräftig verteidigen sollen*«. Zentrale Punkte der Heeresreform sind die Einführung der allgemeinen Wehrpflicht und die Bildung einer Landwehr. Die überalterte Generalität wird entlassen, das Söldnerwesen abgeschafft

Wilhelm von Humboldt ist preußischer Kultusminister und Begründer der Berliner Universität.

und das Adelsmonopol für das Offizierskorps beseitigt. Auch Bürgerliche dürfen nun eine militärische Laufbahn einschlagen. Mit diesen Neuerungen legen die Heeresreformer den Grundstein für die militärischen Erfolge in den »Befreiungskriegen« gegen Frankreich.

In dieser Zeit des Aufbruchs und der patriotischen Gefühle macht ein Mann von sich reden, der glaubt, durch körperliche Ertüchtigung könnten Widerspruchsgeist und nationale Überzeugungen besonders gefördert werden. Sein Name: Friedrich Ludwig Jahn. Der in dem Dorf Lanz in der Prignitz geborene Lehrer eröffnet im Juni 1811 auf der Hasenheide am Rand von Berlin den ersten Turnplatz Deutschlands. Jahn versteht die Leibesübungen als notwendige Vorbereitung für den Freiheitskampf. Nur turnerprobte Männer könnten den französischen Besatzern erfolgreich entgegentreten. Kniebeugen und Klimmzüge für den Befreiungskrieg.

Nach dem Sieg über Frankreich will Jahn sein »*vaterländisches Turnen*« als Beitrag für die Verwirklichung einer deutschen Nation fortführen. Der preußischen Obrigkeit, die massiv gegen die Wortführer der nationalen Bewegung einschreitet, geht dies zu weit. Durch öffentliche Reden des national gesinnten Turnlehrers provoziert, verbieten die Behörden den Turnbetrieb. 1820 ergeht ein Erlass des Innenministers: »*Da Seiner Majestät ernstlicher Wille ist, dass das Turnwesen ganz aufhört, so hat die königliche Regierung von Polizei wegen nachdrücklich darauf zu halten, dass alles Turnen schlechterdings unterbleibe.*« Auf Weisung höchster Stellen werden alle Turngeräte aus der Stadt geschafft und zerstört. Jahn, des Hochverrats verdächtigt, wird verhaftet und in die Festung Küstrin gebracht. 1820 entlassen, steht er über Jahre unter Hausarrest. Erst 1840 wird der »Turnvater« rehabilitiert und von König Friedrich Wilhelm IV. mit dem Eisernen Kreuz ausgezeichnet.

Baumeister und Gärtner

Ein bis dahin unbekannter Architekt aus Berlin erhält 1801 den Auftrag, Pläne für den Wiederaufbau des Dorfes Quilitz im Oderbruch zu entwerfen, das durch ein Feuer zerstört worden ist. Der junge Baumeister, in Neuruppin geboren und gerade mal 20 Jahre alt, ist von seinem Lehrer, dem Landbaumeister David Gilly, für diese Aufgabe empfohlen worden. Die Entwürfe für den Neubau des Ortes, der später in Neu-Hardenberg umbenannt wird, sind sein Gesellenstück. In den folgenden Jahren wird Karl Friedrich Schinkel zum bedeutendsten Baumeister seiner Zeit werden.

In den vier Jahrzehnten seiner Tätigkeit entwirft Schinkel, zumeist im Auftrag der Krone, zahlreiche bedeutende Bauwerke in Berlin und Brandenburg, darunter die Neue Wache (1816), das Schauspielhaus (1818–1821), das Alte Museum (1822–1828), die Schlossbrücke (1822–1824) die Bauakademie (1831–1836), die Friedrichwerdersche Kirche (1825–1828), Schloss Babelsberg (ab 1834) sowie Herrenhäuser, Kirchen und Gutshöfe in vielen Orten der Mark. Insgesamt gehen rund 50 Bauwerke auf Schinkels Entwürfe zurück.

Seine künstlerischen Impulse bezieht der märkische Baumeister, der sich auch als Landschaftsmaler, Bühnenbildner und Bildhauer betätigt, aus zwei Reisen, die er nach Rom unternimmt, und aus der Begegnung mit der Antike: »*Ich bemerkte, als ich meine Studien in der Baukunst begonnen, bald einen großen Schatz von Formen, der bereits in der Welt durch viele Jahrhunderte der Entwicklung und bei sehr verschiedenen Völkern in Ausführung von Bauwerken entstanden und niederlegt war. Aber ich sah zugleich, dass unser Gebrauch von diesem angehäuften Schatz oft sehr heterogener Gegenstände willkürlich sei, dass, was mir in seinem primitiven Erscheinen an alten Werken eine höchst erfreuliche Wirkung erzeugte, bei seiner neuen*

Der Gutshof Behlendorf in Heinersdorf wird 1802 nach den Plänen von Karl Friedrich Schinkel erbaut.

Anwendung an Werken unserer Tage oft durchaus widerstand. Besonders klar ward mir, dass in der Willkürlichkeit des Gebrauchens der Grund großer Charakter- und Stillosigkeit zu finden sei, woran so viele neue Gebäude zu leiden scheinen. Es ward mir eine Lebensaufgabe, hierin Klarheit zu schaffen.«[14] Schinkel wird ein Meister der klaren Formen und der Verbindung von Architektur und Landschaft. Der Epoche des Klassizismus drückt er seinen Stempel auf.

Ein Weggefährte Schinkels und künstlerischer Partner bei mehreren Bauvorhaben ist der aus Bonn stammende Garten- und Landschaftsarchitekt Peter Joseph Lenné, der als Direktor der königlich-preußischen Gärten zahlreiche Parkanlagen gestaltet, vor allem den Park von Sanssouci, die Anlage Schloss Charlottenhof und den Neuen Garten in Potsdam, den Tiergarten in Berlin sowie die Schlossgärten in Baruth, Bad Freienwalde, Caputh, Werder und mehreren anderen Orten. Das Zusammenwirken von Schinkels Bauwerken und Lennés Parkanlagen hinterlässt der Nachwelt ein einzigartiges landschaftliches Ensemble, das Bewunderer »Preußens Arkadien« nennen werden.

Zu den Zeitgenossen Schinkels und Lennés zählt Hermann Fürst von Pückler-Muskau, eine der schillerndsten Persönlichkeiten des 19. Jahrhunderts. Der Aristokrat aus der Lausitz ist schon zu Lebzeiten eine Legende, in den Dörfern der Provinz kennt ihn fast jedes Kind. Der Schlossherr von Muskau und später Branitz unternimmt Weltreisen und schreibt Abenteuerromane, trifft sich mit Goethe in Weimar und verkehrt in den Salons und Spielkasinos der Metropolen und mondänen Kurorte, er begegnet dem Zaren und dem Kaiser von Österreich, er fliegt mit dem Heißluftballon und fährt vor dem Café Kranzler Unter den Linden in Berlin mit einer Kutsche vor, die von vier weißen Hirschen gezogen wird, aus dem Orient kehrt er mit einem schwarzen Diener und einer Prinzessin zurück, die er auf dem Sklavenmarkt in Kairo gekauft hat. Kurzum: ein Mann von Welt und

Fürst Pückler setzt sich mit Schloss und Park Branitz ein Denkmal.

Weltenbummler, ein Spieler und Hasardeur, ein Abenteurer und Grandseigneur.

Vor allem aber ist Fürst Pückler ein Freund der Künste, seine Leidenschaft ist die Landschaftsgärtnerei. Ein Großteil seines Vermögens, das mit der Zeit dramatisch schwindet, steckt der Lausitzer Lebemann in die kunstvolle und aufwendige Herrichtung der Parkanlagen seiner Schlösser in Muskau und Branitz. Auch an der Gestaltung des Schlossparks Babelsberg, die sein Konkurrent Lenné aus Geldmangel einstellen musste, ist Fürst Pückler maßgeblich beteiligt. Weltberühmt sind seine »Andeutungen über Landschaftsgärtnerei«, die zu einem wichtigen Lehrbuch der Gartenbaukunst werden. Pückler stirbt im Februar 1871 auf Schloss Branitz. Sein Leichnam wird in einer Pyramide beigesetzt, die sich der Fürst als Grabstätte im See des Parks hat errichten lassen.

Chausseen und Eisenbahnen

In Berlin geht 1799 die erste Dampfmaschine in Betrieb. Zu diesem Zeitpunkt ahnt wohl niemand, dass die fauchenden Kraftspender ein neues Zeitalter einläuten werden – die industrielle Revolution. Sie wird umwälzende Veränderungen für Gewerbe, Landwirtschaft und Verkehr mit sich bringen. Bis in das ausgehende 18. Jahrhundert hinein ist eine Reise von Berlin nach Potsdam mit vielen Beschwernissen und Unannehmlichkeiten verbunden. Ein Ritt zu Pferde dauert mehrere Stunden, mit der Kutsche oder dem Ochsenkarren geht es über unebene Wege, die im Sommer holprig und im Winter morastig sind. Um die wichtige Verbindung zwischen den beiden märkischen Residenzstädten zu verbessern, wird 1790 mit dem Bau einer befestigten Chaussee begonnen. Nach der Fertigstellung 1793 ist sie die erste Straße Brandenburgs. Trotzdem geht es in den Folgejahren mit dem teuren Straßenbau nur langsam voran, dem preußischen Staat fehlt vor allem das nötige Geld.

1815 gibt es in Brandenburg nur gut 200 Kilometer gepflasterte Straßen. Die zunehmende Industrialisierung der Region aber macht einen Ausbau des Verkehrsnetzes dringend erforderlich. Innerhalb weniger Jahre werden mehrere neue sogenannte Staats-, Heer- und Kunststraßen geschaffen bzw. ausgebaut. Befestigte Verbindungen entstehen, vor allem von Berlin in viele Richtungen, über Küstrin und Landsberg (Warthe) nach Königsberg, über Frankfurt/Oder nach Breslau, über Prenzlau nach Stettin, über Treuenbrietzen und Jüterbog nach Dresden, über Spandau nach Hamburg. Im Jahre 1870 verfügt die Provinz schließlich über ein Straßennetz von fast 1500 Kilometern Länge.

Die neuen Verkehrsverbindungen, die das Bild der Mark über lange Zeit prägen werden, ermöglichen die Einführung von sogenannten Schnellposten, robuste Pferdekutschen, welche die Reisezeit von Berlin nach Hamburg um mehr als die Hälfte verkürzen. Braucht man für die 290 Kilometer lange Strecke um 1800 rund 90 Stunden, so gelangen Reisende mit der Postkutsche 1841 schon in gut 30 Stunden ans Ziel. Aber diese »Hochgeschwindigkeitsbeförderung« hat ihren Preis: 14 Taler und 15 Silbergroschen kostet die Fahrt, weit mehr als der Monatslohn eines Manufakturarbeiters. Die Gasthäuser und Poststationen am Wegesrand werden in dieser Zeit zu wichtigen Umschlagplätzen für Waren und Nachrichten. Doch bald schon bekommen die Postkutscher und Fuhrunternehmer kraftvolle Konkurrenz. Die Eisenbahn dampft durch die Mark.

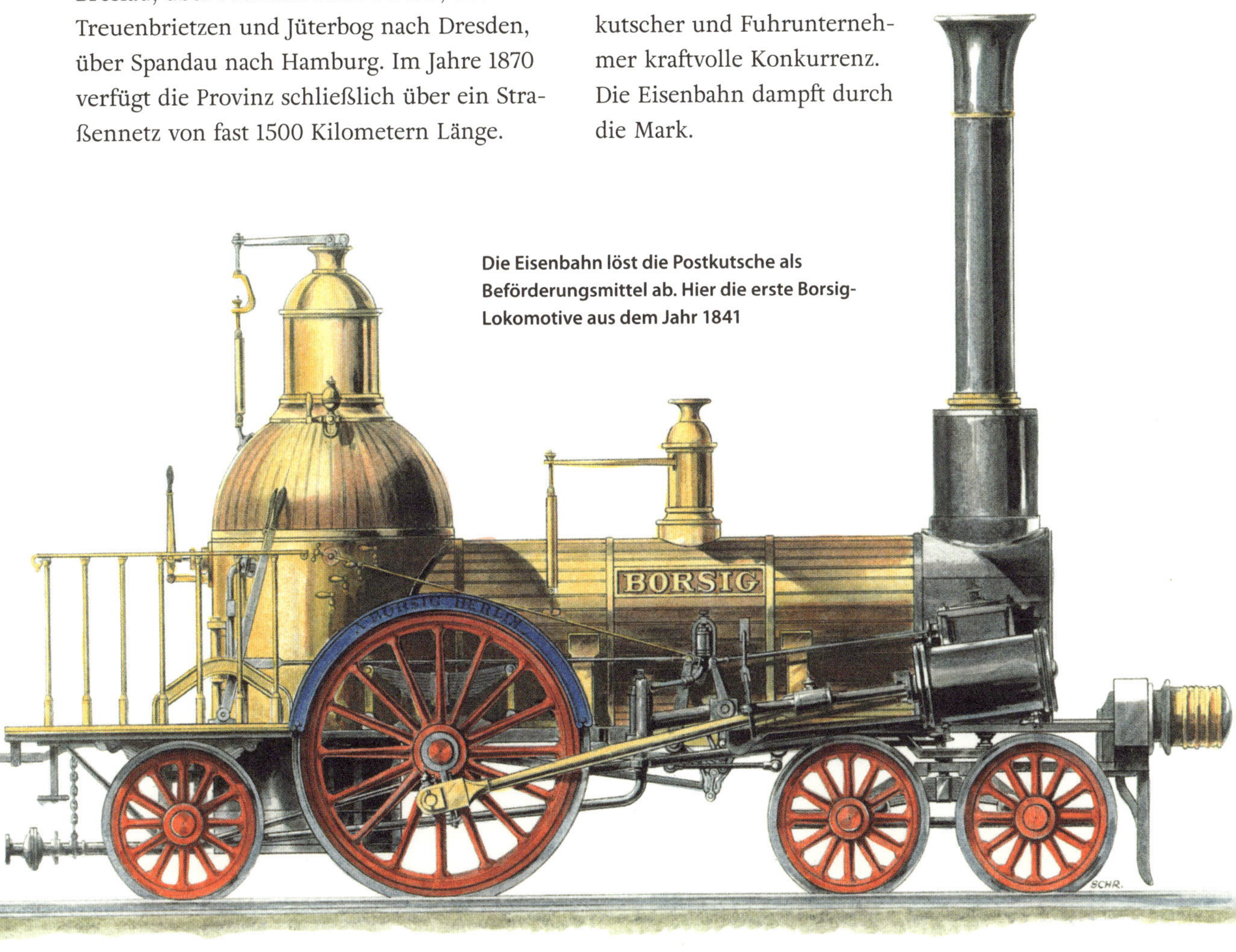

Die Eisenbahn löst die Postkutsche als Beförderungsmittel ab. Hier die erste Borsig-Lokomotive aus dem Jahr 1841

Die Eisenbahnverbindung Berlin–Potsdam ist die erste in der Mark. Gemälde von Adolph von Menzel, 1847

Im Mai 1835 legt der Berliner Justizkommissar J. C. Robert dem preußischen König den Plan für den Bau einer Eisenbahnstrecke zwischen Berlin und Potsdam vor. Friedrich Wilhelm III., der sich von dem neuartigen Transportmittel »*keine große Glückseligkeit*« verspricht, ist skeptisch, wie auch die meisten seiner Minister und Berater. Generalpostmeister von Nagler nennt die ganze Unternehmung »*dummes Zeug*« und sieht das Monopol der Post zur Beförderung von Personen in Gefahr. Bereits ein Jahr zuvor hat das Innenministerium den Antrag eines gewissen Dr. Stubbe zur »*Errichtung einer Dampfwagenfahrt*« mit dem Hinweis abgelehnt, man wolle sich erst »*von der allgemeinen Nützlichkeit des beabsichtigen Unternehmens vollkommen überzeugen*«.

Justizkommissar Robert und seine Partner, der Rechnungsrat Doussin und der Baurat Leopold Crelle, haben mehr Glück. Das Gutachten, das der König bei seinen Fachministerien angefordert hat, kommt zu dem Ergebnis, dass die Errichtung einer Bahnverbindung unbedenklich sei. Diese Entscheidung ist offenbar auch durch öffentlichen Druck zustande gekommen. Berliner Kaufleute haben den Antrag der Herren Robert, Doussin und Crelle unterstützt. In einer Eingabe an Regierung und Magistrat weisen sie darauf hin, dass, wenn der Eisenbahnbau nicht in Kürze erfolge, Berlin bald zu einer Provinzialstadt herabsinken werde. Den Zug der Zeit können auch die preußischen Beamten nicht aufhalten. Die Genehmigung wird erteilt.

Am 22. September 1838 wird nach 14-monatiger Bauzeit das erste Teilstück der Strecke Potsdam–Berlin feierlich in Betrieb genommen. Die Jungfernfahrt von Potsdam nach Zehlendorf und zurück gleicht einem Volksfest. Die »Vossische Zeitung« berichtet am nächsten Tag: *»Es waren zur Fahrt über 300 Billets ausgegeben worden. Sechzehn Wagen wurden von den beiden Lokomotiven ›Adler‹ und ›Pegasus‹ gezogen. Auf dem vordersten Wagen wehten Fahnen in den preußischen Farben und* *mit dem preußischen Adler geschmückt. Als um 12 Uhr der Zug sich in Bewegung setzte, befand sich auf dem ersten Wagen ein Musikkorps, und schlag zwölf ging es vorwärts unter schmetterndem Hörner- und Trompetenklang und den Freudenschüssen aufgestellter Böller. Einige Reiter versuchten eine Zeitlang, den Wagenzug zu begleiten, doch schon nach wenigen Minuten konnten die erschöpften Pferde nicht mehr in gleicher Schnelligkeit folgen. In nicht voll 22 Minuten war der Anhaltspunkt bei Zehlendorf, eine Strecke von 3850 Ruthen, erreicht. Nach einem etwa halbstündigen Aufenthalt wurde die Rückfahrt nach Potsdam angetreten.«*[15]

Bei der anschließenden Feier auf dem Potsdamer Bahnhof lobt Kronprinz Friedrich Wilhelm das neue Verkehrsmittel euphorisch: *»Diesen Karren, der durch die Welt rollt, hält kein Menschenarm auf.«* Und in der Tat: Die Eisenbahn revolutioniert auch das Leben in der Mark. Innerhalb kurzer Zeit entsteht ein weit verzweigtes Eisenbahnnetz mit Berlin als Mittelpunkt. Bis 1848 werden u.a. folgende Strecken gebaut: Berlin – Jüterbog – Wittenberg (1841), Berlin – Bernau – Eberswalde (1842), Berlin – Frankfurt/Oder (1842), Eberswalde – Angermünde (1842), Angermünde – Stettin (1843), Potsdam – Brandenburg – Magdeburg (1846), Sommerfeld – Guben – Frankfurt/Oder (1846), Nauen – Neustadt/Dosse – Wittenberge – Boitzenburg – Hamburg (1846) und Jüterbog – Herzberg – Riesa (1847). In den Jahren bis zur Reichsgründung folgen weitere Strecken, die die Bahn zum wichtigsten Verkehrsmittel dieser Zeit werden lassen. Auf dem märkischen Schienennetz werden 1846 bereits 204 060 Tonnen Brennholz, 79 480 Tonnen Torf, 10 450 Tonnen Holzkohle sowie 95 181 Tonnen Kohle und Koks nach Berlin befördert, die Berliner Bahnhöfe zählen um 1848 mehr als 1,5 Millionen Reisende. Die Bahn bringt Bewegung in die Welt. Die *»rasende Pferdepost«* auf den märkischen Chausseen hat ausgedient. Die Reisezeit auf der Strecke Berlin–Hamburg beträgt mit der Eisenbahn nur noch acht Stunden, und billiger als mit der Postkutsche ist die Fahrt noch dazu.

Schlotbarone und Lumpenproletarier

Am Bau der ersten märkischen Eisenbahn ist auch ein Fabrikant aus Berlin beteiligt. Er hat die Wagen für den Transport des Erdreiches geliefert sowie 116 200 Schrauben für die Befestigung der Schienen. Für ihn ist es der erste große Auftrag. In der Oranienburger Vorstadt, die wegen ihrer rauchenden Schlote bald das »Birmingham der Mark« genannt wird, betreibt der Unternehmer eine Eisengießerei und eine Maschinenfabrik, produziert Dampfmaschinen und hydraulische Pressen für den Export nach Sachsen und Polen. Der gelernte Zimmermann aus Breslau, der wie so viele nach Berlin gekommen ist, um sein Glück zu machen, heißt August Borsig und wird in den folgenden Jahren zum erfolgreichsten Unternehmer der ganzen Region werden. Nach dem Vorbild der englischen Lokomotiven beginnt Borsig, schwere Eisenräder an seine Dampfmaschinen zu schmieden und damit zu experimentieren. Kurze Zeit später erfolgt die Serienproduktion, 1846 verlässt bereits die 100. Lokomotive die Fabrik, 1854 liefert das Werk, das inzwischen 1850 Arbeiter und Angestellte beschäftigt, die 500. Eisenbahn. Im April 1873 sind es 3000. Borsig ist der größte Lokomotiven-Produzent in ganz Deutschland.

Auch in vielen Orten der Mark rauchen nun die Schlote, die Dampfmaschine macht's möglich. Um 1850 gibt es in der Provinz Brandenburg bereits mehr als 300 fauchende und zischende Maschinen, 1875 werden es rund 2000 sein. Sie treiben Spinnereien und Webstühle an und liefern Energie für Werkzeugmaschinen und Schmiedehämmer. Sie sind der Motor des industriellen Aufschwungs dieser Zeit. Fast alle Erwerbszweige beginnen zu expandieren: In den Tuchfabriken der Niederlausitz verdoppelt sich die Zahl der Beschäftigten, die Produktion steigt um ein Vielfaches, in den Rüdersdorfer Steinbrüchen erhöht sich die Kalkstein-Produktion von 23 000 Klaftern (1801) auf 47 000 Klafter (1850), 1837 gibt es in Brandenburg bereits zehn Zuckerfabriken, 1871 sind es doppelt so viele.

In Eberswalde entsteht bereits 1817 ein Eisenwalzwerk, in Finsterwalde 1829 die erste Kautschukfabrik Deutschlands. In der Papiermanufaktur Spechthausen im märkischen Industriezentrum am Finowkanal geht 1841 die erste, aus England importierte Papiermaschine in Betrieb. Im selben Jahr baut ein Berliner Maurermeister in Liepe die größte Dampfschneidemühle Norddeutschlands. 1850 werden aus der Ziegelei Glindow 52 000 Tonnen Ziegelsteine nach Berlin verschifft. In den Rathenower Optischen Betrieben, die der Prediger Johann Heinrich August Duncker 1800 gegründet hat, beginnt etwa zur gleichen Zeit die industrielle Fertigung von Brillen, Ferngläsern und Mikroskopen.

Der ständig steigende Bedarf an Brennstoffen für die Dampfmaschinen und Motoren führt dazu, dass der Kohleabbau in der Niederlausitz ab 1850 in großem Maßstab in Angriff genommen wird. Durch die eigens gebauten Bahnstrecken kann die Braunkohle nach Berlin und zu den anderen Industriestandorten Brandenburgs gebracht werden. 1848 existiert in der Lausitz lediglich eine Grube, in der sieben Arbeiter 1497 Tonnen Kohle abbauen. 1873 fördern 1559 Arbeiter in 61 Gruben mehr als 700 000 Tonnen zutage. Die Besitzer des Landes und die Betreiber der Gruben werden in kurzer Zeit zu Millionären.

Auch mit Torf kann man in dieser Zeit viel Geld machen. Er wird in den Öfen

Gummi-Herstellung in einer brandenburgischen Kautschukfabrik

Das Walzwerk Neustadt-Eberswalde am Finow-Kanal zeugt von der Industrialisierung in Brandenburg.

der Wohnstuben genauso verfeuert wie in den Destilliermaschinen der Spiritusbrennereien. Johann Christian Friedrich Gentz, ein Kaufmann aus Neuruppin, verdient in den 30er-Jahren des 19. Jahrhunderts mit dem Torfabbau im Rhinluch ein Vermögen. Seine Zeitgenossen nennen ihn deshalb nur den »Torfbaron«. Auf einer Anhöhe im Ruppiner Land gründet er eigens ein Dorf mit einem prächtigen Herrenhaus und mit einer Siedlung für seine Arbeiter. Mit der Eisenbahn und auf dem Ruppiner Kanal werden die Torfballen vor allem nach Berlin gebracht. Doch Gentz' Glückssträhne hält nicht lange an. 1880 geht das Unternehmen pleite. Torf ist nicht mehr gefragt, weil die Eisenbahn günstig Kohle heranschaffen kann.

Die Kehrseite der fortschreitenden Industrialisierung ist die Verelendung der unteren Bevölkerungsschichten. Die Armut und die tägliche Not der Tagelöhner, kleinen Handwerker und Manufakturarbeiter sind unbeschreiblich. Hunger und Mangelernährung, Krankheiten und eine hohe Kindersterblichkeit, Wohnen in Lehmkaten oder dunklen, unhygienischen Behausungen, Schinderei in Betrieben mit Staub, Schmutz und Lärm, 14 bis 16 Stunden am Tag für einen Hungerlohn. Massenweise müssen Frauen und Kinder in den Fabriken der Unternehmer arbeiten, auch der Optik-Fabrikant Duncker in Rathenow und der Druckereibesitzer Kühn in Neuruppin beschäftigen vorzugsweise Frauen und Kinder – für den halben Lohn. Noch schlimmer ergeht es den Zigarrenmacherinnen in Schwedt, sie erhalten nur fünf Mark die Woche, ein Weber verdient immerhin doppelt so viel, und selbst das reicht kaum zum Leben.

Moralische Bedenken haben nur die wenigsten Geschäftsleute. Der massenhafte Andrang von Arbeitskräften, arme Landbewohner, die es in die Städte zieht, macht es den Fabrikbesitzern möglich, die Arbeit zu ihren Bedingungen zu diktieren. So gibt es für die meisten keine Notwendigkeit, bessere Löhne zu zahlen oder die Arbeitszeit zu verkürzen. Mitte des 19. Jahrhunderts müssen die Arbeiter 14 bis 16 Stunden schuften, oft auch an Sonn- und Feiertagen. 1843 verdienen die besten Arbeiter in der Cottbuser Textilindustrie einen Taler und sechs Silbergroschen pro Woche, von diesem Lohn kann man nicht satt werden. Die Eisenbahnarbeiter erhalten am Tag zehn Silbergroschen – allein für Kost und Logis müssen sie acht Silbergroschen aufbringen.

Am schlimmsten ist die soziale Situation in Berlin. Die Behörden zählen dort 1846 10 000 Prostituierte, 12 000 Verbrecher, 12 000 Personen ohne Aufenthaltsgenehmigung, 18 000 Dienstmädchen, 6000 Almosenempfänger, 6000 arme Kinder, 3000 bis 4000 Bettler, 2000 Strafgefangene, 2000 uneheliche Kinder und 1500 Waisenkinder. Doch trotz der menschenunwürdigen, katastrophalen Lebensbedingungen zieht es weiterhin Tausende arme Landbewohner in die Stadt. Während sich die Fabrikbesitzer und Unternehmer Villen am Stadtrand bauen lassen, hausen die Arbeiter in dunklen Löchern und Wohnhöhlen. Berlin erscheint kritischen Zeitgenossen als »*eine Unsumme von Unkultur, wie sie in den Wohnverhältnissen der Menschheit noch nicht dagewesen ist*«. Besorgt wird das Massenelend von aufgeklärten Publizisten registriert und in zahlreichen Schriften als »*Pauperismus*« bezeichnet.

Wie rücksichtslos viele Unternehmer vorgehen, zeigt ein Zwischenfall im Lausitzer Braunkohleabbau 1865. In der Grube Felix, die der Bohsdorfer Rittergutsbesitzer Heinze

Johann Heinrich August Duncker ist der Begründer der optischen Industrie in Rathenow.

betreibt, kommt es zu einem Grubenbrand. Trotz der akuten Gefahr lässt der Grubenbesitzer seine Bergleute weiterarbeiten und »*zur Stärkung der Kräfte*« Branntwein ausgeben. Ein Bericht an die Bergbaubehörde vermerkt einige Tage später: »*Am 7ten Dezember d. J. verunglückte in der Frühschicht beim Ernstschachte der Schlepper Wilhelm Woite, welcher sich dergleichen verbrannt hatte im Feuer, dass er nach 15 Stunden starb. Am 16ten Dezember d. J. brach in der Grube bei der Nachtschicht starker Grubenbrand aus zwischen dem Ernstschachte und Luftschacht Nr. 2 wobei sieben (7) Mann erstickten.*« Nüchtern fügt der »Anzeiger für Cottbus und Umgegend« in einer Notiz hinzu: »*Von diesen 7 Arbeitern sind 6 verheiratet und hinterlassen zum Teil zahlreiche Familien.*«[16]

Immer wieder versuchen Arbeiter, sich gegen ihre Ausbeutung zu wehren. Im April

1842 streiken die Eisenbahnbauer der Strecke Berlin–Stettin im Kreis Angermünde, im Januar 1845 die der Berlin-Frankfurter-Bahn. Im August 1845 protestieren Bauleute an der Strecke nach Hamburg bei Friesack im Havelland. Im März 1846 besetzen 100 Mann an der Verbindung nach Magdeburg in der Nähe von Brandenburg/Havel die Wohnung des Baumeisters und zwingen ihn zur Herausgabe von 50 Talern, etwa zur gleichen Zeit fordern die Maurer in Frankfurt/Oder eine Erhöhung ihres Lohnes auf 22,5 Silbergroschen. Tausende von Arbeitslosen, die Nahrung und eine Beschäftigung als »Notstandsarbeiter« fordern, bevölkern die märkischen Städte. Um 1848 hat das Elend großer Teile der brandenburgischen Bevölkerung ein dramatisches Ausmaß angenommen. Die Militanz der schlesischen Weberaufstände, die der preußische König mit Waffengewalt niederschlagen lässt, erreichen die Proteste in Brandenburg allerdings nicht.

Schafzüchter und Schnapsbrenner

In den ersten Jahrzehnten des 19. Jahrhunderts ist die Schafzucht das wichtigste Standbein der brandenburgischen Landwirtschaft. Schafe liefern Milch und Fleisch, vor allem aber liefern sie Wolle für die wichtige Tuchindustrie. Die märkischen Schafzüchter exportieren ihre Wolle vor allem nach England, wo die riesigen Stoff- und Textilmanufakturen für die ganze Welt produzieren. 1819 halten die Gutsherren und Bauern in der Provinz Brandenburg rund 1,7 Millionen Schafe. Schweine sind in der Statistik noch nicht verzeichnet. Bis 1861 steigt die Zahl der Schafe auf mehr als 2,7 Millionen. Auch Daniel Abrecht Thaer, der Lehrmeister der märkischen Landwirtschaft, bezeichnet die Schafzucht als »*Hauptpfeiler meiner Wirtschaft*« und als »*Hauptquelle meines Einkommens*«. Unter seiner Leitung richtet die preußische Regierung 1816 in Frankenfelde bei Freienwalde eine große Merino-Schäferei ein. Wolle aus Brandenburg gilt in ganz Europa bald als ein Spitzenprodukt.

Auch Junker von der Marwitz hält auf seinem Gut Friedersdorf bald überwiegend Schafe. Seinem Verwalter befiehlt er: »*Das Futter kann ihr nicht zugemessen werden, sie muss so viel bekommen, als sie bezwingen kann. Der Schäfer mag gern 3 Mal füttern, muss aber 4 bis 5 Mal füttern.*«[17] Als sich in der zweiten Hälfte des 19. Jahrhunderts die Schweinezucht als einträglicher erweist und ausländische Wolle den deutschen Markt überschwemmt, verschwinden mit der Zeit die riesigen märkischen Schafherden.

1817 macht der Rittergutsbesitzer Johann Heinrich Leberecht Pistorius aus Weißensee bei Berlin eine folgenschwere Entdeckung: Er hat ein einfaches Verfahren entwickelt, mit dem man aus Kartoffeln Schnaps brennen

Auf Berliner Märkten werden viele brandenburgische Produkte verkauft.

Überall in Brandenburg entstehen neue Brennereien, wie hier in Ribbeck.

kann. Der neue Destillierapparat revolutioniert in kurzer Zeit die Landwirtschaft in Brandenburg. Überall beginnen die Junker und Domänenpächter mit ihrem Kapital und dem Geld, das sie von den Kleinbauern und Ackerleuten für den Freikauf aus der Gutsuntertänigkeit erhalten haben, Schnapsbrennereien zu errichten. »*Die Brennerei macht Freude!*« – dieser Ausruf eines beglückten Gutsherrn wird in dieser Zeit zum geflügelten Wort. Auf Gütern, Domänen und Höfen rauchen nun die Schornsteine der Schnapsfabriken. 1831 gibt es in der Provinz Brandenburg mehr als 1400 Brennereien.

Die Kartoffel, die bislang vor allem als Hauptnahrungsmittel der armen Bevölkerung gedient hat, wird zum vielseitig verwendeten Rohstoff. Ein gewinnträchtiger Kreislauf entsteht: Große Teile der Flächen werden jetzt für den Anbau von Kartoffeln genutzt, die auf den sandigen Böden der Mark gut gedeihen. In riesigen Mengen wandern die Erdäpfel in die Brennereien und werden dort zu hochprozentigem Alkohol verarbeitet. Die Rückstände aus der Spritgewinnung dienen als wertvolles Futter für das Vieh in den Ställen. Vor allem Schweine werden mit der Kartoffelmaische gemästet, somit steigt auch die Produktion von Schweinefleisch drastisch an. Schnaps und Fleisch werden für gutes Geld in die Stadt verkauft. Binnen weniger Jahre wird die Kartoffel zum alles beherrschenden landwirtschaftlichen Produkt. Sie ist Hauptnahrungsmittel, Rohstoff und Futtermittel. Manch einer verdient sich mit der Knolle eine goldene Nase. Wie viel Kartoffelschnaps in den Destillen und Schankstuben Berlins und der Provinz in diesen Jahren ausgeschenkt wird, kann nur geschätzt werden.

Bezeichnenderweise ist es die Kartoffel, die den Boden für die Revolution von 1848 bereitet. Oder besser gesagt: ihr Mangel. Seit den 1830er-Jahren breitet sich als Folge des massenhaften Anbaus in bedrohlichem Maße die Kartoffelfäule aus, die zu einem erheblichen Rückgang der Erträge führt. Dazu kommen Ende der 1840er-Jahre dramatische Missernten. Die Folge: Die Preise explodieren, die armen Leute müssen hungern. Im April 1847 brechen Unruhen aus. In Landsberg öffnen rund 1000 Arbeiter, Tagelöhner und Bettler gewaltsam die städtischen Kartoffelkeller und plündern die Vorräte, in Schwiebus zwingen die Arbeiter der Tuchmanufakturen die Bauern auf dem Wochenmarkt, ihre Waren zu niedrigeren Preisen zu verkaufen, und stehlen Getreide aus den Vorratskammern der Stadt. Militär rückt an, um dem Aufruhr mit Bajonetten zu begegnen. In verschiedenen Orten bilden Bürger »Sicherheitswehren«, um einen Aufstand der Armen zu verhindern.

In Berlin kommt es am 21. und 22. April 1847 zu Tumulten, Protesten und Gewalttätigkeiten. Auf dem Molken- und dem Gendarmenmarkt greifen aufgebrachte, hungrige

Arbeiter die Stände der Bauern, Fleischer und Bäcker an. Diese Ereignisse werden als »Kartoffelrevolution« in die Berliner Stadtgeschichte eingehen. Sie sind die Vorwehen des großen Aufstandes von 1848.

Barrikadenbauer und Revolutionäre

Im Frühjahr 1847 meldet der Landrat des Kreises Niederbarnim an die Regierung in Potsdam, in Nowawes befänden sich *»mindestens 400 Weberfamilien (...) ohne jeglichen Arbeitsverdienst sowie ohne Nahrung und Unterhalt, dieselben durchstreifen bettelnd die Umgebung und werden nur durch Almosen unterhalten«.*[18] Überall in der Provinz Brandenburg gärt es, vor allem in den Städten, wo die Arbeiter und ihre Familien unter unwürdigen Umständen hausen und viele Menschen um das tägliche Überleben kämpfen und wo die Bürger in demokratischen Klubs nach politischer Freiheit rufen.

Im Frühjahr 1848 brechen die sozialen Spannungen mit aller Gewalt auf. Zentrum des Aufruhrs ist Berlin. Die Armen wollen Brot, die Bürger Freiheiten. In Versammlungen, die »In den Zelten« im Tiergarten abgehalten werden, fordern Berliner Bürger vom preußischen König die Gewährung von Versammlungs- und Pressefreiheit. Als der Polizeipräsident Soldaten aufmarschieren lässt, kommt es zu den ersten heftigen Auseinandersetzungen. Unter dem Druck der Demonstrationen stellt die Regierung liberale Reformen in Aussicht. Doch am 18. März 1848 eskaliert die Situation.

In Berlin kämpft 1848 das Volk auf den Barrikaden gegen das Militär.

Bei einer Kundgebung auf dem Schlossplatz, bei der die neuen Rechte und die Einberufung eines Parlamentes verkündet werden sollen, rücken unerwartet Gardesoldaten an und es fallen Schüsse.

Nach diesem Zwischenfall kommt es spontan zu einem blutigen Akt der Revolution. Bürger, Handwerker und Arbeiter bewaffnen sich und bauen aus Kutschen, Marktständen und Schubkarren Barrikaden. In der ganzen Stadt kommt es zu Schießereien mit dem Militär, auf beiden Seiten gibt es Opfer. Die Aufständischen zählen 183 Tote. Nach 14-stündigem Kampf verfasst König Friedrich Wilhelm IV. (1795–1861) eine Proklamation »An meine lieben Berliner!« Er lässt das Militär abziehen, sichert die Umbildung der Regierung zu und kündigt die Einberufung einer verfassungsgebenden Versammlung an. Am 21. März reitet der König mit einer schwarz-rot-goldenen Armbinde durch die Stadt, an den Särgen der gefallenen Aufständischen muss sich der Herrscher verbeugen.

Auch in der Provinz Brandenburg kommt es in diesen Tagen zu einer Welle von Unruhen und Protesten. In Brandenburg/Havel demonstrieren Hunderte von Arbeitern für höhere Löhne, in Potsdam stürmen rund 300 Arbeitslose das Rathaus und fordern Beschäftigung, auch das Rathaus von Cottbus wird besetzt und demoliert, aus Finsterwalde werden Fälle von Maschinenstürmerei gemeldet, in Königsberg (Neumark) verlangen Arme die Verteilung von Nahrungsmitteln, in Angermünde stürmen Handwerksgesellen und Arbeiter die Güter Dobberzin und Kerkow und verlangen die Herausgabe von Lebensmitteln an Bedürftige. In Dahme entheben aufgebrachte Einwohner den Bürgermeister kurzerhand seines Amtes. Der brandenburgische Oberpräsident ermahnt die Bürger der Provinz vergeblich, die *»alten Bande des Gehorsam und der Ordnung«*[19] nicht zu lockern.

Selbst in einigen Dörfern kommt es zu Aufruhr. In den Orten Vienitz und Blessin (Neumark) zwingen rund 200 Bauern, mit Äxten, Beilen und Knüppeln bewaffnet, den örtlichen Rittergutsbesitzer von Oelsen, auf das Schutz- und Martinsgeld zu verzichten. In Werben (Kreis Cottbus) verweigern die Häusler und Büdner (Landarbeiter) den Hofdienst. 15 Dörfer des Kreises Cottbus verlangen in einer Petition an den Provinziallandtag gar die Aufhebung der gutsherrlichen Gerichtsbarkeit. In Gusow bei Küstrin fordern etwa 100 Tagelöhner vom Grafen Schönburg die Ermäßigung des Landpachtzinses. Solche Zwischenfälle veranlassen den Frankfurter Regierungspräsidenten zu warnenden Aufrufen. Die Bauern seien nicht berechtigt, *»ihren Gutsherren die Aufgabe rezeßmäßig wohlbegründeter Rechte gegen deren freien Willen abzudrängen«*.[20] Junker Valentin von Massow, Gutsherr in Steinhöfel bei Fürstenwalde, stellt besorgt fest: *»Es wird in diesem Augenblick in der hiesigen Gegend unglaublich von der republikanischen Partei gewühlt (...) Alle Triebfedern werden in Bewegung gesetzt, um das vermeintliche Interesse und die Leidenschaften gegen die Gutsbesitzer, gegen die ›reactionaire‹ Partei aufzureizen!«*[21]

In Potsdam macht sich der junge Jurist Max Dortu zum Wortführer der Aufständischen. Unter dem Eindruck der Märzereignisse gründet er im Mai 1848 einen »Politischen Verein« und protestiert öffentlich gegen die Rückkehr des Prinzen Wilhelm von Preußen, der wegen der Unruhen geflohen ist und den viele Revolutionäre für die Schüsse auf dem Berliner Schlossplatz verantwortlich machen. Dortu nennt in flammenden Reden vor den Potsdamer Bürgern und Arbeitern den Bruder des Königs »*Kartätschenprinz*«, was eine Majestätsbeleidigung bedeutet und ihn zum Staatsfeind macht. »*Mir gilt das Volk mehr als ein hochgeborener königlicher Prinz!*«, so sein überlieferter Ausruf vor den Manufakturarbeitern, den Eisenbahnarbeitern aus der Teltower Vorstadt und den Webern aus Nowawes.

Im Oktober organisiert der Potsdamer Rebell eine Versammlung vor den Toren der Stadt, auf der er die Verbrüderung mit den Soldaten fordert, einige Wochen später ruft er eine große Menschenmenge in Nowawes dazu auf, die Bahnschienen wegzureißen. In den »Berlinischen Nachrichten« heißt es dazu: *»Die Zerstörungen wurden meisterlich durch Arbeiter ausgeführt, aber auch wohlgekleidete Männer wirkten dabei mit. Eine Dame am Arm eines wohlgekleideten Herrn machte den Vorschlag, die hölzerne Brücke, die bei den Mühlen über die Nuthe führt, anzuzünden. Es wurden daraufhin die Balken mit Teer bestrichen.«*[22]

Bis in den Herbst hinein kommt es in ganz Brandenburg zu Versammlungen und Demonstrationen. In vielen Orten gründen sich Vereinigungen, in denen sich Bürger politisch engagieren und ihre Forderungen kundtun wollen. Noch im September kommt es zu wütenden Protesten der armen Bevölkerung. Im Lübbener Schloss gehen Fensterscheiben zu Bruch, als aufgebrachte Bauern und Landarbeiter den Sitz des Grafen Rochus Hermann zu Lynar stürmen, dessen Herrschaft 28 Dörfer umfasst.

»Gegen Demokraten helfen nur Soldaten!«, meint der preußische König. Das Militär soll nun für Ruhe sorgen. Die preußische Nationalversammlung wird aufgelöst und gegen den Widerstand der Parlamentarier von Berlin nach Brandenburg/Havel verlegt. Anfang November marschieren auf Befehl des Königs die Truppen General Wrangels in Berlin ein, um, wie sich Friedrich Wilhelm IV. ausdrückt, die Märzrevolution *»energisch und siegreich«* zu stürzen. Max Dortu, der Führer der radikalen Demokraten in Potsdam, muss aus der Stadt

Meuternde Soldaten versammeln sich im September 1848 diskutierend vor dem Neuen Palais in Potsdam.

Meuterei am 12. Septbr. vor den Communs hinter dem neuen Palais zu Potsdam

fliehen. Ein halbes Jahr später wird er von einem preußischen Gericht zum Tode verurteilt und nach seiner Gefangennahme in Freiburg im Breisgau erschossen.

Nach den Revolutionsereignissen erlässt Friedrich Wilhelm IV. eine Verfassung, die zur Überraschung der zurückgedrängten Liberalen und zum Unmut vieler Konservativer einige fortschrittliche Elemente wie die Pressefreiheit enthält. Viele Bürger arrangieren sich mit den neuen Verhältnissen, vor allem jene, die über Besitz verfügen und auf diese Weise politischen Einfluss ausüben können. Das Dreiklassenwahlrecht, das bald danach für Preußen in Kraft tritt, sichert dem Besitzbürgertum eine Machtbeteiligung zu, verhindert allerdings, dass auch die unteren Schichten der Bevölkerung ihre Interessen vertreten können.

Max Dortu, Anführer der Revolution in Potsdam, wird am 31. Juli 1849 hingerichtet.

Eine »Bild-Zeitung« aus Neuruppin

Mitte des 19. Jahrhunderts reicht der Blick der märkischen Bevölkerung auf dem flachen Land zumeist kaum über das Nachbardorf oder die Kreisstadt hinaus. Hinter dem Horizont beginnt eine fremde, nie gesehene Welt. Ein junger Druckereibesitzer aus Neuruppin erkennt, dass es ein lohnenswertes Unterfangen sein könnte, die Menschen mit Nachrichten und Geschichten aus aller Herren Länder zu versorgen. Im Betrieb, den sein Vater aufgebaut hat, beginnt der findige Unternehmer, bunte Bilderbögen zu drucken, die von den großen politischen Ereignissen genauso berichten wie von dem Klatsch und Tratsch, der alle Welt interessiert. An den Rand der Papierseiten, die Kolporteure, fliegende Händler und Lumpensammler für ein paar Pfennige das Stück in ganz Deutschland verteilen, lässt er folgende Worte drucken: *»Zu haben bei Gustav Kühn, Neu-Ruppin«.*

Die Bilderbögen Gustav Kühns sind die ersten Illustrierten Deutschlands, kleinbürgerliche Comics, die ein wenig der Information und der Bildung, vor allem aber der Unterhaltung dienen. Die kolorierten Lithografien aus Neuruppin berichten von fernen Kriegsschauplätzen und häuslichen Alltagsproblemen, beschreiben Vulkanausbrüche und Staatsaffären, Schiffsuntergänge und Revolutionsgetümmel. Sie bilden eine barbusige, afrikanische Schönheit im Federrock genauso ab wie das »Goldene ABC für Jungfrauen«, in dem die Moralvorstellungen des Bürgertums mahnend postuliert werden: *»Die Unschuld ist die Eigenschaft, die mehr als Schönheit ziert, doch wird sie nie zurückgeschafft, von der, die sie verliert.«*

Der Schriftsteller Theodor Fontane schreibt den »Dreipfennigbögen« eine weltumspannende, bildende Aufgabe zu: *»Sie sind*

Neuruppiner Bilderbögen. Oben: Darstellung der Gefahren des Alkohols; unten: Parade der Bürgergarde vor König Friedrich Wilhelm IV.

der dünne Faden, durch den weite Strecken unseres eigenen Landes, lithauische Dörfer und masurische Hütten, mit der Welt draußen zusammenhängen. Die letzten Jahrzehnte mit ihrem rasch entwickelten Zeitungswesen, mit ihrer ins Unglaubliche gesteigerten Kommunikation, haben daran freilich viel geändert, aber noch immer gibt es abgelegene Sumpf- und Heideplätze, die von Dehli und Kahnpur, von Magenta und Solferino nichts wissen würden, wenn nicht der Kühnsche Bilderbogen die Vermittlung übernähme (...) Was ist der Ruhm der ›Times‹ gegen die zivilisatorische Aufgabe des Ruppiner Bilderbogens?«,[23] fragt der märkische Dichter begeistert.

Kühns bunte Blätter werden bis nach Skandinavien, England, Holland, Polen und Ungarn exportiert. 1832 beläuft sich die Jahresproduktion bereits auf mehr als eine Million Exemplare, einzelne Bögen, die wichtige Weltereignisse darstellen, werden in dem Neuruppiner Betrieb in Auflagen von mehr als 100 000 Stück gedruckt. Besonders in den Jahren 1870/71, in der Zeit des Krieges gegen Frankreich und der Gründung des Deutschen Reiches, läuft die Druckerei auf Hochtouren. Die Bildergeschichten vom Sieg über Frankreich werden in einer Auflage von drei Millionen Exemplaren unter das Volk gebracht. Von den ersten Anfängen 1791 unter Kühns Vater bis in die 30er-Jahre des 20. Jahrhunderts werden rund 22 000 Motive in Holz geschnitten und in Lithostein geätzt.

Die neugierigen Betrachter, die sich die Bögen in den Glaskästen der Jahrmärkte anschauen oder Fahrensleuten abkaufen, stört es nicht, dass die fein gezeichneten Darstellungen der Wirklichkeit nur annähernd entsprechen. Denn die Lithografen in der Kühnschen Druckerei und die schlecht bezahlten Frauen und Kinder, die jeden Bilderbogen per Hand bemalen, haben die Ereignisse und Gestalten, die sie abbilden, wie die Leser ihrer Geschichten nie gesehen.

Begegnung in Babelsberg

Am 22. September 1862 kommt es im Park von Schloss Babelsberg zu einer folgenschweren Zusammenkunft. König Wilhelm I. (1797–1888), der 1858 die Regentschaft von seinem erkrankten Bruder Friedrich Wilhelm IV. übernommen hat, steckt in der Bredouille. Seit zwei Jahren schwelt ein Verfassungskonflikt, der das politische Leben lähmt und den König fast handlungsunfähig gemacht hat. Wilhelm will unter allen Umständen den Kriegsetat erhöhen und eine Reorganisation des Heeres durchsetzen. Die regulären preußischen Truppen sollen vergrößert, die Dienstzeit auf drei Jahre verlängert und die bürgerliche Landwehr zurückgedrängt werden. Mehr Geld für das Militär? Gegen diese Pläne laufen die Liberalen Sturm. Über Monate hinweg haben sie sich im preußischen Parlament, in dem sie die Mehrheit stellen, kategorisch geweigert, die Mittel für die Pläne des Königs zu bewilligen. Mehr noch: Sie haben eine neue Partei gegründet, die Fortschrittspartei, die innerhalb kurzer Zeit zur stärksten politischen Kraft geworden ist. In Berlin, Frankfurt/Oder, Guben und Brandenburg/Havel stellen die Liberalen gar die Bürgermeister. Sie fordern eine neue Provinzialordnung, die Abschaffung der Gutspolizei, eine Reform des Herrenhauses, die Trennung von Staat und Kirche sowie viele weitere demokratische Veränderungen. König Wilhelm I. fühlt sich politisch isoliert und handlungsunfähig. Er erwägt sogar, abzudanken.

In dieser Situation tritt ein Mann auf das politische Parkett, dessen konservative Ansichten weithin bekannt sind: Graf Otto von Bismarck. Die Berater des Königs haben Wilhelm überzeugt, dass nur ein so entschiedener und loyaler Politiker wie dieser Gutsherr und preußische Botschafter den König aus der prekären Lage befreien könne. Nach 24-stündiger Bahnfahrt trifft Bismarck aus Paris kommend in Berlin ein und wird zum König nach Babelsberg gebracht. Was der Junker dort erfährt, übertrifft seine Befürchtungen: Wilhelm I. offenbart dem Grafen, er wolle tatsächlich auf den Thron verzichten, die Abdankungsurkunde liege bereit, es fehle nur noch die Unterschrift. Der König klagt, es finde sich kein Regierungschef, der bereit sei, mit eiserner Hand gegen die Mehrheit des Parlamentes zu regieren.

Bismarck empfindet dies als Aufforderung. Sofort erklärt er sich bereit, das schwierige Amt zu übernehmen. Beim Spaziergang durch den Park legt er sein Regierungsprogramm dar, als hätte er schon lange auf seine Berufung gewartet. Er will mit aller Macht das königliche Regiment gegen das Parlament durchsetzen. Wenige Tage später spricht Bismarck vor den Abgeordneten aus, was er dem König versichert hat: »*Nicht durch Reden und Majoritätsbeschlüsse werden die großen Fragen der Zeit entschieden – das ist der große Fehler von 1848 und 1849 gewesen –, sondern durch Blut und Eisen.*« Den liberalen Parlamentariern verschlägt es die Sprache.

Bismarcks Ernennung zum Ministerpräsidenten markiert einen Wendepunkt in der preußisch-deutschen Geschichte. Sein streng konservativer Kurs, seine außenpolitischen Erfolge, vor allem aber die militärischen Siege in den blutigen Kriegen gegen Dänemark (1864), Österreich (1866) und Frankreich (1870/71) um die Vorherrschaft in Deutschland führen zu einem Stimmungswandel auch in der brandenburgischen Bevölkerung.

Preußens Stärke macht auch auf die meisten Brandenburger nachhaltigen Eindruck. Patriotismus und militärischer Geist bestimmen die Zeit.

Otto von Bismarck wird 1862 zum preußischen Ministerpräsidenten ernannt.

Kaiser-Wilhelm-Platz (heute Brandenburger Platz) in Cottbus, um 1910

GRÜNDER, GLÜCKSRITTER UND GENERÄLE 1871–1918

»Heil Dir im Siegerkranz«: Reichsgründung und Gründerzeit

Ein Festtag in Berlin und der Provinz Brandenburg: der 16. Juni 1871. Wilhelm I., Deutscher Kaiser und König von Preußen, reitet an der Spitze seiner Garde durch das mit Girlanden geschmückte Brandenburger Tor in Berlin ein. Mit einer halben Pferdelänge Abstand folgen Kronprinz Friedrich Wilhelm von Hohenzollern und Vetter Friedrich Karl. Hinter ihnen je ein hochrangiger Vertreter der Kaiser von Russland und von Österreich, dann die Generäle von Moltke und Roon sowie der Reichskanzler, Otto von Bismarck. Was es an diesem Tag zu bejubeln gilt, ist ganz entscheidend sein Werk: die Gründung des Deutschen Reiches unter Führung Preußens. Nach dem blutigen Sieg über Frankreich im Krieg 1870/71 ist es Bismarck mit Geldversprechungen und geschickter Diplomatie gelungen, die Fürsten und Regierungen der deutschen Staaten für eine Einigung des Reiches zu gewinnen.

Am 18. Januar 1871 ist Wilhelm im Spiegelsaal des Schlosses von Versailles, im besiegten Frankreich, zum Kaiser ausgerufen worden. Vor der Proklamation hatte es noch ein heftiges Zerwürfnis zwischen dem preußischen König und seinem Ministerpräsidenten über die zukünftige Amtsbezeichnung gegeben. »Deutscher Kaiser« – auf diesen Namen hat-

Das ehemalige Kaiser-Wilhelm-Denkmal auf der Langen Brücke in Potsdam wird 1901 errichtet.

In Lauchhammer entsteht 1882 die älteste Brikettfabrik Europas.

ten sich die fürstlichen Diplomaten im Vorfeld verständigt. Wilhelm wollte aber »Kaiser von Deutschland« sein, was die anderen Landesherrscher schlecht zugestehen konnten, schließlich hätte ein solcher Titel zu offensichtlich preußische Vormachtansprüche deutlich gemacht. Über die heikle Namensfrage war es zwischen Wilhelm und Bismarck zum Streit gekommen. Am Ende beugte sich der greise Monarch den diplomatischen Zwängen und ließ sich zum »Deutschen Kaiser« proklamieren.

Für die Provinz Brandenburg hat die Reichsgründung weitreichende Konsequenzen. Berlin wird zur Hauptstadt des Deutschen Reiches erklärt; die märkische Metropole, die nun mit einem Schlag zum politischen Machtzentrum avanciert ist, wird in kurzer Zeit von einem nie dagewesenen wirtschaftlichen Boom erfasst. In den Jahren nach dem Sieg über Frankreich bringen Währungsreformen und die Zahlung der französischen Kriegsentschädigungen – fünf Milliarden Francs – neues Kapital in beachtlicher Höhe nach Preußen. Das »Gründerfieber« bricht aus. In nur zwei Jahren entstehen 800 neue Aktiengesellschaften und allein 70 neue Baugesellschaften in Berlin. Aus mittleren Betrieben werden in kurzer Zeit Konzerne. Überall schießen neue Produktionsstätten, Bahnhöfe, Bürgerhäuser und Mietskasernen wie Pilze aus dem Boden. »*Alles riecht nach Neubauten*«, schreibt der Historiker Friedrich Meinecke über diese Zeit. Der Schriftsteller Theodor Fontane, dem Fortschritt durchaus aufgeschlossen, bemerkt, Berlin werde »*immer komfortabler*«. Für die wuchernden Arbeitersiedlungen mit ihren dunklen, staubigen Hinterhöfen gilt das freilich nicht. Die industrielle Revolution entfaltet ihre ganze Kraft: neue Kredite, neue Werkshallen, neue Maschinen. Zwar folgt auf das »Gründerfieber« der »Gründerkrach«, doch der Anstoß für eine nie dagewesene, umwälzende Veränderung ist gegeben. Menschen aus allen Himmelsrichtungen strömen in die Hauptstadtregion, wollen Arbeit und Unterkunft. Der Raum Berlin-Brandenburg erlebt die größte

Wanderungsbewegung der neueren deutschen Geschichte.

Die technische Entwicklung vollzieht sich in atemberaubendem Tempo: mit neuen Erfindungen, Patenten und Produktionsverfahren. Die Elektroindustrie ist auf dem Siegeszug. Siemens erste elektrische Straßenbahn fährt 1881 in Lichterfelde. Der Konzern, der auch den Potsdamer Platz und die Leipziger Straße mit elektrischen Bogenlampen ausstattet, expandiert so sehr, dass er sich am Rand von Berlin seine eigene Stadt baut: Siemensstadt. Auch andere Großbetriebe zieht es vor die Tore Berlins: Borsig nach Tegel, AEG nach Hennigsdorf und Oberschöneweide, die Maschinenfabrik Schwartzkopff nach Wildau, die Lokomotivfabrik Orenstein & Koppel nach Drewitz bei Potsdam. Bauland am Stadtrand ist billiger, genügend Arbeiter gibt es ohnehin. Der Charakter der Vororte verändert sich mit einem Schlag.

Mark und Metropole

Die Provinz Brandenburg, mit rund 40 000 Quadratkilometern Fläche die größte der preußischen Provinzen, gerät unausweichlich in den Sog dieser umwälzenden Veränderungen. Während die Städte und Gemeinden rings um Berlin unmittelbar mit der Hauptstadt zu einem pulsierenden Zentrum verschmelzen, geraten die ländlichen Regionen der Mark immer mehr in den Schatten der Metropole. Viele Menschen, die für sich in den abgelegenen Landstrichen der Provinz keine Chancen sehen, machen sich auf nach Berlin und in die Industriestädte der Mark und der Lausitz, um dort ihr Glück zu versuchen.

Zwischen 1880 und 1910 kehren mehr als eine halbe Million Landarbeiter, Handwerker, Mägde und Kleinbauern der Landwirtschaft in der Provinz Brandenburg den Rücken und drängen in die Städte. Von der Landflucht sind vor allem die dünn besiedelten Gebiete im Oderbruch, im Warthebruch und in der Neumark betroffen. Zunehmend fehlen auf den Gütern und Bauernhöfen die Arbeitskräfte. Aber statt bessere Löhne zu zahlen und die Lebensbedingungen der Landarbeiter zu verbessern, werben die Gutsbesitzer und Großbauern billige ausländische Arbeitskräfte an, vor allem Polen. 1905 werden auf den Landgütern und in den landwirtschaftlichen Betrieben der Mark rund 80 000 Wanderarbeiter beschäftigt, davon mehr als 20 000 aus dem Nachbarland.

In Berlin und seinen Vororten kann kaum so schnell gebaut werden, wie neue Bewohner zuwandern. Die Stadt kommt schnell in den Ruf, die größte Mietskaserne der Welt zu sein. Um die Jahrhundertwende ist nicht einmal mehr die Hälfte der Berliner in der Hauptstadt geboren, jeder Fünfte ist aus der Provinz Brandenburg zugezogen, die meisten anderen Einwohner stammen aus den östlichen preußischen Provinzen, aus Pommern, Schlesien sowie aus Ost- und Westpreußen. Berlin – ein preußischer Schmelztiegel. Doch nicht jeder Arbeitssuchende findet auch tatsächlich eine Beschäftigung. Die wachsende Zahl von Wanderarbeitern, Bettlern und Obdachlosen wird immer mehr zum sozialen Problem und beschäftigt die Behörden der Provinz und der Metropole.

Während die ländlichen Regionen der Provinz Brandenburg langsam »ausbluten«, wachsen die Industriestandorte in der Mark in schnellem Tempo. Wittenberge in der Westprignitz zum Beispiel ist Anfang des 18. Jahrhunderts ein kleines Landstädtchen mit gut 1000 Einwohnern. In der ersten Hälfte des Jahrhunderts siedeln sich eine Ölfabrik und später eine Tuchmanufaktur an. Bis 1875 steigt die Zahl der Einwohner auf

BEVÖLKERUNGS-ENTWICKLUNG

	Berlin	Provinz Brandenburg
1871	931 984	1 930 765
1890	1 960 147	2 161 477
1900	2 712 190	2 285 212
1910	3 734 258	2 429 615

7640. Um die Jahrhundertwende errichtet die Reichsbahn in Wittenberge ein riesiges Ausbesserungswerk an der Hauptbahnstrecke Berlin–Hamburg. 6000 Menschen sind dort beschäftigt. Ab 1903 lässt die Firma Singer in Wittenberge Nähmaschinen produzieren. Hunderte Frauen und Männer aus der Prignitz arbeiten in dem neuen Werk. 1919 hat die Stadt schließlich mehr als 22 000 Einwohner.

Ähnliche Entwicklungen nehmen viele andere Städte in der Provinz Brandenburg: Rathenow gelangt mit seiner optischen Industrie (Brillen, Linsen und Feldstecher) zu Weltruf. Um die Jahrhundertwende sind rund 100 optische Betriebe in der Havelstadt ansässig. Die Stadt Brandenburg profitiert vom Bau des Mitteldeutschen Stahlwerkes und der ersten deutschen Fahrradfabrik, den Brennabor-Werken. Nach der Erfindung der Brikettpresse und der Weiterentwicklung der Bergbautechnik wird Senftenberg im Süden der Provinz Mittelpunkt der Braunkohleförderung, Cottbus zum Verkehrs- und Handelszentrum der Lausitz.

In Forst, das man bald das »deutsche Manchester« nennt, finden die Zuwanderer aus

Die Baruther Glasmanufaktur steigt im 19. Jahrhundert zum größten Glaserzeuger Brandenburgs auf.

den ländlichen Gebieten Beschäftigung in den Webereien, Spinnereien, Spulereien, Färbereien und Bleichereien der Textilindustrie. In Sorau steigt die Glasproduktion stetig an, in Eberswalde entstehen die Ardelt-Maschinenfabrik, eine Großdruckerei und eine Brauerei. Guben wird zum Zentrum der deutschen Hutindustrie. »*Gubener Stoffe, Gubener Hüte – in aller Welt erste Güte!*«, heißt es.

Die starke Industrialisierung im Ballungsgebiet Berlin und der wirtschaftliche Aufschwung in den Städten der Provinz sind eng miteinander verbunden. Die Fabriken und Betriebe aus der Mark und der Lausitz beliefern die Hauptstadt mit fast allem, was die Metropole braucht. 1907 werden im Braunkohlerevier der Lausitz 4,5 Millionen Tonnen Briketts für das Reich produziert, 1910 sind es fast 6,4 Millionen Tonnen. Auch in den Rauenschen Bergen bei Fürstenwalde wird um die Jahrhundertwende Kohle gefördert. Im Steigerhaus Glück auf treffen sich zu Schichtbeginn die Bergleute vor der Einfahrt in den Stollen, die Kohle ist vor allem für das 50 Kilometer entfernte Berlin bestimmt. Die Kumpel von Rauen betreiben eine seltene Form von Bergbau: Sie schürfen unter Tage und haben ihre Stollen waagerecht in den Bergbuckel hineingetrieben. Eine Pferde-Lorenbahn befördert die Kohle auf der kurzen Straße, die vom Berg zur nahen Spree führt, zu den Kähnen am Schiffsanleger. Die Dorfbewohner, in deren Kirche die Heilige Barbara, die Schutzpatronin der Bergleute, über die märkischen Kumpel wacht, taufen diesen Weg »An der Kohlenbahn«. Tausende Tonnen holen die Bergleute jedes Jahr aus den Stollen. Das meiste davon geht nach Berlin, mit Kahn, Schubkarre und Kohlenkiepe direkt zu den Berliner Kachelöfen.

Auch diese Kachelöfen stammen zumeist aus der Provinz. In Velten bei Oranienburg gibt es kurz nach der Jahrhundertwende 37 Fabriken, in denen allein im Jahr 1909 rund 100 000 Öfen hergestellt werden. Die heizen vor allem den Berlinern ein. Auf dem 1881 neu eröffneten, mit märkischen Ziegeln errichteten zentralen Vieh- und Schlachthof der Hauptstadt werden kurz vor der Jahrhundertwende jährlich 184 000 Rinder, 139 000 Kälber, 587 000 Schafe und 630 000 Schweine umgeschlagen. Brandenburgisches Fleisch für Berliner Buletten.

Die Versorgung der Metropole ist ohne die Provinz nicht denkbar. Über den Bahnhof von Lübbenau werden 1909 aus den Anbaubetrieben und Konservenfabriken des Spreewaldes 200 360 Dezitonnen Salzgurken, 2500 Dezitonnen Salatgurken, 48 500 Dezitonnen Meerrettich, 10 000 Dezitonnen Mohrrüben, 9500 Dezitonnen Kürbisse, 4500 Dezitonnen

BRANDENBURGS STÄDTE WACHSEN

Rathenow:

1875: 9359 Einwohner
1900: 21 046 Einwohner

Brandenburg:

1871: 25 822 Einwohner
1900: 49 250 Einwohner

Senftenberg:

1875: 2847 Einwohner
1910: 13 742 Einwohner

Forst:

1871: 7950 Einwohner
1900: 32 075 Einwohner

Kohlekumpel im Braunkohlerevier der Lausitz

Frühzwiebeln, 150 Dezitonnen Perlzwiebeln, 500 Dezitonnen Sellerie, 200 Dezitonnen Salat und 150 Dezitonnen Majoran versandt. Der Spreewald hat noch mehr zu bieten: Bereits 1882 beginnt der Lehrer Paul Fahlisch, für die erholungsbedürftigen Berliner Bürger Ausflugsfahrten in die Sommerfrische zu organisieren. Mit der Bahn geht es von Berlin nach Lübben und Lübbenau, von dort mit Kutschen und Kähnen durch den Spreewald.

Ein sorbisches Ammenmärchen

»Stille Wasser sind tief, sagt der Volksmund zu recht. Im Spreewald sind alle Wasser sehr flach, bevor sie nach Berlin weiterfließen. Dafür ist die Mär von den schönen Spreewälderinnen sehr tiefgründig. Denn dort, wo der Spreewald um die Jahrhundertwende die ersten Berlinausflügler anzieht, wo das bürgerliche Leben beginnt, da ist kein Platz für manche junge Spreewälderin. ›Sie sollen (...)‹, wird hinter vorgehaltener Hand getuschelt, ›(...) ja, sie sollen (...) eben noch lange vor ihrer geplanten Hochzeit schwanger geworden sein!‹ Und wollen wegen der strengen katholischen Bräuche der sorbischen Familie ›keine Schande bereiten‹. Welcher Ort eignet sich da besser als Berlin?

Und so verdingen sie sich vor allem im ›nobleren‹ Stadtteil des Berliner Westens. Sie werden die besten Stillmütter der Kinder vieler der modisch eng geschnürten Damen des Bürgertums, die im Tiergarten lieber ihren Morgenritt zelebrieren. Darum sitzen um die Jahrhundertwende so auffallend schöne Kindermädchen – oft mit den weiten und weit sichtbaren großen Kopfhauben ihrer heimatlichen Tracht – auf den Bänken des Berliner Tiergartens und spielen aufmerksam mit den ihnen anvertrauten Kindern. Spreewälder

Die Gewässer des Spreewalds dienen als Transportwege und als Reiseziel für Ausflügler aus Berlin.

Hochzeitspartie auf den Spreegewässern in sorbischer Tracht

Ammen werden auf Empfehlung eingestellt. Es sollen Hunderte in diesen Jahren sein. So wachsen Tausende Berliner Jungen und Mädchen mit Spreewälder Leihmuttermilch auf!

Nach Jahren, fleißig, sparsam, kehren sie mit gutem Geld versehen in den Spreewald zurück. Dort sind sie nun begehrte, ›begüterte‹, also beste Partien für heiratslustige Spreewälder Männer. Berlin, das ist auch ein sorbisches Ammenmärchen.«[1]

Proletarier und Frauenrechtlerinnen

Der industrielle Aufschwung und der wirtschaftliche Boom haben riesige soziale Umwälzungen zur Folge. Die Zahl der Fabrikarbeiter wächst ständig, auf einen neuen Schornstein kommen hundert neue Arbeiter. Die Entscheidungen in Politik und Verwaltung werden aber nach wie vor von preußischen Bürokraten, adeligen Grundbesitzern und wohlhabenden Bürgern getroffen. Im Rat einer märkischen Kleinstadt sitzen z. B. der Betreiber der Kartoffelmehlfabrik, der Fuhrunternehmer, der Druckereibesitzer, der Apotheker und der Arzt, im Kreisrat gibt der Gutsbesitzer den Ton an, der Landrat ist in der Regel ein strenger preußischer Beamter, oft adeliger Abstammung. Immer mehr Arbeiter wollen diese Machtverhältnisse ändern.

Im Herbst 1871 berichtet der Potsdamer Polizeipräsident seinem Dienstherrn besorgt von sozialdemokratischen Aktivitäten in der Provinz. Von politischen Aufrührern angestachelt, hätten die Tuchmacher und Spinner in zahlreichen Betrieben ihre Arbeit niedergelegt. Der Streik dauert einige Wochen, ohne dass am Ende die Arbeiter ihre Forderungen durchsetzen können. Dennoch bleiben Aktionen wie die der Textilarbeiter nicht ohne Wirkung. Beunruhigt registrieren die preußischen Ordnungshüter, dass sich in immer mehr Fabriken Arbeitervereinigungen bilden, deren Mitglieder die Ideen von Karl Marx, Friedrich Engels und August Bebel propagieren und lautstark sozialdemokratische Forderungen verkünden: bessere Lebens- und Arbeitsbedingungen für die Arbeiter und ihre Familien, Abschaffung des Dreiklassenwahlrechts, eine unentgeltliche Schulbildung.

Bei den Reichstagswahlen 1874 verzeichnen die Sozialdemokraten in einigen Kreisen der Provinz bereits beachtliche Ergebnisse. In der Hauptstadt, die schnell zum politischen Zentrum der Arbeiterbewegung geworden ist, kommen sie schon auf mehr als ein Viertel der Stimmen, bei den Wahlen 1877 erobert die Sozialdemokratie trotz Dreiklassenwahlrecht zwei Wahlkreise. Von Berlin aus wollen die Sozialdemokraten auch die Arbeiter in der Provinz Brandenburg politisch für ihre Ziele gewinnen. Um der scharfen Beobachtung durch die Polizei zu entgehen, unternehmen Berliner Arbeiterführer als unpolitische »Ausflüge« getarnte Vortragsreisen in die Mark. Anhänger der neuen Partei treffen sich in Köpenick, Grünau, Peitz, Schönewalde und Spremberg.

Das Frauenwahlrecht ist eine der wichtigsten Forderungen der Frauenrechtlerinnen.

1875 schließen sich der von Ferdinand Lassalle gegründete Allgemeine Deutsche Arbeiterverein und die Sozialdemokratische Arbeiterpartei (»Eisenacher Partei«) unter Führung von August Bebel und Wilhelm Liebknecht zur Sozialistischen Arbeiterpartei zusammen, die sich ab 1890 Sozialdemokratische Arbeiterpartei Deutschlands (SPD) nennt. In den Augen von Konservativen und Monarchisten sind die Anhänger der neuen Partei Umstürzler und Revolutionäre, Kanzler Bismarck sieht in den Sozialdemokraten »Reichsfeinde«, die er mit allen Mitteln bekämpfen will. Nach einem gescheiterten Attentat auf den Kaiser, das den Sozialdemokraten politisch angelastet wird, beschließt der Reichstag mit der Mehrheit der konservativen Parteien im Herbst 1878 auf Betreiben Bismarcks das Gesetz gegen die gemeingefährlichen Bestrebungen der Sozialdemokratie.

Damit verfügt der Reichskanzler über die gesetzliche Handhabe, die Arbeitervereinigungen mit allen Mitteln zu bekämpfen. Das Gesetz verbietet alle »sozialdemokratischen, sozialistischen und kommunistischen« Vereine, Versammlungen und Druckschriften, ermöglicht die Ausweisung und Verhaftung von Führern der neuen Partei und erlaubt die Verhängung des »kleinen Belagerungszustandes« durch das preußische Ministerium. In Berlin hagelt es sogleich Verbote. Am 28. November 1878 wird zur »Aufrechterhaltung der Ordnung« in der Hauptstadt der »Belagerungszustand« ausgerufen. Der »kleine Belagerungszustand« bleibt bis 1890 bestehen. Als erste Vereinigung in der Provinz Brandenburg wird der Gesangsverein Liberté in Luckenwalde verboten.

Doch das Sozialistengesetz Bismarcks erweist sich politisch als Fehlschlag – auch in der Provinz Brandenburg. Die Arbeiter finden trotz Versammlungsverbot, Bespitzelung und polizeilicher Überwachung Wege zur Formu-

Emma Ihrer, die fortschrittliche Apothekersfrau aus Velten, ist eine märkische Frauenrechtlerin.

lierung ihrer Interessen und zum gemeinsamen Handeln. Ungeachtet drohender Strafen streiken im Sommer 1885 die Bauarbeiter in Rathenow, die Kachelofenarbeiter in Velten und die Tabakarbeiter in Potsdam. Ihre Forderung: höhere Löhne und ein 10-Stunden-Arbeitstag. Die Fabrikbesitzer sagen ihnen immerhin Verbesserungen zu. 1886 gründet Schneidermeister Ludwig Krasemann im Neuruppiner Gasthaus Drei Linden einen allgemeinen Facharbeiterverein. Der Name ist unverfänglich, aber natürlich geht es bei den Treffen der Mitglieder um handfeste Politik. Im Regierungsbezirk Frankfurt/Oder fasst die SPD erst später Fuß, in einem Bericht der Behörden aus dem Jahr 1892 wird Fürstenwalde aber immerhin schon als »Hochburg sozialdemokratischer Umtriebe« bezeichnet.

In Velten erregt die Frau des Besitzers der Concordia-Apotheke öffentlich Anstoß und wird zum Fall für die Behörden. Amtsvorsteher Giese meldet in einem vertraulichen Schreiben an den Landrat, Frau Apotheker Ihrer stehe in nahen Beziehungen zu den örtlichen Führern der Sozialdemokratie. Der Beamte berichtet, die eigenwillige Dame habe einem Rechtsanwalt, der beim sozialdemokratischen Wahlverein einen Vortrag zum Thema »Die rechtlichen Ansprüche der Arbeiter« gehalten habe, Unterschlupf gewährt. Eine Polizeiakte wird angelegt. Trotzdem gründet die Apothekersfrau aus Velten in Berlin mit gleich gesinnten Frauen einen Verein zur Vertretung der Interessen der Arbeiterinnen, in dem sie tatkräftig mitwirkt.

»*Arbeiterinnen! Eine jede von Euch weiß, wie traurig die Verhältnisse sind, unter denen ihr lebt. Ein Lohn wird Euch gezahlt, der Eurer Menschenwürde spottet und Euch in beständiger geistiger und materieller Abhängigkeit erhält. Überflüssig wäre es, ein Wort mehr oder eine Zahl zum Verweise hinzuzufügen: Die tägliche Noth und die tägliche Entbehrung lehren einer jeden von Euch bitter und scharf genug, dass euer Lohn der gedrückteste ist! (...) An uns Frauen ist es, nicht länger mehr mit dem Gleichmuth der Gewohnheit der Entwicklung des Unheils zuzusehen, das uns das ganze Volk bedroht. Wir müssen uns aufraffen und im Namen der Gerechtigkeit eine Forderung erheben, deren Erfüllung Rettung verheißt, die Forderung der Lohngleichheit der Männer- und Frauenarbeit! Wohl liegt das Ziel fern und der Weg ist ungebahnt, aber es gibt Mittel zu erreichen, was wir wollen. Dieses Mittel heißt Vereinigung (...) Schwach sind wir, solange wir nicht zusammenhalten, solange wir nicht erkannt haben, dass wir uns organisieren müssen, dass unsere Lage nur durch die gewaltige Kraft der Masse gebessert werden kann. Aber wir sind stark, und wir sind eine Macht, wenn wir vereint vorwärts gehen.*« (Aufruf des Vereins zur Vertretung der Interessen der Arbeiterinnen)[2]

Der Verein zur Vertretung der Interessen der Arbeiterinnen setzt sich vehement für die Rechte der Frauen ein, handelt mit einigen Unternehmen bessere Tarifverträge für die Arbeiterinnen aus und stellt im Streitfall unentgeltlich Rechtsanwälte. Mit einer Petition an den Reichstag verhindern Emma Ihrer und ihre Mitstreiterinnen die Einführung eines Einfuhrzolls auf englisches Nähgarn, der die märkischen Heimarbeiterinnen mit hohen Materialkosten belastet hätte. Auf Weisung der Behörden wird die frauenpolitische Vereinigung schließlich aufgelöst. Doch die Frauenbewegung ist nicht aufzuhalten.

Eine andere Vorkämpferin in der Mark ist Minna Cauer, Pastorentochter aus Freyenstein bei Wittstock. 1888 übernimmt sie den Vorsitz des neu gegründeten Vereins Frauenwohl: »*Lächerlich wäre es, wenn die denkenden Frauen das Ziel, als Bürgerinnen dieses Staates angesehen zu werden, verdecken wollten. Wann dieses Ziel erreicht werden kann, liegt an uns und unserem energischen Auftreten für unsere Rechte.*«[3] Die wichtigste Forderung der Vorkämpferin aus der Prignitz: das Wahlrecht für Frauen.

Mit der Zeit müssen Reichskanzler Bismarck und die Konservativen erkennen, dass staatliche Verbote, Ausweisungen und Strafen den politischen Druck nicht aufhalten können. Bei den Reichstagswahlen im März 1890 gewinnt zum ersten Mal ein Sozialdemokrat einen märkischen Wahlkreis, Arthur Stadthagen siegt für die SPD im Kreis Niederbarnim. Am 1. Oktober 1890 wird das Sozialistengesetz aufgehoben. Überall in der Provinz bilden sich nun sozialdemokratische Wahlvereine, 1891 z.B. in Potsdam und Wusterhausen bei Kyritz, 1892 in Neuruppin. Die Zahl der SPD-Ortsvereine in Brandenburg steigt in den Folgejahren trotz weiterer Versuche der preußischen Regierung, die Sozialdemokratie zu bekämpfen, auf 128 (1907) und schließlich auf 202 (1912), die Zahl der Mitglieder auf 17 312 (1907), sie verdoppelt sich noch einmal bis zu Beginn des Ersten Weltkrieges (1914) auf 34 785.

Die soziale Frage bleibt um die Jahrhundertwende das beherrschende politische Thema. Immer wieder kommt es zu Auseinandersetzungen zwischen Fabrikbesitzern und Arbeitern. Im Frühjahr 1899 streiken die Maurer und Zimmergesellen im Kreis Templin. Sie wollen sich mit ihrem Stundenlohn von 27 Pfennigen nicht mehr zufriedengeben und fordern 35 Pfennige. Der Landrat bittet in dieser Situation den Vorsteher der Gemeinde Zehdenick um Amtshilfe. Der Kollege möge die Streikenden unter strenge polizeiliche Beobachtung stellen und eine Namensliste anfertigen. Anhand dieser Liste wolle der Landrat die betreffenden »vaterlandslosen Gesellen« aus dem Kriegerverein ausschließen lassen.

Auseinandersetzungen wie diese prägen das soziale Klima der wilhelminischen Zeit. 1903 sperrt der Fürstenberger Bauunternehmer Schulz 55 seiner Arbeiter aus, weil sie statt elf nur zehn Stunden am Tag arbeiten wollen. »Gemeinsam sind wir stark!«, meinen

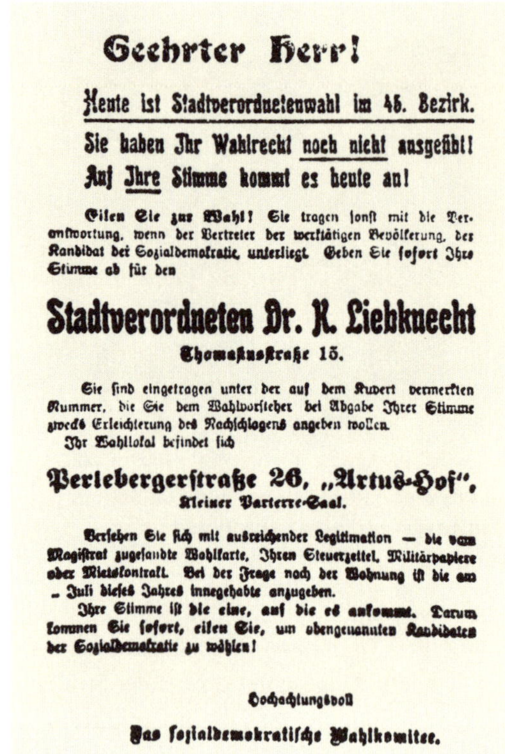

Geehrter Herr!

Heute ist Stadtverordnetenwahl im 45. Bezirk.

Sie haben Ihr Wahlrecht noch nicht ausgeübt!
Auf Ihre Stimme kommt es heute an!

Eilen Sie zur Wahl! Sie tragen sonst mit die Verantwortung, wenn der Vertreter der werktätigen Bevölkerung, der Kandidat der Sozialdemokratie, unterliegt. Geben Sie sofort Ihre Stimme ab für den

Stadtverordneten Dr. K. Liebknecht

Thomasiusstraße 15.

Sie sind eingetragen unter der auf dem Kuvert vermerkten Nummer, die Sie dem Wahlvorsteher bei Abgabe Ihrer Stimme zwecks Erleichterung des Nachschlagens angeben wollen.
Ihr Wahllokal befindet sich

Perlebergerstraße 26, „Artus-Hof“,

Kleiner Parterre-Saal.

Versehen Sie sich mit ausreichender Legitimation – die vom Magistrat zugesandte Wahlkarte, Ihren Steuerzettel, Militärpapiere oder Mietskontrakt. Bei der Frage nach der Wohnung ist die am – Juli dieses Jahres innegehabte anzugeben.
Ihre Stimme ist die eine, auf die es ankommt. Darum kommen Sie sofort, eilen Sie, um obengenannten Kandidaten der Sozialdemokratie zu wählen!

Hochachtungsvoll

Das sozialdemokratische Wahlkomitee.

Wahlaufruf der Sozialdemokraten für ihren Kandidaten Karl Liebknecht in Potsdam

Karl Liebknecht (r.) zieht 1912 als einer der jüngsten SPD-Abgeordneten in den Reichstag ein. Foto um 1913

die meisten Arbeiter und schließen sich zu Vereinen und Interessenverbänden zusammen. 1909 wird der sozialdemokratisch orientierte Deutsche Landarbeiterverein gegründet, als »*flammender Protest gegen die gesetzlichen Ausnahmebestimmungen, welche bis heute den Landarbeiter in halber Leibeigenschaft gefangen halten!*«, wie es in einem Aufruf heißt.[4] Zugleich beginnt sich die Sozialdemokratie in zwei Lager zu spalten. Sind die Verhältnisse für die Arbeiter auf legalem Wege durch Wahlen zu verbessern oder kann die Gesellschaft nur durch eine Revolution verändert werden? An dieser Frage scheiden sich in der SPD die Geister.

Für die Wahlen zum Reichstag im Januar 1912 hat die SPD im Wahlkreis Potsdam-Spandau-Osthavelland, dem sogenannten Kaiserwahlkreis, einen ihrer Wortführer aufgestellt: den Rechtsanwalt Karl Liebknecht. In den Augen der Konservativen ein Affront, eine politische Kriegserklärung und eine Majestätsbeleidigung noch dazu. Das »Potsdamer Tageblatt« hat bereits 1903 geurteilt: »*Wer in Potsdam, fast im Angesicht unseres geliebten Kaiserpaares und der ganzen kaiserlichen Familie einem Sozen seine Stimme gibt, mag er sonst sein und denken, was er will, hat das Recht verwirkt, sich noch ein guter Deutscher zu nennen!*«[5]

Liebknecht geht mit seinen politischen Forderungen weit: Abschaffung aller vom Staat ernannten Lokal- und Provinzialbehörden, vollständige Selbstverwaltung der Städte, Kreise und Gemeinden, Wahlen nach allgemeinem Stimmrecht. Gerüchte und Spekulationen machen die Runde, für den Fall eines Sieges von Liebknecht erwäge Seine Majestät, der Kaiser, die Residenz in Potsdam zu verlassen.

Bei den letzten Reichstagswahlen 1907 hat die SPD in Berlin bereits zwei Drittel der Stimmen erhalten und in der Provinz Brandenburg weit mehr als ein Drittel. Fast in allen Städten ist sie zur stärksten Partei geworden. Die Stimmenauszählung im Januar 1912 übertrifft alle Erwartungen: Die Sozialdemokraten bekommen in Berlin 75,3 Prozent der Stimmen, also drei Viertel, in der Provinz Brandenburg über 49 Prozent. Die SPD gewinnt von den 18 Wahlkreisen der Provinz zunächst vier: Westhavelland, Cottbus-Spremberg, Sorau-Forst und Calau-Luckau. In einem Wahlkreis muss eine Stichwahl stattfinden – im Kaiserwahlkreis. Am 24. April 1912 tritt der Kandidat der SPD gegen den konservativen Potsdamer Oberbürgermeister Voßberg an. Liebknecht bekommt 24 299 Stimmen, der Kandidat der Konservativen 20 396. Der streitbare Sozialdemokrat zieht mit diesem Ergebnis in den Reichstag ein. Dort wird er von sich reden machen.

Provinzialbeamte, Landräte und »Rieselreiche«

Den umwälzenden Veränderungen sind der preußische Staat und seine kommunalen Verwaltungen kaum mehr gewachsen. Die Liste der Aufgaben ist lang: die Strom- und Gasversorgung, die Entsorgung des städtischen Klärschlammes und die Erschließung von Rieselfeldern, der Bau neuer Bahnverbindungen, die Instandhaltung der Wasserkanäle und Deichanlagen (Flutsicherung), der Ausbau des Kredit- und Versicherungswesens, die Beschäftigung und Unterbringung von Wanderarbeitern, die Versorgung von Armen, Behinderten und Kriegshinterbliebenen. Um die Vielzahl der Probleme besser in den Griff zu bekommen, entschließt sich der preußische Staat, die 1815 begonnenen Reformen voranzutreiben und die Verwaltung der Provinz Brandenburg zu modernisieren.

1872 wird in den östlichen Provinzen Preußens, so auch in Brandenburg, eine neue Kreisordnung erlassen. Kreistage und -ausschüsse, Landräte, Bürgermeister und Gemeindevorsteher sollen nun über die Geschicke der märkischen Kreise und Gemeinden entscheiden. Bislang haben in den Dörfern der Mark vor allem die adeligen Gutsbesitzer und die Dorfschulzen das Sagen gehabt. Ein wichtiger Punkt bei der Reform: Die Gutsbesitzer, die auf ihren Besitzungen weitreichende Rechte hatten, üben nun nicht mehr die Polizeigewalt aus. Außerdem müssen sie das Aufsichtsrecht über die Landgemeinden und das Recht zur Verwaltung des Schulamtes abgeben. Die alte Gutsherrlichkeit wird damit eingeschränkt. Zu wichtigen politischen Akteuren werden in dieser Zeit die Landräte. Da die Kreise nun über viele Angelegenheiten selbst entscheiden dürfen, werden sie zu Schlüsselfiguren in der Kommunalpolitik. Ob der Bau einer neuen Schule, die Pflasterung einer Chaussee oder die Genehmigung für den Betrieb einer Kleinbahn – der Landrat, der dem preußischen Staat verantwortlich ist, entscheidet.

Um den zentralistischen preußischen Staatsapparat zu entlasten und die Verwaltung zu verbessern, wird 1875 der Provinzialverband der Provinz Brandenburg gegründet. Er besteht aus einem Landesdirektor, der die Geschäfte der Verwaltung führt, dem Provinzialausschuss, einem Expertengremium, das die verwaltungspolitischen Entscheidungen umsetzt, und dem Provinziallandtag, einem Landesparlament, dessen Mitglieder von den Kreistagen und Stadtverordnetenversammlungen der Provinz entsandt werden. In einigen Bereichen kann die Provinz Brandenburg durch diese Reform stärker selbst über die eigenen Belange entscheiden. Doch die politischen Möglichkeiten der Selbstverwaltung sind begrenzt. Alle wichtigen Entscheidungen können ohnehin nur mit Zustimmung der staatlichen Behörden getroffen werden. Als zum Beispiel 1877 bei den Kommunalwahlen in Neu-Hartmannsdorf ein Sozialdemokrat zum Gemeindevorsteher gewählt wird, verweigert der Landrat als preußischer Aufsichtsbeamter kurzerhand seine Bestätigung.

Der Arbeiterschaft und ihren Vertretern wird eine Mitsprache in der Verwaltung weiter verwehrt. Im Provinziallandtag, dem brandenburgischen Landesparlament dieser Zeit, dessen Mitglieder von den Stadt- und Kreisparlamenten in indirekter Wahl bestimmt werden, sitzen vorwiegend Vertreter des konservativen Landadels und des liberalkonservativen Besitzbürgertums.

Dennoch trifft der brandenburgische Provinzialverband in der wilhelminischen Zeit durchaus viele fortschrittliche Entscheidungen. So unterstützt er vor allem den Bau von Eisenbahnstrecken, die zahlreiche Städte und Dörfer der Provinz an das überregionale Netz anbinden. In der Zeit bis 1914 entstehen in Brandenburg mehr als 30 Kleinbahnlinien, auf denen Kartoffeln, Kohle, Zuckerrüben, Saatgut und Dünger transportiert werden. Daneben beschließt der brandenburgische Provinzialverband umfassende Flussregulierungen an der Oder, der unteren Havel, der Spree und der Lausitzer Neiße, kümmert sich um die Denkmalpflege und gründet Feuerversicherungsanstalten.

Auch im sozialen Bereich engagieren sich die Regionalpolitiker. Da ganze Heere von Wanderarbeitern auf der Suche nach Beschäftigung und Unterkunft die Straßen und Dörfer bevölkern, lässt der Provinzialverband in mehreren Gemeinden rings um Berlin Heime errichten, um den mittellos Vagabundierenden zumindest ein Dach über dem Kopf zu verschaffen. Solche Heime verfügen zumeist auch über eigene Werkstätten und eine Landwirtschaft. Zu den Aufgaben der Provinzverwaltung zählt daneben die Fürsorge Armer und Behinderter, die nicht mehr allein der Kirche überlassen wird. In der Provinz Brandenburg entstehen zahlreiche Heime für Blinde, Taubstumme, »Geisteskranke« und Obdachlose, 1874 das Oberlinhaus in Nowawes (später Babelsberg), eine der ersten Einrichtungen dieser Art, in der Blindtaubstumme ausgebildet und beschäftigt werden. Ähnliche Anstalten folgen 1881 in Wriezen (Oderbruch) und 1891 in Guben (Lausitz).

Um Tuberkulosekranke aus der luftverschmutzten Millionenstadt Berlin zu kurieren, wird 1898 in den Wäldern bei Beelitz eine Lungenheilanstalt gegründet, mit 600 Betten die größte in Deutschland – ein gesundheitspolitischer Fortschritt. Schwindsucht ist die am weitesten verbreitete Krankheit in dieser Zeit. In den lichtarmen und schmutzigen Arbeiterbezirken der Hauptstadt erkranken jährlich Tausende Menschen an der tückischen Lungenkrankheit. Die Betreuung von Obdachlosen, Landstreichern und geistig Behinderten wird deutlich verbessert. 1905 gründet der evangelische Pfarrer Friedrich von Bodelschwingh die Heil- und Pflegeanstalten von Lobetal und Hoffnungsthal, in den letzten Jahren vor dem Krieg entsteht auf Initiative des Provinzialausschusses in Branden-

Der Fortschritt verändert das Gesicht der Mark. Doch trotz neuer Technik verbessert sich die soziale Situation der Landarbeiter und Kleinbauern kaum.

Tuberkulose-Patienten in den Beelitzer Heilstätten

burg-Goerden eine neue »Landesirrenanstalt«, eine weitere in Teupitz.

Um der gewachsenen Bedeutung Berlins und seiner explosionsartigen Entwicklung Rechnung zu tragen, wird die Hauptstadt 1881 aus der Provinz Brandenburg ausgegliedert und zum eigenen Stadtkreis erklärt. Doch die Probleme sind damit nicht gelöst. Immer wieder kommt es zwischen den unterschiedlichen Ämtern, Behörden und Ministerien zu Auseinandersetzungen über die Zuständigkeiten. Um eine bessere Zusammenarbeit zu ermöglichen, wird 1911 gegen die Einwände und Bedenken vieler Umlandgemeinden der Zweckverband Groß-Berlin gebildet, dem neben der Hauptstadt zahlreiche umliegende Städte und Kreise angehören. Doch die gesetzlichen Möglichkeiten, die diesem regionalen Gremium eingeräumt werden, sind gering. Weder die preußischen Ministerien noch die Randgemeinden und angrenzenden Kreise wollen sich in ihren Kompetenzen beschneiden lassen. Bürgermeister und Landräte pochen immer wieder auf die Eigenständigkeit ihrer Städte und Kreise: *»Mög schützen uns des Kaisers Hand, vor Groß-Berlin und Zweckverband!«*, heißt es in dieser Zeit. Der bürokratische Kleinkrieg und die Kompetenzstreitigkeiten gehen weiter.

»Weniger erfreulich war das Verhältnis zu der Stadt Berlin. Schon der rein geschäftliche Verkehr gab Anlass zu dauerndem Ärger. Meist dauerte es bei der Schwerfälligkeit des Berliner Verwaltungsapparates Monate, bis man auf Anfrage auf eine ganz wichtige Angelegenheit eine Antwort erhielt, und es trug nicht zur Verbesserung der geschäftlichen Atmosphäre bei, wenn durch diesen schleppenden Geschäftsgang, wie er häufig der Fall war, Nachteile und Schädigungen eintraten. Es liegt mir fern, die Schuld an diesen ständigen Verzögerungen dem Beamtenkörper der städtischen Verwaltung beizumessen, der sachlich auf der Höhe seiner Aufgaben stand. Die Schuld trugen nicht die Menschen, sondern das System, das mit seiner zentralisierten Verwaltung auf einem solchen Riesenorganismus aber nicht mehr passte. Es war schauderhaft, mit der Stadt Berlin politische Angelegenheiten zu erledigen!«[6] (Aus den Lebenserinnerungen des Landrates des Kreises Niederbarnim, Felix Busch)

Streit gibt es zum Beispiel immer wieder um ein Problem, das wirklich »zum Himmel stinkt«. Berlin braucht große Landflächen, um die Abwässer und Fäkalien der Millionenstadt zu entsorgen. Und das geht nur auf den Feldern der Mark. Bis 1910 kauft die Hauptstadt der Provinz mehr als 17 000 Hektar Land ab. Hin und wieder weigert sich eine Gemeinde oder Provinzbehörde, Rieselfelder an Berlin zu verkaufen, solange, bis der Preis in die Höhe getrieben ist. Märkische Bauern werden nun fast über Nacht zu »Rieselfelder-Baronen«. Ein Bodenspekulant, der sich mit den Gewinnen seiner Geschäfte gar eine Villa im Grunewald kaufen kann, wird allgemein nur der »Scheißgraf« genannt. Immerhin gelingt es der Stadt Berlin mit der Zeit, ein modernes Abwassersystem zu bauen: 136 000 Meter unterirdische Kanäle und 600 000 laufende Meter Tonrohrleitung.

Märkische Wasserwege

Am 2. Juni 1906 dampft die kaiserliche Jacht »Alexandria« von Potsdam aus in Richtung Berlin. An Bord: Kaiser Wilhelm II. mit Familie, Hofgefolge und Honoratioren. An diesem Frühsommertag wird die neue Machnower Schleuse für den Schiffsverkehr freigegeben. Der Teltowkanal im Süden von Berlin, der nach fünfjähriger Bauzeit fertiggestellt ist und nun die Spree im Osten von Berlin mit den Havelseen bei Potsdam verbindet, wird festlich eröffnet. Zur Feier des Tages speisen »Seine Majestät« und die Tischrunde heimische »Kanalforellen« und »Teltower Ente«. Wilhelm II., der zu solchen Anlässen gern die Admiralitätsuniform trägt, zeigt eine Vorliebe für das Wasser. Er hat sich zum Ziel gesetzt, eine riesige Flotte zu bauen, die der britischen ebenbürtig ist und sich auf den Weltmeeren sehen lassen kann. Diplomatische Spannungen mit dem Empire sind vorprogrammiert. »*Seefahrt tut not!*«, meint der Kaiser. Auch für die Berliner und Brandenburger. Deshalb lässt Wilhelm II. für die Berliner Gewerbeausstellung eine stattliche Modellflotte anfertigen. Auf dem künstlichen See im Treptower Park schippern kleine Panzerkreuzer und Torpedoboote, angetrieben von kleinen Elektromotoren, gesteuert von jeweils einem Matrosen, sechsmal täglich wird geschossen – fast wie in Wirklichkeit.

Wilhelm II. forciert den Ausbau der märkischen Wasserwege. Brandenburg – Potsdam – Berlin: ein ideales Wasserdreieck. Der Kaiser will, dass überall schwer beladene Lastkähne schwimmen. Deutschlands Zukunft sieht er auf dem Wasser. Die Flotte, sein

Kaiser Wilhelm II. kommt auf dem Dampfschiff »Alexandria« zur Eröffnung der Machnower Schleuse.

Bau des Teltow-Kanals

KANÄLE UND SCHLEUSEN

1872–1879
Ihle-Kanal zwischen Plauer See und Magdeburg

1874–1885
Modernisierung des Finowkanals

1874–1876
Bau des Sacrow-Paretzer Kanals nördlich von Potsdam

1876–1881
Bau der Wolfsbrucher Schleuse und Verbindung der Rheinsberger Gewässer mit den Mecklenburgischen Seen

1880–1882
Voßkanal (Zehdenick–Oder-Havel-Kanal)

1883
Neubau der Bredereicher Havel-Schleuse

1887–1890
Oder-Spree-Kanal

1901–1906
Teltowkanal (Südverbindung Spree-Havel)

1903
Stichkanal an der Oberspree (Anschluss der Rüdersdorfer Werke)

1906–1914
Großschifffahrtsweg Berlin–Stettin, »Hohenzollernkanal« (Oberhavel–Finowkanal–Oder)

1907–1910
Silokanal (Brandenburg/Havel)

1912–1914
Neuköllner Schifffahrtskanal

Lieblingsspielzeug, seine »blauen Jungs«, die Lieblingskinder der Nation. Ließen schon der Große Kurfürst und Preußenkönig Friedrich II. Kanäle bauen, um Orte und Gewässer zu verbinden und den Warentransport zu erleichtern, so wird nach der Reichsgründung 1871 und besonders ab der Jahrhundertwende das Kanalsystem zwischen Elbe und Oder in großem Stil ausgebaut.

Bis zum Ersten Weltkrieg entsteht in Brandenburg ein enges Netz von Wasserstraßen, insgesamt fast 1500 Kilometer lang. Die neuen Verbindungen und Kanäle sind nötig, um den gigantischen Transport von Waren überhaupt zu bewältigen. Insbesondere die Hauptstadt muss mit Baumaterial, Kohle, Eisen, mit Getreide, Gemüse und Obst versorgt werden. Im Jahr 1906 werden in Berlin mehr als 10 Millionen Tonnen Güter umgeschlagen. Zeitweise sind auf Havel, Spree und auf den zahlreichen Kanälen 600 Schiffe gleichzeitig unterwegs.

Berlin wird aus dem Kahn gebaut, heißt es. Die neuen Fabrikhallen, die Bahnhöfe und Kaufhäuser, die Ministerien und Mietskasernen, die 700 Viadukt Bögen für die Stadtbahn, die Tunnel der Untergrundbahn und die Türme der Oberbaumbrücke über die Spree – alles mit märkischen Ziegeln erbaut. »Ziegel-Zillen« bringen die schwere Fracht auf dem Wasserweg vor allem aus Zehdenick und Glindow, aus der Lausitz und aus Velten in die Hauptstadt. 1905 werden in den Kammern der riesigen Ringöfen an den Rändern der ausgedehnten Tonlager der Mark Brandenburg rund zwei Milliarden Ziegel gebrannt. Die Ziegeleiarbeiter schuften in den Lehmgruben unter schwierigsten Bedingungen. Der Ton muss ohne Hilfe von Maschinen mit messerscharfen Spaten gestochen und auf Loren geladen werden. Die schweren, klebrigen Klumpen werden geteilt und zerschnitten, dann per Hand in Formen gedrückt und zum Trocknen aufgeschichtet. Das bedeutet für jeden »Ziegeler« ein ständiges Bücken und Wiederaufrichten, 4000 Mal am Tag, bei Wind und Wetter. Ein geübter Streicher fertigt etwa 8000 Steine in einer Schicht, und die dauert 12 bis 14 Stunden. Der letzte Stein vor dem Feierabend wird hin und wieder mit einem Monogramm verziert. Ein Gruß an das ziegelgefräßige Berlin.

Triebwagen von Siemens und AEG fahren auf der Militärbahn Berlin–Zossen Höchstgeschwindigkeiten von mehr als 200 Stundenkilometern.

Märkische Schienenwege

Die Verbindungen zwischen der Mark und der Metropole werden enger geknüpft, vor allem durch die Eisenbahn, deren Netz in der zweiten Hälfte des 19. Jahrhunderts immer weiter ausgebaut wird. Berlin wird Knotenpunkt von zwölf großen Bahnlinien. Seit 1870 gibt es eine Verbindung nach Stendal, 1878 wird das neumärkische Landsberg (Warthe) über Küstrin angeschlossen, im selben Jahr fährt zum ersten Mal eine Bahn über Gransee und Fürstenberg nach Stralsund. Nun sollen auch die kleineren Orte der Mark und der Lausitz durch Schienenwege verbunden werden. Die Eisenbahn ist das Transportmittel der Zukunft.

Zur Jahrhundertwende gibt es in der Provinz neben den größeren Städteverbindungen sieben Nebenbahnen und 15 Kleinbahnen. Sie verbinden z. B. Paulinenaue mit Neuruppin im Ruppiner Land, Wittenberge und Perleberg in der Prignitz, Schipkau und Finsterwalde in der Lausitz und Reinickendorf und Groß Schönebeck in der Uckermark. Zahlreiche Städte und Kreise gründen Bahngesellschaften, um den Bau von Bahnhöfen und Schienenwegen zu finanzieren. Bürgermeister, Landräte und Kaufleute haben schnell erkannt, dass man mit der Zeit gehen muss, niemand will vom Fortschritt abgekoppelt werden. In der Region Crossen-Sommerfeld-Landsberg im entlegenen Ostteil der Provinz bildet sich um die Jahrhundertwende ein Komitee, das den Bau einer Kleinbahn durchsetzen will. Die verkehrstechnisch benachteiligten Städte an Warthe und Oder sollen durch eine Nebenlinie besser an das preußische Eisenbahnnetz angebunden werden. Für die Stadtväter eine Frage von existenzieller Bedeutung.

Mitglieder in der Vereinigung sind Ritterguts- und Fabrikbesitzer, Kaufleute, die Bürgermeister, ein Amtsrat, ein Regierungsbaumeister, ein Stadtverordneter und ein Oberst a. D. Die neue Strecke soll der Region einen wirtschaftlichen Aufschwung bescheren: bessere Absatzchancen für die Tuchfabriken und die Dampfziegeleien in Sommerfeld sowie für die Mühlen, die Papierfabriken und die Metallfabrik in Crossen. Die Gutsbesitzer und Bauern versprechen sich niedrigere Transportkosten für Dünger, Futtermittel und Saatgut. Kurz vor dem Ersten Weltkrieg wird die Verbindung Sommerfeld–Crossen–Landsberg endlich in Betrieb genommen.

Der Gütertransport in der Region Berlin/Brandenburg nimmt in dieser Zeit riesige Dimensionen an. Nordwestlich von Berlin, in Wustermark, entsteht der größte Verschiebebahnhof des Reiches. Tausende Menschen sind in Berlin und der Provinz Brandenburg bei der Bahn beschäftigt. Und sie befördert täglich Hunderttausende, vor allem zwischen dem Umland und der Hauptstadt. Auf der Stecke zwischen Potsdam und Berlin-Wannsee, früher als »Wahnsinnsbahn« verspottet, pendeln um 1908 täglich 148 Züge. 1912 wird sie viergleisig erweitert. Das kaiserliche Militär baut sich gar eine eigene Bahnstrecke von Berlin-Marienfelde zum Truppenlager Zossen-Wünsdorf. Auf dieser Trasse, auf der vor allem Artillerie-Soldaten und schwere Geschütze transportiert werden, gelingen den Firmen Siemens und AEG Weltrekorde. Ihre elektrischen Triebwagen fahren 1903 mehr als 200 Kilometer in der Stunde, schneller als je ein Fahrzeug zuvor.

Ein märkischer Wanderer

»*Die letzten 150 Jahre haben dafür gesorgt, dass man von den Brandenburgern (oder Märkern oder Preußen) mit Respekt spricht!*«[7] Diese Worte stammen von dem Literaten und Journalisten, Apotheker und Heimatforscher, Reisenden und Romancier, der mit seinen »Wanderungen durch die Mark Brandenburg« der Region ein Denkmal setzt: Theodor Fontane. In einem Brief an Wilhelm Hertz beklagt er, dass zwar »*die Taten, die geschehen, und die Männer, die diese Taten geschehen ließen*«, sich Gehör verschafft haben, dass aber »*die Schauplätze, auf denen sich unser politisches Leben abgesponnen, auf denen die Träger eben dieses politischen Lebens thätig waren, relativ unbelebt blieben*«.[8] Durch Fontanes Werk wird sich dies gründlich ändern. Er hinterlässt den nachfolgenden Generationen eine so lebhafte Vorstellung der »Schauplätze«, dass die ein wenig verschlafenen märkischen Dörfer und Seen, Kirchen, Schlösser und Klöster sich heute noch in dem Glanze sonnen können, den Fontane ihnen verliehen hat.

Während ein Lexikon 1896 die sandige Mark noch beschreibt als breite Landplatte, die »*auf weiten, mit Kiefern und Heidekraut bestandenen Strecken, ein dürres Aussehen hat*«,[9] ist der Dichter von den Schönheiten der Region überzeugt: »*Erst die Fremde lehrt uns, was wir an der Heimat besitzen. Das habe ich an mir selbst erfahren, und die ersten Anregungen zu diesen ›Wanderungen durch die Mark‹ sind mir auf Streiferein in der Fremde gekommen.*«[10] Auf seiner Reise durch Schottland 1856 steht ihm das Bild des Schlosses Rheinsberg so lebendig und lieblich vor Augen, dass es jedem Vergleich mit der melancholischen Schönheit des schottischen Lochleven-Castle standhält.

Fontanes »Wanderungen durch die Mark Brandenburg«, 1856 noch geplant als Geschichtsbuch über »Die Marken und ihre Männer«, gerät zur großartigen und detailversessenen Liebeserklärung an seine Heimat. In dem Vorwort zu dem ersten, 1862 erschienenen Band, schreibt er: »*Ich bin durch die Mark gezogen und habe sie reicher gefunden, als ich zu hoffen wagte. Jeder Fußbreit Erde belebte sich und gab Gestalten heraus. (...) Das immerhin Umfangreiche, das ich im nachstehenden biete, ist auf im ganzen genommen wenig Meilen eingesammelt worden: am Ruppiner See hin und vor den Toren Berlins. Und sorglos habe ich es gesammelt, nicht wie einer, der mit der Sichel zur Ernte geht, sondern wie ein Spaziergänger, der einzelne Ähren aus dem reichen Felde zieht.*«[11] Bei den »einzelnen Ähren« bleibt es dann doch nicht. In den folgenden 20 Jahren führen Fontane immer wieder ausgiebige Streifzüge durch das Bran-

Theodor Fontane setzt mit seinen »Wanderungen durch die Mark Brandenburg« der Region ein literarisches Denkmal.

denburgische Land. Am Ende stehen vier dicke Bände, in denen der prominente Wanderer, immer mehr abweichend von seinem ursprünglichen Vorhaben, ein Geschichtsbuch zu schreiben, »*Landschaftliches und Historisches, Sitten- und Charakterschilderung*«[12] miteinander zu einer einzigartigen Mischung verknüpft.

Gleichzeitig bieten ihm die Wanderungen Anregung und Stoff für seine großen Romane, die seinen späten Ruhm begründen. Doch auf das Erscheinen der Gestalten, die Literaturgeschichte machen werden, wie »Effi Briest«, »Frau Jenny Treibel« oder »Dubslav von Stechlin«, muss die preußische Welt noch ein wenig warten. Ein Entwurf, für den sich Fontane während der Wanderfahrten im Oderbruch erste Notizen macht, liegt unter dem Arbeitstitel »Lewin von Vitzewitz« über 15 Jahre in seiner Schreibtischschublade. »*Den Roman anfangen, dazu habe ich nicht innerliche Ruhe genug*«, schreibt Fontane 1862 an seine Frau Emilie: »*Auch ist die Frucht noch nicht reif, es können noch Jahre vergehen, eh' ich ihn anfange, aber dann hintereinander weg.*«[13]

Die ersehnte innerliche Ruhe tritt erst ein, nachdem er sich von dem Zwang, mit ungeliebter Erwerbsarbeit für den Unterhalt seiner Familie zu sorgen, weitgehend befreit hat. 1870 kündigt er seine Stelle bei der konservativen Kreuzzeitung, als deren Redakteur er zehn Jahre lang für den täglichen »englischen Artikel« zuständig war. Die Entscheidung tut ihm gut, auch wenn die zu befürchtende Reaktion seiner Frau ihm ein wenig Bauchschmerzen bereitet: »*Liebe Frau*«, bittet er in seinem Brief vom 11. Mai 1870, »*falle nicht um.*

Eh du noch mit diesem Brief zu Ende bist, wirst du hoffentlich sagen: er hat ganz recht getan.«[14]

Ein zweiter Schritt führt sechs Jahre später in den Lebensabschnitt, in dem das Hauptwerk Fontanes endlich entstehen kann. Im Mai 1876 kündigt er, wieder in Abwesenheit seiner Frau, die nur wenige Monate zuvor angetretene Stelle als Erster Sekretär der freien Akademie der Künste Berlins. Und der fast 60-jährige Literat kann nun zu dem Romancier und Erzähler werden, der er immer sein wollte; notiert er doch schon am 11. August 1866 in einem Brief an seinen Freund Wilhelm Hertz: *»Der Roman (...) darf nicht ungeschrieben bleiben. Die Welt würde es vielleicht verschmerzen können, aber ich nicht.«* 1878 erscheint der lang gehütete Schatz »Lewin von Vitzewitz« unter dem Titel »Vor dem Sturm«, es folgen »Grete Minde«, »Schach von Wuthenow«, »Unterm Birnbaum«, »Frau Jenny Treibel«, »Effi Briest« und »Die Poggenpuhls«. Die darin auftretenden Personen und Schauplätze sind Fontane bei seinen Wanderungen durch die Mark Brandenburg begegnet. Er wird zum Chronisten des preußischen Land- und Militäradels, für den er trotz seiner liberal-demokratischen Einstellung eine liebevolle Schwäche hegt. Wenn Fontane die überlebten aristokratischen Strukturen kritisiert, dann steckt in seinem Tadel immer auch ein wenig die Enttäuschung des ehemaligen Bewunderers. In der Novelle »Schach von Wuthenow« (erschienen 1883) lässt er den Offizier von Bülow sich abschätzig über *»unsere nachgeborene friderizianische Armee«* äußern, eine Armee, *»die statt der Ehre nur noch den Dünkel, und statt der Seele nur noch ein Uhrwerk hat – ein Uhrwerk, das bald genug abgelaufen sein wird«*.[15]

Als Theodor Fontane 1898 im Alter von 83 Jahren in Berlin stirbt, hinterlässt er ein Buch, das erst posthum veröffentlicht wird und in dem er noch einmal, eigentlich wider besseres Wissen, das Bild eines märkischen Junkers zeichnet, wie er »im Buche steht«. »Dubslav von Stechlin, Major a.D.«, so heißt es, *»war der Typus eines Märkischen von Adel (...), eines jener erquicklichen Originale, bei denen sich selbst die Schwächen in Vorzüge verwandeln. Er hatte noch ganz das eigentümlich symphatisch berührende Selbstgefühl all derer, die ›schon vor den Hohenzollern da waren‹, aber er hegte dieses Selbstgefühl nur ganz im Stillen, und wenn es dennoch zum Ausdruck kam, so kleidete sich's in Humor, auch wohl in Selbstironie, weil er in seinem ganzen Wesen* überhaupt *hinter alles ein Fragezeichen machte. Sein schönster Zug war eine tiefe, so recht aus dem Herzen kommende Humanität, und Dünkel und Überheblichkeit (...), waren so ziemlich die einzigen Dinge, die ihn empörten.«*[16]

In der altersweisen und liebenswerten Figur des Dubslav von Stechlin, einem viel zu idealen Junker von rechtem Herzensadel, hat Fontane ein wenig sich selbst beschrieben. Ihm legt er die Erkenntnis in den Mund, die so ganz und gar fontanisch ist, dass sie als Vermächtnis des Schriftstellers gelten kann: *»Unanfechtbare Wahrheiten gibt es überhaupt nicht, und wenn es welche gibt, so sind sie langweilig.«*[17]

Preußische Paraden und märkische Manöver

Im Herbst 1907 bereist Kommissionsrat Carl Richter aus Sperenberg die Dörfer und Gemeinden Zossen, Kallinchen und Wünsdorf südlich von Berlin. Sein Auftrag: Er soll für den Militär-Fiskus riesige Landflächen erwerben. Das Kriegsministerium plant, in dieser Gegend, nur knapp 50 Kilometer von der Hauptstadt entfernt, ein neues Truppenlager zu errichten, das verkehrsgünstig liegt und zugleich Platz bietet für umfangreiche Manö-

Fontane-Büste in Bad Freienwalde

»Theodor Fontane ist 1819 geboren und 1898 gestorben. Wer auf seine Zeit zurückblickt, auf das 19. Jahrhundert mit den Brandenburger Geißblattlauben und der preußischen Gards du Corps, seinen Festmählern in gotischen Klosterruinen, seinen Berliner Kellern, (...) den Kutschfahrten ins Grüne, Schlittenfahrten in der Stadt und Hochzeiten auf dem Lande, der sieht unsere Vergangenheit. Die Wurzel der Behaglichkeit und des Hochmuts, die Urform der wieder konservativen Gesellschaft mit ihren offiziellen Diners und ihrer Tafelpracht in Weiß und Silber (...) Fontane, der Hugenottenenkel, hat das preußische Jahrhundert, die kurze wilhelminische Kaiserzeit festgehalten, die nach seinem Tod nur noch knappe zwanzig Jahre dauerte und dennoch so prägend war, dass sie bis heute wirkt.«

Sybil Gräfin Schönfeldt

ver und Schießübungen. Das Tempelhofer Feld, auf dem der Kaiser und die Generäle bislang die Paraden ihrer Gardekorps-Soldaten abgenommen haben, genügt nach Ansicht der kaiserlichen Armeeführung nicht mehr den Anforderungen moderner Kriegsführung.

Makler Richter erfüllt seine Aufgabe diskret und nicht ohne eigenen Vorteil. Für jeden Morgen Land, den er den Bauern, Kossäten und Ziegeleibesitzern abkauft, bekommt er ein Prozent Provision. Bei 6000 Hektar, also 24 000 Morgen, für das geplante Truppenlager macht das eine stattliche Summe. Aber der clevere Kommissionsrat geht noch weiter: Seinem Freund Dr. Wirth, dem Bürgermeister von Zossen, gibt er Tipps, welche Grundstücke sich auf der Wunschliste der Militärs befinden. Dr. Wirth kauft das Land über Verwandte und Strohmänner von den ahnungslosen Eigentümern günstig auf und teilt sich nach dem Weiterverkauf an den Militär-Fiskus den Gewinn mit dem geschäftstüchtigen Richter aus Sperenberg.

In der Umgebung spricht sich bald herum, dass sich Landbesitzer »eine goldene Nase« verdienen können. Die Fabrikantenbrüder Fuisting kaufen beim Dorf Kallinchen Land – angeblich für die Errichtung einer Kalksandsteinfabrik. Dem Gemeindevorsteher von Kallinchen offenbart der ältere Bruder die wahren Motive: *»Nun mag der Fiskus kommen, billig soll er's nicht kriegen!«* Kurz nach der Eigentumsübertragung verkaufen die Geschäftsleute das Gelände an das Kriegsministerium – zum doppelten Preis. Die Spekulationen von Zossen/Wünsdorf schlagen öffentlich Wellen und erhitzen die Gemüter. Der Volkszorn kocht. Doch wer die dunklen Geschäfte anprangert, bekommt Ärger mit den Behörden. Der Schriftsteller Sebald muss für drei Monate ins Gefängnis, Pastor Stier in Motzen wird strafversetzt. Das »Teltower Kreisblatt« schreibt am 4. November 1913:

Bei einer Parade im Lustgarten in Potsdam marschieren die preußischen Soldaten in Reih und Glied.

»Wer bei Verwertung seines Gesamtvermögens Glück hat und Gewinn erzielt, ist in keiner Weise tadelnswerter als jemand, der in der Börse oder sonstwie durch eine günstige Konjunktur Gewinne und scheinbar noch so große Gewinne macht.«[18]

Das riesige Gelände südlich von Zossen, das durch eine separate Militärbahn mit Berlin verbunden ist, wird in den Jahren vor dem Ersten Weltkrieg zum größten Truppenübungsplatz in der Provinz Brandenburg ausgebaut: Kasernen für Tausende von Soldaten, Offiziershäuser, eine Schießschule, Versorgungsgebäude, Geräteschuppen und Waffenkammern. Der Ort Wünsdorf, jetzt Standort einer Garnison, und der Schießplatz im benachbarten Kummersdorf bilden gemeinsam den militärischen Hauptstützpunkt der kaiserlichen Armee. Die Militärausgaben steigen von 926 Millionen Mark im Jahr 1910 auf mehr als 1,6 Milliarden Mark kurz vor Ausbruch des Krieges. Die Unterkünfte für die Soldaten werden allerdings eher spartanisch ausgestattet. Das gehört zum preußischen Drill.

1909 bringen Artillerie-Soldaten auf dem Kummersdorfer Testgelände eine neue, von der Firma Krupp in Essen hergestellte Kanone, in Stellung. Der 42-cm-Mörser verfügt über eine bis dahin nicht für möglich gehaltene Reichweite und Durchschlagskraft. Die neue »Wunderwaffe«, die das Militär beim westdeutschen Stahlkonzern in Auftrag gegeben hat, wird nach der Firmenerbin Bertha von Bohlen und Halbach (geb. Krupp) die »dicke Bertha« genannt. Die Versuche mit dem neuen Geschütz, zu denen sogar interessierte Militärs aus den USA nach Brandenburg kommen, übertreffen alle Erwartungen. Das Kummersdorfer Gelände erweist sich allerdings als zu klein, deshalb werden die Übungen auf einen Schießplatz bei Jüterbog verlegt. Um zu testen, ob die Granaten der »dicken

Bertha« gar geeignet sind, die massiven belgisch-französischen Grenzbefestigungen zu durchschlagen, lässt der Generalstab auf dem Truppenübungsplatz Markendorf mächtige Betonmauern und Panzerkuppeln errichten. Doch der Artillerie bleibt keine Zeit, für den Ernstfall zu üben. Im Sommer 1914 beginnt der Erste Weltkrieg.

Der Himmel über der Mark: Flugpioniere in Brandenburg

Im Dezember 1873 hält ein junger Ingenieur vor den Mitgliedern des Potsdamer Gewerbevereins seinen ersten öffentlichen Vortrag. Thema: die Theorie des Vogelfluges. Entgegen der vorherrschenden Meinung, nur mit Fluggeräten, die leichter seien als Luft, könne der Mensch fliegen, vertritt dieser 25-jährige, technikbegeisterte Maschinenbauer eine andere Auffassung: Nicht der Ballon, sondern nur ein Flugapparat, der schwerer sei als Luft, könne das Problem lösen. Der Name des Redners, dessen Auftritt bei den meisten Gästen der Veranstaltung eher Unverständnis und Kopfschütteln auslöst, ist Otto Lilienthal.

Seit seiner Kindheit träumt Otto Lilienthal, 1848 in Anklam geboren, davon, sich eines Tages mit selbst gebauten Schwingen in die Lüfte zu erheben. Gemeinsam mit seinem Bruder Gustav konstruiert er 1862 sein erstes Flügelpaar. In den Jahren danach folgen intensive Untersuchungen, Messungen und praktische Experimente, daneben ein Studium an der Berliner Gewerbeakademie. Lilienthal gründet in Berlin eine Werkstatt, aus der mit der Zeit eine kleine Maschinenfabrik entsteht. Viel Geld und alle freie Zeit steckt der Ingenieur und Erfinder, der seinen Betrieb nach fortschrittlichen Gesichtspunkten organisiert und insgesamt 20 Patente anmeldet, in seine Studien. 1889 veröffentlicht er das Buch »Der Vogelflug als Grundlage der Fliegekunst«, in dem er seine theoretischen Erkenntnisse über Flugtechnik und Aerodynamik zusammenfasst. Nach Hunderten von Lauf- und Sprungübungen im Garten seines Hauses in Lichterfelde entscheidet sich Lilienthal, seine Fluggeräte nun auf dem freien Feld auszuprobieren. Er wählt zunächst ein hügeliges Gelände bei Werder: die Höhen von Krielow/Derwitz. Seinen Gleiter stellt er bei Müllermeister Schwach unter. 1891 unternimmt Lilienthal hier seine ersten Gleitflüge, die ihn bis zu 25 Meter weit tragen.

»*Fast allsonntaglich und auch, wenn meine Zeit in der Woche es irgend erlaubte, befand ich mich auf dem* Übungsterrain *zwischen Groß Kreutz und Werder, um von den dortigen Hügeln Tausende von Malen den Segelflug gegen den Wind zu üben*«,[19] berichtet er. Der französische Flugpionier Ferdinand Ferber bewertet Lilienthals

Otto Lilienthal ist Erfinder, Fabrikant und Flugpionier.

Sprünge vom Krielower Windmühlenberg später so: »*Den Tag, an welchem Lilienthal im Jahre 1891 seine ersten 15 Meter in der Luft durchmessen hat, fasse ich auf als den Augenblick, seit dem die Menschen fliegen können.*«[20]

Bei seinen Flugversuchen auf den havelländischen Höhen bei Werder gewinnt Lilienthal die Erkenntnis, dass eine Schwanzflosse am hinteren Ende des Gleiters das Gerät in der Luft stabilisieren kann. Er entwickelt sein »Flugzeug«, so nennt der märkische Fabrikant die Gleitkonstruktion aus Holz, Eisen und Stoff, immer weiter, veröffentlicht seine Forschungen und fertigt in seiner kleinen Berliner Fabrik Bausätze des Gleiters. 1893 verlegt er seine Flüge in die Rhinower Berge, eine Hügelkette, dic sich cin paar Dutzend Meter über das Ländchen Rhinow erhebt. »*Als ich in diesem Jahre zum ersten Mal an diesen Berghängen mein Flugzeug entfaltete,* überkam *mich freilich ein etwas* ängstliches *Gefühl, als ich mir sagte: ›Von hier aus sollst du nun in das tief unten liegende, weit ausgedehnte Land hinaussegeln.‹ Allein die ersten vorsichtigen Sprünge gaben mir bald das Bewußtsein der Sicherheit zurück.*«[21] Der skeptische Blick den Gollenberg hinab ist vielleicht so etwas wie eine Vorahnung. Am 9. August 1896 gerät Otto Lilienthal nach drei geglückten Gleitversuchen mit seinem »Flugzeug« in eine tückische Sonnenböe und stürzt ab. Mit dem Pferdewagen wird der Verunglückte ins Gasthaus Herms nach Stölln gebracht. Dort diagnostiziert Sanitätsarzt Dr. Niendorf einen Bruch der Wirbelsäule. Am Tag darauf stirbt Otto Lilienthal in einem Berliner Krankenhaus.

Der von Hans Grade gebaute Grade-Eindecker ist das erste Postflugzeug in Deutschland.

Otto Lilienthal ist der erste Flieger in der Mark, andere folgen. Einer von ihnen ist Hans Grade, der 1909 in Bork (Borkheide), einem Dorf in der Zauche südwestlich von Potsdam, eine Flugzeugfabrik eröffnet. Grade hat als 15-Jähriger Lilienthals Buch über die Flugkunst gelesen, seitdem träumt auch er davon, in die Lüfte zu steigen. 1908 unternimmt er seine ersten Flugversuche bei Magdeburg und erlebt dabei eine Bruchlandung: »*Ich muss gestehen, dass mir nicht sehr wohl zumute war. Meiner Maschine schien diese Höhe auch nicht zu behagen. Sie rutschte* über *den rechten Flügel ab und machte Bruch. Ich saß da wie Scipio auf Karthagos Trümmern. Vor mir der erste Bruch, hinter mir der erste Flug, aber trotzdem stolz wie ein Spanier.*«[22] Im märkischen Bork konstruiert Grade immer neue »Aeroplane« und verbessert seine eigenen Flugkünste. Im Herbst 1909 nimmt er mit seiner »Libelle« an einem großen Wettbewerb auf dem Flugplatz Berlin-

Zeppeline fliegen über Potsdam auf dem Weg in die dortige Luftschiffhalle.

Johannisthal, dem Zentrum der aufstrebenden deutschen Fliegerei, teil. Unter dem Jubel des begeisterten Publikums schlägt der »Aviatiker« aus Bork die gesamte Konkurrenz. Sein Flug mit der »Libelle« über die Wiesen von Johannisthal dauert 4 Minuten und 4 Sekunden – deutscher Rekord. Grade wird berühmt und erhält das Pilotenpatent Nr. 2. Als erster deutscher Flieger überhaupt gründet er eine Flugschule. Flugbegeisterte Männer und ein paar wenige Frauen kommen in die Zauche, um sich von Hans Grade ausbilden zu lassen. Sogar ein Japaner erlernt in der Mark das Fliegen und kauft bei Grade ein »Aeroplan«, das er mit in seine Heimat nimmt. In Bork entsteht auch die Idee, Post mit dem Flugzeug zu transportieren. Eine Maschine aus Grades Betrieb befördert im Februar 1912 einen Sack mit 500 Briefen ins nahegelegene Städtchen Brück. Die Luftpost ist erfunden.

Seit Lilienthals Flugversuchen im Havelland streiten sich die Experten, ob die Zukunft motorisierten Flugzeugen gehöre oder eher den leichten Ballons und »Luftschiffen«. Die Stadtväter von Potsdam sind überzeugt, dass die mit Gas gefüllten, zigarrenförmigen Riesengefährte, die Graf Zeppelin und Dr. Hugo Eckener konstruieren, die Lüfte erobern werden. Potsdam soll gemeinsam mit Staaken, wo ab 1915 eine große Werft entsteht, zum deutschen Luftschiffzentrum werden. Ein Gelände an der Pirschheide zwischen Eisenbahnlinie und Ufer des Templiner Sees wird 1911 zum Luftschiffhafen ausgebaut – mit Straßenbahnanschluss und Anleger für die Ausflugsdampfer. Am Mittag des 9. September 1911 landet auf dem Areal unter dem Beifall vieler Potsdamer das Luftschiff LZ 10 »Schwaben«. Konstrukteur Eckener hat es ohne Zwischenfälle von Gotha nach Potsdam gefahren.

Werner Alfred Pietschker, der »fliegende Pfarrersohn« aus Potsdam

Doch die Hoffnung der Deutschen Luftschiffahrts-Aktien-Gesellschaft (DELAG), mit ihren Zeppelinen dauerhafte Verbindungen zwischen verschiedenen deutschen Städten einzurichten, erfüllt sich nicht. Zwar wird auf dem Potsdamer Landeplatz 1912 noch eine riesige Luftschiffhalle errichtet, in der das Luftschiff »Hansa« stationiert werden soll, doch bald bereitet der Krieg der zivilen Nutzung der Zeppeline ein Ende. Die stolzen Luftschiffe werden für militärische Zwecke eingesetzt, werfen gar die ersten Bomben auf London. Die hochfliegenden Pläne eines märkischen Luftschiffzentrums werden nach dem Krieg zu den Akten gelegt. Die 170 Meter lange, 50 Meter breite und 25 Meter hohe Potsdamer Luftschiffhalle wird als Bahnhofsgebäude nach Spanien verkauft und abtransportiert.

Zu Beginn des Jahrhunderts kennt die Flugbegeisterung der Menschen kaum Grenzen. An einem Herbsttag im Jahr 1909 versammeln sich Tausende Potsdamer auf dem Bornstedter Feld, um die Schauflüge des berühmten »Aviatikers« Orville Wright zu erleben. Der Amerikaner, der gemeinsam mit seinem Bruder die ersten Motorflüge unternommen hat, hält den Höhenrekord, den er kurz zuvor auf dem Tempelhofer Feld aufgestellt hat. Am Rand von Potsdam wagt der Pilot aus Übersee noch riskantere Flugmanöver, bis zu 300 Meter steigt er auf, so hoch wie nie zuvor ein anderer Flieger. Die Familie des Kaisers, die der Veranstaltung beiwohnt, applaudiert, der Kronprinz, selbst ein begeisterter Flieger, steigt bei einem Flug als Passagier in die Maschine des Amerikaners ein und dreht mit Wright eine Runde über der Residenzstadt.

Die Schauflüge auf dem Bornstedter Feld beobachtet auch ein Pfarrerssohn aus Potsdam, Werner Alfred Pietschker. Er ist so begeistert, dass er den Entschluss fasst, selbst Flieger zu werden. Gegen den Willen seiner Eltern bricht er sein Studium an der Technischen Hochschule in Berlin ab und meldet sich im Februar 1911 in Johannisthal als Flugschüler an. Innerhalb kurzer Zeit erwirbt sich Pietschker den Ruf, zu den erfolgreichsten und verwegensten Piloten überhaupt zu zählen. In den »Albatros-Werken« bastelt der junge Mann aus Potsdam an den neuesten Konstruktionen mit und entwirft eigene Maschinen. Er hat sich in den Kopf gesetzt, einen Eindecker zu bauen, der über bessere Flugeigenschaften verfügt als die bis dahin üblichen Doppeldecker. Bei der Nationalen Herbstflugwoche 1911 gewinnt Pietschker gegen die Konkurrenz und fliegt dabei gleich zwei Weltrekorde. Mit zwei Passagieren an Bord bleibt sein »Albatros«-Doppeldecker 2 Stunden und 19 Minuten in der Luft und steigt dabei bis zu 730 Meter hoch. »Sturmflieger« nennen ihn seine Kollegen respektvoll. Wenige Wochen später, am 15. November 1911, will der »fliegende Pfarrerssohn aus Potsdam« seine Eigenkonstruktion, den »Pietschker-Eindecker«, zum ersten Mal ausprobieren. Gleich nach dem Start gerät das neue Fluggerät in Schieflage und stürzt über dem Flugfeld von Johannisthal ab. Pietschker wird auf dem Bornstedter Friedhof begraben. Bald nach seinem Tod taucht am Himmel über Potsdam ein Wright-Doppeldecker auf. Der Teltower Rekordflieger Gustav Witte erweist dem verunglückten jungen Piloten die letzte Ehre, dreht über dem Grab Pietschkers eine Schleife und wirft einen Kranz ab. Auch Wittes Namen kennt in jenen Tagen fast jedes Kind in der Mark. In die Annalen der Aviatiker geht er ein, als er am 4. März 1912 den ersten Nachtflug der deutschen Fliegergeschichte unternimmt. Ihm ergeht es wie Lilienthal, Pietschker und vielen anderen Flugpionieren. Der Traum vom Fliegen kostet ihn das Leben.

Funken und Flimmern – Telegrafie und Stummfilme

Im Juli 1897 machen sich an der Turmspitze der Sacrower Heilandskirche bei Potsdam unter größter Geheimhaltung zwei Erfinder zu schaffen. Professor Adolph Slaby und Georg Graf von Arco montieren eine Antenne auf das Dach des Glockenturms. Nur einige Hundert Meter weit entfernt, an der Glienicker Brücke, befindet sich die Gegenstation. Dann der große Moment: Es sprühen Funken, es knattert und knallt – die beiden Ingenieure haben die drahtlose Nachrichtenübertragung erfunden, die Funkentelegrafie. Die großen Elektrokonzerne AEG und Siemens streiten sich um die Patente, bis der Kaiser ein Machtwort spricht: »*Da habe ich schließlich den Siemens und den Rathenau von der AEG solange mit den Köpfen zusammengestoßen, bis sie sich vertragen haben!*« 1903 gründen die beiden Firmen die Gesellschaft für drahtlose Telegraphie mit der registrierten Geschäftsmarke Telefunken. Die neue Erfindung, die in der Potsdamer Gartenlandschaft ihre Feuertaufe bestanden hat, wird die Nachrichtenübermittlung revolutionieren.

Um das neue Verfahren weltweit anzuwenden, werden in der Feldmark von Nauen Dutzende von riesigen Antennen aufgebaut, der Hauptmast ist höher als der Kölner Dom. Funkverbindungen werden nun in alle Welt geknüpft, nach Amerika, Afrika und Asien. Bald bildet Nauen den Knotenpunkt in einem internationalen Netz. Von hier aus übermitteln Regierung und Militärs ihre Nachrichten sogar in die entfernten deutschen Kolonien Deutsch-Togo und Deutsch-Südwest, von hier aus hält das kaiserliche Flottenkommando Kontakt mit den Fregatten und Schlachtschiffen in aller Welt. 1914 beträgt das Funk-Streckennetz bereits mehr als 50 000 Kilometer. Im letzten Kriegsjahr 1918 gelingt es, von Nauen aus mit einem deutschen U-Boot, das 30 Meter tief unter der Meeresoberfläche taucht, eine Verbindung herzustellen. Und von hier aus wird ab 1918 das »Nauener Zeitzeichen« gesendet, pünktlich um 12 Uhr mittags und um Mitternacht. Das märkische Nauen gibt auf diese Weise den Takt der Zeit an.

Als Guido Seeber 1911 im Auftrag der Deutschen Bioscop-Gesellschaft nach Neubabelsberg kommt, ist er auf der Suche nach dem idealen Filmgelände: Die »Filmfabrik« soll *»aus photographischen Gründen reichlich Sonnenlicht haben und kann darum nicht in der Mitte einer rauchigen und staubigen Stadt liegen«.*[23] Die Umgebung muss die Möglichkeit zur Aufnahme von *»Landschaftsbildern«* bieten, ferner ist eine gute Verkehrsanbindung gewünscht, um *»Möbel und Material schnell hin befördern zu können«.*[24]

Auf dem verwilderten Industriegelände zwischen Potsdam und Berlin, in dem verfallenen zweigeschossigen Fabrikgebäude einer ehemaligen Kunstblumenfabrik findet der noch junge deutsche Film seine erste Heimat. Am 14. Oktober 1911 stellt die Bioscop den Bauantrag für ein gläsernes Studio, und schon drei Monate später, am 12. Februar 1912, steht Asta Nielsen für die Aufnahmen zu dem Film »Der Totentanz« in dem neuen Glashaus vor der Kamera. Das Studio ist mit 15 mal 20 Meter Grundfläche das größte ebenerdige Atelier in Europa.

Von nun an steht hier alles im Zeichen des Films. Als im Herbst 1912 mit dem Bau einer neuen Produktionsanlage begonnen wird, plant man die Außenfront des Kopierwerkes gleich als Kulisse mit: *»Links von der Haustür waren moderne Fenster, rechts von der Haustür waren gotische Fenster«.* notiert Guido

Von der Großfunkstelle Nauen aus können erstmals Verbindungen in die ganze Welt hergestellt werden.

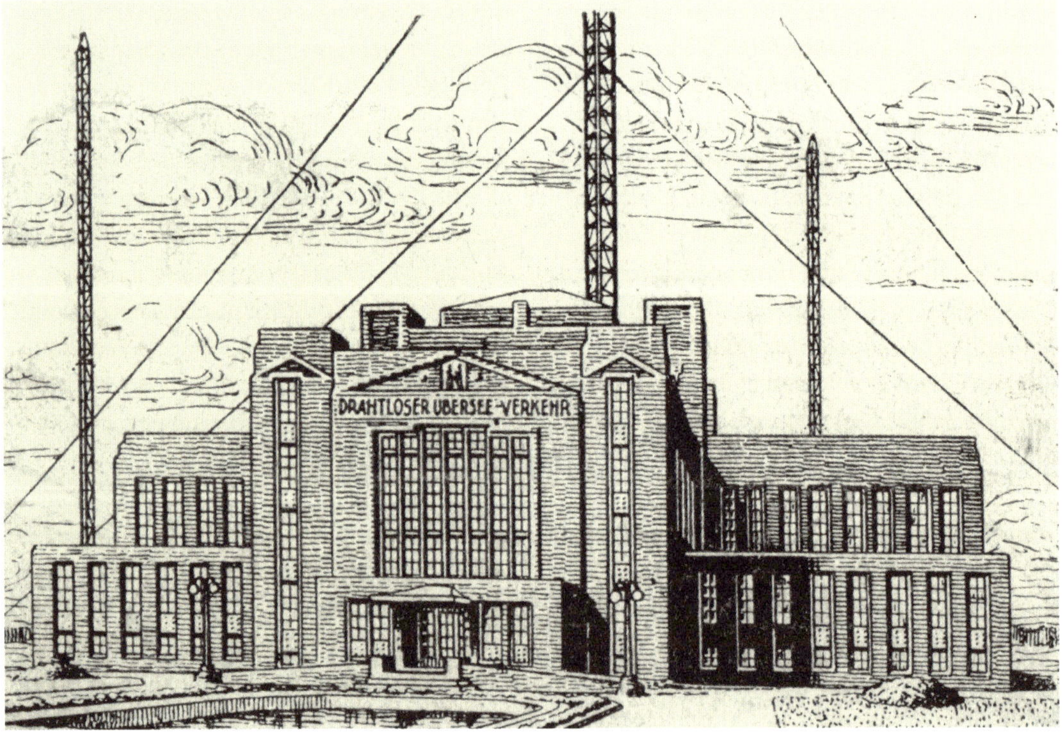

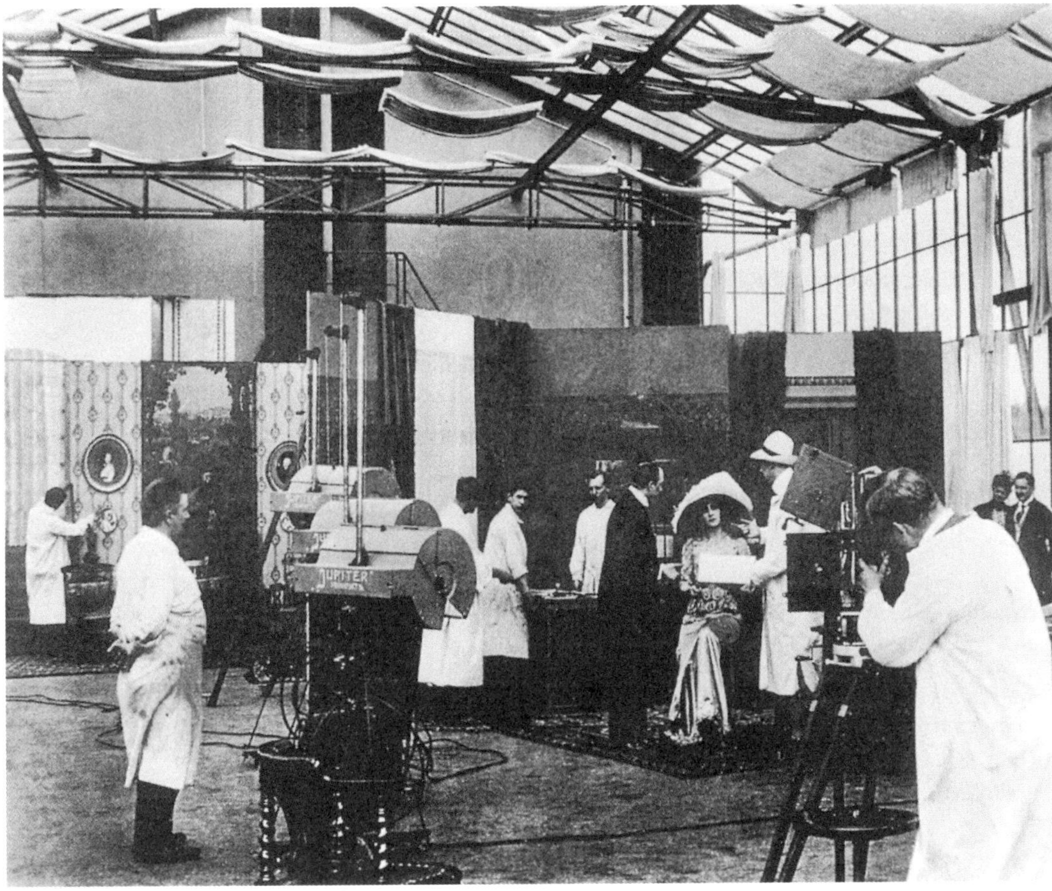

Guido Seeber dreht 1912 im neu errichteten »Glashaus« in Babelsberg den »Totentanz«.

Seeber später: »*Selbst der Dachaufbau wurde mit verschiedenen Ziegelformen bedeckt, um sowohl deutsche wie auch italienische als auch spanische Dachformen jederzeit für Aufnahmezwecke zur Verfügung zu haben.*«[25]

Das neue Medium, das seine Herkunft aus dem Jahrmarktsvergnügen nicht verleugnen kann, produziert jede Menge Kitsch und Komödien und lebt sehr bald von dem Mythos seiner Darsteller: »*Wenn der Hass aus Asta Nielsens Augen leuchtet*«, schwärmt der französische Dichter Guillaume Apollinaire, »*dann ballen wir die Fäuste, und wenn sie ihre Augen aufschlägt, sind es Sterne, die leuchten.*«[26] Der Schauspieler Paul Wegener, der Babelsberg über 20 Jahre verbunden bleiben wird, ist fasziniert von den kreativen Perspektiven der jungen Kunstform. Als Chefkameramann Guido Seeber die Frage, ob es wohl möglich sei, »*auf der Leinwand mit sich selbst zu spielen*«,[27] mit Ja beantwortet, ist die Idee für ein nie gesehenes Film Bild geboren. Im »Student von Prag« spielt Paul Wegener in einer Doppelrolle einen armen Studenten, der sein zweites Ich an den Teufel verkauft. Bei der Kinopremiere des Films im August 1913, so heißt es, schreien die Menschen im Parkett verstört auf. »*Ins Kino*«, bemerkt Kurt Pinthus in dem von ihm edierten »Kinobuch« im selben Jahr, »*treibt den Menschen die Gier, den Kreis seines Wissens und Erlebens auf einfachste und schnellste Weise zu erweitern.*«[28]

Unheil und kein Siegerkranz: der Erste Weltkrieg

»Nein, im Gegenteil, Brandenburger, zu Großem sind wir noch bestimmt, und herrlichen Tagen führe ich euch noch entgegen. Lassen sie sich nur durch keine Nörgeleien und durch kein mißvergnügtes Parteigerede ihren Blick in die Zukunft verdunkeln oder ihre Freude an der Mitarbeit verkürzen. Mit Schlagwörtern allein ist es nicht getan, und den ewig mißvergnüglichen Anspielungen über *den neuen Kurs und seine Männer erwidere ich ruhig und bestimmt: Mein Kurs ist der richtige und er wird weiter gesteuert.«*[29]

Diese Worte spricht Wilhelm II. bei einem Festmahl des brandenburgischen Provinziallandtages im Februar 1892. 22 Jahre später führt dieser Kurs, den der Deutsche Kaiser und Kurfürst von Brandenburg steuert, in die europäische Katastrophe. Das Deutsche Reich hat sich durch sein Weltmachtstreben die Nachbarländer Russland, Frankreich und das Britische Empire zu Feinden gemacht. Im Sommer 1914 eskaliert die Krise auf dem Balkan. Österreich und Deutschland sind isoliert.

Im Juni eröffnet Wilhelm II. feierlich den Großschifffahrtsweg Berlin–Stettin, der den Namen »Hohenzollernkanal« erhält. Eine der letzten Amtshandlungen des Monarchen in Friedenszeiten. Ein paar Schüsse auf dem brodelnden Balkan, die den österreichischen Erzherzog Franz Ferdinand und seine Gemah-

In Hennigsdorf werden in den Kriegsjahren Militärflugzeuge hergestellt.

In der märkischen Kaserne Döberitz werden auch britische Kriegsgefangene untergebracht.

lin töten, bringen das politische Pulverfass zur Explosion. Österreich, der auseinanderbrechende Vielvölkerstaat, und das Deutsche Reich, dessen Herrscher und dessen Generäle die eigene militärische Stärke vollkommen überschätzen, stürzen Europa in einen Krieg von bis dahin ungeahnten Ausmaßen. Am 31. Juli 1914 lässt Wilhelm II., der oberste Feldherr, den »Zustand der drohenden Kriegsgefahr« verkünden und erklärt den Kriegszustand für Berlin und die Provinz Brandenburg.

Die »vollziehende Gewalt« geht an den Oberkommandierenden in den Marken über, alle zivilen Behörden, Bürgermeister, Landräte und Provinzialstellen werden dem Militär unterstellt. Einen Tag später erklärt das kaiserliche Deutschland Russland den Krieg. Nach Einschätzung der führenden Militärs wird er nur sechs Wochen dauern und mit einem glanzvollen Sieg enden. Aber alles kommt anders.

Als die Truppen aus den märkischen Kasernen in Dallgow-Döberitz, Potsdam, Zossen/Wünsdorf und Zinna ausziehen, um mit Pferden, Kutschen und Bahnen an die Grenze befördert zu werden, stehen Tausende Brandenburger jubelnd an der Straße. Kaum einer zweifelt am siegreichen Ausgang des Krieges. Auf den Güterwaggons, die mit jeweils 48 Mann beladen in Richtung Front rollen, steht geschrieben: »*Jeder Stoß – ein Franzos! Jeder Tritt – ein Britt! Jeder Schuß – ein Ruß!*«

Nur eine Minderheit protestiert. Vor allem Sozialdemokraten haben vor der Kriegsgefahr gewarnt. Nun beschwört der Kaiser das Volk: »*Ich kenne keine Parteien mehr, ich kenne nur noch Deutsche!*« Die patriotischen Gefühle wiegen bei den meisten Sozialdemokraten stärker als die pazifistischen Überzeugungen, die große Mehrheit der SPD trägt im Reichstag die Bewilligung der Kriegsgelder mit. Bei der Abstimmung über die zweite Gesetzesvorlage im Dezember 1914 stimmt nur ein SPD-Abgeordneter gegen die Kriegskredite – der aus dem Kaiserwahlkreis Potsdam-Spandau-Osthavelland, Karl Liebknecht.

Durch vom Reichstag bewilligte Kriegsanleihen wird der Krieg finanziert.

Der Krieg trifft die Provinz Brandenburg vollkommen unvorbereitet. Da die Militärs keinen langen Kriegsverlauf erwarten, sind nur sehr begrenzte Vorräte angelegt worden. Doch das Geschehen auf den Schlachtfeldern entwickelt sich anders als vom Generalstab erwartet. Der Vormarsch im Osten und im Westen kommt zum Stehen. Ein blutiger und verlustreicher Stellungskrieg beginnt, zermürbende Materialschlachten an beiden Fronten. Im Februar 1915 kommt es zu ersten Versorgungsproblemen. In Berlin und den Randgemeinden wird eine »Brotkarte« eingeführt. Pro Woche erhalten Erwachsene 2000 Gramm Brot beziehungsweise 1400 Gramm Mehl, Kinder die Hälfte. Im zweiten Kriegswinter werden die Rationen auf 1900 Gramm Brot pro Woche reduziert. Bis auf Kleider sind nun alle Dinge des täglichen Bedarfs nur noch eingeschränkt zu erhalten, Fleisch, Butter, Käse, pro Monat nur noch zwei Eier. Zwischen den Städten und dem Land ringsum beginnt ein reger Schwarzhandel. Bei Nacht fahren die Berliner in die Vororte, um sich bei den märkischen Bauern mit Butter, Fleisch und Kartoffeln zu versorgen.

Die Produktion in den meisten Fabriken der Provinz kommt zum Erliegen. Ein Bericht des Regierungspräsidenten von Frankfurt/Oder stellt bereits im Winter 1914 fest, die Tuchherstellung in der östlichen Niederlausitz sei zum völligen Stillstand gekommen, Glas- und Hutproduktion müssten ebenfalls bald eingestellt werden. Der Artillerie an der Front geht die Munition aus. In der Kirche von Dahlewitz beschlagnahmt das Militär deshalb 39 Orgelpfeifen, um das Zinn für die Herstellung von Gewehrkugeln einzuschmelzen. Das Dorf Zossen spendet seine Kirchenglocke, viele andere Orte in der Mark ebenso. Aus dem Metall werden Granaten gegossen.

Im dritten Kriegswinter eskaliert die Situation. Nach einer verheerenden Kartoffelmissernte kommt es zu katastrophalen Versorgungsproblemen. Die Mark kann ihre Bewohner nicht mehr ernähren, vor allem nicht die Menschen in den Städten, die auf die Versorgung durch die Provinz angewiesen sind. Die Bäcker backen jetzt »K-Brot«, Kriegsbrot. Da es nicht genügend Mehl gibt, werden gemahlene Eicheln und Bucheckern beigemischt. Zu kaufen gibt es fast nichts mehr außer Kohlrüben. Sie geben diesem Kriegswinter 1916/17 den Namen.

Der Krieg hat die Sozialdemokratie endgültig gespalten. Entschiedene Kriegsgegner wie Karl Liebknecht und Rosa Luxemburg und gemäßigte Kräfte in der SPD stehen sich gegenüber. Am 1. Mai 1916 fordert Liebknecht, Wortführer des linken Flügels der Partei, in einer Rede auf dem Potsdamer Platz in Berlin einen sofortigen Waffenstillstand und Friedensverhandlungen. Er wird darauf von der

16. Woche 200 Brot oder 125 Mehl 16. Woche
Gramm Gramm
Nicht übertragbar
Brotkarte
Berlin und Nachbarorte
Nicht übertragbar
Gilt nur für die 16. Woche vom 7. Juni bis 13. Juni 1915
Rückseite beachten!
34249
I
25 Gramm Brot 16. Woche
50 Gramm Brot 16. Woche
100 Gramm Brot 16. Woche

Lebensmittel sind in den Kriegsjahren knapp, Brot ist nur noch gegen Marken erhältlich.

preußischen Polizei verhaftet, zu vierjähriger Haft verurteilt und im Zuchthaus Luckau eingesperrt. Die Spannungen innerhalb der SPD sind nicht mehr zu überbrücken, im April 1917 kommt es zum Bruch. Die linke Opposition spaltet sich ab, und gründet die Unabhängige Sozialdemokratische Partei (USPD), mit ihnen die Mehrheit der Sozialdemokraten in Berlin und Umgebung. Die meisten märkischen Ortsgruppen und die Bezirksorganisation Brandenburg bleiben bei der Mehrheits-SPD.

Im Februar 1917 zitiert die »Potsdamer Zeitung« den Oberpräsidenten der Provinz Brandenburg, Graf von der Schulenburg, mit den Worten, eine kampfesmutige, zu äußersten Opfern und Anstrengungen bereite Zivilbevölkerung beiderlei Geschlechts stehe hinter dem Kaiser. Eine Verkennung der Situation. Immer lauter werden die Stimmen, die ein Ende des Krieges fordern. Als im April 1917 die Lebensmittelrationen erneut gekürzt werden sollen, kommt es überall im Reich zu Massendemonstrationen, allein in Berlin gehen mehr als 300 000 Menschen auf die Straße. Streiks bei Schwartzkopff in Wildau, Orenstein & Koppel in Drewitz, AEG in Hennigsdorf, in den Rüstungsbetrieben in Marienfelde und Treptow. Die Forderung der Arbeiter: »Frieden, Freiheit, Brot!«

Nationalsozialismus im preußischen Gewand, Karikatur von 1933

DEMOKRATEN, NAZIS UND NAMENLOSE OPFER 1918–1945

Eine Revolution im November

Samstag, 9. November 1918. Welcher Bürger der Provinz Brandenburg, in der die Uhren stets langsamer zu gehen scheinen als anderswo, ahnt an diesem Morgen schon, dass dieser trübe Herbsttag eine Zeitenwende bringen wird? Nachrichten brauchen immer etwas länger, bis sie in die kleinen Städte und Dörfer der Mark vorgedrungen sind. Von Streiks ist zu hören und politischen Versammlungen – auch in einigen Städten Brandenburgs. Doch nur wenige Zeitgenossen können sich ein Bild davon machen, wie aufgeladen die Situation im ganzen Reich ist.

Die Unruhe der vergangenen Wochen hat sich in offenen Aufruhr verwandelt. In den norddeutschen Häfen ist es zu Meutereien von Matrosen gekommen, zuerst in Wilhelmshaven, dann in Kiel. Die Küstenstadt befindet sich bereits in den Händen von selbst ernannten Soldatenräten. Meuterei und Rebellion auch in Lübeck, Hamburg und Cuxhaven. In München haben am Tag zuvor Linkssozialisten die Republik ausgerufen, der bayerische König Ludwig ist mit unbekanntem Ziel geflohen. Ist dies der Anfang der Revolution, die von den radikalen Sozialisten immer wieder beschworen wurde? Die Soldaten und mit ihnen viele Menschen im Reich wollen ein schnelles Ende des Krieges. »Frieden und Brot« heißt ihre Parole. Für das ganze Unglück machen sie vor allem eine Person verantwortlich: den Kaiser.

Die Reichsregierung und die Oberste Heeresleitung befürchten, dass der Funke der Revolution nun nach Berlin, in die Hauptstadt, überspringt. Seit Wochen gärt es in der märkischen Metropole. Die Militärführung hat im Raum Groß-Berlin kaisertreue Truppen konzentriert und die Stadt von der Provinz abgeriegelt. Bewaffnete Patrouillen sichern die neuralgischen Punkte. Kundgebungen und Versammlungen sind untersagt, der Oberbefehlshaber in den Marken hat die Bildung von »Arbeiter- und Soldatenräten nach russischem Muster« verboten. Dennoch kommt es seit Tagen zu spontanen Streiks und Demonstrationen. An diesem Morgen wird dem Reichskanzler, Prinz Max von Baden, gemeldet: *»Die Revolution marschiert! Die Massen sind von Norden her von den Borsigwerken nach dem Stadtinnern zu in Bewegung und haben soeben fast kampflos die Kaserne der Garde-Füsiliere besetzt.«*[1]

»Steh auf Arthur, heute ist Revolution!«, weckt an diesem 9. November eine Arbeiterfrau ihren Mann.[2] Die SPD-Führung hat für diesen 9. November zu einem Generalstreik aufgerufen, der an vielen Orten in Berlin und Brandenburg befolgt wird. Revolutionäre Obleute und Anhänger des radikalen Spartakusbundes

Der Arbeiter- und Soldatenrat von Guben im Herbst 1918

fordern in Flugblättern den *»Kampf für die sozialistische Republik«*. In Staaken haben 1800 Arbeiter der Zeppelin-Werft die Arbeit eingestellt, in den AEG-Werken Hennigsdorf versammeln sich 10 000 Streikentschlossene und übernehmen kurzerhand die Fabrik. In Trebbin meutern die Soldaten der Maschinengewehrabteilung. In Neustadt/Dosse weigern sich die Infanteristen aus dem 24. Regiment, am Bahnhof einen Zug mit revoltierenden Matrosen, die nach Berlin wollen, aufzuhalten. In Perleberg ist der Landrat seines Amtes enthoben worden, ein Arbeiter- und Soldatenrat führt jetzt in den Kreisen West- und Ostprignitz die Befehlsgewalt aus. In Spandau befreien Aufständische politische Häftlinge aus dem Gefängnis. Bürgermeister Koeltze berichtet später: *»Der Volksbeauftragte Stahl kehrte mit drei Sträflingen in mein Zimmer zurück. Sie verlangten in sehr energischer Form vor allem Abendbrot, Nachtquartier und Reisegeld.«*[3] In Berlin und in den Städten der Provinz sind Hunderttausende auf den Straßen. Aufgebrachte Arbeiter besetzen Schlüsselstellungen, es kommt zu gewalttätigen Auseinandersetzungen, vereinzelt sogar zu Schießereien.

Ist der revolutionäre Aufstand der Massen zu verhindern? Selbst Regierungsmitglieder und hohe Militärs sehen nur noch eine Möglichkeit: die Abdankung des Kaisers. Doch Wilhelm II., der sich im Hauptquartier der Obersten Heeresleitung im belgischen Spa aufhält, zögert. Ein Ende seiner Regentschaft kann er sich nur schwer vorstellen. Wer soll die Truppen, wer das Reich führen? Aber längst nicht mehr nur radikale Sozialisten fordern ein Ende der Monarchie, und die militärische Lage an der Front macht die politische Situation schier ausweglos. Bei den Beratern Wilhelms setzt sich zögernd die Überzeugung durch, nur wenn der Monarch den Thron verlasse, könne es zum Frieden kommen, nur so sei eine Revolution im Deutschen Reich noch zu verhindern.

In Berlin droht die Situation vollends außer Kontrolle zu geraten. In der Reichskanzlei gehen am Vormittag Nachrichten aus dem belgischen Hauptquartier ein, die eine Abdankung des Kaisers ankündigen. Doch die verbindliche Erklärung des Monarchen will Reichskanzler Max von Baden nicht abwarten, er will retten, was noch zu retten ist. Deshalb entschließt er sich angesichts der explosiven Lage zu einem dramatischen Schritt: Gegen 12 Uhr lässt er über Wolffs Telegraphisches Bureau die Nachricht verbreiten: *»Der Kaiser und König hat sich entschlossen, dem Throne zu entsagen.«*[4]

Zwei Stunden später trifft die offizielle Verlautbarung Wilhelms in Berlin ein. Darin heißt es: *»Um Blutvergießen zu verhindern, sind seine Majestät bereit, als Deutscher Kaiser abzudanken, aber nicht als König von Preußen.«*[5] Doch der Versuch Wilhelms, wenigstens seine preußische Königskrone zu retten, geht im allgemeinen Chaos des Umbruchs unter. Und während die Zeitungen eilig Extra-Blätter drucken, welche die Abdankung des Kaisers verkünden, nutzen die Führer der Arbeiterparteien die Gunst der Stunde. Der SPD-Abgeordnete Philipp Scheidemann ruft von einem Fenster des Reichstages aus in einer improvisierten Rede die Republik aus und will damit einer Rede des Linkssozialisten Karl Liebknecht zuvorkommen. Der verkündet zwei Stunden nach Scheidemann von einem Balkon des Stadtschlosses aus: *»Ich proklamiere die freie sozialistische Republik Deutschland!«* In den Morgenstunden des 10. November reist Wilhelm II. ins holländische Exil. Die Deutschen haben nun keinen Kaiser mehr, die Preußen keinen König und die Brandenburger keinen »Kurfürsten«. Nach mehr als 500 Jahren ist die Herrschaft der Hohenzollern, die einst als Statthalter des deutschen Königs in die Mark gekommen waren, beendet.

Soldaten schließen sich am 9. November 1918 den streikenden und Arbeitern auf den Berliner Straßen an.

In diesen Novembertagen haben sich auch überall in Brandenburg Arbeiter- und Soldatenräte gebildet, zum Beispiel in Eberswalde. Fast alle Betriebe befinden sich hier im Ausstand: das Walzwerk, die chemische Fabrik, die Papierfabrik, die Eisenspalterei, das Kraftwerk, die Brauerei, die Hufnagelfabrik. Tausende Arbeiter versammeln sich an diesem Tag auf dem Marktplatz der Stadt, viele von ihnen tragen die rote Armbinde der Revolution. Auch in Frankfurt/Oder übernimmt ein Arbeiter- und Soldatenrat die Macht. Die wichtigsten Anordnungen, die der Vorsitzende, der Werkzeugmacher Bruno Peters, am 11. November auf der Freitreppe vor dem Rathaus verkündet: Alle Behörden werden dem Arbeiter- und Soldatenrat unterstellt, politische Gefangene freigelassen, Plünderungen streng bestraft sowie Rede-, Presse- und Versammlungsfreiheit gewährt. Außerdem sollen die Soldaten in Zukunft die gleiche Verpflegung erhalten wie die Offiziere und über ihre dienstfreie Zeit frei verfügen können.

Doch die Militanz der brandenburgischen Revolutionäre hält sich spürbar in Grenzen. Während in Berlin Sozialisten und Sozialdemokraten erbittert darüber streiten, ob in Deutschland eine »Rätemacht« nach bolschewistischem Vorbild oder eine parlamentarische Republik errichtet werden solle, gehen die Parteiführer und Räte in der Provinz zumeist pragmatischer vor. Ihr vorrangiges Ziel: die Aufrechterhaltung der Ordnung und die Versorgung der Bevölkerung. So verkünden beispielsweise Plakate in Jüterbog: »*Diebstahl und Plünderung von Staats- und Privateigentum wird standrechtlich verfolgt!*«[7] Fast überall bleiben die Landräte, Bürgermeister und Vorsteher im Amt. »*Keine Übernahme von Ämtern, die wir nicht leisten können!*«,[8] erklärt Albert Baumeister, SPD-Funktionär und brandenburgischer Räteführer. Viele märkische Revolutionäre begnügen sich mit den bislang erreichten Zielen. Der Kaiser hat abgedankt, der Krieg ist vorbei. Und in den Eberswalder Ardelt-Werken gilt für einige Zeit sogar die 46-Stunden-Woche.

Auf dem platten Land hat es die Revolution ohnehin schwerer als in der Arbeiterhochburg Berlin. Ein Dorf ohne die hohen Herrschaften? Das können sich die meisten Landbewohner kaum vorstellen. Im kleinen Ort Paretz zum Beispiel macht sich die Revolution zunächst nur durch eine einsame rote Fahne bemerkbar, die für kurze Zeit am Eingang des Schlosses gehisst wird, das Prinz Heinrich von Preußen, dem Bruder des Kaisers, gehört.

Zwar hat die sozialdemokratisch geführte Revolutionsregierung zur Bildung von Bauernräten aufgerufen, doch das Echo ist eher verhalten. In vielen Orten Brandenburgs formieren sie sich, aber sie erobern keine Machtpositionen. Mancherorts geraten sie sogar unter den Einfluss von Großgrundbesitzern, wie etwa im Landkreis Cottbus, wo ein Rittergutsbesitzer die Bildung und Leitung des örtlichen Bauernrates übernimmt und sofort den Gemeindevertretern und dem Landrat das Vertrauen ausspricht. Im Dorf Paretz bei Potsdam kümmert sich der neue Arbeiter- und Bauernrat zunächst um die handfesten Nöte der armen Leute:

»Am 11. November schaltete ich frühmorgens den Hebel am Hauptschalter des Werkes aus. In der gesamten Granatendreherei waren die Maschinen stillgelegt (...) Innerhalb weniger Minuten kamen die Arbeiter zusammen, sie versammelten sich im Wohlfahrtsraum des Werkes, und einer der Betriebsinhaber, Robert Ardelt, schlug vor, Beschwerden über die Meister entgegenzunehmen. Nach der Versammlung gingen die Arbeiter vor das Werkstor, um zur Stadt zu marschieren.«[6]

Bericht eines Arbeiters der Eberswalder Ardelt-Werke

Die Berliner erwarten die zurückkehrenden geschlagenen deutschen Truppen im Dezember 1918.

»Am Bußtag 1918 wurde hier ein Bauern- und Landarbeiterrat gegründet. Es wurden folgende Männer gewählt: Königlicher Oberamtmann Petri, Bauer Schröder, Lehrer Henry, Zimmermann Heubeck, Kaufmann Feuerstack sowie die Arbeiter Krüger und Liborius. Auf Antrag dieses Arbeiterrates wurden durch das Hofmarschallamt Kiel jeder Paretzer Familie 2 Meter Holz geliefert zu einem billigen Preise. Auch hatten wir den Förster um Rehfleisch gebeten, und bald wurde auch für die ärmere Bevölkerung ein Reh zerteilt und verkauft.«[9]

Zu Enteignungen und Übergriffen gegen die Junker kommt es nur äußerst selten. Eine der wenigen Ausnahmen: In Trebbin zieht der Arbeiter- und Bauernrat den Besitz des Großgrundbesitzers ein, muss diesen Schritt aber bereits wenige Wochen später auf Weisung höherer Stellen wieder rückgängig machen. Die Revolution bleibt auf halbem Wege stecken. Die Märker, so zeigt sich wieder einmal, sind keine geborenen Revolutionäre.

In den Kasernen und Militärlagern Zossen, Dallgow-Döberitz und Potsdam haben sich unterdessen die von der Westfront zurückgekehrten Truppen gesammelt. Auf den riesigen Übungsplätzen hatten sie vor dem Krieg im märkischen Sand für Kaiser und Vaterland exerziert, nun warten sie frierend auf ihre letzten Befehle. Die Listen mit den Namen derer, die nicht aus dem Krieg heimkehren, sind lang. Ab Mitte Dezember ziehen Tausende von zerlumpten und ausgehungerten Soldaten durch das Brandenburger Tor in die Hauptstadt ein. Wer soll ihnen Arbeit und Brot geben? Wem werden sie in der Not gehorchen? Das Elend auf den Straßen wird immer erdrückender. Unzufriedene Soldaten, aufgewiegelt von militanten Offizieren und monarchistischen Politikern, gründen Freikorps und marodieren durch Berlin und das Umland. Sogar am Heiligen Abend kommt es zu Schießereien.

In der Hauptstadt eskalieren die politischen Auseinandersetzungen zwischen den linken Parteien und Organisationen über den Fortgang des revolutionären Umbruchs. Die Anhänger des radikalen Spartakusbundes,

»Ich hatte mich zur Wahl in den Arbeiter-Bauernrat aus bestimmten Gründen gedrängt. Ich ahnte nicht sehr viel Gutes von dieser russischen Einrichtung, und meine Ahnung hatte mich auch in einem Fall nicht getäuscht. In einer Sitzung in meiner Wohnung kamen die Vertreter der Arbeiterschaft auf den Gedanken, armen Leuten durch Abschlagen unserer schönen alten Bäume im Park Brennholz zu verschaffen. Dem Amtmann Petri und mir gelang es, nach hartnäckigem Kampf, dies wirklich zu verhindern. Wir hätten sonst später wohl nichts mehr von unserem schönen Park gehabt, aber spätere Zeit wird zeigen, wie recht wir damals gehandelt haben.«[10]

Bericht des Paretzer Lehrers Fritz Henry

viele Rätevertreter und Mitglieder der linksorientierten USPD fordern die Räterepublik. Die russischen Bolschewiken haben gezeigt, wie man eine Revolution macht. Die gemäßigte SPD mit Ebert an der Spitze, der dem Rat der Volksbeauftragten, der provisorischen Regierung, vorsitzt, wollen demokratische Wahlen für eine verfassungsgebende Nationalversammlung.

Alle Macht den Räten oder eine parlamentarische Demokratie, ist die entscheidende Frage. Eberts Sozialdemokraten haben nicht die Absicht, die Macht, die sie in den Händen halten, wieder herzugeben. Deshalb gehen sie sogar den Pakt mit rechten Politikern ein und treffen Vereinbarungen mit der Militärführung. Doch die Linkssozialisten wollen sich nicht so schnell geschlagen geben. Noch immer hoffen sie, die Revolution bis zur Errichtung einer sozialistischen Volksrepublik vorantreiben zu können.

Ende Dezember 1918 gründen der Spartakusbund und andere linksradikale Gruppen die Kommunistische Partei Deutschlands (KPD). Auch in einigen märkischen Städten bilden sich schnell Ortsgruppen, die zeitweise in der Illegalität arbeiten müssen. Unter Führung von Karl Liebknecht und Rosa Luxemburg ruft die neue Partei auf zur Weltrevolution des Proletariats: »*Sozialismus oder Untergang in der Barbarei!*« Der »Bruderkampf« der Arbeiterparteien droht, die junge Republik zu zerreißen.

Demokratie ohne Demokraten

Bis der Grundsatz der Französischen Revolution »*Alle Menschen sind gleich!*« auch im Deutschen Reich wahr geworden ist, hat es 130 Jahre gedauert. Am 19. Januar 1919 dürfen die Brandenburger und die Berliner zum ersten Mal in der Geschichte in allgemeinen, freien und geheimen Wahlen eine Volksvertretung bestimmen. Auch Frauen sind nun endlich wahlberechtigt. Doch die Freude über die neuen Grundrechte hält sich in Grenzen, zu groß ist die Not überall. Aus der Abstimmung zur Nationalversammlung, die von der neu gegründeten KPD boykottiert wird, gehen die Sozialdemokraten und die bürgerlichen Parteien als stärkste Kräfte hervor.

Das Parlament, das der neuen Republik eine Verfassung geben soll, tritt zwei Wochen später in Weimar zusammen – nicht in der Hauptstadt, denn dort ist die Lage viel zu unsicher. Es herrscht Bürgerkrieg, die Kommunisten haben zum Aufstand aufgerufen. In den Straßen im Zentrum, vor allem im Zeitungsviertel und rings um den Reichstag kommt es zu wüsten Schießereien. Die Fronten sind unklar, die Lage vollkommen unübersichtlich. Die provisorische Regierung versucht mithilfe von Reichswehreinheiten, den »Spartakusaufstand«, an dem sich vor allem kommunistische Arbeiter und Soldaten beteiligen, niederzuschlagen. Am 15. Januar werden die KPD-Führer Karl Liebknecht und Rosa Luxemburg durch Mitglieder einer Gardedivision brutal ermordet. Die Leiche der kämpferischen KPD-Streiterin wird in den Landwehrkanal geworfen. »*Schlagt ihre Führer tot!*«, hatte ein Flugblatt rechter »Frontsoldaten« gefordert.

In Brandenburg hungern die Menschen in den Monaten nach Kriegsende. Wieder ein Kohlrübenwinter. Erneut kommt es zu Unruhen, die Versorgung bricht vielerorts zusammen. Die vom Krieg ausgezehrte Mark kann ihre Bewohner nicht mehr ernähren. Schuld war vorher der Kaiser, nun ist es die Regierung in Berlin, meinen die kleinen Leute. Der neuen Republik fehlt von Anfang an die Unterstützung aller Bevölkerungsgruppen.

Im März 1920 putschen rechtsextreme Kräfte unter Führung des ostpreußischen Beamten Wolfgang Kapp. Unterstützung erhalten sie von vielen Einheiten, die in den märkischen Kasernen rings um Berlin stationiert sind. Für kurze Zeit sieht es so aus, als könnten die reaktionären Verschwörer die Regierung stürzen, doch in dieser Situation halten die Arbeiterparteien trotz tiefer Spaltung zusammen. Generalstreik! An mehreren Orten in Berlin und Brandenburg kommt es zu blutigen Zusammenstößen zwischen rechtem Militär und streikender Bevölkerung. In Eberswalde erschießt ein Kapp-Trupp aus der Garnison Küstrin, der das »rote Finowtal« unter die Kontrolle der Putschisten bringen soll, zwei Arbeiter. Auch im benachbarten Dorf Lichterfelde kommt es zu Schießereien zwischen rechten Freikorps und linker Arbeiterwehr mit Toten und Verletzten.

Der Putschversuch scheitert, doch die Unruhe hält an, Proteste und Streiks gehen weiter. Die Reichsregierung, deren Sturz die Streikenden gerade verhindert haben, will mit Gewalt Ruhe schaffen. Den Oberbefehl in Berlin und der Provinz hat der sozialdemo-

Die Volksbeauftragten Otto Landsberg, Philipp Scheidemann, Gustav Noske, Friedrich Ebert und Rudolf Wissell im Dezember 1918

kratische Reichswehrminister Noske, er gibt den Befehl zu brutalen Einsätzen der Reichswehr, daran beteiligt sind auch Einheiten, die kurz zuvor noch beim Umsturzversuch dabei waren. Wieder gibt es viele Tote – in Brandenburg, Hennigsdorf und Cottbus. »*Noske, der Bluthund!*«, heißt es fortan bei den Kommunisten in Berlin und der Mark. Trotz des massiven Vorgehens der Reichsregierung und des Militärs reißt die Kette von Aufständen und Unruhen nicht ab.

Für die Unterschichten haben sich die Erwartungen, die mit der Revolution im November 1918 verbunden gewesen waren, nicht erfüllt. Besonders in der Landwirtschaft sind die Verhältnisse fast unverändert, zu einer Enteignung der Großgrundbesitzer und Großbauern ist es nicht gekommen. Die meisten Orte hat die Revolution nicht erreicht. Die kleinen Bauern und Tagelöhner haben weiterhin mit bedrückenden Lebensbedingungen zu kämpfen – Schwerstarbeit, niedrige Einkommen, schmale Deputate (Lebensmittelzuteilungen), Wohnen in Lehmkaten oder Landarbeitersiedlungen, ohne Wasser und Strom mit offener Feuerstelle, Schlafen auf Strohsäcken. Aber trotz aller Not – eine blutige Revolution will die brandenburgische Landbevölkerung nicht.

Rosa Luxemburg wird im Januar 1919 von rechten Soldaten ermordet.

Gerade in den ländlichen Regionen der Provinz formieren sich allerdings die rechten Gegner der Republik. Der brandenburgische Landbund, der von konservativen Gutsbesitzern und Großbauern dominiert wird, gibt die Parole aus: »*Gegen links – für die große Rechte*«. Führer dieser nationalistisch-konservativen Vereinigung schlagen immer lauter nicht nur antidemokratische, sondern auch antisemitische Töne an: Durch die »*jüdisch-sozialistische Mißwirtschaft*« drohe der »*Zusammenbruch des Nährstandes*«,[11] behaupten sie. Immer häufiger organisiert der Landbund Aufmärsche unter der schwarzen Fahne. Sie symbolisiert die Gegnerschaft zur Republik. Am 24. Juni 1922 wird in Berlin Reichsaußenminister Walter Rathenau ermordet. »*Schlagt tot den Walter Rathenau, die gottverdammte Judensau!*« war gegen den auf Ausgleich mit den einstigen Kriegsgegnern bedachten Politiker agitiert worden.

In Potsdam, der Residenzstadt der Hohenzollern, finden regelmäßig Veranstaltungen und Aufmärsche militant-monarchistischer und später auch faschistischer Gruppen statt. Die Teilnehmer, darunter als Ehrengäste stets auch prominente Vertreter des Hauses Hohenzollern und hochdekorierte Generäle, machen keinen Hehl daraus, dass sie den alten Zeiten nachtrauern und der neuen Republik kein langes Leben wünschen. Immer wieder wird der alte Geist Preußens beschworen. In vielen Orten Brandenburgs bilden sich unter dem Deckmantel von Heimatvereinen und Veteranenverbänden militaristische und republikfeindliche Vereinigungen.

Die Zahl der Gegner der neuen Republik ist gerade in der Mark bedrohlich hoch. In

Beim »Spartakusaufstand« kommt es zwischen radikalen Sozialisten und Reichswehreinheiten zu blutigen Straßenkämpfen.

den Rathäusern, Verwaltungen und Gerichten – überall sitzen Beamte, die diesem Staat nur widerwillig dienen und die ein Scheitern der Demokratie herbeisehnen. *»Brandenburg«*, schreibt die sozialdemokratische »Volksstimme«, *»ist die reaktionärste Provinz Preußens«*.[12] Das Weltbild des monarchistisch gesinnten Offiziers, Junkers oder Beamten und das des republikanisch eingestellten Arbeiters oder Kaufmanns erweisen sich als unvereinbar. Die Republik von Weimar, so zeigt sich, ist in der Mark auf Sand gebaut.

Die Metropole schluckt die Mark: die Bildung der Stadtgemeinde Berlin

Angeblich beschreibt der Maler Max Liebermann auswärtigen Gästen den Weg zu seinem Stadthaus scherzhaft so: *»Wenn Sie nach Berlin reinkommen, durch's Brandenburger Tor, dann gleich links.«* Berlin, die Reichshauptstadt, beginnt und endet in den Jahren bis 1920 im Westen quasi unter der Quadriga. Es gibt noch keinen Funkturm und kein Kaufhaus des Westens, auch das Zischen und Pfeifen der S-Bahn im Minutentakt ist noch nicht zu hören. Und betuchte Bürger, die in dieser Zeit über den Kudamm flanieren, bewegen sich streng genommen nicht auf Berliner, sondern auf Charlottenburger Stadtgebiet. Charlottenburg gehört wie Schöneberg, Spandau, Wilmersdorf, Neukölln, Lichtenberg, Köpenick und alle anderen Städte und Gemeinden ringsum verwaltungstechnisch zur Provinz Brandenburg.

Die Sozialdemokraten, in der Hauptstadt und im Land Preußen die stärkste politische Kraft, haben noch in den Wirren der Novemberrevolution eines ihrer wichtigen Ziele postuliert: die Bildung von Groß-Berlin. Die Gründe liegen auf der Hand. Die Stadt platzt aus allen Nähten, die soziale Situation ist in vielen Bereichen katastrophal. Die Menschen leben zu Tausenden unter unwürdigen Bedingungen in Hinterhöfen und Mietskasernen. Die Künstlerin Käthe Kollwitz gestaltet das Elend in Linoleum oder auf Papier. Heinrich Zille nennt die Armenviertel der Hauptstadt ironisch-liebevoll »Milljö«. In den Hunger-

Besonders Kinder leiden unter den sozialen Bedingungen: Demonstrationszug der »Deutschen Kinderhilfe« 1920 in Berlin. Die Transparente zeigen eine Illustration von Käthe Kollwitz.

jahren nach dem Krieg ist die Lage besonders dramatisch. Die Armen haben nicht genug zu essen, es fehlt an Kohlen und Holz für die Öfen, die hygienischen Missstände führen zu Krankheiten und Epidemien. Hunger und Elend locken die bedürftigen Berliner immer wieder vor die Tore der Stadt. Viele fahren zu Hamsterkäufen ins brandenburgische Umland oder sammeln am Stadtrand Brennholz. Bei den märkischen Bauern gibt es selbst in der größten Not etwas zu essen, mag es auch den letzten Groschen kosten.

Berlin, so meinen fortschrittliche Politiker, müsse sich Platz schaffen. Außerdem soll die Infrastruktur der Stadt modernisiert werden: neue Straßen- und Bahnverbindungen, eine bessere Strom- und Energieversorgung. Und so entsteht der ehrgeizige Plan, die umliegenden Städte und Dörfer mit Berlin zu einer riesigen Stadtgemeinde zusammenzuschließen. Die brandenburgischen Orte ringsum verfügen über freie Flächen für den Bau neuer Siedlungen, und sie haben vor allem finanzkräftige Steuerzahler. Denn in den Randgemeinden um die Hauptstadt wohnen in der Regel die Unternehmer und Kaufleute, die mit der Maloche der Berliner Arbeiter ihr Geld verdienen. Eine moderne Stadt und eine gerechtere Verteilung des Steueraufkommens ist die politische Absicht, die hinter der Reform steht.

Im April 1920 beschließt die preußische Landesversammlung mit den Stimmen von Sozialdemokraten und Liberalen das Gesetz über die Bildung einer neuen Stadtgemeinde Berlin, das im Oktober in Kraft tritt. Berlin umfasst nun acht Städte, 59 Landgemeinden, 27 Gutsbezirke mit insgesamt fast vier Millionen Einwohnern auf einer Fläche von rund

900 Quadratkilometern. Die wirtschaftliche und soziale Situation für Brandenburg verändert sich durch diesen politischen Akt mit einem Schlag. Die Provinz verliert von heute auf morgen fast die Hälfte ihrer Einwohner an Berlin. Wohlhabende Städte wie Wilmersdorf oder Köpenick gehen in der neuen Großgemeinde auf, wichtige Fabriken und Großbetriebe befinden sich nun auf Berliner Territorium. Die Provinzialverwaltung muss in der Folgezeit riesige Steuerausfälle verkraften, die erst nach langen politischen Streitigkeiten ausgeglichen werden – Berlin zahlt 1924 rückwirkend mehr als 250 Millionen Mark Entschädigung an die Provinz Brandenburg.

Die politischen Interessen der Randgemeinden sind widersprüchlich. Viele gut gestellte Bürger und konservative Politiker haben sich gegen die Eingemeindung ihrer feinen Wohnorte durch das proletarische Berlin gewehrt, andererseits erwarten Landbesitzer und Gemeindekämmerer hohe Geldeinnahmen durch den angestrebten Verkauf von Bauland an die Stadt Berlin. Das politische Tauziehen hat Monate gedauert. Nun sind plötzlich Potsdam und Frankfurt/Oder die größten Städte der Provinz, und Brandenburg ist sozusagen über Nacht fast wieder ein Agrarland geworden. Mitten in der Mark hat sich ein großstädtischer Koloss breitgemacht. Die Metropole hat große Teile der Mark geschluckt. Infolge des Gesetzes über die Gründung von Groß-Berlin wird auch das Wahlrecht für Brandenburg geändert. Der Provinziallandtag wird nun in gleichen, direkten und allgemeinen Wahlen bestimmt.

Viele Brandenburger beobachten das Wachsen und Wuchern Berlins mit gemischten Gefühlen. Einerseits wirkt für viele die politische und wirtschaftliche Dominanz bedrohlich, das großstädtische Leben abstoßend und verlockend zugleich. Andererseits zeigt sich, dass die Kraft der Metropole auch Vorteile für die Provinz bringen kann. Denn die Mark stellt Arbeitskräfte und Material für die Modernisierung der Millionenstadt. Zwar haben die Provinz und das städtische Zentrum mit der Zeit geradezu gegensätzliche Gestalt angenommen, gleichwohl sind sie untrennbar miteinander verbunden und aufeinander angewiesen. Eine Vernunftehe – für lange Zeit. Aber keine Liebesbeziehung. *»Berlin«*, sagen die Brandenburger, *»ist weit.«*

Goldene Jahre – Hungerjahre

Revolution und Republik haben die Welt in der märkischen Provinz nicht auf den Kopf gestellt. Das Leben ist weitergegangen, fast wie vorher – beschwerlich vor allem. Unter den Folgen des Krieges und den Lasten des Versailler Friedensvertrages leiden vor allem jene, die es ohnehin schwer haben. Ein Bericht des brandenburgischen Provinzialausschusses schildert Anfang der 1920er-Jahre die Situation in den Fürsorgeanstalten: Die Mittagsmahlzeiten bestehen bei anhaltender Kartoffelknappheit aus Kohlrüben, Sauerkraut und Dörrgemüse, Brot ist rar und von schlechter Qualität. Es mangelt an warmer Bekleidung, Kinder erhalten Schürzen und Anzüge aus Papierstoffen. Arzneimittel und Verbandsstoffe fehlen. Es grassieren Ruhr, Tuberkulose und Grippe. In Pflege- und Krankenanstalten beträgt die Zunahme der Todesfälle gegenüber der Vorkriegszeit 100 Prozent.

Weil die Regierung riesige Summen an Kriegsschulden und Reparationen zahlen muss, fehlen Mittel für die Unterstützung der Bauern, die Ankurbelung der Industrieproduktion, den Wohnungsbau und die Modernisierung der Infrastruktur. Der Bau von dringend benötigten Wohnungen kommt nur zögerlich voran. Für den Provinzialausschuss ist in den Jahren nach dem Krieg die

»Unterkunftsfrage, die zur Zeit brennendste in unserem ganzen Wirtschaftsleben«.[13] Weil die Münzreserven durch den Krieg aufgebraucht sind, muss die Stadt Neuruppin in der Druckerei Gustav Kühn Notgeld drucken lassen, um den Zahlungsverkehr aufrechtzuerhalten. Auch die Gemeinden Rathenow und Friesack geben Notgeld heraus, auf den Scheinen der Stadt Frankfurt/Oder steht: *»Not gibt Kraft!«* Im Kreis Ruppin streiken im April 1922 mehr als 2000 Landarbeiter für bessere Löhne und die Anerkennung einer eigenen Gewerkschaft. Die Gutsherren lassen Polizei aufmarschieren. Es kommt zu Handgreiflichkeiten und Verhaftungen. Am Ende gehen die Landarbeiter für ein paar Groschen mehr die Stunde wieder an die Arbeit.

Im Sommer 1923 müssen die Menschen miterleben, wie ihr mühsam erarbeitetes oder erspartes Geld Tag für Tag dramatisch an Wert verliert. Inflation! Die Regierungen haben immer mehr Banknoten in Umlauf gebracht, um die hohen Schuldenlasten und die strengen Reparationsforderungen der Siegermächte zu tragen. Doch das viele Geld hat real keinen Gegenwert. Am 9. Juni 1923 kostet in den Berliner Markthallen ein Ei bereits 800 Mark, ein Kilo Kartoffeln 5000 Mark, ein Pfund Butter 15 000 Mark. Wer soll das bezahlen? In den Monaten der Ruhrkrise eskaliert die Situation. Die konservative Reichsregierung Cuno unterstützt den Widerstand der deutschen Bevölkerung gegen die französische Besatzungsmacht an der Ruhr. Dort stehen alle Räder still, seit französische Truppen einmarschiert sind, um deutsche Kriegsschulden einzutreiben. Die Reichsregierung finanziert den Streik und den Stillstand der Produktion mit zahllosen »ungedeckten Schecks«. Die Rechnung geht nicht auf. Die Inflation treibt das Land in den Ruin.

Im Herbst können die Banknoten gar nicht mehr so schnell gedruckt werden, wie sie an Wert verlieren. Am 1. November 1923 kostet das Pfund Butter sechs Billionen Mark. Die märkischen Bauern, die auf den Märkten der Städte ihre Produkte verkaufen, kommen am Ende mit dem Auszeichnen ihrer Ware nicht mehr nach. Ein Stück Land oder ein Schrebergarten sind Gold wert. Spekulanten jonglieren mit Unsummen von Geld, manch gewiefter Industrieller verdient sich durch geschicktes Taktieren eine goldene Nase. Zu leiden haben vor allem die kleinen Leute, die nichts besitzen außer ein bisschen Geld im Sparstrumpf, das nun nichts mehr wert ist. Und so wird schließlich mit allem gehandelt, was einen wirklichen Tauschwert besitzt – Kohlen, Kartoffeln, Schnapsersatz. In Berlin bilden sich elend lange Schlangen vor den Armenküchen,

Die Städte in Brandenburg müssen in den Jahren nach dem Ersten Weltkrieg Notgeld drucken lassen, um den Zahlungsverkehr aufrechtzuerhalten.

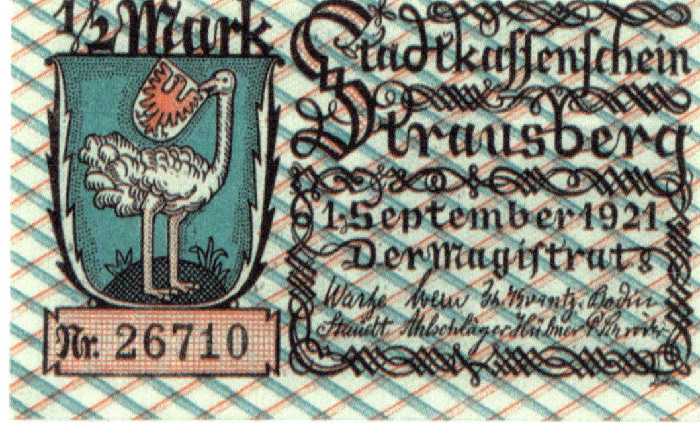

Gubener Hutarbeiterinnen produzieren in den 1920er-Jahren Hüte für die Berliner Gesellschaft.

in Guben streiken die Hutarbeiter für Löhne, mit denen man am nächsten Tag wenigstens noch ein Brot kaufen kann, in Oranienburg kommt es auf dem Höhepunkt der Inflation zu Hungerunruhen.

In diesen Tagen versucht ein Mann, der als Führer der NSDAP seit Jahren lautstark die Zerstörung der Republik fordert, gewaltsam die Regierung zu stürzen: Adolf Hitler. In München inszeniert der militante Antidemokrat einen Putsch, indem er die »Regierung der Novemberverbrecher« kurzerhand für abgesetzt erklärt. Seine Nationalsozialistische Deutsche Arbeiterpartei verzeichnet seit einiger Zeit regen Zulauf, die Schlägertrupps seiner Sturmabteilung, der SA, liefern sich auch in den Städten der Mark Prügeleien mit Kommunisten und Sozialdemokraten. Hitlers Umsturzversuch scheitert am 9. November 1923. Wieder ein 9. November, der zum historischen Datum wird.

Nach dem Inflationsjahr 1923 erholen sich das Land und mit ihm die Provinz Brandenburg langsam. Motor des Aufschwungs ist vor allem die Metropole Berlin, die wie ein Magnet immer stärker all das anzieht, was die Mark zu bieten hat: Kohle und Kartoffeln, Ziegel und Zement, Spielzeug und Spargel, Kräne und Keramik, Steingut und Stahlbleche, Brillen und Briketts, Kinderwagen und Kunstseide, Holz und Hüte, Lederwaren und Lampenglocken, Fahrräder, Feldstecher und Früchte. Die Maschinen in den märkischen Industriebetrieben kommen Mitte der 1920er-Jahre auf Touren. In den Kohlegruben der Lausitz fressen sich die Bagger weiter vor, die neuen Kraftwerke in Finkenheerd an der Oder und Spremberg-Trattendorf in der Niederlausitz brauchen Nahrung, die Hauptstadt und die Provinz brauchen Briketts. Wegen der Versailler Verträge steht die Steinkohle aus Schlesien und dem Ruhr-Revier nicht mehr uneingeschränkt zur Verfügung. Ein Glück ist das für die Lausitz!

In den Städten im Süden der Region werden vor allem Textilien produziert, Tuche und Hüte in Guben, Segeltuch in Cottbus, schwere Stoffe und Garne in Forst, das man das »deutsche Manchester« nennt. Der billige Brennstoff liegt vor der Haustür, unzählige Arbeiterfrauen schuften hier zu Niedriglöhnen. Immerhin können die Frauen in Guben und Luckenwalde behaupten: »*Wir setzen den Berlinern den Hut auf!*« 1927 werden allein in Guben zehn Millionen Stück produziert.

In der Stadt Brandenburg laufen die Schmelzöfen bald auf Hochtouren. Im Hüttenwerk an der Havel, das zum Ende der Kaiserzeit errichtet worden ist, wird tonnenweise Stahl zurückgewonnen. Aus Eisenschrott entstehen in der Fabrik des Flick-Konzerns Bleche. Die Patentwerke Lehmann stellen buntes Blechspielzeug her, und im Großbetrieb Brennabor werden Autos, Kinderwagen und Fahrräder montiert: »*Ein Blech, ein Rohr, und fertig ist der Brennabor!*«, heißt es scherzhaft. In den Stahl- und Walzwerken Hennigsdorf produziert der AEG-Konzern Metallträger für den Hochbau sowie Stahlbleche und Eisenteile für die märkischen Maschinenfabriken in Wildau und Teltow, das Reichsbahnausbesserungswerk in Eberswalde und Potsdam und die Lokomotivfabriken in Hennigsdorf und Nowawes.

Der Potsdamer Platz in Berlin erstrahlt in den 1920er-Jahren im Licht der Großstadt.

Die müde Mark kommt in Bewegung, so scheint es. Bei Seddin wird ein riesiger Rangierbahnhof gebaut, der helfen soll, den ansteigenden Güter- und Warenverkehr zu bewältigen: Fünf Millionen Tonnen laufen jährlich über das Gleissystem südlich von Berlin. Gleich mit errichtet wird der Ort Neu-Seddin, Ende der 1920er-Jahre wohnen hier schon 3000 Menschen. Alles gehört der Reichsbahn, es gibt kein Rathaus, keine Kirche im Ort – nur Schienen und dröhnende Lokomotiven mit ratternden Waggonketten. Auch die Wasserwege werden mit staatlichen Mitteln modernisiert. In Fürstenberg an der Oder entsteht eine neue Schachtschleuse, der Mittellandkanal wird weiter ausgebaut, und 1926 beginnt die Errichtung des Schiffshebewerkes Niederfinow. 1000 Arbeiter sind mehr als acht Jahre bis zur Fertigstellung des technischen Meisterwerkes beschäftigt.

Während sich in Berlin Bauarbeiter unterirdisch durch den märkischen Sand wühlen, um das Netz von U-Bahn und S-Bahn auszubauen, werden auch etliche Strecken zu den Vororten modernisiert und elektrifiziert. Ein Häuschen im Grünen – immer mehr Berliner zieht es ins brandenburgische Umland. In den stadtnahen Gemeinden werden vielerorts neue Siedlungen mit Bahnanschluss gebaut, aus den Dörfern Blankenfelde und Dahlewitz zum Beispiel werden große Vorstadtsiedlungen. 200 000 Menschen pendeln in den 1920er-Jahren täglich zwischen dem Umland und Berlin. Am Rand der Stadt entstehen ganze Viertel neu – wie die Onkel-Tom-Siedlung und Britz. Den Zement liefern in riesigen Mengen die Fabriken des nahegelegenen Rüdersdorf, das Holz stammt zum Beispiel aus dem Fläming, die Ziegel kommen aus dem Raum Zehdenick und aus der Lausitz, zwei Millionen Tonnen im Jahr. Eine zweite Gründerzeit.

Gebaut wird nun nach den Plänen fortschrittlicher, moderner Architekten, deren bekannte Vertreter sich in der Bauhaus-Bewegung zusammengeschlossen haben. Sie wollen Wohnungen mit Strom und fließend Wasser, mit Licht, Luft und Platz für die Kinder. In Neuruppin haben sie ein Beispiel geschaffen: die Gildenhall-Freiland-Siedlung für Handwerker und Künstler, erbaut nach neuesten Vorstellungen. Binnen weniger Jahre ist Berlin nicht wiederzuerkennen. Auf keinem Fleck der Welt wird in dieser Zeit so viel gebaut. Eine Metropole von vier Millionen Einwohnern entsteht – nach New York und London die drittgrößte Stadt der Welt. Wer Zeit hat und Geld, kann nun vor Schaufensterscheiben flanieren und bummeln. Das Kaufhaus des Westens und andere Konsumtempel öffnen ihre Tore.

Die Damen der Gesellschaft tragen Hüte aus Luckenwalde oder Guben, treffen sich im Café Kranzler oder nehmen an einer Modenschau teil. Extravagante Künstler machen auf sich aufmerksam, neue Stilrichtungen setzen sich durch. Betuchte Berliner und Bohémiens treffen sich auf Atelierfesten und Theaterpremieren. Später werden diese Jahre die »Goldenen Zwanziger« genannt, wohl auch, weil die Stadt im Lichte der vielen Straßenlaternen und Leuchtreklamen zu glänzen beginnt. Die Lampenglocken stammen aus Glashütte, auch ein Ort in der Mark, der die Metropole ihren Aufschwung zu verdanken hat. Das Elend der armen Leute allerdings bleibt im Dunkel der Hinterhöfe verborgen. Berlin ist jetzt eine moderne Stadt.

Die Moderne sendet unsichtbare Wellen aus – Radiowellen. In Königs Wusterhausen entsteht Deutschlands größte Rundfunkstation. Von hier aus gehen Nachrichten in alle Welt, und Musik tönt durch den Äther. Am 22. Dezember 1920 überträgt der Sender Königs Wusterhausen ein Weihnachtskonzert, das sogar noch in Sarajevo und Königsberg empfangen wird. Herr Schwarzkopf, der Leiter des Sendehauses, hat zu diesem Zweck ein Harmonium aus dem Ort besorgt und spielt selbst Geige. Dankestelegramme für den gelungenen Vortrag kommen aus ganz Europa.

Das Baumblütenfest in Werder zieht auch Tagestouristen aus Berlin an.

»Wochenend und Sonnenschein«: Mit der S-Bahn oder dem Fahrrad raus vor die Tore der Stadt, das ist zu einer Massenbewegung geworden. Die Brandenburger in den idyllischen Orten der Mark lernen eine neue Zeiterscheinung kennen: den Tagestourismus der Berliner. Zu Tausenden pilgern sie in die Sommerfrische an die Seen der Umgebung, nach Rheinsberg, in die Ruppiner Schweiz oder nach Werder zum berühmten Baumblütenfest. Popularität erlangt in diesen Jahren ein Lied, das der Wanderfreund und Musiker Gustav Büchsenschütz aus Berlin 1923 in der Jugendherberge Wolfslake (Havelland) komponiert und gedichtet hat: »Steige hoch, Du roter Adler!« Heimatgefühle haben in diesen Jahren Hochkonjunktur.

Albert Einstein an Bord seines Segelbootes »Tümmler« auf dem Schwielowsee bei Caputh

Hinaus aufs Land zieht es auch viele stadtmüde Persönlichkeiten des öffentlichen Lebens. Prominente Berliner bauen sich Wochenendhäuser an schönen Flecken der Mark. Ab 1929 bewohnt der Nobelpreisträger Albert Einstein ein Landhaus in Caputh bei Potsdam, wo er bei schönem Wetter an Bord seines Segelbootes »Tümmler« auf dem Schwielowsee umherschippert und über die Weite des Universums philosophiert. Ironie der Geschichte: Einstein, der Denker, kann nicht schwimmen. Drei Sommer verbringt Einstein in Caputh.

In Bad Saarow am Scharmützelsee entsteht eine schicke Villenkolonie, erbaut von Stararchitekten aus Berlin, hierher kommt zum Beispiel der russische Dichter Maxim Gorki 1922 zur Kur. Auf diese Weise erfasst der Duft der Moderne, der von der Metropole ausgeht, die Mark. Und nicht nur der. Auch der weniger wohlriechende Müll der Millionenstadt landet auf dem Land, verscharrt in märkischen Tongruben und Senken weit außerhalb der Stadt.

Vielen brandenburgischen Bauern geht in diesen Jahren endlich ein Licht auf. Die Elektrizität hält Einzug. Die Provinzialverwaltung treibt die Stromversorgung voran, einzelne Land- und Stadtkreise kaufen Aktienanteile bei den Energieunternehmen. Die meisten landwirtschaftlichen Betriebe werden an das Stromnetz angeschlossen, Petroleum- und Karbitlampen haben ausgedient, Häuser und Höfe erhalten Beleuchtung. Gebläse, Pumpen und Elektromotoren erleichtern den Bauern nun vielerorts die harte Arbeit. Neue Maschinen kommen zum Einsatz: Traktoren, die zuverlässig schwere Lasten ziehen können, kräftigere Pfluggeräte und neu entwickelte Mäh- und Dreschmaschinen.

Doch längst nicht alle Landwirte können sich die teure Technik leisten. Während es vielen Gutsbesitzern und Großbauern gelingt, ihre Betriebe zu modernisieren, beackern die meisten Kleinbauern ihre Felder wie eh und je mit Ochsenpflug und Pferdegespann. Besonders mühsam: das Legen und Ernten der Kartoffel, die auf vielen Flächen der Mark (auf rund 20 Prozent) angebaut wird. Wie bei so vielen Arbeiten auf dem Land müssen auch dabei vor allem die Frauen ackern. Mit Kopftuch, Schürze und gebeugtem Rücken knien die Bäuerinnen und Landarbeiterinnen auf dem kargen märkischen Boden.

Die steigende Nachfrage aus Berlin führt dazu, dass insbesondere die Bauern im Umland die Produktion intensivieren: Kartoffeln aus Blumberg und Klosterfelde, Spargel aus Beelitz und Treuenbrietzen, Rübchen aus Teltow, dazu Gemüse aus Frankfurt, Angermünde, Wittenberge und Wittstock, Tabak aus Schwedt, Blumen aus Trebbin, Gänse aus dem Oderbruch sowie Gurken und Meerrettich aus dem Spreewald. Und natürlich: Obst aus Werder. Die Werderaner Obstbauern treideln wie eh und je ihre Kähne in die Hauptstadt, bewältigen unzählige Transporte in der Saison. 75 Prozent des Fleisches und 90 Prozent der Kartoffeln, die in Berlin verspeist werden, kommen aus der Mark.

Bei der Ernte auf den märkischen Feldern helfen Saisonarbeiter aus Polen, rund 20 000 in jedem Jahr. Strenge Inspektoren wachen auf den Gütern über den Einsatz der Erntehelfer, die für ein paar Groschen die Stunde schuften – Frauen und Kinder bekommen noch weniger. Es sind eben doch nicht alle Menschen gleich. Immerhin dürfen die Landarbeiter nun einen Interessenverband gründen, der mit den Großgrundbesitzern die Löhne verhandelt und tariflich festlegt. Zudem bemühen sich Provinzverwaltung und Landwirtschaftskammer, die landwirtschaftliche Ausbildung zu verbessern. Denn nur was der Bauer kennt, baut er auch an. Verschiedene Einrichtungen wie die Gärtnerlehranstalt in Oranienburg, die Obstbauschule in Werder und die Gemüsebaulehranstalt in Lübbenau vermitteln neue Erkenntnisse und moderne Anbaumethoden. In Großbeeren eröffnet Johannes Reinhold 1925 eine Lehranstalt, die sich um die Züchtung neuer Gemüsesorten bemüht. Dem landwirtschaftlichen Forschungsinstitut in Müncheberg gelingt die Züchtung der Süßlupine, einer Futterpflanze, die auf den sandigen Böden der Mark gut gedeiht. Und auf dem Rittergut Petkus züchten Landwirte erfolgreich Rinder und Schweine, bauen Rotklee und Mais an sowie eine neue, märkische Roggensorte, die den Namen des Gutsbesitzers, Ferdinand von Lochow, erhält. Im Februar 1925 sind die Fortschritte in der Landwirtschaft zum ersten Mal auf der »Grünen Woche« in Berlin zu bestaunen. Die Ausstellung wird schnell zum Barometer der wirtschaftlichen Situation der brandenburgischen Bauern.

Doch trotz neuer Technik und modernerer Anbaumethoden bleibt die brandenburgische

Neue Traktoren mit Balkenmäher erleichtern die Arbeit auf dem Feld, wie hier in der Uckermark.

Landwirtschaft krisenanfällig. Die wirtschaftliche Berg- und Talfahrt der Weimarer Zeit schürt die Ängste und Sorgen vieler Bauern. Mit den wechselnden Regierungen in Berlin machen sie nie ihren Frieden. Viele folgen stattdessen den reaktionär gesinnten Führern des Landbundes und den demagogischen Bauernfängern der rechten Parteien. Im Mai 1926 demonstrieren in fast allen Kreisstädten der Mark mehr als 50 000 Bauern unter schwarzen Fahnen gegen die Politik der Regierung in Berlin. Dabei schreien viele immer wieder ein Wort: »*Judenrepublik*«.

Eine märkische Traumfabrik

Die Idee hat ein Militär. Gegen Ende des Ersten Weltkrieges, als fast alle Schlachten bereits geschlagen sind, fordert General Ludendorff, einer der starken Männer im Deutschen Reich, die Bildung eines Filmkonzerns. Er hat erkannt, dass das neue Medium geeignet ist, die Menschen im Sinne der Mächtigen zu beeinflussen. Film als Propaganda-Waffe. Auf Initiative Ludendorffs wird im Jahr 1917 die Universum-Film-AG, eine Interessenvertretung von Militär, Banken und Industrie, gegründet. Zum Sieg kann diese Unternehmung nicht mehr beitragen, dennoch erweist sich das Vorhaben auf die Dauer als großer Erfolg. Die UFA wird zum Motor einer deutschen Filmindustrie, die im Märkischen ihre Kulissen aufbaut.

Die Verfilmung »Faust« von Friedrich Wilhelm Murnau wird in den Babelsberger UFA-Studios gedreht.

Der neue Filmkonzern bietet in den 1920er-Jahren den kreativsten Regisseuren und den großartigsten Darstellern einen einmaligen Spielraum. Als die Universum-Film-Gesellschaft 1921 die Babelsberger Decla-Bioskop übernimmt, erwirbt sie gleichzeitig ein Filmproduktionsgelände mit weit umfangreicheren Möglichkeiten, als es das UFA-Gelände in Berlin-Tempelhof bietet. Bis zur Fertigstellung der berühmten großen Babelsberger Filmhalle 1927 werden die alten UFA-Studios in Berlin noch vorwiegend für die Innen-, das weitläufige Gebiet vor den Toren der Stadt hauptsächlich für Außenaufnahmen genutzt.

Unter Fritz Langs Regie entstehen »Der müde Tod« (1921), »Dr. Mabuse, der Spieler« (1922) und »Die Nibelungen« (1924), Friedrich Wilhelm Murnau dreht hier mit seinem Lieblingsdarsteller Emil Jannings »Der letzte Mann« (1924) und »Faust« (1926). Murnau greift die Überlegung Paul Wegeners auf, der schon 1916 feststellte: »*Der eigentliche Dichter des Films muss die Kamera sein*«, und entwickelt »*einen frei sich im Raume bewegenden Aufnahmeapparat*« – die »*entfesselte Kamera*«. »*Man kann die Geschichte des ›Letzten Mannes‹ in einem Satz erzählen*«, schreibt Murnau in einem Nachwort zu seinem Film, »*aber ich wollte, dass die Gefühle der Hauptperson etwas sein sollten, was mit Worten nicht ausgedrückt werden konnte. Ich wollte, dass die Kamera*

Die Filmstadt Babelsberg aus der Vogelperspektive mit dem Tonkreuz (links) und der großen Halle (Mitte)

Schatten von Gefühlen zeigt, die völlig neu und unerwartet sind.«[14]

1924 ist die UFA zu einer Filmfabrik mit 4000 Beschäftigten herangewachsen. Die Produktion der großen expressionistischen Stummfilme hat auf dem Babelsberger Gelände ihre kuriosen Spuren hinterlassen: »*Von weither, schon vom Eingang herüber, grüßt die Mauer aus den Nibelungen, an welchen die Hunnen emporkletterten, und hinter einem Gebüsch guckt noch der (nun tote) Drache hervor*«,[15] ist in einer Drehortbeschreibung des Filmkuriers 1924 nachzulesen: »*Gehen wir weiter, so sehen wir die gigantische, 60 m hoch als Freibau ausgeführte Hinterhausmauer aus dem ›Letzten Mann‹, die mit ihren zahllosen Fenstern und ihrer unendlichen Monotonie die Großstadt verkörpern soll und Jannings die Folie zu seiner Kunst gegeben hat.*«[16]

Doch die Konkurrenz ist groß, Mitte der 1920er-Jahre drängt die amerikanische Filmindustrie immer stärker auf den deutschen Markt. Im Dezember 1925 unterschreibt die UFA einen Darlehensvertrag mit Paramount/MGM über 16 Millionen Reichsmark. Vergebens: 1927, als Fritz Langs gigantischer Film »Metropolis« ins Kino kommt, der in zweijähriger Drehzeit mit einem Aufwand von fünf Millionen Reichsmark, 36 000 Statisten und 620 000 Metern Film entstand, ist die Universum-Film-AG pleite. Die Unternehmensgruppe des Schwerindustriellen Alfred Hugenberg schluckt die UFA mit dem Ziel, mindestens einen »deutsch-nationalen« Film im Jahr zu drehen.

Ende der 1920er-Jahre erlebt der deutsche Film eine einschneidende Revolution: Der Tonfilm hält Einzug in die schon legendären

Auch in der Provinz Brandenburg hat die SA, Hitlers »Sturmabteilung«, großen Zulauf.

Babelsberger Hallen. Im April 1929 wird der Bau von vier weiteren Ateliers, dem sogenannten »Tonkreuz«, beschlossen und in einer Rekordzeit von nur sechs Monaten fertiggestellt. In diesem Jahr dreht die UFA noch 13 stumme und zwei Tonfilme, 1930 sind bereits alle 19 produzierten Filme mit dem fortan nicht mehr wegzudenkenden Ton ausgestattet. Einer dieser Filme wird Geschichte machen: »Der blaue Engel«, von Sternberg verfilmt, mit Emil Jannings und Marlene Dietrich, die sofort zum Star wird. »*Hier war das Gesicht, was ich gesucht hatte. Mehr noch: Hier war etwas, was ich nicht gesucht hatte, und dieses etwas sagte mir, dass meine Suche beendet war. Ihre Erscheinung war ideal.*«[17] So erinnert sich Sternberg später an seine Entdeckung.

Der Film »Der blaue Engel« wirft in der UFA-Chefetage politische Bedenken auf. Der »Völkische Beobachter« sieht den fertigen Streifen als »*Inkarnation jüdisch-erotischen Denkens*«. Gleich nach der Premiere im Berliner Gloria-Palast am 1. April 1930 folgt Marlene Dietrich ihrem Regisseur, Mentor und Gefährten Sternberg nach Hollywood. Den Filmschaffenden, die in Deutschland bleiben, steht eine alles verändernde, schwere Zeit bevor.

Der Aufstieg der Nazis

Am 9. Oktober 1926 hämmern Hunderte von Schaftstiefeln über das Straßenpflaster der Residenzstadt Potsdam. Dieses Geräusch ist ein durchaus vertrautes, nur die Uniformen wechseln hin und wieder. Diesmal handelt es sich nicht um Reichswehr-Einheiten. Die Männer tragen hellbraune Hemden, dunkle Kappen und weiß-rote Armbinden mit schwarzem Hakenkreuz. Immer häufiger treten sie so auf in der Öffentlichkeit. Hitlers NSDAP hat zur Teilnahme am »1. Nationalsozialistischen Freiheitstag der Mark Brandenburg« aufgerufen. Festredner ist einer der Wortführer der neuen Partei, Joseph Goebbels, ein Rheinländer. Hitler selbst hat im Land Preußen und in der Provinz Brandenburg Redeverbot. Der erste Band seines Buches »Mein Kampf« ist gerade erschienen, geschrieben nach dem gescheiterten Umsturzversuch in der Haft. Es beschreibt unmissverständlich die politischen Ziele des Parteiführers: Zerschlagung der Republik, Bildung einer Großmacht und Verfolgung der Juden.

Das Programm des »1. Märkertages« sieht für das Treffen in Potsdam einen Fackelzug, einen Gottesdienst in der Garnisonkirche, einen Umzug und eine Kundgebung vor. Was nicht erwähnt wird: die geplanten Überfälle der SA-Männer auf das Gewerkschaftshaus und verschiedene Arbeiterfunktionäre. Prügeleien und politische Übergriffe, offene Anfeindungen und Anschläge aller Art gehören in der zerrissenen Republik zum politischen Alltag. Die Schlägertrupps von Hitlers SA erweisen sich als besonders brutal, politische Gegner und jüdische Bürger sind nicht vor ihnen sicher. »*Wenn das Judenblut vom Messer spritzt, geht's uns noch mal so gut!*«, singt die SA. Wüste Parolen, deren Ernsthaftigkeit sich nur wenige vorstellen können. Drei Wochen nach dem »Märkertag« wird Joseph Goebbels zum Gauleiter der NSDAP in Berlin-Brandenburg ernannt – der Anfang einer steilen Karriere. Goebbels gründet die Gauzeitung »Der Angriff«. Der Ton des braunen Kampfblattes ist hetzerisch und militant: schlimmste Beschimpfungen, antisemitische Parolen, republikfeindliche Propaganda. Aber all das ist nur ein Vorgeschmack.

Die Reaktionen der Potsdamer Bürger auf die braunen Umtriebe sind zunächst verhalten. Noch gelten die Nationalsozialisten als unberechenbare Prügelpartei. Bei den letzten Reichstagswahlen 1924 hat die NSDAP im Regierungsbezirk Potsdam allenfalls einen Achtungserfolg erzielt. Deutschnational, ja! Aber nationalsozialistisch? Das Bürgertum in den Städten der Provinz wählt rechts, hält sich aber überwiegend an die ultrakonservative Deutsch-Nationale Volkspartei (DNVP). Hitlers NSDAP hat zunächst Mühe, in der Mark Fuß zu fassen. Die konservativ-monarchistischen Kreise wollen anfangs mit den Nazis nichts zu tun haben, viele Junker und

In Neuruppin verhaften SA-Männer einen Kommunisten. Überall in Brandenburg werden Gegner des NS-Regimes verfolgt und misshandelt.

ARBEITSLOSENZAHLEN IN DER PROVINZ BRANDENBURG

Januar 1924	64 824
Januar 1927	53 054
Dezember 1929	99 193
Oktober 1931	133 776
Februar 1932	237 627

Offiziere schauen auf Hitler, den ehemaligen Gefreiten aus Österreich, herab. Doch es zeigt sich, dass Hitler mit seinen Hasstiraden gegen die Republik und das Judentum viele verunsicherte Menschen in seinen Bann ziehen kann. Insbesondere viele Kleinbürger sympathisieren mit der NSDAP – und viele Bauern, deren Landbundführer ähnliche Töne wie Hitler anschlagen und *»ein Ende der marxistischen Herrschaft«* fordern. Im Februar 1928 veranstalten die »Vaterländischen Verbände« in Frankfurt/Oder eine »Freiheitskundgebung«. Prominenter Gast: Prinz August Wilhelm von Preußen. Er erscheint im »schlichten Braunhemd« der SA. Ein Signal für Nationalisten und Monarchisten. Die Nazis sind salonfähig geworden.

Das Jahr 1929 beginnt unheilvoll. Ein äußerst strenger Winter legt das öffentliche Leben lahm, für einige Wochen müssen gar die Schulen der Provinz geschlossen werden. Am 1. Mai kommt es in Berlin zu blutigen Auseinandersetzungen zwischen Kommunisten und der Polizei: 30 Demonstranten werden erschossen. Die Regierung lässt nach dem Aufruhr den kommunistischen Rotfrontkämpferbund verbieten, die politische Konfrontation verschärft sich deutlich. Dann der 24. Oktober, ein Freitag: An der Wall Street von New York kommt es zum Börsenkrach. Die Kurse stürzen ins Bodenlose, die Finanzmärkte kollabieren, die Folgen sind verheerend. Mit dem »Schwarzen Freitag« beginnt eine wirtschaftliche Krise, die die angeschlagene Republik nicht verkraften kann. Innerhalb kurzer Zeit machen Hunderte von Betrieben in Berlin und der Mark Bankrott. Besonders betroffen: die Lausitzer Textilindustrie. Die Hutproduktion in Guben und Luckenwalde kommt fast vollständig zum Erliegen, in Forst muss die Tuchherstellung um die Hälfte reduziert werden. Die Löhne werden überall herabgesetzt. Dramatischer Einbruch auch in der Metallindustrie mit Pleiten und Massenentlassungen. Keine Fahrräder Marke Brennabor mehr, der Betrieb ist am Ende. Die Arbeitslosenzahlen explodieren. Bereits im Dezember 1929 sind in der Provinz 100 000 Menschen arbeitslos, ein Jahr später doppelt so viele, Anfang 1932 fast 250 000.

ERGEBNISSE DER NSDAP BEI DEN REICHSTAGSWAHLEN

in den Regierungsbezirken Potsdam und Frankfurt/Oder

	Potsdam	Frankfurt/Oder
07.12.1924	3,6 %	1,6 %
20.05.1928	1,6 %	1,1 %
14.09.1930	20,7 %	24,0 %
31.07.1932	42,4 %	48,6 %
06.11.1932	37,5 %	42,6 %
05.03.1933	49,6 %	55,6 %

Der Schriftsteller Hans Fallada schreibt im Märkischen seinen Roman »Kleiner Mann, was nun?«.

In Berlin werden im Februar 1932 mehr als 600 000 Arbeitslose gezählt. Der Staat nimmt wegen der vielen Pleiten immer weniger Steuern ein und muss zugleich immer mehr Mittel für die Fürsorge bereitstellen. Das Land taumelt auf den Abgrund zu.

Bei den Reichstagswahlen im September 1930 stimmen bereits mehr als sechs Millionen Deutsche für die NSDAP, achtmal so viel wie noch zwei Jahre zuvor. Das bedeutet einen Anteil von 18,3 Prozent der Stimmen. Besonders deutlich sind die Erfolge der Nazis in den Städten Potsdam und Frankfurt/Oder, wo ein Viertel der Wähler Hitlers Partei die Stimme gibt, und in einigen ländlichen Regionen, wo die NSDAP gar zur stärksten politischen Kraft geworden ist. Offenbar haben auch zahllose Bauern und Arbeiter diesmal für Hitler gestimmt. Viele Großgrundbesitzer und Bauernführer unterstützen nun ganz offen die Nationalsozialisten und fordern gemeinsam mit der NSDAP den Sturz der SPD-Regierung, die im Freistaat Preußen amtiert.

Die dramatische Talfahrt der Wirtschaft heizt die politische Krisenstimmung weiter an. Die Nazis, ermuntert durch ihre Erfolge, greifen zu immer skrupelloseren Methoden. Sie terrorisieren Gewerkschafter und linke Politiker, provozieren Straßenschlachten und schrecken auch vor Mord nicht zurück. Am 17. Oktober stürmen SA-Leute die Gaststätte Bellevue in Bernau, in der sich KPD-Mitglieder versammelt haben. Obwohl die Nazis Schusswaffen einsetzen, greift die Polizei nicht ein.

Nach diesen Ereignissen gründen Kommunisten den Kampfbund gegen den Faschismus, Gewerkschafter und Sozialdemokraten bilden die Eiserne Front, um den Nationalsozialisten zu begegnen. Doch obwohl KPD (7000 Mitglieder in Brandenburg) und SPD (38 000 Mitglieder in Brandenburg) einen gemeinsamen Gegner haben, kämpfen sie fast nie zusammen. Die Feindschaft der beiden Arbeiterparteien ist unüberwindbar. Die ultrarechten Parteien und Verbände, darunter die DNVP, der Veteranenverein Stahlhelm, der junkerliche Reichslandbund sowie einflussreiche Industrievertreter und ehemalige Militärs schließen sich im Oktober 1931 mit Hitlers NSDAP zur Harzburger Front zusammen. Brandenburgische Bauernführer schwärmen, nun könne der Aufstieg des Vaterlandes beginnen. Auch in Brandenburg wird immer deutlicher: Das Land bricht auseinander.

Anfang 1932 erreicht die wirtschaftliche Krise ihren Höhepunkt. Die Arbeitslosigkeit in der Provinz Brandenburg beträgt 17 Prozent. Die »Arbeiter-Illustrierte-Zeitung« veröffentlicht unter der Überschrift »Höhlenbewohner bei Berlin« einen Artikel über eine märkische Landarbeiterfamilie, die in einem Erdloch hausen muss. Die soziale Lage ist katastrophal, die politische ebenfalls. Der Schriftsteller Hans Fallada veröffentlicht ein Buch, das er im märkischen Neuenhagen geschrieben hat. Es hat den Titel »Kleiner Mann, was nun?« Hauptfigur des Romans ist ein kleiner Angestellter im Berlin der frühen 1930er-Jahre, der in den Wirren der Zeit den Halt verliert: Falladas Held beschreibt seine Lebenssituation so: »*Ordnung und Sauberkeit: Es war einmal. Arbeit und sicheres Brot: Es war einmal. Armut ist nicht nur Elend, Armut ist auch strafwürdig, Armut ist Makel, Armut heißt Verdacht.*«[18] Der kleine Mann aus Falladas Roman steht stellvertretend für eine ganze Schicht, die in der Republik von Weimar für sich keine Zukunft sieht. Bei den Reichstagswahlen im März und im November 1932 gibt mehr als ein Drittel der Brandenburger den Nationalsozialisten die Stimme. Am 30. Januar 1933 wird Adolf Hitler zum Reichskanzler ernannt.

Der Tag von Potsdam

Ein nasskalter Dienstagmorgen, hin und wieder Schneegestöber. Potsdam am 21. März 1933. Die Ämter und Behörden der Stadt haben Schließtag, die Kinder schulfrei. Überall Beflaggung. Im Lustgarten musizieren zwei Militärkapellen, der Rundfunk überträgt das Platzkonzert ins ganze Reich. SA-Kolonnen in braunen Hemden, Reichswehreinheiten in Feldgrau und uniformierte Stahlhelm-Gruppen ziehen zu ihren vorgegebenen Aufmarschplätzen. Gegen halb zehn reißt der Himmel auf. Da stehen bereits viele Tausend Menschen dicht gedrängt an den Straßenrändern. Jede Haustür wird ab zehn Uhr verschlossen, auf den Dächern sind Soldaten mit Karabinern und Maschinengewehren postiert. Das Fotografieren und Werfen von Blumen ist strengstens untersagt. Alles ist professionell organisiert, nichts bleibt dem Zufall überlassen. Auf Weisung der Reichskanzlei soll der neu gewählte Reichstag an diesem Tag zu seiner feierlichen Eröffnungssitzung in Potsdam zusammenkommen. Das Reichstagsgebäude in Berlin ist in der Nacht vom 27. auf den 28. Februar in Flammen aufgegangen. Adolf Hitler, der neue Reichskanzler, hat den Brandanschlag genutzt, um Notverordnungen in Kraft zu setzen, die der Regierung weitreichende Vollmachten geben.

An diesem 21. März läuten um 11.30 für 20 Minuten alle Glocken in Potsdam. Überall Fahnen und Hakenkreuze. Eine beeindruckende Inszenierung. »*Die Nation muss an diesem Tag teilnehmen. Ich arbeite das Projekt bis tief in die Nacht in allen Einzelheiten durch*«, notiert Joseph Goebbels zuvor in sein Tagebuch. »*Bei solchen Staatsfeiern kommt es auf die kleinsten Kleinigkeiten an.*« Hitlers Propagandachef weiß, wie man bei den Menschen Eindruck macht. Die Eröffnung des Reichstages in Potsdam soll aller Welt zeigen, dass sich die Kräfte der alten preußischen Monarchie und die neuen Kräfte der nationalsozialistischen Bewegung zur Gründung eines »Dritten Reiches« verbünden wollen. Für den »alten Geist« steht Generalfeldmarschall von Hindenburg, der Reichspräsident. Er erscheint, hochdekoriert, in Uniform. Für die »neue Bewegung« steht der Führer der NSDAP, Adolf Hitler, Chef der neuen Reichsregierung, am heutigen Tag in schwarzem Frack. Auch das ehemalige Herrscherhaus ist vertreten. Die anwesenden

Der Handschlag von Hindenburg und Hitler am »Tag von Potsdam« verkündet eine unheilvolle Allianz.

Hohenzollern-Prinzen begrüßen Hitler, den neuen Reichskanzler, persönlich. Höhepunkt der Veranstaltung: der Festakt in der Garnisonkirche. Die beiden Sessel, früher für den Kaiser und seine Gemahlin bestimmt, bleiben symbolisch frei. Hindenburg grüßt die leeren Plätze ehrfürchtig mit seinem Marschallstab. Schließlich legt der gebrechliche Reichspräsident an den Särgen Friedrich Wilhelms I. und Friedrichs II. einen Kranz nieder. Was folgt, kommentiert die »Angermünder Zeitung« so: *»Ein inniger Händedruck zwischen dem greisen Feldmarschall und dem jungen Kanzler der nationalen Erhebung besiegelte den Bund.«*[19]

Adolf Hitler muss diesen »Tag von Potsdam« als tiefe Genugtuung empfinden. Die preußisch-monarchistischen Eliten haben ihm symbolisch die Hand gereicht. In seiner Rede verkündet der neue Reichskanzler seinen *»unerschütterlichen Willen, das große Reformwerk der Reorganisation des deutschen Volkes und des Reiches in Angriff zu nehmen und entschlossen durchzuführen«*. Was er darunter versteht, ist in den Wochen seit der »Machtübernahme« deutlich geworden: Willkür, Verhaftungen, Folter, Gewalt und die Einrichtung von sogenannten Konzentrationslagern. Die meisten konservativ-nationalistischen Politiker sind der Auffassung, sie könnten Hitler und die Nationalsozialisten für ihre Zwecke nutzen und der neue Reichskanzler könne sich ohne ihre Hilfe nicht lange an der Macht halten. Eine Fehleinschätzung.

Scheinbar ungerührt nimmt Hitler am »Tag von Potsdam« nach dem Festakt in der Garnisonkirche die Parade von Reichswehr, SA und Stahlhelm ab. Unter den Soldaten, die im preußischen Stechschritt an der Ehrentribüne vorbeimarschieren, befindet sich auch Henning von Tresckow, Offizier im traditionsreichen Potsdamer Infanterie-Regiment 9. Wie viele Offiziere lässt er sich zunächst vom Schein dieser politischen Inszenierung und von der Aufbruchsstimmung in großen Teilen der Bevölkerung blenden und mitreißen. Zehn Jahre später, als Adolf Hitler die Deutschen in den Untergang geführt hat, wird er zum engsten Kreis der Verschwörer des 20. Juli gehören. Das Glockenspiel der Garnisonkirche hat an diesem Märztag des Jahres 1933 einen besonderen Klang: »Üb immer Treu und Redlichkeit«. Es ist der Beginn der »braunen Jahre«.

Kommandos und Kanonen

Die Massen jubeln Hitler zu. Bei den Reichstagswahlen Anfang März 1933 bekommt die NSDAP in der Provinz Brandenburg über die Hälfte aller Stimmen, weit mehr als im Reichsdurchschnitt. In Angermünde, Kyritz, Calau und Crossen und vielen anderen Städten haben rund 60 Prozent der Einwohner die NSDAP gewählt. Hitler und seine Partei erhalten von vielen Brandenburgern Zuspruch, obwohl sie seit der »Machtergreifung« die demokratischen Prinzipien und die Menschenrechte mit Füßen treten. Der staatliche Terror, die Prügelkommandos der SA, die Verbote demokratischer Organisationen und Presseorgane, die Verfolgung von Kommunisten und Sozialdemokraten, die Hetze gegen Juden, die Einrichtung von Lagern und Gefängnissen – all dies bleibt den Bürgern Berlins und der Provinz Brandenburg nicht verborgen. Hitler gelingt es schnell, die konservativen und reaktionären Kräfte, die ihm zur Macht verholfen haben, einzubinden und auf seinen Kurs zu bringen. Sein Ziel: der »Führerstaat«.

Innerhalb weniger Monate werden die wichtigen Funktionen von Staat und Verwaltung mit denen der Partei gleichgeschaltet. Parlamente und Gremien werden aufgelöst, demokratisch gesinnte Verwaltungsbeamte und Juristen entlassen, in alle wichtigen Positionen NSDAP-Mitglieder oder unkritische Technokraten eingesetzt. Die meisten Landräte der Provinz werden ihrer Ämter enthoben und durch Nationalsozialisten ersetzt.

Teilstück des Berliner Rings. Das Autobahnprogramm ist in den Augen des NS-Regimes Motor des Aufschwungs.

Das brandenburgische Landesparlament, der Provinziallandtag, wird »außer Kraft gesetzt«, alle Machtbefugnisse dem NS-geführten Provinzialrat übertragen und der NS-Gauleiter der Kurmark, Wilhelm Kube, zum Oberpräsidenten ernannt. Dieser verfügt nach dem Führerprinzip nun über fast uneingeschränkte Rechte. Eine Mitgliedsnummer der NSDAP kann in dieser Zeit einen steilen Aufstieg ermöglichen. Der SA-Führer von Berlin-Brandenburg, Wolf-Heinrich Graf von Helldorf, zum Beispiel avanciert zum Polizeipräsidenten von Potsdam.

Nach kurzer Zeit haben die Nazis in fast allen Bereichen von Staat und Verwaltung das Kommando übernommen. Anfang 1935 stellt die NSDAP in Brandenburg rund 150 Bürgermeister von Städten und mehr als 3400 Gemeindevorsteher. Die der NS-Partei angegliederten Verbände (Reichsnährstand, Deutsche Arbeitsfront, NS-Wohlfahrt usw.) haben in der Kurmark, wie die Provinz jetzt genannt wird, mehr als eine Million Mitglieder. Bis Kriegsbeginn ist fast jeder Bewohner der Provinz in einer NS-Organisation erfasst – von der Hitlerjugend bis zur NS-Kriegsopferversorgung. Die Brandenburger sind gleichgeschaltet.

Auch die Wirtschaft soll nach den Vorstellungen der Nationalsozialisten funktionieren. Hitler hat versprochen, die soziale Misere in kurzer Zeit zu bewältigen. Erster Schritt: der Bau von Autobahnen. Bereits Ende 1933 legt die NS-Regierung ein gigantisches Arbeitsbeschaffungsprogramm auf. Tausende Brandenburger und Berliner planieren und betonieren als sogenannte Notstandsarbeiter für 21 Reichsmark die Woche den märkischen Sand rings um die Hauptstadt. Der Berliner Ring soll das Herzstück eines neuen Autobahnnetzes werden, das die Region mit Frankfurt, Stettin, Leipzig und Magdeburg verbindet. Bis Kriegsbeginn werden durch den Reichs-

Propaganda für NS-Volkswohlfahrt

MITGLIEDERZAHLEN

... in den der NSDAP angeschlossenen Verbänden in Brandenburg 1935:

Deutsches Frauenwerk	105 373
Reichsschaft der Studierenden	278
Deutsche Arbeitsfront	561 851
Reichsbund der Deutschen Beamten	47 131
NS-Lehrerbund	10 833
Rechtswahrerbund	2012
NS Bund Deutscher Techniker	1639
NS-Ärztebund	316
Reichsnährstand	174 094
NS-Volkswohlfahrt	265 694
NS-Kriegsopferversorgung	51 960
insgesamt:	1 221 181

... in den der NSDAP angeschlossenen Gliederungen 1935:

SA	229 926
SS	164 883
NSKK	11 593
Hitlerjugend	180 197
insgesamt:	586 599

Truppenübung: Angehörige der Wehrmacht beim Überqueren eines Seitenarms der Spree bei Schlepzig, 1935.

arbeitsdienst fast 3000 Kilometer Straße fertiggestellt – das Autobahnprogramm als Motor des Aufschwungs.

In der Tat gelingt es dem NS-Regime, die Zahl der Arbeitslosen innerhalb von anderthalb Jahren zu halbieren. Aber die Statistik ist geschönt. Viele Männer sind nach Einführung der allgemeinen Wehrpflicht zur Wehrmacht eingezogen; Frauen, die nach den Vorstellungen der NS-Ideologie Heim und Familie bewahren sollen, werden nicht mehr mitgezählt. Mit den Betonpisten, die durch die märkischen Wälder geschlagen werden, verbinden viele Brandenburger die Hoffnung auf wirtschaftliche Sicherheit und nationale Stärke. Doch die neuen Straßen führen in eine finstere Zukunft.

Das NS-Regime setzt alles daran, in kurzer Zeit die Industrieproduktion anzukurbeln. Vordergründig geht es darum, die Arbeitslosen in Lohn und Brot zu bringen. Tatsächlich verfolgt Hitler aber ein ganz anderes Ziel: Krieg. Nazi-Deutschland rüstet auf, und davon profitieren gerade viele Betriebe in Brandenburg. Überall in der Mark werden Fabriken auf die Fertigung von Rüstungsgütern umgestellt oder neue Produktionsstätten errichtet. 1934 bauen die Henschel-Flugzeugwerke eine Fabrik in Schönefeld, der Arado-Flugzeugkonzern mit Sitz in Potsdam-Babelswerk eröffnet ein Zweigwerk in Brandenburg, Focke-Wulf baut Jagdflugzeuge in Cottbus, und unter Führung der IG Farben wird das brandenburgische Rüstungsunternehmen BRABAG gegründet. Ab 1935 montiert die Adam Opel AG in der Stadt Brandenburg den Lkw Opel Blitz für die Wehrmacht. Tausende dieser Lastwagen werden mit Kriegsbeginn nach Osten rollen.

1936 erweitern die Auer-Rüstungswerke ihre Produktionsstätte in Oranienburg, auch Heinkel baut am selben Ort ein neues Zweigwerk mit moderner Wohnsiedlung.

In der Genshagener Heide beginnt Daimler-Benz in einem »NS-Musterbetrieb« mit der Serienproduktion von Flugzeugmotoren für die Luftwaffe. Für die »Gefolgschaftsmitglieder«, wie die Werksangehörigen jetzt heißen, werden Hunderte »Volkswohnungen« gebaut, aus dem Dorf Ludwigsfelde entsteht so in kurzer Zeit eine kleine Stadt. In Premnitz lassen Luftwaffe und Wehrmacht Viskose und später Perlon herstellen. Perlon eignet sich hervorragend für Fallschirme. Bald arbeiten 4000 Menschen in dem Betrieb der IG-Farben. Ab 1937 werden in Basdorf bei den Brandenburger Motorenwerken (Bramo) Antriebsmaschinen für die Panzer der Wehrmacht produziert. In Falkensee lässt die Firma Demag Panzerwagen montieren, bei der Julius Pintsch AG in Fürstenwalde werden Torpedos und Unterwasserwaffen hergestellt.

Tatsächlich kommen durch das Anheizen der Rüstungsproduktion viele Menschen in Lohn und Brot. Zu Kriegsbeginn 1939 ist die Region neben dem Ruhrgebiet zur wichtigsten Waffenschmiede des Reiches geworden, fast die Hälfte der Rüstungsproduktion des »Altreiches« ist im Raum Berlin/Brandenburg konzentriert.

1935 wird die allgemeine Wehrpflicht wiedereingeführt. Das NS-Regime ignoriert die Versailler Verträge und will Stärke demonstrieren. Überall in der Mark werden die Militäranlagen verstärkt und neue Kasernen errichtet. Das bedeutet Arbeit und Aufträge für Handwerker und Baufirmen. Die Wehrmacht vergrößert die Standorte in Dallgow-Döberitz, Potsdam, Eiche, Zossen/Wünsdorf, Fürstenwalde, Jüterbog, Neuruppin und Zinna. Neue Regimenter werden aufgestellt und Truppenteile ausgeweitet. Potsdam entwickelt sich zur größten Garnison des Deutschen Reiches. Kiefern und Kasernen – das ist die Mark seit Preußens Zeiten. Bis 1939 sind fast überall in der Provinz Brandenburg Einheiten der Wehrmacht stationiert. Hitler macht die Mark zum Exerzierplatz für den Eroberungskrieg.

Terror und Schrecken

Am 20. April 1933, kurz vor dem »Tag von Potsdam«, meldet SA-Sturmbannführer Werner Schäfer von der SA-Standarte 208, das erste Konzentrationslager in der Provinz Brandenburg sei zur Aufnahme von Häftlingen bereit. Seine SA-Leute haben in Oranienburg in den Kellergewölben der alten Brauerei ein provisorisches Gefängnis eingerichtet, in dem politische Gegner der Nazis in »Schutzhaft« genommen werden sollen. Am 21. April kommen die ersten 40 Häftlinge in das neue »KL«. Rund 3000 werden innerhalb der nächsten 16 Monate folgen.

Wie in Oranienburg haben auch in anderen Orten der Provinz Hitlers »Sturmabteilungen« wilde Lager und Folterstätten eingerichtet, in Börnicke bei Velten, Neuruppin, Sonnenburg, Wittstock, Königs Wusterhausen, Hennigsdorf und Brandenburg. Auf diesen Moment der »Abrechnung« haben die SA-Männer gewartet. Jetzt können sie all jene inhaftieren und drangsalieren, die gegen die neuen Machthaber opponieren: Kommunisten, Sozialdemokraten, Gewerkschafter, kritische Journalisten, Juden. Zu fürchten haben die Männer in den braunen Uniformen, die zu »Hilfspolizisten« ernannt worden sind, dabei nichts: Polizei und Behörden sind in die Rollkommandos eingebunden. Der Terror der braunen Schlägertrupps wird durch die staatlichen Stellen unterstützt. Der Polizeiapparat ist in den Händen der Nazis. Für die Pritschen und Strohsäcke im Lager Oranienburg gibt die Stadtverwaltung der SA einen Kredit.

Zu den Gegnern des NS-Regimes, die bereits in den Monaten nach der »Machtergreifung« in das Lager Oranienburg gesteckt und misshandelt werden, gehören zahlreiche KPD-Funktionäre wie der Thälmann-Vertraute Werner Hirsch und mehrere KPD-Reichstagsabgeordnete sowie prominente SPD-Politiker wie die Reichstagsabgeordneten Ernst Heilmann, Friedrich Ebert und Gerhart Seger. In vielen Orten Brandenburgs lassen NS-treue Landräte, Bürgermeister und Polizeibeamte politische Gegner verhaften. Zu den ersten Opfern gehört Wilhelm Schulz, der Vorsitzende der KPD-Ortsgruppe Oranienburg. Der Landrat von Kyritz lässt 16 KPD-Funktionäre nach Oranienburg bringen, sein Kollege in Jüterbog-Luckenwalde ordnet an, Schulrektor Arnim Münchow, einen Sozialdemokraten, einzusperren. Aus Bernau werden Anfang Mai 43 Personen gebracht, dort ist in der Nacht die rote Fahne gehisst worden. Ebenso trifft es einen Kutscher, der den Hitlergruß verweigert hat. Ein NS-Führer aus Brandenburg/Havel sorgt für die Verhaftung eines Bauern, mit dem er persönlich verfeindet ist. Aus Wolzig (Kreis Beeskow-Storkow) werden 40 jüdische Jugendliche eingeliefert, deren Heim von der SA gewaltsam geräumt worden ist. Der jüdische Prediger Max Abraham aus Rathenow wird im Lager Oranienburg festgehalten. Er hat einen SA-Mann bei der Polizei angezeigt, von dem er brutal überfallen worden war. Die Opfer kommen aus Brandenburg, die Täter ebenso.

Auch der Schriftsteller und Dichter Erich Mühsam, Herausgeber der Zeitung »Kain, Zeitschrift für Menschlichkeit«, kommt nach einer qualvollen Odyssee durch verschiedene

Im KZ Oranienburg werden vor allem Kommunisten und Sozialdemokraten eingesperrt.

Jüdische Bürger der Stadt Brandenburg vor ihrem Abtransport nach Warschau 1942

brandenburgische Folterstätten nach Oranienburg. Mühsam lässt sich trotz Folter und Erniedrigung nicht beugen. Und er kommentiert all das, was ihm widerfährt – mit spitzer Feder und scharfem Verstand. Für die Wachmannschaften wird Mühsam zum »*Widerling, der seine Schnauze nicht halten kann*«. Am 10. Juli 1934 wird er über einer Latrine aufgehängt gefunden. Es soll alles nach Suizid aussehen.

Ihren Hass gegen Juden demonstrieren die Nazis offen und ungeniert. Bereits am 1. April 1933 marschieren SA-Trupps in Berlin und einigen Städten Brandenburgs vor den Geschäften jüdischer Kaufleute auf, schreien Parolen, beschmieren Schaufenster und rufen zum Boykott jüdischer Firmen auf. Jüdische Bürger, die in Brandenburg eine kleine Minderheit sind und nicht mal ein halbes Prozent der Bevölkerung ausmachen, werden beschimpft, geschlagen und terrorisiert. In Zehdenick werden die Schaufenster der jüdischen Geschäfte zerschlagen, in Jüterbog lässt sich der Bürgermeister von allen Bediensteten der Stadt schriftlich bescheinigen, dass sie nicht bei jüdischen Händlern kaufen. Bürgermeister Bergmann will Jüterbog »judenrein« haben. Die meisten Bewohner der kleinen märkischen Städte, die Zeugen dieser Exzesse werden, schauen weg oder trauen sich nicht einzugreifen. Doch nicht wenige zeigen klammheimlich ihre Freude.

Die NS-Propaganda weckt alte Vorurteile in der Bevölkerung, jüdische Bürger werden ausgegrenzt und jeglicher Willkür ausgesetzt. Durch die Nürnberger Rassengesetze verlieren auch die brandenburgischen Juden ihre Grundrechte, Ärzte und Anwälte erhalten Berufsverbot, Künstler dürfen nicht mehr auftreten. Viele verlassen die Provinz, versuchen,

Russische Kriegsgefangene werden zu Tausenden in den märkischen Rüstungsbetrieben eingesetzt.

in der Großstadt Berlin unerkannt zu bleiben, oder gehen ins Ausland. Jüdische Familien verkaufen ihre Häuser, Läden und Betriebe oft zu Spottpreisen an Nachbarn oder an die »arischen« Konkurrenten. Am 9. November 1938 dann gehen Hunderte von Synagogen im ganzen Reich in Flammen auf. In dieser »Reichspogromnacht« werden auch die Synagogen von Potsdam, Brandenburg, Frankfurt/Oder, Eberswalde, Prenzlau und Bad Freienwalde zerstört. In den meisten betroffenen Orten greifen Polizei und Feuerwehr nicht ein.

Auch in Rathenow müssen die Juden der Stadt miterleben, wie am helllichten Tage der Mob den »Judentempel« demoliert. Die Thorarollen, die Gebetbücher und Gewänder werden auf dem Hof aufgeschichtet und in Brand gesteckt, der Thoraschmuck konfisziert. Die Polizei verhaftet statt der Täter einige jüdische Bürger, steckt sie ins Gefängnis und misshandelt sie. Zu Übergriffen kommt es auch in Neuzittau. Über die Vorgänge berichtet der Bürgermeister an den Landrat, er schätze, dass 75 Prozent der Bürger »*mit dem Vorgehen gegen die Juden einverstanden war. Von den restlichen 25 Prozent sind vielleicht nur 5 Prozent judenfreundlich eingestellt, während die anderen 20 Prozent lediglich aus Mitgefühl, weil diese Juden schon seit langer Zeit hier ansässig sind, das Vorgehen bedauerten.*«[20]

Im September 1941 werden die Juden gezwungen, einen Davidstern zu tragen. Öffentliche Verkehrsmittel dürfen sie nur noch auf dem Arbeitsweg benutzen. Das Leben, gerade in den überschaubaren Kleinstädten der Provinz, wird für die Brandenburger Juden unerträglich. Sie sind absoluter Willkür und schlimmsten Erniedrigungen ausgesetzt. Gleichwohl kann sich niemand vorstellen, was die Nazi-Führer bei einer geheimen Konferenz im Januar 1942 beschließen: die systematische Ermordung der Juden in ganz Europa.

Die Provinzbehörden sprechen offiziell von *»Umsiedlungen nach dem Osten«*, in Wahrheit gehen die Transporte zunächst in die Ghettos von Lodz, Warschau, Riga und Theresienstadt, dann nach Auschwitz, Treblinka oder Lublin. Mit Koffern bepackt ziehen die letzten brandenburgischen Juden durch ihre Heimatorte, 1942 durch die Stadt Brandenburg, im April 1943 durch Frankfurt/Oder. Ihr Hab und Gut wird von den NS-Behörden eingezogen.

Auch andere Minderheiten sind dem rassistischen Wahn der Nazis schutzlos ausgeliefert. Von Beginn an gehen das NS-Regime und die zuständigen Behörden der Provinz rücksichtslos gegen die Sorben vor, die seit mehr als tausend Jahren in der Lausitz leben. Bereits 1933 werden zeitweise ihre Zeitungen und Bücher verboten, 1937 ihre kulturellen Einrichtungen geschlossen, ihre Lehrer aus den Schulen versetzt oder entlassen, wird ihre Sprache untersagt. Die NS-Führung will die sorbische Bevölkerung mit aller Macht »eindeutschen«. Offiziell werden die Sorben als »Wenden« bezeichnet, im rassistischen Denken der Nazis – eine Volksgruppe zweiter Klasse. Sorbische Sprecher oder Intellektuelle, die das Vorgehen des NS-Regimes kritisieren, werden bestraft oder eingesperrt, so der Vorsitzende der 1937 verbotenen Sorben-Organisation Domowina, Paul Nedo (sorbisch: Pawol Nedo), und der Jurist Johann Ziesche (Jan Cyz). Die Dichterin Wilhelmine Wittka (Mina Witkojc) wird aus ihrer Heimat im Spreewald ausgewiesen, der sorbisch-katholische Kaplan Alois Andritzki (Alois Andricki) stirbt 1943 im KZ Dachau, die Lehrerin Maria Grollmuß (Marja Grolmusec) 1944 im brandenburgischen KZ Ravensbrück.

Die SS, die seit 1934 den staatlichen Terror organisiert, errichtet im ganzen Reich ein System des Schreckens mit Konzentrationslagern, Außenlagern, Arbeitslagern, Erziehungslagern. Schwerpunkt ist wegen der Nähe zu Berlin die Provinz Brandenburg. 1936 wird im Oranienburger Stadtteil Sachsenhausen nach den Plänen der SS ein riesiges neues Konzentrationslager gebaut: ein dreieckiges Areal, in

Das KZ Sachsenhausen wird 1936 als Modell- und Schulungslager errichtet.

der Mitte der Appellplatz mit dem Galgen. Als Unterkunft für die Wachmannschaften der SS dient zunächst das Oranienburger Schloss. In einem SS-Bericht heißt es: »*Das Schloß, das in den letzten Jahren verschiedenen Behörden usw. als Unterkunft diente, klingt jetzt wider vom Leben und Treiben fröhlicher SS-Männer, die dort ihr Quartier aufgeschlagen haben.*«[21]

Bis Kriegsende werden in den Lagerbaracken, deren Zahl ständig steigt, 200 000 Menschen eingepfercht. Die Hälfte von ihnen überlebt die Qualen nicht. Oranienburg selbst ist eine »Musterstadt der SS«. Das KZ ist neben den großen Rüstungsbetrieben von Auer und Heinkel, in denen Tausende Häftlinge unter schlimmsten Bedingungen schuften müssen, der größte Arbeitgeber im Ort. Die Oranienburger profitieren vom KZ, ihr Alltag wird vom Lager bestimmt.

Außerhalb des Lagergeländes hat die SS eine schmucke Siedlung für ihre Offiziere gebaut, der KZ-Kommandant bewohnt eine Villa gegenüber. Neben den Mannschaftsbaracken und dem Exerzierplatz vor dem Tor befindet sich das sogenannte T-Gebäude, von dem aus die SS mit einem riesigen bürokratischen Apparat alle Konzentrationslager des Reiches verwaltet. Hier befindet sich die logistische Schaltzentrale des Schreckens. Für die Bewachung des Konzentrationslagers ist eine Spezialeinheit der SS, der Totenkopfverband V – Brandenburg, verantwortlich. Die Mitglieder dieser Sondertruppe in schwarzen Uniformen stammen zumeist aus der Provinz und aus Berlin. Sie quälen, peinigen und ermorden eine Vielzahl Menschen.

Nach Ausbruch des Krieges baut die SS ihr System des Schreckens massiv aus. Die größten Konzentrationslager, Sachsenhausen und das Frauen-KZ Ravensbrück, erhalten Dutzende von Außenkommandos und Nebenstellen in den Rüstungsbetrieben. Die Häftlinge müssen in den märkischen Betrieben Waffen produzieren, mit denen Hitler die Welt erobern will. Bei Großbeeren entsteht ein »Arbeitserziehungslager«. Dort muss sich der populäre Ringkämpfer und Kommunist Werner Seelenbinder zu Tode arbeiten. Er stirbt 1944. Die Militärführung lässt an mehreren Orten der Provinz große Lager für Kriegsge-

Ukrainische und russische Zwangsarbeiterinnen müssen in der Landwirtschaft dienen.

Das KZ Ravensbrück ist das größte Konzentrationslager für Frauen.

fangene einrichten, so in Luckenwalde, Fürstenberg und Altredwitz.

Zuerst kommen polnische Soldaten, später Russen, Franzosen, Jugoslawen, Briten und Amerikaner, dazu Tausende von Zwangsarbeitern aus den besetzten Gebieten. Die Verhältnisse in diesen Lagern sind katastrophal und verschlechtern sich im Verlauf des Krieges immer mehr. Am schlechtesten ergeht es den sowjetischen Soldaten, nach den rassistischen Vorstellungen der Nazis gelten sie als besonders minderwertig. Allein in Luckenwalde sterben schätzungsweise 40 000 verschleppte Kriegsgefangene und Zwangsarbeiter durch Hunger, Krankheiten und Erschießungen.

Der systematische Terror des NS-Regimes bleibt den Brandenburgern nicht verborgen. 1943 müssen mehr als 600 000 ausländische Zwangsarbeiter in Brandenburg und Berlin schuften. 1944 sind mehr als die Hälfte der Beschäftigten des Daimler-Benz-Werkes in Genshagen Zwangsarbeiter und Kriegsgefangene. In den Heinkel-Werken Oranienburg arbeiten über 6000 Häftlinge. Tausende inhaftierte Frauen aus dem KZ Ravensbrück montieren in den Kriegsjahren für den Siemens-Konzern Zeitzünder, Feldfernsprecher und Bauteile für die »Wunderwaffe V2«.

Das Leben und Sterben der Deportierten und Häftlinge gehört zum Alltag der Kriegsjahre. Auf den Bauernhöfen der Mark werden Russen, Polen und Franzosen als Helfer eingesetzt. Ihre Behandlung ist höchst unterschiedlich. Es gibt auch märkische Bauern, die ihren Kriegsgefangenen eine Stulle oder ein Stück Leberwurst extra zustecken.

Auch vor dem Mord an den Schwächsten schrecken die Nazis nicht zurück. Ende 1939 beginnt auf Befehl der NS-Führung die geheime »Aktion T4«. Psychisch kranke, geistig behinderte und pflegebedürftige Menschen sollen systematisch ermordet werden. Die Nazis wollen »lebensunwertes Leben« und »unnütze Esser« »ausmerzen«. Ärztekommissionen erfassen im ganzen Reich die Betroffenen, die zuständigen Behörden legen Listen an.

Aus den Heimen und Krankenhäusern von Neuruppin, Wittstock, Jerichow, Eberswalde und Berlin-Buch werden Patienten in das alte Zuchthaus Brandenburg gebracht, das jetzt »Landespflegeanstalt B« heißt. Dort werden die meisten von ihnen vergast oder auf andere Weise ermordet, vermutlich mehr als 10 000 Menschen. Die Verantwortlichen nennen diese Mordaktion in einer perfiden Verkehrung der Wortbedeutung »Euthanasie« – zu Deutsch: der schöne, leichte Tod. Das NS-Regime hat die Mark zu einer Provinz des Terrors gemacht.

Zwischen Mut und Verzweiflung: Widerstand in Brandenburg

Ein großer Teil der Bevölkerung, auch der Brandenburger, hat Hitler an die Macht gebracht. Bei den Wahlen im März 1933 erhält die NSDAP beispielsweise in Frankfurt/Oder mehr als 55 Prozent der Stimmen. Die Nationalsozialisten können sich also rühmen, durch Wahlen legitimiert worden zu sein. Dennoch gibt es viele Menschen, die mit aller Kraft versuchen, Widerstand zu leisten. Nach der »Machtergreifung« ist es für die Gegner des NS-Regimes allerdings unmöglich geworden, ihren Protest öffentlich zu machen und ihren politischen Kampf offen zu organisieren. Die Nazis haben zunächst die KPD, dann die SPD und alle anderen demokratischen Parteien und Institutionen sowie deren Presse verboten. Doch viele linke Politiker und Gewerkschafter versuchen, ihre politische Arbeit illegal fortzusetzen. Zu einem gemeinsamen Handeln finden SPD und KPD nur in seltenen Fällen.

Paul Gerhard Braune, Leiter der Hoffnungsthaler Anstalten, verhindert die Deportation seiner Schützlinge.

Die Mitglieder der SPD gehen nach dem Verbot ihrer Partei dazu über, sich in nach außen hin »unpolitischen« Vereinen und Klubs, vom Kleingartenverein bis zum Mandolinenorchester, zusammenzutun. Dort wird zum Beispiel über die Strategien diskutiert, die der nach Prag geflohene Parteivorstand ausgearbeitet hat. Doch gerade die Sozialdemokraten in den überschaubaren Dörfern und kleinen Städten müssen ständig damit rechnen, von Nachbarn denunziert und von der Gestapo verhaftet zu werden.

Die KPD versucht, ihre straffe Organisationsstruktur in der Illegalität aufrechtzuerhalten. Ihre Mitglieder verteilen Flugblätter, drucken Zeitungen und verteilen Agitationsmaterial aus dem Ausland, insbesondere aus der Sowjetunion. Dabei werden die Weisungen des Zentralkomitees der Partei in Moskau streng befolgt. Arthur Pätzke und seine Genossen drucken in Brandenburg/Havel in einem Versteck die »Rote BZ«. Die Druckmaschine befindet sich in einer Kirche, ein Lehrer, Mitglied der SPD, hat den Nachschlüssel besorgt. Cottbuser Kommunisten drucken und verteilen bis September 1933 die »Rote Fahne«, das »illegale Organ der revolutionären Arbeiter der Niederlausitz«. Unter größter Gefahr versuchen die Kommunisten, untereinander Kontakt zu halten.

Seit der Machtübernahme verfolgen Polizei, SA und Gestapo systematisch linke Politiker, Gewerkschafter und Publizisten. Fast alle bekannten KPD-Funktionäre in Brandenburg werden in »Schutzhaft« genommen und in Lager transportiert. Im Sommer 1933 werden

Zivilcourage: Der Babelsberger Arbeiter Friedrich Gösel (hinten Mitte) unternimmt mit Zwangsarbeiterinnen Ausflüge, obwohl dies streng verboten ist.

25 Funktionäre der illegalen KPD verhaftet und im April 1934 im »Cottbuser Kommunistenprozeß« zu drakonischen Haftstrafen verurteilt. 1936 werden allein im Regierungsbezirk Frankfurt/Oder 293 Personen wegen »kommunistischer Umtriebe« festgenommen und 14 neue Zeitungen beschlagnahmt. Zunächst hoffen die Gegner des Nationalsozialismus, das Hitler-Regime würde sich nicht lange an der Macht halten. Doch diese Hoffnung trügt. Bis 1937 gelingt es dem Regime, fast alle linken Widerstandsgruppen zu zerschlagen. Gleichwohl wird der staatliche Terror gegen politische Gegner und Andersdenkende immer mehr verschärft.

Die rassistische Ideologie und brutale Machtausübung des NS-Regimes stößt auch bei vielen Christen auf Ablehnung und Empörung. In der evangelischen Kirche von Brandenburg und Berlin unterstützt zwar eine Mehrheit, die sich »Deutsche Christen« nennt, die NS-Politik, es gibt aber auch Theologen und Kirchenmitglieder, die deutlich machen, dass sie die Ziele des Nationalsozialismus aus christlichen Motiven verabscheuen. Otto Dibelius, Generalsuperintendent der Kurmark, wendet sich öffentlich gegen die Nazis und wird abgesetzt. Pastor Martin Niemöller aus Berlin-Dahlem gründet 1933 den Pfarrer-Notbund, dessen Mitglieder eine Gleichschaltung von NS-Staat und protestantischer Kirche ablehnen und die antisemitische Politik des NS-Regimes als unchristlich kritisieren. Aus dieser Vereinigung von Theologen entsteht die Bekennende Kirche (BK), eine Bewegung engagierter Christen, die der Hetzpropaganda der Nazis die christlichen Glaubensregeln entgegensetzen.

In zahlreichen Kirchengemeinden Brandenburgs kommt es zwischen den nationalsozialistisch ausgerichteten Deutschen Christen und den Mitgliedern der Bekennenden Kirche zu heftigen Auseinandersetzungen. In Trebbin zum Beispiel wird die Notkapelle, die sich die Bekenntnisgemeinde als Zufluchtsort eingerichtet hat, von Nazis zerstört, in Seelow der Pastor, der zur Bekennenden Kirche gehört, ausgewiesen und später verhaftet. Widerstand von der Kanzel leisten auch Kurt Scharf in Sachsenhausen, Erich Andler in Buckow und Pfarrer Günter Harder in Fehrbellin, der trotz Gehaltsstreichung, Suspendierung, Hausarrest, Verhaftung und Verhören durch die Gestapo über mehrere Jahre gegen die NS-Herrschaft predigt und handelt. Pastor August Froehlich aus Rathenow, der es wagt, bei den Behörden gegen die Misshandlung von Zwangsarbeiterinnen zu protestieren, stirbt 1942 im KZ Dachau.

Henning von Tresckow vom Potsdamer Infanterie-Regiment 9 ist einer der führenden Köpfe des Widerstandes gegen Hitler.

Das Mitteilungsblatt der Bekennenden Kirche berichtet im Jahr 1937: »*Der Druck der polizeilichen Maßnahmen gegen die BK lastet besonders auf der Mark Brandenburg. Von Juni bis heute sind 127 Brüder in dieser Provinz verhaftet, 79 sind noch in Haft.*«[22]

Die Nazis haben es besonders auf Martin Niemöller, den Gründer des oppositionellen Pfarrer-Notbundes und Wortführer der Bekennenden Kirche, abgesehen. 1938 wird er für vier Jahre im KZ Sachsenhausen eingesperrt – als »persönlicher Gefangener« Hitlers.

Widerstand leistet auch Pfarrer Paul Gerhard Braune in Lobetal. Er ist Leiter der Hoffnungsthaler Anstalten. Als er erfährt, dass Kranke aus der Heilanstalt auf Weisung der NS-Behörden verlegt werden sollen, schöpft er Verdacht und schreibt einen Brief an Reichsmarschall Göring: »*Es handelt sich hier um ein bewußt planmäßiges Vorgehen zur Ausmerzung all derer, die geisteskrank oder sonst gemeinschaftsunfähig sind. Es ist untragbar, dass kranke Menschen fortlaufend ohne jeden rechtlichen Schutz aus reiner Zweckmäßigkeit beseitigt werden.*«[23]

Das Schreiben überreicht Pfarrer Braune persönlich in der Reichskanzlei, zwei Wochen später wird er verhaftet. Doch Braunes mutiger Schritt zahlt sich aus: Am Ende wird nicht ein Patient der Hoffnungsthaler Anstalten deportiert. Auch Lothar Kreyssig, Vormundschaftsrichter am Amtsgericht Brandenburg/Havel, protestiert bei den NS-Stellen gegen die geheime Mordaktion: »*Leben ist ein Geheimnis Gottes. Es ist darum eine ungeheuerliche Empörung und Anmaßung des Menschen, Leben beenden zu dürfen, weil er mit seiner beschränkten Vernunft es nicht oder nicht mehr als sinnvoll begreift.*«[24]

Auch andere Menschen in Brandenburg setzen sich couragiert für Grundrechte und für die Menschenwürde ein. Im September 1943 versteckt ein Bürger der Stadt Luckenwalde, Hans Winkler, den aus dem KZ Theresienstadt geflohenen Juden Werner Scharff. Die beiden Männer freunden sich an und gründen gemeinsam mit anderen Luckenwaldern die Gemeinschaft für Frieden und Aufbau. Diese lokale Widerstandsgruppe handelt nicht aus politischen, sondern aus menschlichen Motiven. Zur Gruppe gehören u.a. ein Fleischer, ein Gastwirt, ein Installateur, ein Schuster und ein Friseur. Sie wollen dem Unrecht etwas entgegensetzen, verteilen Flugblätter und helfen Verfolgten. Solche Fälle von Zivilcourage aber bleiben die Ausnahme. Im Herbst 1944 werden die Mitglieder der Gemeinschaft für Frieden und Aufbau nacheinander verhaftet.

Mut und Anstand beweist auch der Babelsberger Friedrich Gösel, der in der Lokomotiven-Fabrik Ohrenstein & Koppel als Dreher arbeitet. Er steckt Zwangsarbeiterinnen Lebensmittel zu und unternimmt mit ihnen trotz größter Gefährdung Ausflüge nach Berlin.

In den letzten Kriegsjahren entschließt sich eine Gruppe von entschiedenen Gegnern des NS-Regimes aus Militär und Verwaltung, die Schreckensherrschaft Hitlers um jeden Preis zu beenden. Die Oppositionellen haben über Jahre hinweg untereinander ein geheimes Verbindungsnetz geknüpft, immer in der Gefahr, von der Gestapo entdeckt zu werden. Unter den Verschwörern, die Hitler mit allen Mitteln stürzen wollen, befinden sich auch 20 Offiziere des traditionsreichen Potsdamer Infanterie-Regimentes 9, das wegen der aristokratischen Gesinnung des Offizierskorps »Graf Neun« genannt wird. Henning von Tresckow, führender Kopf des militärischen Widerstandes, stammt ebenso aus dem IR 9 wie Fritz Dietlof von der Schulenburg und Carl-Hans Graf von Hardenberg-Neuhardenberg, zwei weitere entschiedene Hitler-Gegner aus dem engsten Kreis der Opposition.

An der Front haben viele Wehrmachtsoffiziere, die Hitler zunächst loyal gefolgt waren, erlebt, welche Grausamkeiten in deutschem Namen verübt werden. Die Verschwörer aus dem Potsdamer Elite-Regiment sehen in Hitlers Vernichtungskrieg im Osten ein Verbrechen gegen die Menschlichkeit und einen Verrat am deutschen Volk. Sie sind bereit, den Eid, den sie auf den »Führer« geleistet haben, zu brechen. Ihr Plan: ein Attentat auf Hitler. Die geheimen Treffen der Gruppe finden unter anderem in den Wohnungen Eingeweihter in Potsdam, Düppel und auf dem Schloss der Familie von Hardenberg im Oderbruch-Dorf Neuhardenberg statt. Mehrere Attentatsversuche schlagen zunächst fehl. Dann, am 20. Juli 1944, gelingt es Oberst Graf von Stauffenberg, eine Sprengladung in unmittelbarer Nähe Hitlers im ostpreußischen Hauptquartier des »Führers« zu platzieren. Die Bombe detoniert. Hitler überlebt das Attentat leicht verletzt. Fast alle Beteiligten der Verschwörung werden verhaftet, vor den Volksgerichtshof gezerrt und hingerichtet. Dem unseligen »Geist von Potsdam«, den Hitler kurz nach seiner Machtübernahme beschworen hat, haben die Offiziere des IR 9 und die Beteiligten des 20. Juli eine mutige Tat entgegengesetzt.

Brandenburg im Krieg

Als Ende August 1939 in der Provinz Brandenburg wie im ganzen Reich Lebensmittelkarten ausgegeben werden, haben Gerüchte und Spekulationen die Runde gemacht. Dient diese Maßnahme der Vorbereitung des Krieges? Am 1. September 1939 werden die Vermutungen zur Gewissheit. Die deutsche Wehrmacht überfällt Polen. Ein Großteil der Truppen, die in das Nachbarland einmarschieren, ist auf den märkischen Übungsplätzen ausgebildet worden. Die Aufmarsch- und Schlachtpläne, nach denen die deutschen Armeen vorgehen, entstehen in den militärischen Befehlszentralen und Bunkern der Wehrmacht rings um Berlin, vor allem in Wünsdorf und Zossen. Auch ein Großteil der Waffen, mit denen die Wehrmacht Polen überrollt, sind in brandenburgischen Betrieben hergestellt worden. Brandenburg sei »*der alte Soldatengau des Reiches*«, heißt es im Nazi-Jargon, der aus »*seiner reichen Geschichte wirksame Waffen im Kampf um die Sicherung des deutschen Lebens und der deutschen Kultur*« bereitstelle. Doch Begeisterung für den Krieg kommt nur bei wenigen Menschen auf.

Bis zum Juli 1940 werden mehr als 400 000 Männer aus Brandenburg und Berlin zur Wehrmacht eingezogen. Wenige Wochen später, im August 1940, fallen die ersten Bomben auf Berlin – als Vergeltung für deutsche Luftangriffe auf London. Auch in den Städten und Dörfern der Mark heulen zum ersten Mal im Ernstfall die Sirenen. Der Krieg verändert das Leben der Brandenburger vollständig. Die meisten Männer müssen an die Front, immer häufiger erhalten Mütter und Ehefrauen die Nachrichten vom »Ehrentod« ihrer Söhne und Ehemänner. Die Arbeit in den Betrieben, zusehends auf die Fabrikation von Rüstungsgütern umgestellt, übernehmen immer mehr Frauen und Zwangsarbeiter aus den zahlreichen Konzentrations- und Kriegsgefangenenlagern. In den ersten Kriegsjahren versorgt das NS-Regime die deutsche Bevölkerung auch mit Lebensmitteln und Rohstoffen aus den besetzten Gebieten, ab 1942 wird die Versorgung der Bevölkerung immer schlechter. Wegen der ständigen Bombenangriffe werden Hunderttausende Frauen, Kinder und Greise aus den großen Städten, vor allem aus Berlin und Hamburg, nach Brandenburg evakuiert. 1943 beginnen die Luftflotten der Royal Air Force mit den massiven Flächenbombardements auf Groß-Berlin. Die Alliierten haben die »Schlacht um Berlin« ausgerufen. Betroffen sind auch die Bewohner der Randgebiete und der Provinz Brandenburg.

Gezielt greifen britische und amerikanische Bomberstaffeln in immer wiederkehrenden Wellen die Hauptstadt und die märkischen Industriegebiete an, Ziel sind vor allem die vielen Rüstungsbetriebe in der Mark. Per Erlass werden Anfang 1943 die Schüler der Jahrgänge 1926/27 als Flakhelfer eingesetzt, in Brandenburg wie im ganzen Reich. Sie sollen helfen, die Angriffe der alliierten Bomberverbände abzuwehren. Im Dezember 1943 und im Mai und August 1944 kommt es zu den schwersten Angriffen auf brandenburgische Städte und Fabriken. Betroffen sind vor allem Cottbus, Brandenburg, Erkner, Rathenow, Oranienburg, Schwarzheide, Sorau, Genshagen, Großbeeren, Wittstock, Teltow und Stahnsdorf. In den Berichten des Reichsministers für Rüstungs- und Kriegsproduktion über das Bombardement vom 6. bis 7. August 1944 heißt es:

»*Daimler-Benz, Genshagen: Zahlreiche Werkhallen beschädigt. Zahlreiche Langzeitzünder auf Gelände. Stärkere Personenverluste. Fertigungsausfall noch nicht zu übersehen.*

Arado-Flugzeugwerke, Werk Brandenburg: Südfront des Konstruktionsgebäudes beschädigt. Flugleitungshalle und Werkhalle T schwer beschädigt. Weitere Schäden an anderen Werkhallen.

Adam Opel, Brandenburg: Verwaltungsgebäude zerstört. Eine Werkhalle eingestürzt, übrige *Hallen schwer bzw. leichter beschädigt. Ausländerlager abgebrannt. Fertigungsausfall vorübergehend 100 Prozent. 15 Tote, zahlreiche Verletzte.*«[25]

Über den Bombenangriff auf das Daimler-Benz-Werk Genshagen am 6. August berichtet ein Konstrukteur: »*Gleich vor dem Eingang waren mehrere Bomben eingeschlagen. Hier hatten wohl gerade mehrere Männer die Halle verlassen wollen und waren genau in die Detonationen hineingerannt. Eine nackte und halb zerfetzte Leiche hing in einem Fahrradständer. Eine andere, bis zur Unkenntlichkeit verstümmelte, brennende Leiche lag zwischen den Fahrrädern. Wir begaben uns in die halbzerstörte Halle und drangen bis in den Keller vor. Die Bomben hatten den Keller mit verheerender Wirkung seitlich getroffen. Alles war zerfetzt und mit zentimeterhohem Zementstaub bedeckt. Betonstücke, Eisenteile und andere Hindernisse versperrten uns den Weg. Wir konnten uns nur mit Mühe hindurcharbeiten. Endlich kamen wir wieder ans Tageslicht. Hier war nichts mehr zu machen.«*[26]

Um die Rüstungsproduktion trotz der fortwährenden Bombenangriffe und der Nachschubprobleme aufrechtzuerhalten, fordert ein Erlass des NS-Regimes Ende August 1944 den totalen Kriegseinsatz. Es wird eine Urlaubssperre verhängt, alle zivilen Arbeiter in den brandenburgischen Rüstungsbetrieben müssen 60 Stunden pro Woche arbeiten. Die Brandenburger erleben den »totalen Krieg«, den Propagandaminister Goebbels verkündet hat, mit seiner ganzen Gewalt und Grausamkeit. Selbst Kinder und Greise müssen nun zu den Waffen. Alle Männer zwischen 16 und 60 Jahren werden zum »Volkssturm« einberufen – das letzte Aufgebot. Am 1. September 1944 schließen auf Weisung des Propagandaministers die Kinos, Theater und Varietés in Berlin und Brandenburg. Während in Berlin und Umgebung die Bomben fallen, werden in den Studios der UFA in Babelsberg immer noch Filme gedreht, als einer der letzten »Kolberg«, ein Auftragswerk des Propagandaministers, das den Durchhaltewillen der Bevölkerung stärken soll. Doch die letzten Tage des »Dritten Reiches« sind gezählt.

Am 30. Januar 1945 erreichen sowjetische Truppen die Oder, überschreiten das Eis des

Der Krieg hinterlässt große Teile Brandenburgs als Trümmerlandschaft.

In Babelsberg wird 1943/44 noch der Propagandafilm »Kolberg« gedreht.

Flusses und errichten einen Brückenkopf bei Kienitz. Auf einer Länge von 100 Kilometern steht die Rote Armee am Oderufer. Die gesamte Neumark ist in wenigen Tagen von Stalins Soldaten überrollt worden. Die deutsche Militärführung befiehlt die »Aktion Spitzhacke« und die »Aktion Roter Adler«. »Volkssturm«-Männer müssen mit Spaten und Schaufel bewaffnet Verteidigungsgräben rings um die Reichshauptstadt ausheben und Panzersperren errichten. In diesen Tagen schreibt der junge Soldat Heinz Thomas eine Feldpostkarte an seinen Vater in Potsdam: *»Lieber Vater! Endlich kann ich dir eine Nachricht geben. Mir geht es gut. Wie steht es bei euch? Schreibe bitte recht bald und oft (...) Wenn bloß alles mal ein Ende hätte. Es ist nicht mehr lange auszuhalten. Alles Gute. Dein Sohn Heinz.«*[27] Er kehrt nicht nach Hause zurück.

Am 14. und 15. April 1945 taucht am Himmel über Potsdam, das bislang vom Luftkrieg verschont geblieben ist, eine alliierte Bomberflotte auf. Sie bringt den Untergang. Fast 500 Flugzeuge werfen fast 2000 Tonnen Bomben auf die preußische Garnisonsstadt und legen den historischen Stadtkern in Schutt und Asche. Fast ein Viertel der Häuser wird zerstört oder schwer beschädigt, darunter das Stadtschloss und die Garnisonkirche, in der zwölf Jahre zuvor Hitler den »Geist von Potsdam« beschworen hat. Unversehrt bleibt das Schloss Sanssouci, die Alliierten Bomberpiloten haben den Befehl, den Lieblingsort Friedrichs II. zu verschonen.

»Die Erde bebte. Der Luftdruck der explodierenden Bomben drang bis in den Kellerraum und drückte fürchterlich auf die Ohren. Die Luft im Schutzraum sättigte sich mit Mauerstaub. In dieser Todesangst wurde gebetet, wurde beinahe schreiend der Herrgott angerufen, um Abwendung dieser großen Gefahr. So wie wir in dieser Nacht gebetet haben, hatten wir noch nicht gebeten, wir fühlten uns wie auf einem sinkenden Schiff. Während Bombe auf Bombe einschlug, mein Hut flog mir plötzlich vom Kopfe, ich tastete nach meinem Stahlhelm, da spürte ich doch einen frischen Luftzug, der mir die Gewißheit gab und die Hoffnung, dass wir nicht verschüttet waren.«[28] (Tagebuch des Potsdamers August Burda)

Die letzte Schlacht

In den frühen Morgenstunden des 16. April 1945 erfüllt ein apokalyptisches Blitzen, Donnern und Grollen die Oderniederung zwischen Küstrin und Frankfurt. Geschosse zerpflügen die Äcker, Flugzeuge dröhnen im Tiefflug, Bomben und Granaten explodieren pausenlos. Ein Inferno. Um vier Uhr hat die 1. Belorussische Front unter Marschall Shukow mit der Großoffensive begonnen. Ihr Ziel: die Einnahme der Reichshauptstadt. Die Soldaten der Roten Armee haben den Befehl, die letzten Verteidigungsringe der deutschen Wehrmacht zu sprengen und nach Berlin zu marschieren. Es wird die letzte große Schlacht des Krieges sein, eine der furchtbarsten überhaupt.

Der »Führer«, der sich nur noch in seinem Bunker in Berlin aufhält, hat sein letztes Aufgebot an die Oderfront geschickt. Die Reste der Heeresgruppe Weichsel, die letzten Reserven aus der Reichshauptstadt, SS-Verbände, Volkssturmeinheiten, Polizisten, Invaliden, alte Männer, halbe Kinder. Die meisten Bewohner der Oderdörfer sind geflohen oder evakuiert. Doch der Krieg ist schneller. Seit Wochen geht der Schreckensruf um: »*Die Russen kommen!*« Bei ihrem Vormarsch rächen sich russische Soldaten – oft angeheizt durch sowjetische Propaganda – immer wieder für das, was ihnen die Deutschen angetan haben, mit Plünderungen, Gewalttaten gegen Zivilisten und vor allem mit Vergewaltigungen deutscher Frauen.

Über den Fluss sind Tausende von Flüchtlingen aus der Neumark und den Ostgebieten gekommen. Was sie berichten, nährt die Angst und die Verzweiflung. Ein fanatischer Nazi hat an die Mauer eines Bauernhofes gepinselt: »*Schützt unsere Frauen und Kinder vor den roten Bestien!*« Die Orte östlich der Oder in der Neumark sind bereits von den Einheiten der Roten Armee überrollt. Seit Ende Januar stehen sowjetische und polnische Einheiten in breiter Front am östlichen Flussufer. Küstrin, die preußische Garnisonsstadt, die Hitler zuletzt zur »Festung« ausgerufen hat, ist nach mehrwöchiger Belagerung von den Russen eingenommen worden, oder besser: der Trümmerhaufen, der am Ende von ihr übriggeblieben ist. Brandenburg ist nun das letzte Schlachtfeld des Krieges.

Je aussichtsloser die militärische Lage, umso fanatischer die Aufrufe der NS-Führung. Ein Befehl an das Oberkommando der 9. Armee fordert die »*rücksichtslose Bekämpfung der Feigheit und Drückebergerei, die Ausmerzung von Verrätern und Schwächlingen und eine Form ihrer Brandmarkung, die gleichzeitig als Abschreckung und warnendes Beispiel für andere wirkt.*«[29] Wüste Durchhalteparolen, gnadenlose Kommandos, aberwitzige Befehle.

Der Alte Markt, das historische Zentrum Potsdams, liegt bei Kriegsende in Trümmern.

Doch wer glaubt noch an den Sieg, den der »Führer« immer und immer wieder beschworen hat? Die Männer des Volkssturms, die in den selbst ausgehobenen Gräben an der Oder mit Karabinern versuchen, die Russen aufzuhalten? Die Hitlerjungen, die mit Panzerfäusten bewaffnet Brücken und Straßenkreuzungen halten sollen? Die Frauen, die, mit den letzten Habseligkeiten bepackt, versuchen, die

Nach der Schlacht um die Seelower Höhen ist der Weg frei nach Berlin.

Kinder in Sicherheit zu bringen? Brandenburg und Berlin sind das Machtzentrum des »Dritten Reiches« gewesen. Der Krieg, der von hier ausgegangen ist, kehrt nun mit furchtbarer Grausamkeit zurück.

Die Schlacht auf den Seelower Höhen wird zum mörderischen Gemetzel. In nur wenigen Tagen sterben hier schätzungsweise 33 000 sowjetische und etwa 12 000 deutsche Soldaten. Die meisten Dörfer und kleinen Städte des Oderbruchs werden bei den Kämpfen vollkommen zerstört. Auf dem Höhepunkt der sowjetischen Offensive kämpfen mehr als eine halbe Million Rotarmisten gegen etwa 150 000 deutsche Soldaten. Hitler, der sich längst für den Untergang entschieden hat, schickt seine Soldaten in den Tod. Am 18. und 19. April durchbrechen die Einheiten der 1. Belorussischen Front an mehreren Stellen die deutschen Verteidigungslinien. Der Weg nach Berlin ist frei. Wenig später zielen die sowjetischen Geschütze auf die Vororte der Stadt. Die US-Truppen haben auf Intervention Stalins ihren Vormarsch von Westen her an der Elbe gestoppt. Die Eroberung Brandenburgs und die Einnahme der Reichshauptstadt überlassen die Amerikaner damit der Roten Armee.

Während die sowjetischen und polnischen Truppen bereits die Oder überschritten haben, rollt ein Güterzug der Reichsbahn ziellos durch Brandenburg. In ihm 2500 Häftlinge aus dem Konzentrationslager Bergen-Belsen, die in letzter Minute zur Vernichtung nach Theresienstadt deportiert werden sollen. Ausgehungerte, ausgezehrte, todkranke Menschen, Juden, aus ganz Europa verschleppt. Alte, Männer, Frauen, Kinder, eingepfercht in Viehwaggons. Nach einer tagelangen Irrfahrt stoppt der Todestransport in dem kleinen Ort Tröbitz in der Niederlausitz. Der Lokführer und die Wachmannschaften der SS wissen, dass jeden Moment die Russen da sein können, und nehmen Reißaus Richtung Westen. Den Häftlingen gelingt es, sich aus den Waggons zu befreien. Etwa 200 Menschen sind während des Transportes gestorben; ein Friedhof auf Rädern, sagen die Überlebenden. Endstation Tröbitz: Im Dorf begegnen sich an diesem Tag Einheimische und Opfer des Nazi-Terrors. Für die einen ist es der Zusammenbruch, für die anderen die Befreiung.

Am 23. April erreichen die ersten russischen Soldaten den Ort. Der Krieg in Tröbitz ist zu Ende.

Am 22. April befreien sowjetische Truppen das KZ Sachsenhausen, am Tag zuvor hat die SS noch 30 000 Häftlinge auf einen Todesmarsch durch Nordbrandenburg und Mecklenburg geschickt, bei dem viele der geschundenen Opfer sterben. Wer nicht mehr marschieren kann, wird erschossen. Am 26. und 27. April befreien sich die Gefangenen des berüchtigten Zuchthauses Brandenburg-Görden, kurz darauf treffen auch hier russische Soldaten ein. Etwa zur gleichen Zeit versucht die Leitung des KZ Ravensbrück, in dem seit 1939 mehr als 130 000 Frauen inhaftiert waren, die überlebenden Häftlinge wegzuschaffen. Am 30. April kommen auch hier die Befreier der Roten Armee. Es ist der Tag, an dem sich Adolf Hitler im »Führerbunker« in Berlin das Leben nimmt.

Im Süden Brandenburgs spielt sich in den letzten Kriegstagen eine weitere, sinnlose Tragödie ab. Durch die Vereinigung der 1. Belorussischen Front und der 1. Ukrainischen Front entsteht Ende April ein gewaltiger Kessel. Die sowjetischen Truppen schließen die Reste der deutschen Verbände, etwa 200 000 Soldaten, 2000 Geschütze und 300 Panzer, in den Wäldern bei Märkisch-Buchholz und Halbe ein, mit ihnen ungezählte Zivilisten, Einheimische und Flüchtlinge. »*Gekämpft wird bis zum letzten Mann und bis zur letzten Patrone, mit Fanatismus, Phantasie und Hinterlist!*«, so einer der letzten unsinnigen, mörderischen Befehle. Deserteure und Befehlsverweigerer werden sofort erschossen oder am nächsten Straßenbaum aufgehängt. Zeugen sprechen von »*Alleen der Gehängten*«.

Um eigene Verluste zu vermeiden, bombardiert und beschießt die Rote Armee die eingeschlossenen deutschen Truppenreste gnadenlos. Im Kessel von Halbe spielen sich unbeschreibliche Szenen ab. »*Zivilisten mit weinenden Kindern rannten durch die Straßen, Autos mit Verwundeten aus dem Lazarett fuhren dort kreuz und quer, eine wilde Jagd begann. Die Panik wurde noch größer, als man in eine größere Ansammlung hineingeschossen hatte. Häuser fingen an zu brennen, Fahrzeuge brannten und wir alle hatten uns verloren.*«[30] Diese Zeilen schreibt ein deutscher Soldat in sein Tagebuch. Dem Kessel von Halbe entkommt er nicht.

Am 2. Mai ergeben sich die letzten Einheiten der Wehrmacht, der SS und des Volkssturms der Roten Armee. Um sich der Bestrafung durch die Sieger zu entziehen, entscheiden sich viele örtliche NS-Funktionäre und Hitler-Anhänger für Suizid. Mehr als 130 000 Soldaten marschieren durch das vollkommen zerstörte Berlin und die verwüstete Provinz Brandenburg in sowjetische Kriegsgefangenschaft. Viele von ihnen werden nicht zurückkehren.

Wüste Propaganda an einer Hausmauer im Oderbruch.

Nach dem Mauerfall: DDR-Bürger überqueren am 10. November 1989 die Glienicker Brücke.

BESATZER, BAUERN UND BRIGADEN 1945–1990

Die »Stunde Null«

»Als am 27. April 1945 die Spitzen der Sowjetarmee bis in die unmittelbare Nähe des Zuchthauses (Brandenburg, d. Verf.) vorstießen, kam der Tag unserer Befreiung. Der Zuchthausdirektor und viele Zuchthausbeamte ergriffen die Flucht Richtung Westen. Der Gefangenenausschuß ließ die politischen Häftlinge aus den Zellen, die Waffenkammer wurde geöffnet und das Zuchthaus durch bewaffnete Genossen gesichert. Nach einiger Zeit war auch die Verbindung zu den sowjetischen Truppen hergestellt, die einen Panzer zum Zuchthaus entsandten und somit unsere Befreiung vollendeten.«[1]

Unter den Befreiten sind zwei Kommunisten. Der eine heißt Erich Honecker und wird später das Schicksal Brandenburgs nachhaltig beeinflussen. Der andere heißt Robert Havemann und wird später von Honecker wie ein Staatsfeind behandelt.

Adolf Hitler sind die Brandenburger los, die braune Diktatur auch, die Nazis noch nicht. Immerhin ist jeder 20. Brandenburger Parteigenosse gewesen, jeder zweite hat 1933 die NSDAP gewählt und fast jeder ist Mitglied in einer der NSDAP angeschlossenen Organisation gewesen.

Kriegshandlungen hat es in Brandenburg zuletzt vor über 130 Jahren im Befreiungskrieg gegen Napoleon gegeben. Damals sind die Russen als Verbündete gekommen, diesmal als Gegner. Brandenburg wird zum letzten großen Schlachtfeld des Zweiten Weltkrieges, zu einem schrecklichen Schauplatz der Weltgeschichte. Nirgendwo in Deutschland finden so grauenvolle Schlachten statt wie hier. Als der Krieg am 8. Mai zu Ende ist, sind die Felder und Wälder voller Toter: 30 000 russische und 18 000 deutsche Soldaten bei Seelow, 60 000 Zivilisten und Soldaten bei Halbe. Die Verluste der brandenburgischen Bevölkerung sind durch die Kampfhandlungen und durch die Einberufung des Volkssturms überdurchschnittlich hoch, sie werden auf eine halbe Million geschätzt. Überall zerschossene Panzer, Sturmgeschütze, Kanonen, Flugzeuge. Viele Städte und Dörfer sind zerstört, die Erde aufgerissen von Granaten, Schützengräben, Gefechtsständen; auf den Äckern Bomben, Minen, Munition, Blindgänger, die jederzeit explodieren können. Fast alle Oderbrücken sind zerstört, von der Wehrmacht sinnlos gesprengt. Ein Riss zwischen den Ufern. Und noch ahnt niemand, dass diese Trennung bleiben wird.

Den Brandenburgern fällt es schwer zu begreifen, dass die Toten in den fremden Uniformen auch für sie gefallen sind. Das Wort Befreiung gebraucht niemand, die Rede ist vom Zusammenbruch. Und doch sind die Menschen, auch wenn sie alles verloren haben, vom Faschismus befreit. Es fällt ihnen schwer umzudenken, sich an die Anwesenheit von

Auf dem Alten Markt von Potsdam stehen nach dem Krieg nur noch die Ruinen des Alten Rathauses (links) und der Nikolaikirche, deren Restauration 1954 beginnt.

130 000 russischen Soldaten zu gewöhnen, die fünf Prozent des brandenburgischen Territoriums für ihre Kasernen, Truppenübungsplätze und Flugplätze beanspruchen. Dieser Zustand wird 45 Jahre lang anhalten. Die Sieger haben Rachegefühle, plündern, vergewaltigen, rauben. Wolfgang Leonhard, der zu den ersten Deutschen gehört, die mit der Gruppe Ulbricht aus Moskau kommen, schildert das Gespräch mit einer Frau: »›*Sie müssen sich vorstellen, als die Russen hier einzogen‹ (...) Dann begannen ihre Schilderungen. Schilderungen, wie ich sie in den nächsten Tagen und Wochen zu Dutzenden und zu Hunderten in allen Variationen und Abwandlungen immer und immer wieder hören sollte (...) und als sie von Vergewaltigungen zu sprechen begannen, lief es mir kalt über den Rücken.*«[2]

Aus den Besatzern werden verordnete Freunde, die von den Brandenburgern mit Schuld- und Angstgefühlen akzeptiert werden müssen. »*Die Sowjetunion, dein Vorbild*«, »*Von der Sowjetunion lernen heißt siegen lernen*«. Solche Parolen gelten auch dann noch, als die Gedichte über Stalin, »den größten Sohn der Menschheit«, aus den Schulbüchern getilgt werden.

Aber zunächst ist Stalin einer der Repräsentanten der Siegermächte, die die alte preußische Residenz Potsdam und nicht Berlin als Tagungsort gewählt haben, um darüber zu entscheiden, was mit dem, was von Deutschland übriggeblieben ist, geschehen soll. Im Schloss Cecilienhof wird Ende Juli 1945 die neue Landkarte Europas festgelegt. Schicksalstage und -entscheidungen auch für viele

Brandenburger. Der amerikanische Präsident Truman, der schon den Befehl zum Einsatz der Atombombe vorbereitet hat, fordert ein demokratisches Deutschland nach amerikanischem Muster. Die Siegermächte einigen sich auf einen Minimalkonsens, auf ein Deutschland mit politischen Reformen ohne Soldaten und »preußischen Geist«. Stalin will die polnischen Ostgebiete. Er bekommt sie. Deutschland muss dafür das Land jenseits von Oder und Neiße abtreten. Damit verliert Brandenburg rund ein Drittel seiner Staatsfläche und hat Ende 1945 ungefähr wieder die Größe wie 700 Jahre zuvor. Das Land endet nun an der Oder. Küstrin, dem Erdboden gleichgemacht, heißt nun Kostrzyn, Landsberg Gorzow und Königsberg Chojna. Die deutsche Bevölkerung jenseits der Oder wird vertrieben und überflutet Brandenburg.

Neubeginn

Die Regierungsgewalt liegt in den Händen der Sowjetischen Militäradministration in Deutschland, SMAD. In Bernau wird ein 19-Jähriger Stadtkommandant. Er heißt Konrad Wolf, ist Leutnant der Roten Armee, Sohn des in die Sowjetunion emigrierten Dramatikers Friedrich Wolf. Später wird er den Film »Ich war neunzehn« über diese Zeit drehen. Die roten Fahnen, die die Bernauer aus den Fenstern hängen, haben in der Mitte, wo das Hakenkreuzemblem saß, einen dunklen Kreis. Die NSDAP wird sofort verboten, Nazis werden aus wichtigen Positionen entfernt. Aber auch die KPD ist noch nicht legal. Die von ihr gegründeten Büros müssen aufgelöst und die roten Fahnen entfernt werden. Erst mit dem Befehl Nr. 2 der SMAD vom 10. Juni 1945 werden antifaschistisch-demokratische Parteien wieder zugelassen. Ganz im Sinne der Potsdamer Beschlüsse wird auch die Neugründung

Nach der Potsdamer Konferenz verliert Brandenburg ein Drittel seines Territoriums. Von links: Clement Attlee, Harry Truman, Josef Stalin.

von Parteien angeregt. Nicht nur kommunistische, auch christliche und liberale Politik ist vorerst erwünscht.

Die erste deutsche Verwaltung Brandenburgs leitet ein Leipziger Tischler namens Walter Ulbricht. Er ist mit einer Gruppe deutscher Kommunisten, aus Moskau kommend, bereits am 30. April 1945 mit einer sowjetischen Militärmaschine in Küstrin gelandet. Als eine Art Findungskommission erarbeiten sie im Lokal Jägerheim in Bruchmühle bei Strausberg im Auftrag der SMAD Personalvorschläge für eine Provinzialverwaltung. Weisungsgemäß sollen daran alle Parteien beteiligt und ehemalige Nazis ausgeschlossen sein. Indem die SMAD in der gesamten sowjetischen Besatzungszone (SBZ) 520 000 Personen aus öffentlichen Ämtern und Leitungspositionen entfernt, schafft sie eine gründliche Entnazifizierung des Landes. Nicht alle befreiten Konzentrationslager werden jedoch aufgelöst; die Lager Fürstenwalde (Ketschendorf), Sachsenhausen, Jamlitz, Mühlberg, Frankfurt/Oder, Lieberose, Weesow dienen nun als sowjetische Straflager, in denen – offiziell – NS-Verbrecher interniert sind. Unter den oft willkürlich Verhafteten sind aber auch schuldlose Zivilisten, Sozialdemokraten, Demokraten, ja sogar Antifaschisten. Viele von ihnen überleben die Torturen nicht. Sowjetische Archivdokumente belegen, dass in den genannten Lagern (bezogen auf insgesamt zehn Lager in der gesamten SBZ, d. Verf.) in der Zeit ihres Bestehens von 1945 bis 1950 122 671 Deutsche eingesessen haben, von denen 45 262 wieder auf freien Fuß gesetzt worden sind. 14 202 Häftlinge werden dem Ministerium des Inneren der DDR übergeben, 12 770 Personen in die UdSSR gebracht, 6680 Personen in Kriegsgefangenenlager überführt. 212 Häftlinge sind geflüchtet. In der gesamten Zeit sind nach vorhandenen Angaben 42 889 Personen infolge von Krankheit verstorben, vor allem in den Jahren 1945 bis 1947. Durch das Militärgericht wurden 756 Personen zum Tode verurteilt.

Die Verteilung von Lebensmitteln ist in den ersten Tagen des Friedens nicht nur ein propagandistisches Problem.

Karl Steinhoff, ein gebürtiger Westfale, ehemaliger Regierungsbeamter in Ostpreußen, den die Nazis 1933 aus dem Amt entfernt haben, wird mit der Bildung einer brandenburgischen Provinzialverwaltung beauftragt. Deren Präsidium gehören neben Steinhoff, der den Status eines Ministerpräsidenten hat, zwei SPD-, zwei CDU- und drei KPD-Mitglieder an. Ulbricht ist nicht dabei, auf ihn warten höhere Aufgaben. Die Provinzialverwaltung der Mark Brandenburg nimmt Anfang Juli ihre Arbeit in Potsdam auf.

SMAD und Provinzialverwaltung haben eine schwierige Aufgabe. Kein Strom, kein Wasser, kaum Nahrungsmittel. Der Krieg hat große Teile der Ernte, des Viehbestandes,

Sowjetische Soldaten verteilen Brot an die hungernde Bevölkerung.

des Saatguts vernichtet. Die Brandenburger hungern. Strenge Auflagen verpflichten die Bauern zu Abgaben, dennoch fahren Tag für Tag die Städter aufs Land und hamstern. Die ersten Lebensmittelkarten nach dem Krieg werden am 1. Oktober 1945 in Brandenburg eingeführt und sollen die Verteilung des Mangels regulieren. Als Reaktion darauf entsteht der »Schwarze Markt«.

Wieder einmal ist das Land aufgrund seiner geografischen Lage von allen deutschen Ländern am schlimmsten betroffen. Erst finales Schlachtfeld und nun Auffangbecken für die heimkehrenden Kriegsgefangenen und Vertriebenen, die in der Amtssprache der SBZ die neutrale Bezeichnung »Umsiedler« erhalten. Innerhalb von vier Monaten müssen über 200 000 Flüchtlinge untergebracht und versorgt werden. Sie werden in Auffanglagern gesammelt und dann im Land verteilt. In Brandenburg breiten sich Typhus, Ruhr, Fleckfieber, Tuberkulose aus. Noch nie in seiner ganzen Geschichte hat Brandenburg so viele Fremde aufnehmen müssen. Bis Ende 1946 sind es über 600 000 Menschen, die in Brandenburg eine neue Heimat finden. Die Provinz zählt zu diesem Zeitpunkt fast 2,5 Millionen Einwohner.

Während die Trecks über die Oder ziehen, fahren Hunderte Güterwagen in die andere Richtung, in die Sowjetunion. Maschinen, Ausrüstungen, Rohstoffe werden in das zerstörte Land der Siegermacht gebracht. Das Brandenburger Stahlwerk, die Wildauer Rüstungswerke, die Ardelt-Werke in Eberswalde werden für Reparationsleistungen demontiert.

Junkerland in Bauernhand

Der Tischler Wilhelm Pieck, Sohn eines Gubener Kutschers, ist einer der wenigen gebürtigen Brandenburger, die in der SBZ politisch exponiert sind. Auf einer Bauernkonferenz in der Prignitz hält der KPD-Vorsitzende Pieck am 2. September 1945 eine flammende Rede, in der die Bodenreform begründet wird. Mit ihrer Zustimmung geben die Prignitzer Bauern offiziell das Startsignal für die Bodenreform in der ganzen SBZ. In den Annalen der SED erhalten die Dokumente den Titel »Junkerland in Bauernhand« und »Entschließung der Bauernschaft in Kyritz«.

Nach 500 Jahren glauben sich die Nachfahren der Bauernkriege am Ziel.

»*Was in jahrhundertelangen Kämpfen der Bauern um ihre Befreiung, was in den revolutionären Kämpfen des Jahres 1848 nicht gelang, was im kaiserlichen Deutschland und in der Weimarer Republik verhindert wurde, wird jetzt nach der Zerschlagung der Hitlermacht verwirklicht. Der Herrschaft der junkerlich-feudalen Großgrundbesitzer im Dorfe wird ein Ende gemacht (...)*«,[3] heißt es im Aufruf der KPD vom 8. September 1945. Am 23. September 1945 beginnt in Brandenburg die entschädigungslose Enteignung und Verteilung von Land an die Bauern. Betroffen ist Großgrundbesitz über 100 Hektar und Landbesitz von Nazi- und Kriegsverbrechern. Insgesamt werden 2327 Landbesitzer enteignet. Die Fläche von 770 200 Hektar wird an 110 000 landlose und landarme Bauern, Landarbeiter, Flüchtlinge, Pächter und Kleinstbauern verteilt. Gegen die Bodenreform regt sich jedoch auch Widerstand. Der zuständige Ressortleiter in der Provinzialverwaltung, Georg Remak (CDU), ist für Entschädigungen. Er wird von Frank Schleusner (CDU) abgelöst, der die Verordnung unterschreibt. In Rossow löst der Gemeindepfarrer Aurel von Jüchen die Gemeindebodenkommission auf und erklärt die Beschlagnahme des Gutes Rossow für rechtswidrig. Der Pfarrer wird verhaftet. Um die Sache irreversibel zu machen, vernichtet die Provinzialverwaltung die alten Grundbücher und legt neue an. So werden die alten preußisch-brandenburgischen Namen wie von Hardenberg, von Winterfeld, von Arnim aus den Urkunden getilgt. Fontanes Helden sind nun ohne Land. Eine ganze Kultur, die Brandenburg geistig geprägt und märkische Geschichte geschrieben hat, ist zerstört. Viele historisch wertvolle Schlösser und Herrenhäuser werden, wenn sie nicht zu Landambulatorien, Kindergärten oder Schulen umfunktioniert werden, zerstört oder dem Verfall preisgegeben.

»*Durch die demokratische Bodenreform ging das von den Junkern geraubte Land an seine einstigen Besitzer – an die Landarbeiter und landarmen Bauern zurück. Der kapitalistisch-junkerliche*

Großgrundbesitz, die Brutstätte für Militarismus und Faschismus auf dem Lande, wurde zerschlagen«,[4] lernen die brandenburgischen Kinder jetzt in der Schule. Mit dieser Einschätzung ist ein Grundkonsens der Alliierten wiedergegeben, die preußisches Junkertum mit deutschem Militarismus gleichsetzen. Der militärische Widerstand, verkörpert durch Graf von Hardenberg, Henning von Tresckow, Graf James von Moltke und andere adlige Gegner des Nazi-Systems, wird unterschlagen.

Demokratie und Totalitarismus

»Erstes SED-Gebot: Jedem Arbeit, jedem Brot« steht auf den Wahltransparenten der SED im Herbst 1946 im zerstörten Frankfurt/Oder. Als am 20. Oktober 1946 die ersten Landtagswahlen stattfinden, erhält die SED, zwangsvereint aus SPD und KPD, 43,9 Prozent, die CDU 30,6 Prozent, die LDP 20,6 Prozent, die Vereinigung der gegenseitigen Bauernhilfe 4,9 Prozent der Stimmen. Die absolute Mehrheit der CDU und der LDP ist in der politischen Realität bedeutungslos. Die SED, unterstützt durch die sowjetischen »Freunde«, sitzt bereits in vielen Schlüsselpositionen und dominiert politisch auch im Landtag. Sie stellt den Ministerpräsidenten und den Innenminister. Regt sich in den bürgerlichen Parteien Widerstand, greift die SMAD ein und sorgt dafür, dass kritische Politiker ausgewechselt, bedroht oder gar verhaftet werden. Um äußerlich die in Potsdam vereinbarten demokratischen Spielregeln einzuhalten, werden weitere der SED nahestehende Organisationen wie FDJ, FDGB, DFD, Kulturbund, aber auch

Die Bodenreform macht aus Knechten und Tagelöhnern selbstständige Bauern mit eigenem Land – bis zur Zwangskollektivierung.

Der SED-Vorsitzende Wilhelm Pieck hält im Juni 1946 in Brandenburg an der Havel eine Rede vor Mitgliedern der Freien Deutschen Jugend.

DBD und NDPD zur Wahl zugelassen. Um den Pluralismus und damit demokratische Wahlen unwirksam zu machen, bedient sich die SED eines Winkelzuges, der die übrigen Parteien ins zweite Glied der Blockparteien abdrängt, wo sie bis zu den ersten freien und demokratischen Wahlen 1990 ein von der SED dominiertes Schattendasein führen. Unter dem Druck der SED wird die Nationale Front, eine Vereinigung aller wählbaren Parteien und Massenorganisationen, gegründet. Das Ganze heißt »sozialistisches Mehrparteiensystem«, zur Wahl stehen nun nicht mehr einzelne Parteien, sondern eine Einheitsliste. Allen Ernstes wird behauptet, dies sei die höchste Form von Demokratie.

So enden die ersten Wahlen zur Volkskammer der DDR 1950 bei einer Wahlbeteiligung von 87,44 Prozent mit einem Ja-Stimmen-Anteil von 99,7 Prozent für die Kandidaten der Nationalen Front. Dieser hohe Anteil wird auch durch ein ausgeklügeltes Wahlsystem erreicht. Der Wähler hat nicht mehr die Möglichkeit, einzelnen Parteien seine Stimme zu geben, sondern nur noch die Alternative einer Totalverweigerung. Will der Wähler mit Nein stimmen, verlangt das Wahlrecht, dass er jeden einzelnen Kandidaten sauber durchstreicht, was die wenigsten wissen und auch wagen, denn das bedeutet, unter den Augen der Wahlkommission viel Zeit in der Wahlkabine zu verbringen und damit politisch auffällig zu werden. Ein Durchkreuzen oder andere Methoden, seinen Protest auszudrücken, führen lediglich zu ungültigen, nicht zu Neinstimmen. Die Anzahl der Mandate für die einzelnen Parteien stehen von vornherein fest und verschieben sich immer mehr zugunsten der SED und der von ihr dominierten Organisationen. Während diese Gruppe nun 74 Landtagssitze hat, von denen lediglich 18 der SED gehören, entfallen auf LDP und CDU zusammen 26. Im Laufe der Jahre zwingt die SED schließlich LDP und CDU, Rudimente eines eigenen Profils aufzugeben und im Wesentlichen gleichgeschaltete Parteiprogramme zu verabschieden. So führt die LDP im Jahr 1958 eigens eine Parteikonferenz durch, um die vom fünften Parteitag der SED aufgeworfenen Fragen konform zu diskutieren. Die CDU formuliert sogar in ihrer Satzung: »*Die Mitglieder der CDU erkennen die Arbeiterklasse und ihre Partei als berufene Führerin unserer Nation an und setzen ihre ganze Kraft für die Stärkung und Festigung der DDR ein.*«

Die Wahlplakate der SED zeigen die Zwangsvereinigung von KPD und SPD.

Einem geheimen Dokument des Jahres 1948 ist zu entnehmen, wie identisch mit der SED neu geschaffene Parteien wie NDPD oder DBD sind. Der Zonenausschuss der Partei (NDPD) besteht aus elf Personen. Ihm gehören an: Prof. Dr. Heilmann, ehemals LDP Halle; Oberregierungsrat Rühle, Halle, praktisch SED; Regierungsrat Dallmann, Halle, ehemaliger Parteigenosse (wegen dieser Parteizugehörigkeit nicht in die SED aufgenommen worden, aber praktisch als SED geltend); Ingenieur Hauptmann, Thüringen, parteilos, früher LDP, sehr fortschrittlich; Frau Hochkeppler, Hausfrau, parteilos, früher KPD, praktisch SED; Schriftsteller Korn, sympathisierender Parteiloser, Sachsen; Kulturbund-Sekretär Reinwarth (der einzige Mann, über den keine genaue Einschätzung gegeben werden kann), Sachsen; Angestellter Kubitza, Sachsen, praktisch SED; Direktor Dr. Koltzenburg, Brandenburg, CDU, früher Demokrat; Herr Arlt, Sympathisierender, praktisch SED; und als verantwortlicher Sekretär Journalist Schneider, SED, Berlin.

Das Groteske dieses Demokratiespiels wird endgültig deutlich, als sich 1989 herausstellt, dass in der Volkskammer der DDR eine Parteigruppe existiert, der nicht nur SED-Mitglieder, sondern auch Abgeordnete der FDJ, des FDGB, des Kulturbundes und des DFD angehören, die alle Mitglieder der SED sind, und dass diese Parteigruppe natürlich dem Fraktionszwang der SED unterliegt. Als die Brandenburger 1990 zum ersten Mal nach 45 Jahren ihren Landtag wieder demokratisch wählen, entfallen auf die SED-Nachfolge-Partei PDS 13,4 Prozent, auf die wiedergegründete SPD 38,2 Prozent, auf die CDU 29,4 Prozent und die Liberalen/FDP 6,6 Prozent der Stimmen.

Das Land Brandenburg verschwindet

Am 25. Februar 1947 wird der Staat Preußen per Beschluss des Alliierten Kontrollrats abgeschafft. Fünf Monate später ordnet die SMAD die Umbenennung der Provinz zum Land Brandenburg mit der Hauptstadt Potsdam an. Die Verfassung der 1949 gegründeten Deutschen Demokratischen Republik spricht noch von deutschen Ländern, zu denen auch Brandenburg gehört. Im Artikel 1 der Verfassung heißt es: »*Deutschland ist eine unteilbare demokratische Republik; sie baut sich aus den deutschen Ländern auf.*« Mit der Gründung der DDR wird Ministerpräsident Karl Steinhoff durch den aus Sachsen stammenden Rudi Jahn abgelöst.

Am 23. Juli 1952 werden die letzten Reste von Föderalismus und Landestradition beseitigt. Begründet mit dem von der SED beschlossenen »Aufbau des Sozialismus in der DDR« zerstückelt die zentralistische Verwaltungsreform der DDR alle Länder. Ziel ist die Beseitigung der Reste von eigenständiger Landespolitik samt ihrer Organe, deren oberste Verfügungsgewalt an SED-Bezirksleitungen übergeht, die faktisch den neu gebildeten Bezirkstagen und Räten der Bezirke gegenüber weisungsberechtigt sind. Das Land Brandenburg wird in fünf Bezirke geteilt. Am 25. Juli 1952 löst sich auch der Landtag Brandenburg auf. An seine Stelle tritt der Bezirkstag. Die Landesregierung wird durch den Rat des Bezirkes ersetzt. Der größte Teil der Uckermark geht an den mecklenburgischen Bezirk Neubrandenburg; die Altmark, schon vorher abgetrennt, geht an den anhaltinischen Bezirk Magdeburg, die Lausitz an Cottbus, aus dem Grenzstreifen an der Oder wird der Bezirk Frankfurt/Oder. Nur das Mittelstück um Potsdam ist vom ehemaligen Kern des Landes geblieben und heißt nun Bezirk Potsdam. Das

Die zentralistische Politik Ulbrichts zerschlägt die föderalistische Struktur der in Deutschland traditionell begründeten Landesregierungen.

Land Brandenburg hat aufgehört zu existieren, auch der Begriff »Brandenburger« verliert im Bewusstsein der Bewohner, beeinflusst durch Bevölkerungsbewegungen, an Bedeutung. Viele Brandenburger verlassen vor 1961 die DDR, viele Zugereiste haben keine brandenburgische Vorgeschichte. Das trifft nicht nur auf die Umsiedler zu, sondern auch auf die zahlreichen zugewanderten Arbeitskräfte, Spezialisten und Parteikader aus dem Süden der DDR.

So endet vorläufig die Geschichte der Mark. Im Erdkundebuch der Klasse 5 von 1959 steht nun unter der Überschrift »Im

Gebiet der Havel, Spree und Oder (Bezirke Potsdam und Frankfurt)«: »*An den Mecklenburger Landrücken schließt sich in den Bezirken Potsdam und Frankfurt ein ausgedehntes, niedrig gelegenes Gebiet an. Es gehört ebenfalls zum Norddeutschen Tiefland. Die Karte zeigt, dass es von vielen Flüssen durchflossen wird. Die größten sind Oder und die Elbe mit der Havel und der Spree.*«[5] Die brandenburgischen Schüler erfahren nichts mehr von der Vorgeschichte ihres Landes. Einher mit der Verwaltungsreform geht der Ausbau der SED-Dominanz in Schlüsselpositionen. Alle ersten Räte der neuen Bezirke sind Mitglieder der SED.

Der 17. Juni 1953

Ausgerechnet in der Berliner Stalinallee, dem steingewordenen Traum von einer neuen gerechten Welt für alle, beginnen die Arbeiter, sich gegen Lohnkürzungen, gestiegene Normen und Preiserhöhungen zu wehren. Man kennt die Bilder von den russischen Panzern auf dem Potsdamer Platz, vor denen Gruppen junger Männer, die mit Steinen nach ihnen werfen, zurückweichen. Es gibt ähnliche Bilder aus Halle und Leipzig. Bilder vom 17. Juni 1953 in Brandenburg kennt man kaum. Die Arbeiter streiken in Stalinstadt, in Lauchhammer, im Stahlwerk Hennigsdorf. In Brandenburg an der Havel streiken über 13 000 Arbeiter aus zwölf Betrieben, in Teltow 9000 Arbeiter, in Potsdam 5000. Auch in Premnitz, Rathenow, Ludwigsfelde wird gestreikt. Die Losungen reichen von »*Die HO macht uns K.O.*« bis zu »*Spitzbart, Bauch und Brille ist nicht des Volkes Wille*«. Demonstranten in Frankfurt/Oder fordern: »*Weg mit der Oder-Neiße-Grenze!*«

Reinhard Röstel berichtet aus Hennigsdorf: »*Wie wir zur Ecke kommen, da kamen die Stahlwerker angezogen (...) Ich hörte nur, jetzt gehen wir Richtung Zonengrenze. Erstmal marschierten die strammen Stahlwerker vornweg mit ihrer Ausrüstung, hier vorn war nur so ein Stacheldrahtzaun über die Straße gespannt, aber der wurde problemlos weggeräumt und schon waren wir in Westberlin drin.*«[6] Hans Stephan, ein Teilnehmer des Aufstands in Hennigsdorf, erzählt: »*Wir gingen dann wieder rüber an unsere Arbeitsstellen, an unsere Walzenstraßen, da sahen wir, dass die ganze Werkstraße vom Haupttor bis hinten an die Havel bald, besetzt war von sowjetischen LKW's mit Mannschaften. Und die kamen dann auch in die Hallen rein, in die Brigaden und versuchten eben mit knappen Deutsch oder mit Russisch, was man ja auch verstand, dawai, dawai, raboty, die Leute wieder zur Arbeit zu bewegen. Und dann haben wir es doch für richtig gehalten, die Walzenstraße wieder anlaufen zu lassen.*«[7]

Verkündung des Ausnahmezustandes zum 17. Juni

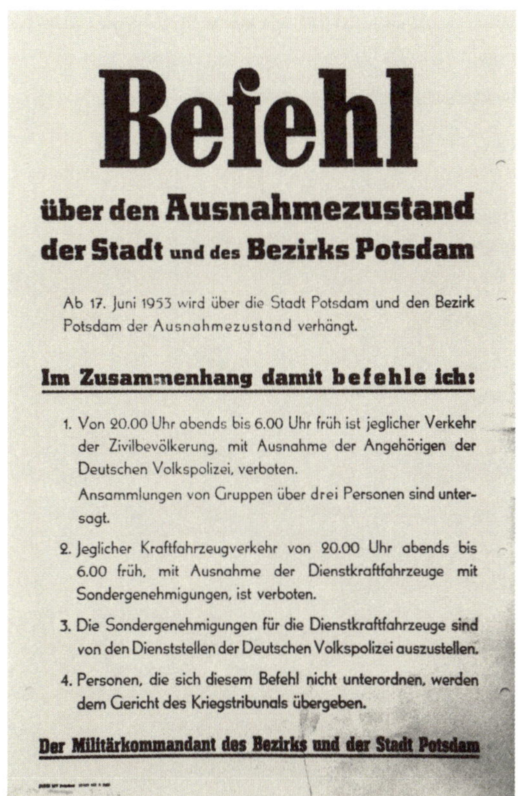

Befehl

über den Ausnahmezustand der Stadt und des Bezirks Potsdam

Ab 17. Juni 1953 wird über die Stadt Potsdam und den Bezirk Potsdam der Ausnahmezustand verhängt.

Im Zusammenhang damit befehle ich:

1. Von 20.00 Uhr abends bis 6.00 Uhr früh ist jeglicher Verkehr der Zivilbevölkerung, mit Ausnahme der Angehörigen der Deutschen Volkspolizei, verboten.
   Ansammlungen von Gruppen über drei Personen sind untersagt.
2. Jeglicher Kraftfahrzeugverkehr von 20.00 Uhr abends bis 6.00 früh, mit Ausnahme der Dienstkraftfahrzeuge mit Sondergenehmigungen, ist verboten.
3. Die Sondergenehmigungen für die Dienstkraftfahrzeuge sind von den Dienststellen der Deutschen Volkspolizei auszustellen.
4. Personen, die sich diesem Befehl nicht unterordnen, werden dem Gericht des Kriegstribunals übergeben.

Der Militärkommandant des Bezirks und der Stadt Potsdam

Nur durch den Einsatz von sowjetischem Militär und die Verhängung des Ausnahmezustandes kann der Volksaufstand niedergeschlagen werden. Die Angaben über die Zahl der Opfer in der gesamten DDR schwanken. Einige Autoren erwähnen 70 Tote aufseiten der Demonstranten, drei Tote bei SED-Funktionären und heben 40 sowjetische Soldaten hervor, die standrechtlich erschossen worden sind, weil sie sich geweigert haben, an der Zerschlagung des Aufstands teilzunehmen. Andere Zahlen benennen die Todesopfer in der ganzen DDR während des Aufstandes und in den Tagen danach mit 116 Funktionären und Polizisten und 267 Demonstranten. Zahlreiche Teilnehmer am Aufstand werden zu hohen Zuchthausstrafen verurteilt. Ende Juni sind in Potsdam bereits 16 Urteile gefällt, darunter zwei Todesurteile. Der 17. Juni liefert Ulbricht Argumente, um einige Reformer, an der Spitze Herrnstadt und Ackermann, aus den eigenen Reihen zu entfernen. In diesem Jahr flüchten fast 400 000 DDR-Bürger, darunter auch viele Brandenburger, in den Westen.

Die Sowjetunion reagiert auf den Aufstand des 17. Juni mit massivem Einsatz von Militär.

Ein kurzer Lichtblick ist 1956 die Abrechnung Chruschtschows mit Stalin. Ulbricht sieht sich veranlasst, Amnestien anzuordnen. Auch aus brandenburgischen Zuchthäusern werden Gefangene, darunter auch »politische«, entlassen. In der gesamten DDR sind es fast 20 000. Als im August 1956 die Ungarn revoltieren, wird der Kurs wieder härter.

Kollektivierung und Beton

Ein wichtiger Schritt zur »planmäßigen Errichtung der Grundlagen des Sozialismus in der DDR« ist die Kollektivierung der Landwirtschaft. Ein Betrieb in Brandenburg dient als Vorbild für die Kollektivierung der ganzen DDR. Die von der Landwirtschaftlichen Produktionsgenossenschaft (LPG) Thomas Müntzer in Worin im Kreis Seelow aufgestellten Statuten gelten als beispielhaft. Die Bauern müssen ihr Land, das sie durch die Bodenreform erhalten haben, wieder hergeben, um es gemeinsam zu bewirtschaften.

In den brandenburgischen Bezirken werden bis 1953 nahezu 800 LPG gegründet, 225 im Bezirk Frankfurt, 229 im Bezirk Cottbus und 388 im Bezirk Potsdam. Viele Brandenburger verkraften diesen Verlust nicht und gehen »in den Westen«. Die Landwirtschaft, ohnehin nicht sehr effektiv, verödet vielerorts. In den Propagandafilmen der SED ist zu sehen, wie kläglich die Schweine in den Ställen nach Futter schreien, weil der Bauer Hof und Vieh schnöde im Stich gelassen hat, um »drüben« mit Imperialisten und Kriegstreibern gemeinsame Sache zu machen. 1959 lässt der DEFA-Augenzeuge Bauern vor der Kamera hausbackene Propagandalyrik aufsagen: »*Auch in Stolzenhagen, Bezirk Frankfurt/Oder haben sich die wenigen noch einzeln wirtschaftenden Bauern von der Kraft des Beispiels überzeugen lassen und sind der LPG Vorwärts beigetreten. Sie wissen wie*

Otto Görsdorf und Erich Schalck genau warum: Nun schaffen wir viel mehr und außerdem freuen wir uns, dass unser Dorf nun vollgenossenschaftlich geworden ist. – Es ist mir eine große Freude, dass wir vollgenossenschaftlich geworden sind, und dass wir genossenschaftlich besser arbeiten können, und dass auch mehr produziert wird.«[8]

Die neuen LPG heißen »Rote Erde«, »Frohe Zukunft«, »Roter Oktober«. In den folgenden Jahren beginnt eine beispiellose Kampagne, die Bauern zum Eintritt in die LPG zu bewegen. Sind es 1952 lediglich 3,3 Prozent der landwirtschaftlichen Nutzfläche, die von den LPG bearbeitet werden, so vor dem Mauerbau 1961 bereits 84,4 Prozent. Im gleichen Zeitraum erhöht sich die Zahl der LPG von 1900 auf 17 900, die ihrer Mitglieder von 37 000 auf 965 000. Die zunehmend gewaltsame Kollektivierung, politische Repressalien, die Diskriminierung des Mittelstandes, eine ineffektive und dirigistische Wirtschaftsleitung sowie ein zunehmend schlechter werdender Lebensstandard veranlassen viele DDR-Bürger in den folgenden Jahren »abzuhauen«. 1960 flüchten 22 717 Bewohner des Bezirkes Potsdam in die Bundesrepublik (von 199 188 aus der gesamten DDR). Von 1949 bis 1961 haben 2 691 270 ihrer Bewohner die DDR verlassen. Diese Situation führt zum Mauerbau.

13. August 1961, 0 Uhr. Unter dem Befehl des Sekretärs für Sicherheitsfragen, Erich Honecker, beginnen »bewaffnete Einheiten der NVA und der Kampfgruppen« die Grenzen zu Westberlin und zu Westdeutschland zu schließen. Niemand ist wirklich darauf vorbereitet. Die Wirtschaft der DDR steht kurz vor dem Kollaps. Alle Übergangsstellen sind geschlossen, der durchgehende S-Bahnverkehr eingestellt, Grenzorte dürfen nur noch mit Passierschein betreten werden. Grenzgänger, die bisher in Westberlin gearbeitet haben, bekommen neue Arbeitsplätze zugewiesen,

Mit großem propagandistischen Aufwand begleitet die SED die Kollektivierung auf dem Lande.

Häuser die dem Ausbau der Grenze im Weg stehen, werden abgerissen, ihre Bewohner umgesiedelt. 240 Kilometer lang sind nun Mauer und Zaun zwischen Brandenburg und West-Berlin. Die Berliner Grenze, scharf bewacht, teilweise vermint und mit Selbstschussanlagen ausgerüstet, kostet bis zu ihrem Fall mindestens 140 Flüchtlinge das Leben. Über Nacht werden Familien getrennt, Bindungen zwischen der Metropole und ihrem Umland gekappt.

Empfindlich gestört sind aber auch die Handelsbeziehungen zur Bundesrepublik. So beschließt der Ministerrat im Oktober 1961 ein Programm zur »Störfreimachung« der Wirtschaft, was nichts anderes bedeutet, als dass westliche Importe durch einheimische Produkte ersetzt werden sollen. Aber genau das gelingt der DDR bis zu ihrem Zusammenbruch nicht und lässt den Schuldenberg immer mehr wachsen. Die Wahlen im September 1961 ergeben wieder die bekannten 99,96 Prozent Zustimmung zur Einheitsliste, die von der SED-Führung auch als breite Zustimmung der Bevölkerung zum Mauerbau gewertet werden.

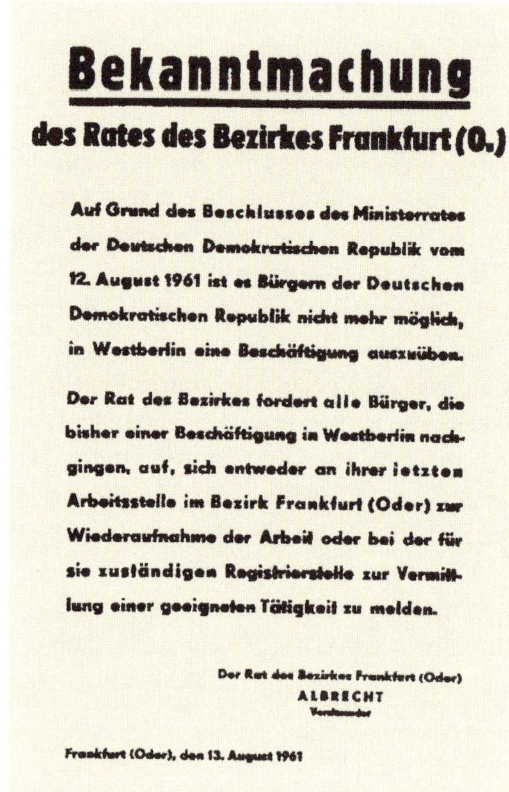

Bekanntmachung

des Rates des Bezirkes Frankfurt (O.)

Auf Grund des Beschlusses des Ministerrates der Deutschen Demokratischen Republik vom 12. August 1961 ist es Bürgern der Deutschen Demokratischen Republik nicht mehr möglich, in Westberlin eine Beschäftigung auszuüben.

Der Rat des Bezirkes fordert alle Bürger, die bisher einer Beschäftigung in Westberlin nachgingen, auf, sich entweder an ihrer letzten Arbeitsstelle im Bezirk Frankfurt (Oder) zur Wiederaufnahme der Arbeit oder bei der für sie zuständigen Registrierstelle zur Vermittlung einer geeigneten Tätigkeit zu melden.

Der Rat des Bezirkes Frankfurt (Oder)
ALBRECHT
Vorsitzender

Frankfurt (Oder), den 13. August 1961

Bekanntmachung zum Mauerbau am 13. August 1961 im Bezirk Frankfurt/Oder

Großbaustellen des Sozialismus

»Man muss mehr essen, um besser arbeiten zu können, sagten die einen. Besser arbeiten müssen wir, um mehr essen zu können. Meinten die anderen in den Jahren nach 1945, als die Folgen des Krieges noch nicht überwunden waren. Diesen Teufelskreis durchbrach der Kumpel Adolf Hennecke am 13. Oktober 1948, indem er seine Norm mit 380 Prozent erfüllte und als einfacher Bergmann zeigt, wie der Kampf um ein besseres Leben geführt werden muss.«[9]

Die Märker setzen sich an die Spitze der Bewegung. Schon vor Henneckes Hochleistungsschicht ist die brandenburgische Initiative zur Ankurbelung des »zentralen Wettbewerbs aller volkseigenen Betriebe« ins Leben gerufen worden. Im Stahlwerk Elisabeth-Hütte wird ein Hennecke-Kollektiv gegründet, und die Stadt erhält den Ehrennamen »Stadt der Aktivisten und Wettbewerbe«.

Während kurz nach Kriegsende nahezu alle Großbetriebe enteignet und zahlreiche Werksanlagen demontiert und in die Sowjetunion geliefert werden – wo die demontierten Werke meist so lange lagern, bis sie nicht mehr zu gebrauchen sind –, beginnt bald, oft auf den gleichen Plätzen, der Wiederaufbau der Industrie. Die neuen Betriebe sind staatliches Eigentum – Volkseigene Betriebe (VEB). 1947 nimmt das Ziegelwerk Zehdenick seine Produktion wieder auf, 1948 der Kranbau Eberswalde. Die neuen Betriebe werden oft nach bekannten Kommunisten benannt. Die Werft in Brandenburg nach Ernst Thälmann, das Walzwerk (1949) in Kirchmöser nach Willy Becker, die ehemaligen AEG-Betriebe in Hennigsdorf erhalten den Namen »Hans Beimler« (1948), und aus dem Werk des Flick-Konzerns wird der VEB Stahl- und Walzwerk Wilhelm Florin (1948–49).

Der »Aufbau des Sozialismus« beginnt – entsprechend dem sowjetischen Vorbild – mit dem Aufbau der Schwerindustrie. Und so wachsen auf dem ehemaligen Agrarland Brandenburg die meisten »Großbaustellen des Sozialismus«. Paradestück ist das VEB Eisenhüttenkombinat Ost (EKO) in Fürstenberg (Oder). Die »Hochöfen des Fortschritts« liefern in der Folge 60 Prozent der Roheisen-

Das Eisenhüttenkombinat Ost ist das Vorzeigeobjekt der Schwerindustrie in Brandenburg.

erzeugung der DDR. Unweit des Kombinats entsteht auf der grünen Wiese die »erste sozialistische Stadt auf deutschem Boden« für 45 000 Einwohner. Am 7. Mai 1953 erhält sie den Namen Stalinstadt, den sie bis 1961 behält.

Ab der zweiten Hälfte der 1950er-Jahre erleben die drei brandenburgischen Bezirke eine zweite Industrialisierungswelle. Der Bezirk Cottbus wird zum Zentrum der Braunkohle- und Energieindustrie, im Bezirk Frankfurt werden Metallurgie und Petrochemie angesiedelt, und der Bau des Braunkohle-Kombinats Schwarze Pumpe, das 8000 Arbeiter beschäftigt, hat zur Folge, dass am Rand von Hoyerswerda die »zweite sozialistische Stadt« entsteht. In Schwedt wird 1959 das größte Erdölkombinat der DDR am Endpunkt der 4200 Kilometer langen Erdölpipeline (1963) aus der Sowjetunion gebaut. »Die Trasse«, wie die Pipeline auch genannt wird, ist beliebter Gegenstand für sozialistische Produktionspropaganda. Wie schon beim Bau des Kombinats Schwarze Pumpe sollen ein Hauch Wildwest und besonders gute Bezahlung nicht nur junge Leute anlocken, sondern auch neue »sozialistische Abenteuerbegriffe« suggerieren. Aus allen Teilen der DDR kommen Arbeiter und Spezialisten auf die brandenburgischen Baustellen und in die neu gebauten Werke. 1958 beginnt im Halbleiterwerk Frankfurt/Oder die Produktion von elektronischen Bauteilen, die allerdings auf dem Weltmarkt nie eine Chance haben. 1959 wird der Grundstein für den Bau des Chemiefaserkombinats in der Wilhelm-Pieck-Stadt Guben gelegt. Es wird eine »Dederon« (das steht für De De eR) genannte Faser produzieren, die »sozialistische Antwort auf Perlon und Nylon«. Und so heißt folgerichtig eine der ulkigsten DDR-Losungen *»Chemie gibt Brot, Wohlstand und Schönheit«*. Vom Ozonloch redet noch niemand.

Ab Mitte der 1960er-Jahre gibt es keine großen Unterschiede mehr in der Lebensqualität der einzelnen Bezirke. Allen geht es gleich gut oder gleich schlecht, ausgenommen die Berliner, deren Stadt zu einem Aushängeschild der Überlegenheit des sozialistischen Systems über das kapitalistische gemacht werden soll, was den brandenburgischen Volksmund in Abänderung der Produktionslosung *»So wie wir heute arbeiten, werden wir morgen leben«* animiert zu: *»So wie wir heute arbeiten, werden die Berliner morgen leben.«*

Neulehrer und Spatensoldaten

»Wer will Lehrer werden? Schulentlassene, Abiturienten, Ingenieure, Chemiker, die Interesse am Lehrerberuf haben, wenden sich zur Beratung an das Schulamt, Regierung, Spandauer Straße 32–34«,[10] heißt es in einem Potsdamer Aufruf vom 13. Juni 1945. Als im Oktober 1945 das erste Nachkriegsschuljahr eröffnet wird, kann die Schulverwaltung noch nicht auf die alten Lehrer verzichten. An rund 2000 Schulen werden von ca. 6000 Lehrern fast 350 000 Schüler unterrichtet. Mathematisch-naturwissenschaftliche Fächer verdrängen die Altsprachen. Religionsunterricht soll nicht mehr in der Schule stattfinden. Der erste Neulehrerlehrgang beginnt im Januar 1946 in Potsdam.

»Arbeiter- und Bauernkinder an die Universität! Die Zusammensetzung der Studentenschaft muss ein Spiegelbild des gesamten Volkes sein. Das Unrecht, das weiten Volkskreisen aus sozialen und politischen Gründen zugefügt wurde, ist wiedergutzumachen«,[11] ist in einem Flugblatt aus dem Jahr 1947 zu lesen. Jetzt wird den Kindern von Selbstständigen, Intellektuellen, Angestellten der Zugang zu den Hochschulen erschwert. Für Mitglieder der christlichen Jungen Gemeinde reduzieren sich die Chancen noch mehr. Für die *»Bewerber findet vor der Zulassung eine Prüfung statt, die sich auf die fachliche und politische Eignung bezieht«*. Mitgliedschaft bei den Jungen Pionieren oder in der FDJ sind ungeschriebenes Gesetz; wer draußen bleibt,

Ein Lehrer in der Dorfschule von Hohendorf (Kreis Luckau) leitet die Pionierarbeit, 1951.

ist stigmatisiert. Kinder, die zur Jugendweihe gehen, haben es leichter als Konfirmanden. Beruflich abgeschrieben sind Wehrdienstverweigerer. Der Dienst in der Armee des Friedens wird von jedem jungen Mann erwartet. Für »Spatensoldaten«, die den Dienst mit der Waffe verweigern, gibt es keine Studienplätze. Umgekehrt ist dem Abiturienten, der sich als Offizier oder Soldat auf Zeit bei der NVA verpflichtet, der Studienplatz sicher. Die methodische Gleichschaltung der Gesellschaft funktioniert. Als der Staat DDR 1989 zusammenbricht, ist fast jeder siebte Erwachsene Mitglied der SED, die zu diesem Zeitpunkt über zwei Millionen Mitglieder zählt. Der übermächtige Überwachungsapparat der Stasi verfügt nach fundierten Schätzungen über mindestens eine Million informelle Mitarbeiter. Sowohl der hauptamtliche als auch der inoffizielle Apparat müssen vom Bürger finanziert werden.

Mit der Gründung der Nationalen Volksarmee werden auch die alten brandenburgischen Garnisonstädte wieder »reaktiviert«.

Neues Militär, alte Uniformen – Der Umgang mit der Tradition

Das erste Regiment der NVA wird 1956 in Oranienburg, dem ehemaligen Sitz der Gemahlin des Großen Kurfürsten, Luise Henriette, vereidigt. Strausberg mit dem Sitz des Verteidigungsministeriums und des militärischen Führungsstabs wird zur »Hauptstadt der NVA«. Die Uniformen der Arbeiter- und Bauern-Armee knüpfen an die preußischen Traditionen der deutschen Wehrmacht an. Als es Anfang der 1970er-Jahre Mode wird, militärische Stärke zu zeigen, marschieren die Garderegimenter der NVA am 1. Mai im preußischen Stechschritt an den Staatsoberhäuptern vorbei. Besonders grotesk empfinden die Berlinbesucher aus aller Welt die preußischen Rituale der Wachablösung an Schinkels Neuer Wache Unter den Linden, dem Denkmal für die Opfer des Militarismus und Faschismus. Zugleich unternimmt die SED alles, um Traditionen, die mit Brandenburg-Preußen verbunden sind, auszulöschen. So wird die Region nach 1945 von einem kulturellen Identitätsverlust betroffen. Die traditionelle Kultur soll von einer sozialistischen Kultur abgelöst werden. Der linientreue Schriftsteller Otto Gotsche beschreibt 1949 in seinem Roman »Tiefe Furchen« die Bodenreform im märkischen Karwe. 1952 findet im Eisenhüttenkombinat in Fürstenberg die Uraufführung der Kantate Eisenhüttenkombinat Ost (Musik Ottmar Gerstner, Text Hans Marchwitza) statt. Andere Autoren finden subtilere Wege, die Erinnerung an die Mark und ihre Bewohner lebendig zu halten. Brecht schreibt am Schermützelsee seine »Buckower Elegien«, Erwin Strittmatter erzählt im »Laden« und im »Wundertäter« 60 Jahre märkisches Leben. Seine Bücher mit den prallen »brandenburgischen« literarischen Figuren werden in 40 Sprachen übersetzt. Günter de Bruyn schließlich macht die Lesart brandenburgischer Geschichte selbst zum Sujet seiner subtil-ironischen »Märkischen Forschungen«, die 1977 erscheinen. Etwa in der gleichen Zeit beginnt der Schauspieler Kurt Böwe mit Lesungen aus den Werken Theodor Fontanes.

Ambivalent ist der offizielle Umgang mit der brandenburgisch-preußischen Kulturtradition. Sanssouci, von den Sowjets geliebt und bewundert, bleibt erhalten und wird gepflegt; die Reste des Potsdamer Schlosses und das Berliner Schloss dagegen werden als Symbole des preußischen Militarismus abgerissen, die Sprengung der Garnisonkirche folgt 1968 aus ähnlichen Gründen. Die restaurierte Potsdamer Nikolaikirche Schinkels hingegen wird 1981 wieder eingeweiht. Nachdem 1981 die Preußenausstellung in Berlin (West) die Erberezeption zu einem kulturellen Ereignis und Politikum gemacht hat, entdeckt die DDR, dass preußisches Erbe durchaus schmücken kann, und zieht 1987 mit der Ausstellung »Friedrich II.« nach. Das Rauchsche Denkmal von Friedrich dem Großen ist Unter den Linden bereits 1984 wieder aufgestellt worden.

»Kaninchenfilme« und Aktion »Ochsenkopf«

Am 16. März 1946 beginnen in Potsdam/Babelsberg die Dreharbeiten zu Wolfgang Staudtes Film »Die Mörder sind unter uns«. Die DEFA wird erst zwei Monate später, am 17. Mai 1946, auf dem UFA-Gelände in Babelsberg gegründet. Oberst Tulpanow, Kulturoffizier der SMAD, erteilt der DEFA die Lizenz. Auf dem Foto, das den historischen Akt festhält, sind auch der Schauspieler Hans Klering und der Regisseur Kurt Maetzig zu sehen. Zu den ersten Filmen gehören »Ehe im Schatten« und »Rat der Götter«. International können sich die DEFA-Filme selten durchsetzen. Zensur und Selbstzensur, aber auch verordnete künstlerische Isolierung engen die kreativen Möglichkeiten der Regisseure ein. Das 11. Plenum der SED vom Dezember 1965 richtet sich gegen negative Einflüsse aus Prag, Warschau und Budapest, gegen Beatmusik und »skeptizistische« Literatur, vor allem jedoch gegen die neuesten Filme aus Babelsberg. Wer die Auseinandersetzung mit Fehlern als Aufgabe der Kunst ansehe, habe sich vom wissenschaftlichen Sozialismus entfernt, werden kritische Ansätze einiger Regisseure diffamiert.

Plakat zum in Babelsberg produzierten Film »Die Mörder sind unter uns«

Am 17. Mai 1946 wird auf dem UFA-Gelände in Potsdam-Babelsberg die DEFA gegründet.

»Das Ergebnis solcher Theorien sind eben die ›Kaninchen-Filme‹ der DEFA, wo aus konstruierten Fehlern und Mängeln eine dem Menschen feindliche Umwelt entsteht, in der nur Karrieristen, Zweifelnde, Triebhafte, Schnoddrige, Berechnende, Brutale das Leben bestimmen und in einer in Grau und Zerfall gehaltenen Umgebung sich gegenseitig zerfleischen. Der Aufbau des Sozialismus bei verschärftem Klassenkampf des uns feindlichen Staates, ein tiefgreifender Prozeß, den unsere Partei meistert, wird als Karrierismus, Heuchelei und Ausweglosigkeit einzelner Personen gedeutet und wohin sie natürlich die Partei getrieben haben soll! Man muss offen sagen, das ist das Ende der Kunst.«[12]

So und ähnlich attackiert die Parteispitze von Walter Ulbricht über Honecker, Sindermann und Axen, assistiert von vielen linientreuen Künstlern, den Versuch einer kritischen Auseinandersetzung mit einer zunehmend starren, restriktiven und isolationistischen Politik und Kulturpolitik des Regimes. Betroffen sind vor allem die Filme »Denk bloß nicht, ich heule« (Regie: Frank Vogel), »Der Frühling braucht Zeit« (Regie: Günter Stahnke), »Wenn du groß bist, lieber Adam« (Regie: Egon Günther), »Karla« (Regie: Herrmann Zschoche, Buch: Ulrich Plenzdorf), »Berlin um die Ecke« (Regie: Gerhard Klein, Buch: Wolfgang Kohlhaase), »Das Kaninchen bin ich« (Regie: Kurt Maetzig, Buch: Manfred Bieler), »Jahrgang 45« (Regie: Jürgen Böttcher). Viele Biografien bekommen nach diesem Plenum einen Knick, die hoffnungsvollen Ansätze eines kulturellen Tauwetters werden erstickt.

Das Feld beherrscht wieder das Staatsfernsehen. 1952 gegründet, heißt es bis 1972

In den 50er Jahren besitzen immer mehr Haushalte in der DDR einen Fernseher.

Deutscher Fernsehfunk und wird erst dann in Fernsehen der DDR umbenannt. 1966, so wird behauptet, hat jeder zweite DDR-Bürger einen Fernsehapparat. DDR-Fernsehen und Presse berichten nur Positives. Was im Fernsehen nicht gezeigt wird, existiert nicht, heißt das Rezept. So werden trotz vorweihnachtlicher Stimmung aus allen Filmen die Kerzen herausgeschnitten, weil es gerade mal wieder keine zu kaufen gibt. Das Wort »Jahresendfigur« soll den religiös besetzten Begriff »Weihnachtsengel« in den Auslagen der Kunstgewerbeläden verdrängen. Die Antennen auf dem Dach verraten allerdings, wo sich der Brandenburger, nach dem Mauerbau von westlichen Printmedien abgeschnitten, informiert und amüsiert. Zeigen die Antennen in die falsche Richtung, klettern eifrige FDJ-Brigaden aufs Dach, zerstören die Antennen oder drehen sie um. Aktion »Ochsenkopf« heißt die Maßnahme nach dem Sendeturm der ARD im Fichtelgebirge. Jeder weiß, dass der andere »Westen guckt«, aber jeder kennt die Spielregeln des Gesellschaftsspiels. Schüler und Lehrer in den Schulen heucheln nicht nur bei diesem Thema. Als die Entscheidung für das Farbfernsehen fällt, wählt die SED-Regierung das französische SECAM-System. Das bundesdeutsche PAL-Fernsehen ist damit nicht zu empfangen. Findige Bastler erfinden illegale Decoder, später gibt es Fernseher für beide Systeme, aber Videorekorder werden immer noch nicht verkauft, ebenso wenig wie Kopiergeräte. Alles, was nach ideologischer Unterwanderung aussieht, wird streng reglementiert.

Parolen und Brigaden – Nebeneinander statt Miteinander

Manches in diesem Staat DDR erinnert an alte brandenburgisch-preußische Zeiten: absolutistische Strukturen, hier die Herrscher, dort die Untertanen, die Armee, das Eingesperrtsein, die Zensur, die Kontrolle, die Einmischung der Regenten in banalste Entscheidungen, Herrenhäuser und eingezäunte Jagdgebiete in der Schorfheide, starre Machtstrukturen und das Fehlen einer kritischen Öffentlichkeit, die sich artikulieren darf.

Die im Lande geblieben sind, richten sich ein. Arbeit, soziale Sicherheit, Bildungsmöglichkeiten sind realer als die Parolen der SED. 1991 schreibt der Mannheimer Historiker Hermann Weber, bezogen auf das Ende der 1950er-Jahre: *»Die Arbeiterschaft sah […] in Erholungsheimen, Kulturhäusern oder Polikliniken ›Errungenschaften‹, und die Mehrheit fand auch das Klima in den Betrieben inzwischen erträglich. Selbst von den geflüchteten Arbeitern befürworten nur 40 Prozent eine Reprivatisierung des Staatseigentums; man stand dem System also* *differenziert gegenüber. Die politische Diktatur mit der hierarchischen Spitze war eben nicht das ganze System: Für viele Menschen zählten vielmehr die beruflichen Aufstiegsmöglichkeiten in den verschiedenen Bereichen und die Existenz persönlicher Freiräume. Die Situation widersprach der Klischeevorstellung, nach der eine Handvoll fanatischer Kommunisten eine konsequent antikommunistische, dem Westen verschworene Bevölkerung unterdrückte.«*[13]

Billige Mieten, nahezu kostenfreies Gesundheitswesen, subventionierte Lebensmittel, Minimalpreise für Theater, Kino, Zug und Straßenbahn. Bescheidene Freuden, bescheidene Träume, bescheidenes Dasein.

Es ist eine Reduzierung von Lebensmöglichkeiten, das wissen und ahnen die meisten, aber die Mauer garantiert auch ein »kleines« Glück. Man ist unter sich, Drogen sind kein gesellschaftliches Problem, die Kriminalität hält sich in Grenzen, Statussymbole sind nicht existenziell. Wer seinen FDGB-Ferienplatz im Thüringer Wald und an der Ostsee jedes Jahr sicher hat, der hat es geschafft. Bulgarien oder der ungarische Plattensee sind wie ein Lottogewinn, eine Reise auf dem Urlauberschiff »Fritz Heckert« der Jackpot. Der Rest der Welt existiert nicht als Reiseziel. Die Leute richten sich zu Hause ein. Rings um Berlin, auf dem brandenburgischen Land, entstehen Lauben- und Datschensiedlungen und große Zeltplätze. Der Urlaub ist bezahlbar, jeder kann ihn sich leisten.

Das Leben der DDR-Bürger ist geprägt von allgegenwärtiger Agitation und Propaganda. An allen Straßen und Gebäuden, in Funk und Presse begegnet man sozialistischen Losungen und Schlagworten: »*Mach mit, mach's nach, mach's besser. Jeder nach seinen Bedürfnissen. Die Sozialistische Menschengemeinschaft. Der Sozialistische Frühling auf dem Lande. Sozialistisch arbeiten, lernen und leben. Auf zu den Höhen der Kultur. FDJ-Aufgebot 30. Messe der Meister von Morgen. Jeden Tag mit guter Bilanz. Meine Hand für mein Produkt. Das System der ökonomischen Hebel. Mit der Waffe in der Hand verteidigen wir unsere Errungenschaften.*« Das ist offiziell. Inoffiziell hat man den eigenen Kopf zum (Nach-) Denken und um sich lustig zu machen. Aus der Losung »*Überholen, ohne einzuholen*« machen die Leute »*Einholen ohne anzustehen*«. Und aus dem kategorischen Imperativ »*Alle machen mit!*« entsteht einer der schönsten DDR-Sprüche: »*Keiner tut, was er soll; jeder macht, was er will; aber alle machen mit!*«

Während der offizielle Kalender des Regimes nach Parteitagen, Plenen, Aktivtagungen, Kongressen, Verträgen, Kampagnen zählt, leben die meisten Brandenburger ihr Leben unbeeindruckt von Fünfjahresplänen und Parteiprogrammen nach alten Mustern. Geburt, Schulanfang, erste Liebe, Schulabschluss, Armee, Heirat, Wohnung, Kinder,

Die DDR inszeniert sich als modern und fortschrittlich.

Urlaubsreisen, die erste Schrankwand, die erste Couchgarnitur, Fernseher, Kühlschrank, Waschmaschine; je nach Glück und Status Garten, Datsche oder Sommerhaus. Irgendwann, wenn man es sich leisten kann und lange genug angemeldet ist, das erste Auto, und wenn man es gut getroffen hat oder auf dem Lande lebt, das Eigenheim. Das Leben ist bis zur Rente berechen- und planbar. Es gibt sie, die »sozialistische Menschengemeinschaft«. Ob sie »sozialistisch« ist, sei dahingestellt, aber der Zusammenhalt zwischen Nachbarn, in den Brigaden und Familien ist groß. Wo es wenig zu verteilen gibt, entstehen wenig Unterschiede; wo es wenig zu kaufen gibt, entsteht ein Naturalienmarkt. Fliesen gegen Rinderfilet, Auto gegen Datsche, Pilsner Urquell gegen Vorschalldämpfer, Zement gegen Autoradio, Räucheraal gegen Spargel, Ziegelsteine gegen Bretter, Autoreifen gegen Gasheizung.

In den 1980er-Jahren beginnen Luxus, Westgeld, Westbesuch und Westreisen eine Rolle zu spielen. Die SED hat die Intershops eingerichtet, in denen bald auch DDR-Bürger rare DDR- und Westprodukte gegen Devisen kaufen können. Neben den Intershops gibt es noch die Exquisit- und Delikatläden, in denen ein ähnliches Angebot für überteuerte Preise zu haben ist. Nach all den Höhen und Tiefen, die Brandenburg und die Brandenburger erlebt haben, hat es auch diese Zeit gegeben. Eine Zeit der scheinbaren Konsolidierung nach den Jahren des Faschismus und des Krieges, eine Zeit, in der sich die meisten DDR-Bürger eingerichtet haben, viel arbeiten und wenig verdienen, Familien gründen, Kinder großziehen und der Dinge harren, die da kommen.

DDR-Propaganda zum Chemieprogramm aus den 1950er-Jahren

Der Anfang vom Ende

»Ja es ist wahr: Spätestens seit Mitte der achtziger Jahre versuchte ich, es nach Möglichkeit zu vermeiden, die Nische Prenzlauer Berg zu verlassen und noch Reisen in die DDR-Provinz zu unternehmen. Ich wollte mich diesem allgegenwärtigen Verfall, dieser Lieblosigkeit den öffentlichen Räumen gegenüber nicht mehr aussetzen. Ob man in die größeren Städte mit ihren verwahrlosten Altstadtstraßen kam oder auf das letzte Dorf mit seinen grauen Katen, den verrümpelten Maschinenhöfen und Stallkasernen aus Fertigbeton – der Stillstand, in den sich diese Gesellschaft zu ihrem Ende hin manövriert hatte, war auf Schritt und Tritt buchstäblich mit Händen zu greifen. In Briefen, die ich damals schrieb, ist von Beklemmungen, Atemnot die Rede. Ein ganzes Land war in einen Zustand verfallen, als ob da ein Schwerkranker sich selbst aufgibt, sich gehenlässt, und dadurch

In sogenannten Intershops können westliche Waren für Westgeld gekauft werden, wie hier in Ost-Berlin.

erst eigentlich zum Todkranken wird: durch tatenloses Warten auf das Ende«,[14] schreibt der Publizist Wolfgang Kil in einem Bildband, der Fotos aus Brandenburg vor und nach der Wende versammelt.

Alle Versuche des Regimes, sich abzuschotten gegen alles und jedes, scheitern an der Realität. Der Sozialismus hat sämtliche Wettläufe gegen das andere System verloren. Seine Attraktivität ist 1989 auf dem Nullpunkt, der Schuldenberg der DDR gigantisch. In jenem schicksalhaften Sommer 1989, als die östlichen Nachbarn ihre Grenzen öffnen, sind auch viele Brandenburger unter denen, die die vielleicht letzte Chance nutzen wollen, andernorts Freiheit zu genießen oder vom bundesdeutschen Wohlstandskuchen noch einige Krümel abzubekommen. Wie schon in den Jahren vor 1961 beginnt 1989 eine große Fluchtbewegung. Die Öffnung der Grenzen und den Aufbruch der Opposition überlebt das System nicht. Am 9. September 1989 konstituiert sich im brandenburgischen Grünheide, im ehemaligen Haus Robert Havemanns, das oppositionelle Neue Forum. Als am 19. September die Gruppe eine offizielle Zulassung als politische Vereinigung beantragt, ein Vorgang, der so noch nie in der DDR stattgefunden hat, wird der Antrag einen Tag später mit der Begründung abgelehnt, dass das Neue Forum staatsfeindlich sei. Am 7. Oktober gründet sich im Kreis Oranienburg, in Schwante, die Sozialdemokratische Partei in der DDR. Am gleichen Tag protestieren in Berlin einige Tausend Bürger, skandieren »Gorbi, Gorbi«, »Wir bleiben hier« und »Keine Gewalt«. Die Protestdemonstrationen werden mit Polizeigewalt auseinandergetrieben. Als zwei Tage später in Leipzig bereits 70 000 Menschen auf die Straße gehen, greift die Polizei nicht ein. Auch die große Demonstration in Berlin am 4. November 1989 verläuft friedlich. Als am 9. November die Mauer fällt, ist das Ende der DDR nur noch eine Frage der Zeit. Die Glienicker Brücke, die Berlin und Potsdam verbindet, wird wieder zur Brücke der Einheit. Schon bald redet man erneut vom Land Brandenburg.

Nikolaikirche und Landtag in Potsdam nach 2014

DER WEG INS 21. JAHRHUNDERT 1990 BIS HEUTE

Ohne Glanz und Gloria: Ein neues Bundesland entsteht

Wieder ein Ende. Und ein Anfang. Die DDR ist innerhalb weniger Monate implodiert. Das sowjetische Imperium hat seine feste Umklammerung gelöst und ist dabei, sich in seine Einzelteile aufzulösen. Die Mauer ist gefallen, die Grenzen sind offen, die von den meisten Ostdeutschen herbeigesehnte D-Mark ist offizielles Zahlungsmittel. Am 3. Oktober 1990 tritt die DDR der Bundesrepublik Deutschland bei. Am selben Tag wird das Land Brandenburg, das von der DDR-Führung 1952 aufgelöst worden war, (wieder) gegründet – im Wesentlichen aus den Bezirken Potsdam, Frankfurt/Oder und Cottbus. So entsteht das flächenmäßig größte der neuen Bundesländer. Vor den öffentlichen Gebäuden, die kurz zuvor noch von Staat und Partei der DDR genutzt wurden, weht nun der rote Adler auf weißem Grund.

Einige Städte und Gemeinden müssen sich entscheiden, zu welchem Bundesland sie gehören wollen. Und so wird z.B. Havelberg, eine der historischen Gründungsorte der Mark, Teil Sachsen-Anhalts, während sich Lenzen an der Elbe in einem Volksentscheid 1991 zu Brandenburg bekennt. Das neue Bundesland ist deutlich kleiner als die frühere preußische Provinz Brandenburg, das Kernland Preußens. Und doch wird das alte Preußen zu einer wichtigen Projektionsfläche für den Neuanfang. Im Städtchen Letschin im Oderbruch war in den Wendemonaten eine Bronze-Statue Friedrichs des Großen auf-

1990 kehrt Friedrich der Große nach Letschin zurück.

Der Sarg Friedrichs des Großen wird 1991 im Ehrenhof von Schloss Sanssouci aufgebahrt.

getaucht. Ein Preußenfan hatte sie über viele Jahre versteckt. Feierlich wird das Standbild wieder im Zentrum des Ortes aufgestellt – als Erinnerung an den Preußen-König, auf dessen Befehl das Oderbruch trockengelegt worden war.

Die Hinwendung zu Tradition und Historie wird auch noch durch ein anderes Ereignis deutlich: Im August 1991 werden die Gebeine Friedrichs II., die nach dem Krieg auf die Stammburg der Hohenzollern in Baden-Württemberg gebracht worden waren, nach Potsdam überführt und auf der Terrasse von Schloss Sanssouci beigesetzt – so, wie es der Wille des preußischen Herrschers gewesen war. Die Beisetzung bei Nacht und Fackelschein gerät zu einer Art Staatsbegräbnis. Preußen is back.

Erster Ministerpräsident Brandenburgs wird Manfred Stolpe, zu DDR-Zeiten Konsistorialpräsident und Jurist der evangelischen Kirche. Sein Wirken als Kirchendiplomat im DDR-Staat, oft in geheimer Mission, wird mit der Zeit immer häufiger kritisch hinterfragt werden. Die öffentliche Diskussion, ob Stolpe gar als Inoffizieller Mitarbeiter der DDR-Staatssicherheit dem »Unrechtsstaat« zu Diensten gewesen sei, wird seine Amtszeit immer mehr überschatten. Stolpes gute Verbindungen nach Nordrhein-Westfalen tragen maßgeblich dazu bei, dass das größte westdeutsche Bundesland zum Aufbauhelfer Brandenburgs wird. Hunderte von Verwaltungsleuten, Juristen und politischen Beamten kommen vom Rhein an Havel und Spree. Dass viele von ihnen für die Aufbauhilfe Ost eine »Busch-Zulage« erhalten, stößt nicht wenigen Menschen in Brandenburg auf. Der spätere Ministerpräsident Matthias Platzeck, Nachfolger Stolpes, wird in einem Interview zum

30-jährigen Bestehen des Landes Brandenburg sagen: »Wir brauchten die Unterstützung aus dem Westen. Aber wir dachten, die Aufbauhelfer kommen einmal und gehen dann wieder weg. Aber sie blieben. Und holten weitere Führungskräfte aus dem Westen nach. Eliten generieren Eliten.« Ein Gefühl von Ungerechtigkeit, das sich tief in das kollektive Gedächtnis der ostdeutsch sozialisierten Menschen eingegraben hat.

Worauf soll sich das Selbstverständnis des neuen Bundeslandes gründen? Mit der Hinwendung zu preußischen Traditionen allein kann man keinen Staat machen. Entscheidend sind die ökonomischen Grundlagen. Und die geraten nach friedlicher Revolution und Einheit dramatisch ins Rutschen. Die alles entscheidenden Wirtschaftszweige sind die Stahlindustrie mit den großen Standorten in Brandenburg an der Havel und Eisenhüttenstadt, die Energiewirtschaft mit den gigantischen Braunkohletagebauen in der Lausitz sowie die Landwirtschaft mit hunderten von industriell strukturierten Produktionsgenossenschaften.

Eine Art Mittelstand mit Handwerk und Gewerbe gibt es in Brandenburg kaum. Die Wiedervereinigung bringt den Menschen in Brandenburg zwar neue Freiheiten und die Hoffnung auf Wohlstand und Selbstbestimmung, aber die ökonomischen und sozialen Prozesse, die nun über die neuen Bundesländer hereinbrechen, sind dramatisch, allumfassend und oft unerbittlich.

Der erste Schock kommt nach der Einführung der D-Mark. Zwar kann man nun mit »West-Geld« die begehrte »West-Ware« in allen Läden kaufen. Überall an den Rändern der Gemeinden entstehen in kurzer Zeit große Gewerbegebiete mit Supermärkten und grell leuchtenden Tankstellen – immer häufiger Treffpunkt der orientierungslosen Dorfjugend. Doch die Umstellung auf die D-Mark hat zur Folge, dass die meisten früheren DDR-Betriebe ihre Absatzmärkte in den ehemaligen sozialistischen Bruderstaaten über Nacht verlieren, weil diese nicht mit teuren Devisen bezahlen können.

Ein Beispiel dafür ist Rathenow: Die volkseigenen Optischen Werke (ROW) produzierten

Zur Einführung der D-Mark bilden sich lange Schlangen vor den Banken, wie hier 1990 in Potsdam.

bis 1990 Brillen und optische Geräte für fast alle Staaten, die im »Rat für gegenseitige Wirtschaftshilfe« (RGW) zusammengeschlossen waren. Dafür bezog die DDR im Tausch Industriegüter aus anderen sozialistischen Ländern. Ende 1989 arbeiten in den Rathenower Werken noch mehr als 4000 Menschen. Sie sind damals einer der größten und traditionsreichsten optischen Betriebe der Welt. Nach der Wiedervereinigung verlieren die ROW nahezu alle Absatzmärkte, werden von der Treuhand-Anstalt aufgelöst, in Einzelteile zerlegt und verkauft. Fast alle Beschäftigten werden arbeitslos. Ähnliches passiert in nahezu allen ehemaligen Kombinaten und volkseigenen Betrieben im Land – kaum ein großer Industriebetrieb in Brandenburg überlebt die ersten Jahre nach der Wiedervereinigung.

Die Freude über neu gewonnene Freiheiten mischt sich bei vielen Menschen mit bedrückenden Existenzsorgen und Gefühlen von Ohnmacht und Hilflosigkeit. Man kann jetzt problemlos nach Mallorca fliegen – aber was passiert, wenn man seine Arbeit verliert? Am Ende des Jahres 1992 kann von einem Industriestandort Brandenburg keine Rede mehr sein. Mehr als die Hälfte der rund 600 000 Industriearbeitsplätze sind weggefallen. In kurzer Zeit hat das Land sein industrielles Fundament verloren. Die Folge: Viele Menschen, gerade auch junge, verlassen die Region und gehen in den Westen, um Arbeit und Perspektive zu finden. Ein Aderlass, von dem sich das Land bis in die Gegenwart nur langsam erholen wird.

Die Treuhand-Anstalt – noch in der Wendezeit 1990 von der DDR-Volkskammer eingerichtet, um das Volkseigentum in Privatbesitz umzuwandeln – wird zur am meisten verhassten Institution. Nicht wenige Unterneh-

Beschäftigte streiken 1992 gegen die geplante Schließung des Chemiewerks der Märkischen Faser AG in Premnitz.

Die brandenburgische Sozialministerin Regine Hildebrandt (hier 1998 in Potsdam) wird wegen ihres volksnahen Auftretens populär.

men aus dem Westen kaufen für Spottpreise Betriebe aus dem Osten, um potenzielle Konkurrenz auszuschalten und die Absatzmärkte selbst zu übernehmen.

Die sozialdemokratisch geführte Landesregierung versucht, durch Strukturmaßnahmen und Sozialleistungen die größten Härten abzumildern. Dafür steht vor allem eine Politikerin: die Ministerin für Soziales und Arbeit, Regine Hildebrandt. Obwohl sie politisch Mitverantwortung trägt, gelingt es ihr, mit ihrer direkten und mitfühlenden Art bei vielen verunsicherten und besorgten Menschen in Brandenburg Vertrauen aufzubauen. Die SPD-Politikerin agiert so glaubhaft und beherzt, dass die Medien ihr den Namen »Mutter Courage des Ostens« geben.

Preußisch. Protestantisch. Sozialdemokratisch. So lässt sich der politische Führungsstil in der Ära Stolpe zusammenfassen. Stolpes Versuche, das Selbstbewusstsein der Brandenburgerinnen und Brandenburger durch die Verbindung eines positiv aufgeladenen Preußen-Bildes mit der Fürsorgefunktion eines modernen Wohlfahrtsstaates zu stärken, löst bisweilen auch Kritik aus. Das neue Bundesland wird in den Medien spöttisch als »kleine DDR« bezeichnet. Immerhin: Viele Menschen nehmen die neue Identität an – bei Volksfesten und Versammlungen jeder Art stimmen die Brandenburgerinnen und Brandenburger ihre (inoffizielle) neue Landeshymne an: »Steige hoch, du roter Adler!«

Rückgabe vor Entschädigung

Neben der Angst um den Arbeitsplatz erfasst eine weitere Sorge die Menschen: Im Einigungsvertrag zwischen der DDR und der Bundesrepublik ist der Grundsatz »*Rückgabe vor Entschädigung*« festgelegt. Er besagt im Kern, dass Alt-Besitzer aus dem Westen, darunter auch viele aus der DDR geflohene oder übergesiedelte, ihre Häuser und Grundstücke in den neuen Bundesländern zurückverlangen können. Und so passiert es tausendfach – auch und gerade in Brandenburg.

Kurz vor Weihnachten 1989 klingelt an der Tür der Familie Türke in Falkensee (Havelland) ein Mann aus West-Berlin. Er gibt an, der wahre Eigentümer des Einfamilienhauses zu sein und fordert seinen Besitz zurück. Für die Familie, die zu DDR-Zeiten 100 DDR-Mark Miete monatlich an die kommunale Wohnungsverwaltung gezahlt hatte, bricht eine Welt zusammen. Nach der juristischen Prüfung ist klar: Familie Türke muss ausziehen. Der Altbesitzer bekommt seine Immobilie zurück.

So wie den Türkes ergeht es in den Jahren nach der Wiedervereinigung vielen Bürgerinnen und Bürgern – gerade in den Gemeinden rings um Berlin. Ost und West stehen sich oft am Gartenzaun gegenüber, die westdeutschen Altbesitzer sitzen – mit Selbstbewusstsein und juristischem Beistand versehen – zumeist am längeren Hebel. »*Kleinmachnow bewaffnet sich gegen Wessis*« untertitelt eine Boulevard-Zei-

Viele märkische Schlösser, wie hier Schloss Neuhardenberg, werden restauriert und neuen Nutzungen zugeführt.

tung ein Foto über einen Eigentumsstreit in diesem Vorort von Berlin (Potsdam-Mittelmark). Viele Betroffene empfinden die Regelung als himmelschreiende Ungerechtigkeit. Ökonomisch betrachtet führt sie dazu, dass sich riesige Immobilien-Vermögen bei Bürgern aus Westdeutschland anhäufen. Aber es gibt auch andere Beispiele: Clara von Arnim, Nachfahrin der Besitzer von Schloss Wiepersdorf im Niederen Fläming, bekundet öffentlich, man solle seinem ehemaligen Eigentum nicht nachtrauern. Schloss Wiepersdorf bleibt ein öffentlich gefördertes Künstlerhaus und wird später eine vom Land unterstützte Kulturstiftung.

Überhaupt? Was ist mit den Besitzungen und Ländereien, die bis 1945 oft adligen Großgrundbesitzern gehörten? Ab September 1945 waren mit der kommunistischen Bodenreform in der Sowjetischen Besatzungszone alle »Ausbeuter und Feudalherren« enteignet worden: »*Junkerland in Bauernhand!*«, so die Losung. Die Regelungen im Einigungsvertrag sehen hier eine Entscheidung zugunsten des Staates vor: Eine Rückgabe an die Vorkriegsbesitzer darf nur erfolgen, wenn diese nachweisen können, zur Zeit der Nazi-Herrschaft Widerstand geleistet zu haben. Ansonsten bleiben die Ergebnisse der Bodenreform, die seinerzeit zur Aufteilung der Güter geführt hatten, bestehen. Für viele Adelsfamilien ist diese Regelung bitter. Nicht wenige hatten gehofft, den oft jahrhundertealten Besitz, der mit Ende des Zweiten Weltkrieges verloren gegangen war, wiederzuerlangen. Aber alle rechtlichen Anfechtungen sind umsonst.

Die emotionalen Bindungen zu der Heimat der Vorfahren sind in nicht wenigen Fällen trotzdem nachhaltig. Verschiedene Vertreter adliger Familien kommen nach Brandenburg zurück: Hans-Georg von der Marwitz kauft 1990 das Gut Friedersdorf im Oderbruch zurück und errichtet einen landwirtschaftlichen Betrieb. Barbara von Oppen (geborene von Arnim) erwirbt mit ihrem Mann das Verwalterhaus von Schloss Kröchlendorff (Uckermark), pachtet Ländereien und gründet einen Bauernhof. Krafft Freiherr von Knesebeck zieht es Anfang der 90er in die Mark – nach Karwe an den Ruppiner See, den Heimatort seiner Vorfahren. Er kauft und saniert die Gutsanlagen und betreibt Forstwirtschaft und

Tourismus. Das Herrenhaus von Karwe kann er nicht retten. Es wurde in den 80er-Jahren abgetragen.

Die adligen Rückkehrer werden von den Einheimischen vielfach skeptisch beobachtet. Selbst wenn sie die Gebäude und Ländereien neu erwerben mussten... Man weiß ja nie! Das Misstrauen, zu DDR-Zeiten ideologisch gefüttert, sitzt tief. Manchmal funktioniert das Miteinander von Einheimischen und adligen Rückkehrern gut, oft bleibt aber ein Gefühl von Fremdheit und gegenseitiger Distanz.

In unzähligen Dörfern Brandenburgs warten alte Schlösser und Herrenhäuser darauf, aus dem Dornröschenschlaf wachgeküsst zu werden. Zu DDR-Zeiten hatten sie oft als Unterkunft für Vertriebene, LPG-Zentrale, Konsum oder Kindergarten gedient. Die meisten der alten Gemäuer sind in erbärmlichem Zustand. Die Schicksale der märkischen Adelssitze und Gutshäuser entwickeln sich nach 1990 höchst unterschiedlich. Zumeist hängt es von den neuen Besitzern ab – und natürlich vom Nutzungskonzept und vom Kapital.

Schloss Neuhardenberg im Oderbruch geht in den Besitz der Ostdeutschen Sparkassen-Stiftung, die Familie von Hardenberg hatte es wegen erwiesener Widerstandstätigkeit des letzten Besitzers zurückbekommen und verkauft. Neuhardenberg (zu DDR-Zeiten: »Marxwalde«) mit seiner berühmten Schinkel-Kirche wird zu einem blühenden Ort der Kultur. Aus Schloss Ribbeck im berühmten Fontane-Birnen-Dorf macht der Landkreis Havelland ein modernes Heimatmuseum. Aus Groß Behnitz, dem Landsitz der Berliner Industriellen-Familie Borsig, macht ein Architekt und Unternehmer ein modernes Tagungshotel, Schloss Wustrau wird zur Deutschen Richterakademie, Schloss Meseberg gar zum Gästehaus der Bundesregierung. An vielen Orten erstrahlen die herrschaftlichen Bauten in neuem, altem Glanz.

Anderen Herrenhäusern ergeht es weniger gut. An vielen Orten kommen und gehen neue Besitzer. Und längst nicht immer werden ihre Träume und Versprechungen wahr. Welch eigenwillige Ideen an manchen Orten aufblühen können, zeigt sich in Milkersdorf bei Cottbus: In dem alten Herrenhaus entsteht Anfang der 2000er ein exklusiver Swinger-Club, der bald bundesweit Gäste anzieht.

Die Russen gehen

»Doswidania, Germania!« – »Auf Wiedersehen Deutschland!«, singen im Juni 1994 die Soldaten der 16. Luftlandearmee bei ihrer letzten Parade in Wünsdorf südlich von Berlin. Fast 50 Jahre lang befand sich hier das Hauptquartier der sowjetischen Streitkräfte in Ostdeutschland. Nun ist der Abzug der Westgruppe der Gemeinschaft unabhängiger Staaten (GUS), wie die stolze Armee nach dem Zerfall der Sowjetunion heißt, weitgehend abgeschlossen: Mehr als 500 000 Soldaten,

Ministerpräsident Manfred Stolpe verabschiedet 1993 in Potsdam ein russisches Panzerregiment.

Offiziere, Zivilbeschäftigte und deren Familien haben Ostdeutschland verlassen. Dazu 125 000 Waffen und Kriegsgeräte, 2,7 Millionen Tonnen Ausrüstung und 677 000 Tonnen Munition. Ein militärischer Kraftakt und eine logistische Meisterleistung. Der Abzug unter Befehl von Generaloberst Matwej Burlakow verläuft ohne größere Zwischenfälle und nahezu geräuschlos – und dies, obwohl die politische und wirtschaftliche Situation in den Heimatländern der Soldaten unsicher und oft prekär ist.

Was bleibt sind die militärischen Hinterlassenschaften aus fünf Jahrzehnten Kaltem Krieg. Ganz Brandenburg ist übersät mit Truppenübungsplätzen, Kasernen, Schieß- und Sprengplätzen, Bunkern, Großtanklagern und Flugplätzen – von Altes Lager bis Wittstock, von Perleberg bis Potsdam, von Neuruppin bis Neuthymen. Die Sperrgebiete und militärischen Anlagen – bis hin zu Atomwaffenlagern – umfassen in Brandenburg rund 100 000 Hektar.

Relikte der Vergangenheit: Auf dem Gelände einer ehemaligen Sowjet-Kaserne in Eberswalde trotzt eine Leninstatue den Abrissarbeiten, 1996.

Die Besatzer sind nun zwar abgezogen, aber ihre Standorte sind größtenteils verseucht – durch Schadstoffe, Benzin, Unrat und gefährliche Munition. Das Land Brandenburg startet mit Unterstützung des Bundes und der Europäischen Union ein gigantisches Konversionsprogramm: Im Laufe der Jahre werden 310 000 Tonnen Abfälle entsorgt, 200 000 Tonnen belasteter Böden saniert, mehr als 2,3 Millionen Liter Kerosin und Lösungsmittel aus Boden und Grundwasser entfernt sowie 250 Hektar Flächen entsiegelt und renaturiert. Oft werden Anlagen und Kasernen abgerissen und Manövergelände aufgeforstet, an vielen Orten entstehen aber auch neue Nutzungsmöglichkeiten: Aus dem Flugplatz Groß Dölln (Barnim), auf dem die sowjetische Raumfähre Buran hätte landen können, entstehen ein großer Solarpark und eine Versuchsstrecke für E-Mobilität, die ehemals sowjetische Kommandantur in Luckenwalde wird zum Biotechnologie-Park, das ehemalige Wünsdorfer Hauptquartier der Westgruppe wird Behördenzentrum, Bücherstadt und Flüchtlingsunterkunft. Konversion und Renaturierung verschlingen Milliarden.

Politischen Streit gibt es um das riesige Gelände des ehemaligen sowjetischen Truppenübungslatzes in der Kyritz-Ruppiner Heide. Über Jahrzehnte hinweg hat die Sowjetarmee den Landstrich für Bombenabwürfe im Tiefflug genutzt. Im Volksmund wird das Areal deshalb nur »Bombodrom« genannt. Nach dem Abzug der GUS-Truppen möchte die Bundeswehr den Truppenübungsplatz für eigene Zwecke nutzen. Hier soll der größte Tiefflugübungsplatz Europas entstehen. Doch schnell formiert sich Widerstand: Bürgerinitiativen und Umweltaktivisten fordern eine

Mehrere tausend Menschen demonstrieren 2009 in Fretzdorf gegen die Errichtung eines Luft-Boden-Schießplatzes in der Kyritz-Ruppiner Heide.

»Freie Heide« und den Stopp der militärischen Pläne. Es kommt zu Demonstrationen, Friedensmärschen und Protestaktionen aller Art. Nach einem jahrelangen Gerichtsprozess zieht das Bundesverteidigungsministerium seine Pläne zurück. Die Kyritz-Ruppiner Heide ist wieder »frei«. Heute kann man dort Kutschfahrten unternehmen oder Pfifferlinge sammeln – im Boden lauern allerdings immer noch die Gefahren militärischer Altlasten.

Die Schätze der Natur

Zu den wichtigsten Anliegen der ersten Landesregierung Brandenburgs gehört es, das Nationalparkprogramm der letzten und erstmals frei gewählten DDR-Regierung voranzutreiben. Bereits im Einheitsjahr 1990 wurde das erste Biosphärenreservat auf dem Gebiet der noch existierenden DDR ausgerufen – die Naturlandschaft Schorfheide-Chorin mit ihren einzigartigen Waldgebieten, Hügeln, Mooren und Gewässern. Für das brandenburgische Umweltministerium unter Matthias Platzeck haben der Naturschutz und die Ausweisung von Schutzgebieten höchste Priorität.

Platzeck, gelernter Umwelthygieniker, hat sich in der Wendezeit in der Grünen Liga engagiert und am Zentralen Runden Tisch auf die katastrophalen ökologischen Probleme der DDR hingewiesen. 1991 wird auch der Spreewald im Süden Brandenburgs zum Biosphärenreservat erklärt. 1999 folgt die Flusslandschaft Elbe-Brandenburg. Naturparks und Schutzgebiete nehmen am Ende rund ein Drittel der Fläche Brandenburgs ein.

Die De-Industrialisierung der Region führt zu einem dramatischen Abbau von Arbeitsplätzen, dafür entstehen Schutzgebiete und Naturparks, die Brandenburg zu einem einzigartigen Erholungsraum machen. Tourismus wird zum wirtschaftlichen Motor der Region.

Welche Kräfte die Natur entfalten kann, zeigt sich im Sommer 1997 an der Oder: Am Oberlauf des Flusses ist es wegen einer seltenen Tiefdruck-Wetterlage zu tagelangem Starkregen gekommen. Innerhalb kürzester Zeit werden weite Teile Nord-Tschechiens und Süd-Polens überschwemmt. Die Flut erreicht am 17. Juli Ratzdorf, am Zusammenfluss von Oder und Lausitzer Neiße. Für den gesamten Flussverlauf gilt jetzt die höchste Alarmstufe. Die Wassermassen bedrohen weite Landstriche, das gesamte Oderbruch und sogar Schwedt und das untere Odertal. Der Kampf gegen mögliche Deichbrüche und Überflutungen beginnt. An verschiedenen Orten kommt es zu Evakuierungen – zuerst in der Ziltendorfer Niederung, später in Hohenwutzen. Zehntausende Helfer sind im Einsatz: Bundeswehr, Bundesgrenzschutz, Technisches Hilfswerk, Feuerwehren und Deutsche Lebensrettungsgesellschaft. Transport-Hubschrauber werfen unentwegt Sandsäcke ab, um die Deiche zu verstärken, die Luftwaffe schickt sogar Tornado-Kampfflugzeuge zur Beobachtung der Flutentwicklung. An einigen Stellen brechen Deichabschnitte oder die Wassermassen übersteigen die Dammkronen – etwa bei Brieskow-Finkenheerd oder Neuglietzen.

Die Medien berichten unentwegt über die Ereignisse an der Oder. Die Bilder vom Hochwasser rücken Brandenburg in das Bewusstsein der deutschen Öffentlichkeit. Es gibt viel Solidarität und eine überwältigende Spendenbereitschaft. Umweltminister Platzeck, der größtenteils vor Ort die Hilfsmaßnahmen koordiniert hat, wird von den Medien zum »Deichgrafen« ernannt. An einigen besiedelten Stellen ist es zwar zu Überflutungen gekommen, aber die Schäden halten sich in Grenzen. Doch die Oderflut 1997 gräbt sich als Erfahrung einer kollektiven Gefahrenabwehr tief in das Gedächtnis der Region ein. Hochwasserschutz, Renaturierung und die Bildung von Polderflächen haben für Brandenburgs Umweltpolitik seitdem hohe Priorität.

Aus der Luft schaut Umweltminister Matthias Platzeck auf den mit Sandsäcken verstärkten Oderdeich.

Soldaten und Taucher kämpfen 1997 gegen das Oder-Hochwasser, wie hier in Hohenwutzen.

Frust, Hass und Gewalt

Nur wenige Wochen nach dem Tag der Wiedervereinigung und der Gründung des Landes Brandenburg kommt es in Eberswalde (Barnim) zu einem brutalen Übergriff. Eine Gruppe Jugendlicher, angeführt von örtlichen Neonazis und Skinheads, macht Jagd auf Ausländer. Besonders abgesehen haben sie es auf die afrikanischen Vertragsarbeiter aus dem Schlacht- und Verarbeitungsbetrieb Eberswalde. Nachdem deren Aufenthaltsverträge mit dem Beitritt der DDR zur Bundesrepublik annulliert worden sind, ist der Aufenthaltsstatus der jungen Männer aus Angola, Mosambik und Algerien unklar. Einer von ihnen ist der junge Angolaner Amadeu Antonio Kiowa. Am Abend des 24. November 1990 steht er allein dem jugendlichen Mob gegenüber, versucht zu fliehen, wird umringt und mit Baseballschlägern und Fußtritten zusammengeschlagen und zu Tode getreten. Eine Zivilstreife, die den Vorfall beobachtet, greift nicht ein. Amadeu Antonio Kiowa stirbt kurze Zeit später an den Folgen des Überfalls. Er hinterlässt seine deutsche Freundin, die ein Kind erwartet.

Amadeu Antonio Kiowa gilt als das erste Todesopfer rechter Gewalt in Brandenburg. Viele weitere werden folgen. In den Jahren nach der Wiedervereinigung wird Brandenburg zu einer Hochburg des Rechtsextremismus. Über das ganze Land verteilt kommt es immer wieder zu Gewalttaten, Anschlägen und Übergriffen auf Fremde, Andersdenkende, Flüchtlinge oder Migranten: Als im April 1991 die deutsch-polnische Grenze für den visafreien Reiseverkehr geöffnet wird, bewerfen rechte Demonstranten polnische Musiker auf ihrer Heimfahrt mit Steinen, im November 1992 wird das Asylbewerberheim in Dolgenbrodt in Brand gesteckt, die jugendlichen Brandstifter waren von Bürgern des Ortes angeheuert und bezahlt worden. Im

Das Asylbewerberheim in Dolgenbrodt wird 1992 durch Brandstiftung zerstört.

Frühjahr 1993 kommt es zu einem Aufmarsch von Neonazis an der Kriegsgräberstätte Halbe, im September 1996 schlägt ein Skinhead in Trebbin den italienischen Bauarbeiter Orazio Giamblanco mit einem Baseballschläger halbtot. Im Juli 2002 wird im uckermärkischen Potzlow der 16-jährige Marinus Schöberl stundenlang gequält, schließlich ermordet und seine Leiche in einer Jauchegrube entsorgt. Im Januar 2010 brennen Jugendliche in Zossen das »Haus der Demokratie« nieder. Jedes Jahr kommt es in Brandenburg zu mehr als 100 rechtsextremistischen oder fremdenfeindlichen Gewalttaten. Aber auch so etwas gibt es in Brandenburg: Ende 1993 wird der aus Indien stammende Arzt Ravindra Gujjula Bürgermeister von Altlandsberg im Barnim. Seine Wahl macht international Schlagzeilen.

1998 sieht sich die brandenburgische Landesregierung gezwungen, eine Spezialeinheit bei der Polizei einzurichten – die MEGA. Sie soll an den Hot Spots rechter Gewalt Präsenz zeigen und staatliche Handlungsmacht demonstrieren. An vielen Orten in Brandenburg hatten Neonazis und rechte Gruppie-

Aus der gigantischen Produktionshalle der gescheiterten Cargolifter AG wird 2004 der Wasserpark »Tropical Islands«.

rungen den Eindruck gewonnen, unbehelligt agieren zu können. Stolz sprechen sie selbst von »ausländerfreien Zonen«. Aber mit der Zeit regt sich auch der zivilgesellschaftliche Widerstand. Im Januar 1993 organisieren brandenburgische Bürgerinnen und Bürger zum ersten Mal eine Lichterkette gegen Ausländerfeindlichkeit. An vielen Orten entstehen lokale Initiativen gegen Fremdenfeindlichkeit und rechte Gewalt. 1997/98 gründen 29 Organisationen und Vereine mit Unterstützung des Landes das »Aktionsbündnis Tolerantes Brandenburg«. Immer mehr Menschen wollen der Gewalt und dem Hass von rechts etwas entgegensetzen. Mit den Jahren – auch der wirtschaftlichen Konsolidierung – zahlt sich das Engagement aus. Der Rechtsextremismus wird zurückgedrängt. Nazi-Parolen und rechte Gewalt bestimmen zumindest nicht mehr öffentlich den Alltag in Brandenburgs Städten und Gemeinden.

Luftschlösser und Leuchttürme

Die langsame wirtschaftliche Konsolidierung des Landes Brandenburg wird immer wieder abrupt unterbrochen von Rückschlägen und spektakulären Pleiten. Insbesondere mit einigen zentralen Prestigeprojekten hat die Landesregierung kein Glück. Im November 2000 wird in Briesen/Brand im Landkreis Dahme-Spreewald eine gigantische, futuristisch anmutende Produktionshalle fertiggestellt. Sie gilt als das größte, freitragende Gebäude der Welt. Die Cargolifter AG will an dieser Stelle moderne Transportluftschiffe bauen. Das Land Brandenburg hat die Investition mit hohen Millionensummen unterstützt. Doch die gigantische Zeppelin-Unternehmung erweist sich als Luftschloss. Wegen technischer und finanzieller Probleme implodiert das Vorhaben. Cargolifter muss Insolvenz anmelden. Brandenburgs Zukunftspläne zerplatzen wie

Seifenblasen. Glück im Unglück und Ironie der Geschichte: 2003 kauft ein malaysischer Konzern den luftigen Giganten und errichtet in der Halle einen riesigen Freizeitpark – das »Tropical Islands«. Urlaubsgefühle im märkischen Sand.

Ein anderes Prestigeprojekt nimmt in den Jahren nach der Landesgründung zunächst tatsächlich Formen an: der von Motorsport-Fans herbeigesehnte »Lausitzring« – eine Rennstrecke der Superlative in der Lausitz, die es mit den legendären Motodromen von Monza, Silverstone oder dem Nürburgring aufnehmen kann. Politik und Motorsportfreunde träumen von spektakulären Formel-1-Rennen in der Lausitz. Im ehemaligen Tagebau Meuro wird im Juni 1998 mit dem Bau einer riesigen Motorsportanlage begonnen, die Landesregierung geht von 1500 neuen Arbeitsplätzen aus. Im Sommer 2000 ist es so weit: Zur Eröffnung des »EuroSpeedway Lausitz« kommen mehr als 100 000 Menschen, die Ost-Kultband »Puhdys« präsentiert eine eigens komponierte Hymne. Zwei Jahre später ist auch der Traum vom märkischen Motorsport-Eldorado geplatzt. Da es nicht gelingt, die kommerziell zugkräftigen Rennen nach Brandenburg zu holen, geht die Betreibergesellschaft pleite. Nur mit weiteren Steuermillionen geht es irgendwie weiter. So sind erstmal 50 Arbeitsplätze gerettet.

Doch nicht alle politischen Träume platzen. Seit Anfang des 20. Jahrhunderts sind die Filmstudios in Potsdam-Babelsberg *die* deutsche Traumfabrik. Legendäre Kinofilme sind hier produziert worden: »Metropolis« und »Der blaue Engel« in den frühen Jahrzehnten, später die Propaganda-Streifen der Nazis, dann über mehr als vier Jahrzehnte hinweg die Spielfilme der DEFA. 1992 kauft ein französischer Energiekonzern die vormals staatlichen Filmbetriebe und mit dem ersten Geschäftsführer Volker Schlöndorff, Filmemacher und Oscar-Preisträger, kehrt wieder Leben ein in den Studios und Ateliers zwischen Potsdam und Berlin.

In den folgenden Jahren gelingt es den Betreibern sogar, große Hollywood-Produktionen nach Brandenburg zu holen. Später entstehen in Babelsberg große Streaming-Serien wie »Dark« und »Babylon Berlin«. Auf und neben dem Studiogelände siedeln sich zahlreiche Firmen aus der Film- und Fernsehbranche an, an mehreren Orten entstehen prächtige Kulissenstraßen. Der Filmpark Babelsberg lädt Touristen zu Spiel und Unterhaltung, nebenan entsteht ein moderner Neubau für die Hochschule für Film und Fernsehen Konrad Wolf, die 2014 in Filmuniversität Babelsberg umbenannt wird. Das Areal, auf dem 1911 die deutsche Filmgeschichte begonnen hatte, ist jetzt eine moderne Medienstadt.

Im Jahr 2002 tritt Ministerpräsident Manfred Stolpe, immer wieder öffentlich wegen angeblicher Stasi-Verstrickungen kritisiert, zurück. Nachfolger wird Potsdams Oberbürgermeister Matthias Platzeck (SPD). Wegen seines beherzten Einsatzes als Umweltminis-

Im Studio Babelsberg werden viele erfolgreiche Hollywood-Produktionen gedreht.

ter beim dramatischen Oderhochwasser 1997 ist er in der Bevölkerung äußerst beliebt. Die ökonomische und soziale Situation im Land ist bei Amtsantritt von Platzeck äußerst schwierig. Die Arbeitslosenzahlen erreichen 2003 einen Höchststand. Fast jeder fünfte Brandenburger bzw. jede fünfte Brandenburgerin ist ohne Job.

Die Bundesregierung unter Kanzler Gerhard Schröder versucht, der wirtschaftlichen Lähmung und der grassierenden Arbeitslosigkeit vor allem in den neuen Bundesländern mit einem Reformprozess zu begegnen – der »Agenda 2010«. Den wachsenden Unmut gegen die sogenannten Hartz IV-Reformen bekommt Platzeck bei einem Besuch in Wittenberge mit Kanzler Schröder zu spüren. Statt mit Jubel wird er mit Wut und Eiern begrüßt. Dabei hat Platzeck selbst Zweifel an der »Agenda 2010«. Gemeinsam mit anderen ostdeutschen Ministerpräsidenten stimmt er gegen das Gesetzespaket. So schmerzlich sich die Reformen auf viele Betroffene auswirken, die sozialpolitische Rosskur zeigt Wirkung. Ab Mitte der 2000er-Jahre steigen die Beschäftigtenzahlen auch in Brandenburg deutlich an. Die Landesregierung nimmt zudem andere wirtschaftliche Felder in den Fokus: erneuerbare Energien, Tourismus und eine verstärkte Zusammenarbeit mit Berlin.

Die Volksabstimmung zur Länderfusion 1996 scheitert an der Ablehnung der Brandenburger.

Mark und Metropole

Das Verhältnis der Menschen aus Berlin und Brandenburg zueinander ist durchaus ambivalent und nicht selten von Vorurteilen, Ironie und Spott geprägt. *»Berlin ist nichts anderes als eine etwas größere Stadt in Brandenburg«*, heißt es manchmal augenzwinkernd in Reden märkischer Politiker. Die teils gespielte, teils tatsächlich empfundene Abneigung der Landbevölkerung gegenüber den Städtern treibt bisweilen eigenwillige Blüten.

Umgekehrt blickt auch die Metropole oft mit Reserviertheit oder Überheblichkeit auf die Menschen im Umland.

Historisch sind Berlin und Brandenburg natürlich eine Region. Und was sich nach der Wiedervereinigung und der Neugründung des Landes Brandenburg immer mehr zeigt: Berlin und das weite Umland sind wirtschaftlich existentiell aufeinander angewiesen. In großen Schritten wird im Zuge der deutschen Einheit die Infrastruktur zwischen Stadt und Land wiederhergestellt und ausgebaut – vom Straßennetz über den Schienenverkehr bis zur Wasserversorgung. Rings um Berlin wächst in rasender Geschwindigkeit ein prosperierender Speckgürtel. Vororte wie Bernau (Barnim), Schönefeld (Dahme-Spreewald), Falkensee (Havelland) oder Teltow (Teltow-Fläming) verändern in wenigen Jahren komplett ihr Gesicht.

Mit dem Hauptstadtbeschluss (1991) und dem Berlin/Bonn-Gesetz (1994) setzt in Berlin ein ökonomischer und gesellschaftlicher

Bauboom: Wie hier in Teltow entstehen in den 1990er-Jahren im »Speckgürtel« Berlins unzählige Neubauten.

Boom ein und auch Brandenburg wird von der Hauptstadtwerdung Berlins erfasst.

Nachdem die Landesregierung Brandenburgs unter Ministerpräsident Stolpe in den ersten Jahren stark die Eigenständigkeit des neuen Bundeslandes betont und eine besondere märkische Identität propagiert hatte, kommt es daher bald zu einem Kurswechsel: 1994 schließen Berlin und Brandenburg einen Staatsvertrag, der auf eine Fusion der beiden Bundesländer abzielt. Roter Adler und Berliner Bär sollen eine Ehe eingehen – eine »Vernunftehe«. Entstehen soll das fünftgrößte Bundesland – in einer wirtschaftlich immer enger verflochtenen Region.

Doch die politisch Verantwortlichen haben die Rechnung ohne die misstrauischen Brandenburgerinnen und Brandenburger gemacht: Bei der Volksabstimmung im Mai 1996 votiert Berlin mehrheitlich für eine Fusion, in Brandenburg eine deutliche Mehrheit dagegen. Das Projekt »Länderfusion« ist gescheitert.

Gleichwohl zeigt sich, dass eine enge Zusammenarbeit in fast allen Bereichen von Politik, Wirtschaft und Zukunftsplanung nicht nur erforderlich, sondern auch förderlich ist. Viele Institutionen, Organisationen und Verbände finden sich zusammen oder werden zusammengeschlossen. Zum Prestigeprojekt wird nach der gescheiterten Länderfusion ein Zusammenschluss der Landesrundfunkanstalten Sender Freies Berlin (SFB) und Ostdeutscher Rundfunk Brandenburg (ORB). Im Konzert des Senderverbundes ARD soll die Stimme der Hauptstadtregion wahrnehmbarer werden. Am 1. Mai 2003 ist es soweit: Der Rundfunk Berlin-Brandenburg (rbb) nimmt seinen Sendebetrieb auf. Für die Medienmacher und -macherinnen ist es kein leichtes Unterfangen: ein gemeinsames Programm für Ost und West, für Stadt und Land.

Ein anderes Prestigevorhaben der Politik hat eine weitaus größere Dimension: der neue, gemeinsame Flughafen für die Hauptstadtregion Berlin-Brandenburg – ein moderner Airport der Superlative, Drehkreuz für Europa und die Welt, Konkurrent zu Frankfurt und München. Doch das gigantische Infrastrukturprojekt gerät zum Fiasko. 2006 begonnen, soll der Flugbetrieb im November 2011 starten. Von Anfang an steht das Mammut-Vorhaben aber unter keinem guten Stern. Lange Zeit können sich die Gesellschafter – Berlin, das Land Brandenburg und der Bund – nicht auf einen geeigneten Standort einigen. Das noch größere Verhängnis: Die politischen Partner entscheiden, das Projekt in eigener Regie zu planen und umzusetzen – ohne Beauftragung eines Generalunternehmers.

Aufgrund dramatischer Fehlplanungen, mangelnder Bauaufsicht, unkoordinierter Umsetzung und gravierender technischer Mängel muss der Eröffnungstermin insgesamt sieben Mal verschoben werden. Die Kosten explodieren am Ende auf sieben Milliarden Euro, die größtenteils von den Steuerzahlern aufgebracht werden müssen. Der BER wird zum Sinnbild eines außer Kontrolle geratenen staatlichen Großprojektes. Das gemeinsame Vorhaben: eine Lachnummer und ein Mega-Skandal. Am Ende müssen die politisch Verantwortlichen, Berlins Bürgermeister Wowereit und Brandenburgs Ministerpräsident Platzeck, ihren Hut nehmen. Mit neun Jahren Verspätung eröffnet der Airport Berlin-Brandenburg im Oktober 2020 – deutlich kleiner als ursprünglich gedacht und um ein Vielfaches teurer. Kein märkisches Luftschloss, eher eine Sandburg – mit finanziellen Folgen für Generationen.

Dass die Realisierung großer Infrastruktur- und Industrieprojekte auch gelingen kann, zeigt die Ansiedlung der »Giga-Factory« des amerikanischen Automobilherstellers Tesla. Mit massiver Unterstützung der brandenburgischen Politik lässt der US-Konzern innerhalb von nur zwei Jahren bei Grünheide, 30 Kilometer südöstlich von Berlin, eine riesige Produktionsstätte für E-Autos errichten. Eine Milliarden-Investition. Elon Musk, exzentrischer Gründer von

Beim Projekt des Flughafens Berlin-Brandenburg (hier kurz vor der Eröffnung in 2020) gibt es eine Panne nach der nächsten.

Die 2022 fertiggestellte Tesla-Fabrik in Grünheide schafft Arbeitsplätze, aber auch Umweltbelastungen.

Tesla und anderer Tech-Unternehmen, wird bei seinen Besuchen in Brandenburg bestaunt und gefeiert wie ein Pop-Star. Bei der Verleihung des »Goldenen Lenkrades« 2019 hatte er den Bau einer »Giga-Factory« in Deutschland angekündigt. Brandenburg hatte wegen weitreichender Förderzusagen und der Nähe zur Hauptstadt Berlin am Ende den Zuschlag bekommen.

Doch mit ihrem erfolgsorientierten und teilweise rücksichtslosen Vorgehen ernten Musk und sein Konzern auch deutliche Kritik: Wegen des hohen Wasserbedarfs der Autofabrik bangen viele Menschen um die Wasserversorgung der Region. Anwohner und Umweltverbände protestieren. Tesla bietet zwar auf Anhieb tausende von Arbeitsplätzen, aber die Unternehmenskultur gilt als knallhart, rein profitorientiert und wenig arbeitnehmerfreundlich. Dazu kommen Nachrichten über Umweltbelastungen und Unfälle in der Produktion. Kein Ruhm ohne Schattenseiten. Im März 2023 werden im Tesla-Werk von 10 000 Mitarbeitenden pro Woche 5000 Autos produziert. Brandenburg hat einen neuen, gigantischen Industriestandort.

Das moderne Brandenburg: Es kann so einfach sein

Mit den 2010er-Jahren setzt in Brandenburg eine spürbare Konsolidierung ein. Nach den wirtschaftlichen Einbrüchen und der De-Industrialisierung in den 90ern hat sich die Wirtschaft der Region neu ausgerichtet: Die alten Industriestandorte sind zwar weitgehend verschwunden, aber neue ökonomische Treiber haben Brandenburg Schub verliehen – vor allem der Ausbau erneuerbarer Energien. Im Bereich Wind- und Solarenergie hat Brandenburg deutschlandweit eine Führungsrolle übernommen. Den eigenen Bedarf könnte das Bundesland weitestgehend aus eigenen Quellen speisen. Doch eine der größten Herausforderungen steht noch bevor: der Strukturwandel der Lausitz.

Über mehr als ein Jahrhundert hinweg lieferte die Region im Süden Brandenburgs zuverlässig Energie: Braunkohle aus den Tagebauen rings um Cottbus, Senftenberg und Hoyerswerda. Und Kohlestrom aus den Kraftwerken von Jänschwalde oder Schwarze Pumpe. Damit soll nun Schluss sein. Der sich dramatisch zuspitzende Klimawandel lässt keine andere Wahl: Abbau und Verfeuerung fossiler Brennstoffe müssen so schnell wie möglich heruntergefahren werden.

2020 beschließen Bundesregierung und Bundestag das Kohle-Ausstiegsgesetz. Bis 2038 soll die Nutzung von Kohlestrom beendet sein. Ein gigantisches Förderprojekt wird aufgelegt: Allein für die Lausitz sind 17 Milliarden Euro für Projekte einer nachhaltigen Energieregion geplant – vom Ausbau der Verkehrswege über ein neues ICE-Bahn-Werk in Cottbus bis zu neuen Wissenschaftseinrichtungen. Der Strukturwandel soll die Region retten. Sinnbild für die Veränderung ist auch der neu geschaffene »Ostsee« vor den Toren von Cottbus. Er entsteht auf der Fläche des ehemaligen Braunkohletagebaus Cottbus-Nord, mit 19 Quadratkilometern der größte See Brandenburgs und das größte künstliche Gewässer Deutschlands. Die Auffüllung des Ostsees verzögert sich jedoch wegen andauernder Trockenheit und dem niedrigen Pegelstand der Spree: Der Klimawandel lässt sich nicht austricksen.

2022 lodern Feuer in Deutschland häufiger als in den vergangenen Jahren. Das Bundesinformationszentrum Landwirtschaft registriert mehr als 500 Brände auf einer Fläche von knapp 1500 Hektar. Oftmals betroffen: ehemalige Militärgelände und Truppenübungsplätze. Wegen der Gefahren durch Altlasten und im Erdreich verborgene Munition erweisen sich die Löschversuche oft als schwierig. Über Wochen ist der Himmel über Brandenburg in diesem Sommer rauchgeschwärzt.

Mit dem Rückenwind guter wirtschaftlicher Rahmendaten reift bei der brandenburgischen Landesregierung unter Ministerpräsident Dietmar Woidke (SPD) der Plan für eine umfassende Modernisierung der Verwaltungsstrukturen. Im Juli 2017 legt Woidkes Kabinett einen Gesetzentwurf zur Neugliederung der Kreise vor. Die Anzahl der Landkreise in Brandenburg soll durch Fusionen deutlich reduziert werden. Doch mit Fusionen haben es die Menschen in Brandenburg nicht so. Sowohl in den Kommunen als auch in der Bevölkerung regt sich beträchtlicher Widerstand gegen das Reformvorhaben. Im Herbst 2017 muss die Landesregierung einen Rückzieher machen. Die angestrebte Abstimmung

Die Flutung des »Ostsees« auf dem Gelände des ehemaligen Braunkohletagebaus Cottbus geht seit 2019 langsam voran.

In Brandenburg kommt es immer häufiger zu verheerenden Waldbränden, wie hier 2023 in Jüterbog.

wird abgesagt, die Pläne verschwinden in den Schubladen.

Der wirtschaftlichen und strukturellen Konsolidierung des Bundeslandes tut diese politische Pleite allerdings keinen Abbruch. Brandenburg steht ökonomisch gut da, der Strukturwandel hat neue Kräfte freigesetzt, die Arbeitslosigkeit ist niedrig. Die positive Entwicklung will die Landesregierung auch in Sachen Image nutzen. Zum ersten Mal startet sie eine Landesmarketing-Kampagne. Der Slogan: *»Brandenburg. Es kann so einfach sein!«* Nicht überall im Land kommt die Doppeldeutigkeit der Kampagne gut an.

Eine »Flüchtlingskrise« und ein tückisches Virus

Im Sommer 2015 gibt Bundeskanzlerin Angela Merkel in Berlin eine Pressekonferenz. Die Zahl von Flüchtlingen und Asylsuchenden, die aus dem Bürgerkriegsland Syrien und aus anderen Krisenregionen nach Deutschland gelangen, hat dramatisch zugenommen. Angela Merkel versucht mit einem denkwürdigen Satz, die Öffentlichkeit für ihren humanitären Kurs zu gewinnen: *»Wir schaffen das!«*

Auf dem Höhepunkt der »Flüchtlingskrise« leisten auch viele Menschen in Brandenburg Hilfe, unterstützen die Arbeit der Hilfsorganisationen oder helfen direkt den Ankommenden. »Willkommenskultur« ist das Gebot der Stunde. Doch der Zuzug aus der Fremde löst auch viele Ängste und Aggressionen aus. Die Partei »Alternative für Deutschland« (AfD) hat nach der EU-Schuldenkrise ein neues, hochemotionales Thema. Ihre nationalistischen und fremdenfeindlichen Parolen fallen gerade in Ostdeutschland auf fruchtbaren Boden. In kurzer Zeit werden insbesondere Cottbus und die Lausitz zu einer Hochburg der AfD und anderer rechter Gruppierungen. Fremdenfeindliche Haltungen und Sorgen wegen des Strukturwandels der Region gehen eine unheilvolle Verbindung ein. Immer deutlicher zeigen sich Ablehnung und Aggression gegenüber dem Staat und den als »Lügenpresse« bezeichneten Medien. In diesem Zeitraum flammen auch die Übergriffe und Straftaten gegenüber Frem-

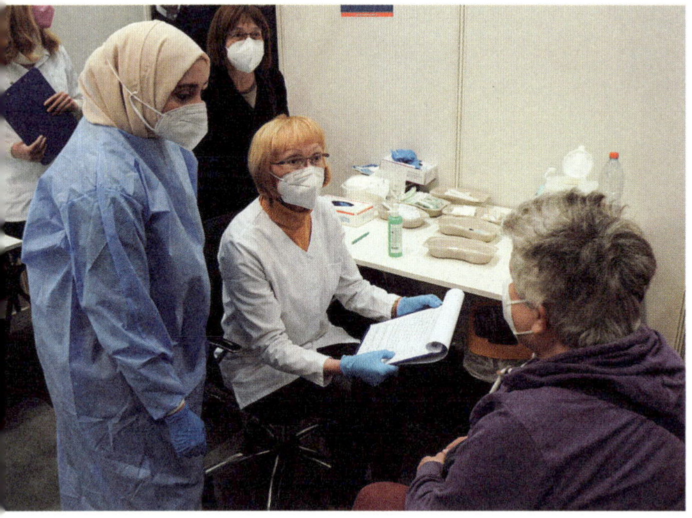

In Potsdam finden 2022 Schulungen von Apothekerinnen und Apothekern zur Corona-Impfung statt.

den und Geflüchteten wieder auf. In Nauen (Havelland) wird eine Turnhalle, die zu einer Flüchtlingsunterkunft umfunktioniert werden soll, von örtlichen Neonazis niedergebrannt.

Ende 2019 mehren sich weltweit Berichte über das Auftreten eines bislang unbekannten, möglicherweise lebensgefährlichen Virus. Innerhalb weniger Wochen erreicht die neuartige Krankheit, die wegen ihres Virusstammes schnell »Corona« genannt wird, erst Italien, dann Deutschland. Am 2. März 2020 tritt der erste Fall in Brandenburg auf. Kurze Zeit später ist das Land im Ausnahmezustand. Ende März müssen alle öffentlichen Einrichtungen und die meisten Geschäfte in Brandenburg schließen. Lockdown. Die Innenstädte menschenleer. Brandenburgische Schulen versuchen, den Unterricht auf digitales Homeschooling umzustellen. Das Potsdamer Hasso-Plattner-Institut liefert die Software. Trotzdem bedeutet die Umstellung auf den Heimunterricht für viele Familien eine nervenzerreißende Belastung.

Im Potsdamer Ernst-von-Bergmann-Klinikum kommt es zu einem dramatischen Corona-Ausbruch: 138 Patienten infizieren sich, ein Drittel stirbt an der tückischen Krankheit. Der Krankenhaus-Leitung wird vorgeworfen, kein geeignetes Hygiene- und Quarantäne-Konzept eingerichtet zu haben. Die Pandemie erdrückt das öffentliche und private Leben, schneidet Beziehungen ab, erzeugt Ängste und Feindseligkeiten.

Als Bund und Länder die Maskenpflicht einführen, gibt es erhebliche Widerstände in der Bevölkerung. Die Einschränkungen von Rechten und Freiheiten sind einschneidend und reichen weit in den privaten Bereich hinein: Die Bürgerinnen und Bürger dürfen sich nur noch in kleinsten Gruppen treffen, teilweise wird den Nutzern von Wochenendhäuschen im Norden Brandenburgs untersagt, ihre Grundstücke zu erreichen. Mancherorts kommt es zu Denunziationen und Feindseligkeiten. Der Kampf gegen das Virus wird auch zum Glaubenskrieg zwischen denen, die Verständnis haben für die Schutzmaßnahmen des Staates, und denen, die nicht an die Gefahren von Corona glauben und sich ihrer persönlichen Freiheiten beraubt fühlen.

Am 3. Oktober 2020 wird das Land Brandenburg 30 Jahre alt. Ursprünglich hatte es Pläne für Feierlichkeiten und Volksfeste gegeben. Doch die Pandemie hat das öffentliche Leben lahmgelegt. Die Monate in Lockdown und Ausnahmezustand werden lange nachklingen.

Das Gespenst des Krieges und die Folgen des Klimawandels

Am 24. Februar 2022 überfällt die russische Armee auf Befehl ihres Präsidenten Wladimir Putin das Nachbarland Ukraine. Was kaum jemand in Deutschland für möglich gehalten hätte, ist Wirklichkeit geworden: Der Krieg ist zurück in Europa. Für Brandenburg hat die brutale Invasion Russlands in das Nachbarland unmittelbare Folgen: Traditionell gibt es gute Wirtschaftsbeziehungen ostdeutscher Betriebe zu Russland.

Eine der wichtigsten Lebensadern der deutschen Energiewirtschaft verbindet die Erdölgebiete Westsibiriens mit dem Industrie-Standort Schwedt in der Uckermark: die »Druschba«-Pipeline. Der gigantische Raffinerie-Komplex der PCK (Petrochemisches Kombinat, später: Petrochemie und Kraftstoffe) versorgt zu 95 Prozent die Region Berlin-Brandenburg mit Benzin, Diesel und Heizöl. Die politischen Spannungen zwischen Deutschland und der EU auf der einen und Russland auf der anderen Seite eskalieren in kurzer Zeit so sehr, dass die direkte Versorgung mit russischem Öl gestoppt wird. Die Zukunft des wichtigen Industrie-Standortes Schwedt ist akut gefährdet.

Und schlimmer noch: Die gesamte Energie-Versorgung Deutschlands muss in kurzer Zeit umgestellt werden, um sich von russischem Gas und Öl unabhängiger zu machen. Der politische und ökonomische Kraftakt gelingt überraschenderweise. In kurzer Zeit werden alternative Energiequellen und Transportwege erschlossen. Aber mögliche Versorgungsengpässe und die drastisch steigenden Energiepreise bedrohen den Wohlstand und nagen am Gefühl der Sicherheit.

Der russische Angriffskrieg gegen die Ukraine hat noch eine andere unmittelbare Folge: Fast fünf Millionen Menschen fliehen aus den umkämpften oder bedrohten Regionen des Landes in Nachbarländer und Mitgliedsstaaten der EU, mehr als eine Million nach Deutschland – zehntausende nach Brandenburg, darunter vor allem Frauen und Kinder. Wie schon in der sogenannten Flüchtlingskrise 2015 sind die Kommunen und Gemeinden des Landes vor große Herausforderungen gestellt. Nach dem Schock des Kriegsausbruches gibt es erneut eine Welle der Hilfsbereitschaft.

Viele Menschen in Berlin und Brandenburg nehmen spontan ukrainische Flüchtlinge auf, an den Schulen gibt es »Willkommensklassen«, an öffentlichen und privaten Gebäuden hängen ukrainische Fahnen. Ob es den hilfsbereiten Bürgerinnen und Bürgern bewusst ist oder nicht: Sie knüpfen damit an eine alte Tradition des Landes an.

Brandenburg hat schon mehrfach in der Geschichte Menschen in Not gerettet: ob die französischen Hugenotten, die als Glaubensflüchtlinge unter dem Großen Kurfürsten nach Brandenburg kamen und zur Modernisierung der Mark maßgeblich beitrugen, oder die Deutschen aus den Ostgebieten, die am Ende des Zweiten Weltkriegs aus ihrer Heimat vertrieben wurden und als Umsiedler zwischen Elbe und Oder neu anfangen mussten.

Die Versorgung der Region Berlin-Brandenburg mit Benzin, Diesel und Heizöl hängt zum größten Teil von der PCK-Raffinerie in Schwedt ab.

SANS, SOUCI.

ANMERKUNGEN

Eroberer, Siedler und Raubritter

1 Siehe: Grebe, Klaus: Die Brandenburg vor 1000 Jahren. Brandenburgisches Landesmuseum für Ur- und Frühgeschichte, Potsdam 1991, S. 10ff.
2 Chronik des Regino von Prüm. Nach: Chronik der Deutschen, Gütersloh 1995, S. 170.
3 Widukind von Corvey: Res gestae Saxonica. Die Sachsengeschichte, Stuttgart 1981, S. 83.
4 Schößler, Wolfgang: Veröffentlichung des Domarchivs Brandenburg, Brandenburg 1998.
5 Siehe Kunze, Peter: Die Sorben/Wenden in der Niederlausitz, Bautzen 1996, S. 7.
6 Nach: Fontane, Theodor: Havelland, Berlin 1998, S. 21.
7 Nach: Holmsten, Georg: Brandenburg. Geschichte des Landes, seiner Städte und Regenten, Berlin 1991, S. 28.
8 Siehe: Schultze, Johannes: Die Mark Brandenburg. Bd. 1–5, Berlin 1961–1969, Bd. 1, S. 38.
9 Slawenchronik des Helmhold von Bosau, lib.1, cap.89; s.a. Assing, Helmut: Deutsche Fürsten des Mittelalters, Leipzig 1995, S. 221.
10 Übertragung nach der Manessischen Handschrift, Faksimiledruck des Heidelberger Exemplars der Deutschen Staatsbibliothek, Bl. 13ff.
11 Nach: Bauer, Roland: Illustrierte Chronik Berlin, Berlin 1988, S. 45.
12 Ebd., S. 52ff.
13 Nach: Schultze, Johannes: a.a.O., Bd. 2, S. 216.
14 Ebd., S. 219.

Kurfürsten, Kirchenmänner und Landsknechte

1 Nach: Schultze, Johannes: Die Mark Brandenburg. Bd. 1–5, Berlin 1961–1969, Bd. 2, S. 225.
2 Aus der Bestallungsurkunde König Sigismunds vom 8.7.1411. In: Holmsten, Georg: Brandenburg. Geschichte des Landes, seiner Städte und Regenten, Berlin 1991, S. 52.
3 Nach: Ribbe, Wolfgang: Die Aufzeichnungen des Engelbert Wusterwitz, Einzelveröffentlichungen der Historischen Kommission zu Berlin. Bd. 12, Berlin 1973, S. 131
4 Ebd.
5 Nach: Materna, Ingo/Ribbe, Wolfgang: Geschichte in Daten, Berlin 1995, S. 69.
6 Ebd., S. 72.
7 Ebd., S. 75.
8 Friedrich der Große: Werke. Bd. 1, Berlin 1913, S. 207f.
9 Nach: Berner, Ernst: Geschichte des preußischen Staates, Bonn 1896, S. 84f.
10 Ebd.
11 Ebd.
12 Nach: Holmsten, Georg: a.a.O., S. 66.
13 Nach: Schultze, Johannes: a.a.O., Bd. 4, S. 132.
14 Ebd., S. 153.
15 Friedrich der Große: a.a.O., S. 31.
16 Nach: Schultze, Johannes: a.a.O., S. 269.
17 Ebd., S. 270.
18 Grimmelshausen, Hans Jacob von: Der abenteuerliche Simplicissimus Teutsch, Berlin 1978, S. 196f.
19 Siehe Vetter, K./Vogler, G.: Preußen, Berlin 1974, S. 48.
20 Friedrich der Große: a.a.O., S. 52.

Könige, Soldaten und Beamte

1 Merian, Matthäus: Theatrum Europaeum. Bd. 1–21, 1662–1672, S. 997.
2 Nach: Materna, Ingo/Ribbe, Wolfgang: Brandenburgische Geschichte, Berlin 1995, S. 323.
3 Nach: Holmsten, Georg: Brandenburg. Geschichte des Landes, seiner Städte und Regenten, Berlin 1991, S. 77.
4 Nach: Pusch, Peter: Die Schlacht von Hakenberg-Fehrbellin, Neuruppin 1994, S. 13.
5 Nach: Bentzien, Hans: a.a.O., S. 99.
6 Friedrich der Große: Werke. Bd. 1, Berlin 1913, S. 108.
7 Nach: Frey, L. und M.: Friedrich I., Graz 1984, S. 52.
8 Friedrich der Große: a.a.O., S. 117ff.
9 Nach: Dollinger, Hans: Friedrich II. von Preußen. Sein Bild im Wandel von zwei Jahrhunderten, Bindlach 1995, S. 9.
10 Nach: Korff, Gottfried (Hrsg.): Preußen – Versuch einer Bilanz. Katalog, Berlin 1981, Bd. 3, S. 31.
11 Friedrich der Große: a.a.O., S. 121.
12 Nach: Mittenzwei, Ingrid/Herzfeld, Erika: Brandenburg-Preußen 1648 bis 1789. Das Zeitalter des Absolutismus in Text und Bild, Berlin und Köln 1987, S. 240.
13 Nach: Korff, Gottfried (Hrsg.): a.a.O., S. 18.

14 In: Friedrich und die Kunst. Katalog, Potsdam 1986, Teil 1, S. 14.
15 Friedrich der Große: a.a.O., Bd. 7, S. 4.
16 Nach: Dollinger, Hans: a.a.O., S. 31.
17 Ebd., S. 37.
18 Ebd., S. 38.
19 Ebd., S. 39.
20 Ebd., S. 38.
21 Nach: Petersdorff, Hermann von: Fridericus Rex, Berlin 1925, S. 157.
22 Ebd. S: 392.
23 In: Friedrich und die Kunst, a.a.O., S. 7.
24 Nach: Krockow, Christian Graf von: Die preußischen Brüder, Stuttgart 1996, S. 179.
25 Informationsmaterial der Gemeinde Wuschewier.
26 In: Friedrich und die Kunst, a.a.O., S. 8.
27 Friedrich der Große: a.a.O., S. 276.

Reformer, Revolutionäre und Schnapsbrenner

1 Nach: Stamm-Kuhlmann, Thomas: König in Preußens großer Zeit, Berlin 1992, S. 16f.
2 Nach: Schoeps, Hans-Joachim: Preußen. Geschichte eines Staates, Berlin 1997, S. 300.
3 Nach: Fuchs, Erhard: Illustrierte Sittengeschichte vom Mittelalter bis zur Gegenwart. Bd. 2, München 1910, S. 392.
4 Nach: Chronik Berlins, S. 146.
5 Nach: Berger, Joachim: Mark Brandenburg. Freiheitlich und rebellisch. Nord und Ost, Berlin 1993, S. 179.
6 Ebd. S. 180.
7 Nach: Fördergesellschaft Albrecht Daniel Thaer (Hrsg.): Albrecht Daniel Thaer, S. 9.
8 Nach: Müller, Hans-Heinrich/Müller, Harald: Brandenburg als preußische Provinz. Das 19. Jahrhundert bis 1871, S. 424. In: Materna, Ingo/ Ribbe, Wolfgang: Brandenburgische Geschichte, Berlin 1995.
9 Nach: Fischer-Fabian, S.: a.a.O., S. 84.
10 Nach: Gersdorff, Dagmar von: Königin Luise und Friedrich Wilhelm III., Berlin 1996, S. 132.
11 Nach: Müller, Hans-Heinrich/Müller, Harald: a.a.O., S. 399.
12 Ebd., S. 400.
13 Ebd., S. 401ff.
14 Nach: Berlin-Information: Karl Friedrich Schinkel, Berlin 1981, S. 6.
15 Vgl. Handke, Stefan: Die Eisenbahn Berlin–Potsdam, Berlin 1988, S. 20.
16 Nach: Förster, Frank: Um Lausitzer Braunkohle, Bautzen 1990, S. 21.
17 Nach: Müller, Hans-Heinrich/Müller, Harald: a.a.O., S. 429.
18 Ebd., S. 427f.
19 Ebd., S. 475ff.
20 Ebd., S. 479.
21 Nach: Berger, Joachim: a.a.O., S. 260.
22 Nach: Berger, Joachim: Mark Brandenburg. Freiheitlich und rebellisch. Süd und West, Berlin 1992, S. 191.
23 Nach: Berger, Joachim: Mark Brandenburg. Freiheitlich und rebellisch. Nord und Ost, Berlin 1993, S. 54.

Gründer, Glücksritter und Generäle

1 Vgl. Trauptmann, Jochen: Mark und Metropole. Teil 1, ORB 1996.
2 Berger, Joachim: Mark Brandenburg. Freiheitlich und rebellisch. Nord und Ost, Berlin 1993, S. 32ff.
3 Ebd., S. 101.
4 Ebd., S. 79.
5 Berger, Joachim: Mark Brandenburg. Freiheitlich und rebellisch. Süd und West, Berlin 1992, S. 201.
6 Nach: Busch, Felix: Aus dem Leben eines königlich-preußischen Landrates, hrsg. von Julius H. Schoeps, Berlin 1991, S. 182.
7 Nürnberger, Helmuth: Fontane, Hamburg 1968, S. 105.
8 Ebd.
9 Schönfeldt, Sybill Gräfin: Bei Fontane zu Tisch, Zürich 1997, S. 12.
10 Fontane, Theodor: Wanderungen durch die Mark Brandenburg. Erster Teil. Die Grafschaft Ruppin. Nach: Pleister, Werner: Das große Theodor-Fontane-Buch, München 1980, S. 66.
11 Ebd., S. 68.
12 Ebd.
13 Drude, Otto: Theodor Fontane. Leben und Werk in Texten und Bildern, Frankfurt am Main 1994, S. 90.
14 Fontane-Jahrbuch, hrsg. von Museumspädagogischer Dienst Berlin, Berlin 1998, S. 18.
15 Fontane, Theodor: Schach von Wuthenow, Berlin und Weimar 1969, S. 141.
16 Fontane, Theodor: Der Stechlin, Berlin und Weimar 1969, S. 7f.
17 Ebd.
18 Vgl. Kaiser, Gerhard: Sperrgebiet. Die geheimen Kommandozentralen in Wünsdorf seit 1871, Berlin 1993, S. 29.
19 Vgl. Hoffmann, Gerhard: Die Wiege des Menschenfluges stand im Havelland. In: Flugpioniere in der Mark Brandenburg, hrsg. vom Luftsportlandesverband Brandenburg, Schönhagen 1993, S. 12.

20 Ebd.
21 Ebd., S. 20.
22 Nach: Günther, Manfred: »... hinter mir der erste Flug«. In: Luftsportlandesverband Brandenburg, a.a.O., S. 38.
23 Nach: Jacobsen, Wolfgang: Babelsberg. Das Filmstudio, Berlin 1992, S. 9.
24 Ebd.
25 Ebd., S. 12.
26 Nach: Geiss, Axel/Filmmuseum Potsdam (Hrsg.): Filmstadt Babelsberg, Berlin 1994, S. 20.
27 Ebd.
28 Ebd., S. 19.
29 Nach Adamy, Kurt: a.a.O., S. 554.

Demokraten, Nazis und namenlose Opfer

1 Nach: Möller, Horst: Weimar. Die unvollendete Demokratie, München 1985, S. 19.
2 Nach: Kunstamt Kreuzberg/Institut für Theaterwissenschaft der Universität Köln (Hrsg.): Weimarer Republik, Berlin 1977, S. 115.
3 Nach: Ribbe, Wolfgang: Spandau. Geschichte der Berliner Verwaltungsbezirke. Bd. 6, Berlin 1991, S. 91f.
4 Vgl. Möller, Horst: a.a.O., S. 23.
5 Ebd., S. 21f.
6 Nach: Berger, Joachim: Mark Brandenburg. Freiheitlich und rebellisch. Nord und Ost, Berlin 1993, S. 218.
7 Nach: Materna, Ingo: a.a.O., S. 563.
8 Ebd., S. 564.
9 Vgl. Marr, Matthias: Führungen durch die Mark Brandenburg. Bd. 1. Paretz, Magdeburg 1991, S. 55f.
10 Ebd.
11 Materna, Ingo: a.a.O., S. 578.
12 Ebd., S. 583.
13 Ebd., S. 601f.
14 Nach: Geiss, Axel/Filmmuseum Potsdam (Hrsg.): a.a.O., S. 32.
15 Ebd., S. 25f.
16 Ebd., S. 35.
17 Ebd., S: 39.
18 Kunstamt Kreuzberg, a.a.O., S. 404.
19 Nach: Reich, Ines: Der Tag von Potsdam. In: Grabner, Sigrid/Kiesant Knut: 1000 Jahre Potsdam, Potsdam 1992, S. 189.
20 Dieckmann, Irene: Boykott, Entrechtung, Pogrom, Deportation. In: Eichholtz, Dietrich, (Hrsg.): Verfolgung – Alltag – Widerstand. Brandenburg in der NS-Zeit. Studien und Dokumente, Berlin 1993, S. 218.
21 Nach: Tuchel, Johannes: Die Systematisierung der Gewalt. Vom KZ Oranienburg zum KZ Sachsenhausen. In: Morsch, Günter: a.a.O., S. 118.
22 Nach: Steinbach, Peter/Tuchel, Johannes: Widerstand in Deutschland 1933–1945, München 1994, S. 109.
23 Vgl. Berger, Joachim: a.a.O., S. 207.
24 Nach: Willems, Susanne: Widerstand aus Glauben. In: Eichholtz, Dietrich (Hrsg.): a.a.O., S. 383.
25 Eichholtz, Dietrich (Hrsg.): a.a.O., S. 74.
26 Ebd., S. 97.
27 Nach: Rutsch, Hans-Dieter: Ein Ende von Potsdam, ORB-Fernsehen 1994.
28 Nach: Knitter, Hartmut: Flammen, nichts als Flammen. In: Grabner, Sigrid/Kiesant, Knut (Hrsg.): a.a.O., S. 198.
29 Nach: Gedenkstätte/Museum Seelower Höhen, Berlin 1992, S. 12.
30 Ebd., S. 37.

Besatzer, Bauern und Brigaden

1 Aus dem Erinnerungsbericht des ehemaligen Häftlings Wilhelm Thiele. Nach: Bergschicker, Heinz: Deutsche Chronik, Berlin 1988, S. 541.
2 Leonhard, Wolfgang: Die Revolution entläßt ihre Kinder, Köln 1997, S. 426f.
3 Aufruf der KPD, 8.9.1945. In: Heitzer, Heinz: DDR. Geschichtlicher Überblick, Berlin 1987, S. 36.
4 Nach: Staatsbürgerkunde, Klasse 7, Berlin (Ost) 1968, S. 138.
5 Nach: Lehrbuch der Erdkunde, Berlin (Ost) 1959, S. 45.
6 O-Ton, Film: »Aufstand auf dem Lande«, ORB 1993.
7 Ebd.
8 Aus: DEFA-Augenzeuge, 1959, Nr. 49.
9 Nach: Staatsbürgerkunde, Berlin (Ost) 1960, S. 37.
10 Materna, Ingo/Ribbe, Wolfgang: a.a.O., S. 686.
11 Nach: Heitzer, Heinz: a.a.O., S. 42.
12 Horst Sindermann. In: Jäger, Manfred: Kultur und Politik in der DDR, Köln 1994, S. 124.
13 Siehe: Weber, Hermann: a.a.O., S. 88.
14 Kil, Wolfgang: Ach Brandenburg ... Bilderreise durch eine ungewisse Gegenwart. In: Fotografie und Gedächtnis. Brandenburg – Eine Bilddokumentation, hrsg. von Diethart Kerbs und Sophie Schleußer, Berlin 1997, S. 11.

BILDNACHWEIS

Adobe Stock: S. 8, 13, 20, 24, 62, 73, 83, 95, 108, 123, 145, 228, 244, 245, 246, 247, 250, Umschlagabbildungen vorn; akg-images / arkivi: S. 126, 131, 149, 193; akg-images / Erich Lessing: S. 214; akg-images / Erik Bohr: S. 12; akg-images / fine-art-images: S. 154, 202; akg-images / Fotoarchiv für Zeitgeschichte: S. 165, 186; akg-images / Günter Schneider: S. 16; akg-images / North Wind Picture Archives: S. 11; akg-images / Peter Hebler: S. 232; akg-images / Peter Weiss: S. 172; akg-images / Schütze / Rodemann: S. 88; akg-images / TT News Agency / SVT: S. 177; akg-images: S. 17, 30, 31, 32, 35, 36, 43, 46, 47, 49, 54, 55, 56, 58, 59, 67, 70, 74, 79, 80, 81, 82, 84, 85, 87, 89, 90, 92, 93, 94, 96, 97, 99, 101, 102, 103, 104, 105, 107, 109, 110, 112, 113, 115, 117, 119, 121, 124, 125, 128, 132, 135, 140, 143, 146, 148, 152, 155, 156, 158, 161, 166, 167, 168, 170, 173, 175, 183, 185, 188, 196, 200, 204, 206, 207, 208, 209, 210, 211, 212, 213, 216, 217, 220, 221, 222, 224; Bildarchiv Pisarek / akg-images: S. 193, 219, 223; Gemeinfrei: S. 19, 21, 22/23, 25, 26, 27, 29, 37, 38, 39, 41, 42, 44, 45, 48, 50, 51, 53, 57, 60, 63, 64, 68, 71, 72, 75, 77, 78, 98, 114, 120; Heritage Images / Heritage Art / akg-images: S. 52; picture alliance / akg-images / Sammlung Foedrowitz: S. 61; picture alliance / dpa / Jörg Carstensen: S. 248; picture alliance / dpa / Ralf Hirschberger: S. 6; picture alliance / dpa / Soeren Stache: S. 249; picture alliance / Eibner-Pressefoto / Ingo Schulz: S. 191; picture alliance / imageBROKER / Schoening: S. 241; picture alliance / photothek / Thomas Koehler: S. 240; picture alliance / Schoening: S. 234; picture alliance: S. 238; picture-alliance / AKG: S. 231; picture-alliance / dpa / Andreas Altwein: S. 230, 233, 242; picture-alliance / dpa / Bernd Settnik: S. 237; picture-alliance / dpa / DB Schulz: S. 227; picture-alliance / dpa / Peer Grimm: S. 239; picture-alliance / dpa / Pool Eckehard Schulz: S. 238; picture-alliance / dpa / Wolfram Steinberg: S. 243; picture-alliance / ZB / Hubert Link: S. 229; picture-alliance / ZB / Peer Grimm: S. 235; picture-alliance / ZB / Klaus Franke: S. 236; Wikimedia commons: S. 10 (Radibor), 14 (Wolfgang Sauber), 15 (Lapplaender), 34 (Pardin), 66 (Wolfgang Bittner)

Die übrigen Abbildungen wurden aus der ersten Auflage dieses Buches übernommen (Lew Hohmann / Johannes Unger: Die Brandenburger. Chronik eines Landes, Berlin 1998).
Verlag und Autoren bedanken sich bei allen Bildgebern.

DIE AUTOREN

© Joanna Jambor

Lew Hohmann, Jahrgang 1944, ist Dozent, freier Filmemacher und Sachbuchautor mit einem Schwerpunkt auf Geschichtsdokumentationen. Als Autor und Regisseur war er u.a. an den TV-Serien »Die Brandenburger – Chronik eines Landes« (1998), »Die Preußen-Chronik« (1999/2000) sowie »Deutsche und Polen« (2004) beteiligt.

Von Lew Hohmann stammen die Kapitel »Eroberer, Siedler und Raubritter«, »Kurfürsten, Kirchenmänner und Landsknechte«, »Könige, Soldaten und Beamte« und »Besatzer, Bauern und Brigaden«.

© Gundula Krause

Johannes Unger, Jahrgang 1964, ist Fernsehjournalist, Filmregisseur und Buchautor. Er leitet die Abteilung Dokumentation und Zeitgeschehen beim Rundfunk Berlin-Brandenburg (rbb). Für die ARD verantwortete er zahlreiche preisgekrönte Doku-Reihen und TV-Projekte und realisierte selbst etliche Dokumentationen und Reisereportagen. Für »20 x Brandenburg« wurde er 2011 gemeinsam mit dem Regisseur Andreas Dresen mit dem Grimme-Preis ausgezeichnet.

Von Johannes Unger stammen die Kapitel »Reformer, Revolutionäre und Schnapsbrenner«, »Gründer, Glücksritter und Generäle«, »Demokraten, Nazis und namenlose Opfer« und »Der Weg ins 21. Jahrhundert«.

FSC
www.fsc.org
MIX
Papier | Fördert gute Waldnutzung
FSC® C106600

Bibliografische Information der Deutschen Nationalbibliothek
Die Deutsche Nationalbibliothek verzeichnet diese Publikation in der Deutschen Nationalbibliografie; detaillierte bibliografische Daten sind im Internet über http://dnb.d-nb.de abrufbar.

Asternplatz 3, 12203 Berlin
post@bebraverlag.de
Lektorat: Feline Achilles, Berlin
Umschlag und Satz: typegerecht berlin
Schriften: Myriad, Adriane
Druck und Bindung: DZS Grafik, Ljubljana
ISBN 978-3-89809-238-8

www.bebraverlag.de